국제개발협력 프로젝트 실행과 관리

국제개발협력
프로젝트
실행과
관리

KOICA ODA 교육원 엮음

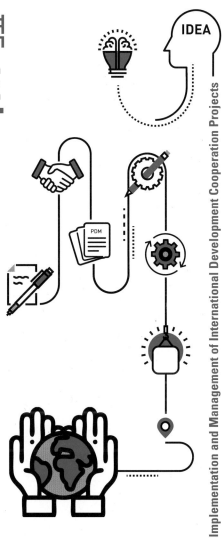

Implementation and Management of International Development Cooperation Projects

한울
아카데미

유엔 정상회의에서 국제사회가 달성해야 할 지속가능개발목표(SDGs: Sustainable Development Goals)가 채택된 지도 어느덧 3년이 흘렀습니다. 그간 OECD 개발원조위원회(DAC: Development Assistance Committee) 회원국들은 공적개발원조(ODA: Official Development Assistance) 규모의 확대와 더불어 원조효과성 및 질적 제고를 위해 다양한 노력을 기울여 왔습니다.

이에 발맞추어 OECD DAC 회원국인 대한민국 역시 2020년까지 ODA 규모를 GNI 대비 0.2%로 확대하는 한편, 지속가능발전을 통한 더 나은 원조(Better Aid)를 위해 힘쓰고 있습니다. 수원국에서 공여국으로의 성공적인 전환을 이룩한 대한민국이 국제개발협력 분야에서 수행해야 할 역할은 매우 큽니다. 대한민국은 2005년 파리선언과 2011년 부산 세계개발원조 총회에서 강조된 국제원조규범을 성실하게 따르면서 국제개발협력의 기본 정신과 원칙을 준수하는 ODA 사업을 실행해 나가야 할 것입니다.

대한민국을 대표하는 무상원조 집행기관인 KOICA도 인도주의 정신에 기반을 둔 빈곤감소, 인권향상, 성평등 실현에 앞장서며 지속가능한 발전을 이끌어낼 것이며, 이를 통해 지구촌 평화증진과 인류 공동번영에 기여하겠습니다.

개발도상국의 지속가능발전을 이끌어 나가는 데 있어 현지에서 진행되는 프로젝트의 역할은 매우 중요합니다. 프로젝트를 성공으로 이끌기 위해서는 파트너십 구축과 여러 이해관계자들 사이의 조화가 필수적으로 이루어져야 하며, 원조사업의 정당성을 입증하기 위한 체계적인 모니터링 및 평가를 강화해 나가야 합니다. 또한, 개발협력 프로젝트를 수행하는 인적자원의 개발과 역량강화가 동반되어야 할 것입니다. 이를 통해 우수한 개발협력 수행인력이 개발도상국 현지에서 프로젝트의 가치나 의의, 문제점을 파악해 개발도상국에 실질적인 도움을 줄 수 있도록 개발사업을 이끌 수 있을 것입니다.

이에 KOICA는 2018년 국제개발협력 프로젝트의 정의부터 모니터링, 평가까지 프로젝트 전반에 대한 이해와 KOICA 프로젝트의 최근 동향을 반영한 새로운 안내서인 『국제개발협력 프로젝트 실행과 관리』를 펴냈습니다. 이 책을 통해 국제개발협력 사업시행자는 물론 미래세대 청년들이 프로젝트 전반에 대한 이해와 실무역량을 강화해, 개발협력 프로젝트를 성공적으로 이끌며 개발도상국의 지속가능한 발전을 주도해 나갈 수 있기를 기대합니다.

하나로 연결된 오늘날의 지구촌 사회에서 함께 웃는 상생의 가치를 되새기며, 국제개발협력의 보다 밝은 미래로 나아가는 여정에 여러분과 함께할 수 있기를 바랍니다.

KOICA 이사장

이미경

1장 프로젝트의 이해

학습목표 ✏

1. 프로젝트의 정의와 목적 및 KOICA 프로젝트 구성요소를 이해한다.

2. KOICA 프로젝트의 주요 이해관계자와 사업수행 환경 등 관련 특성을 이해한다.

3. KOICA 프로젝트 관련 국내·외 법, 정책 및 전략을 이해한다.

4. KOICA 프로젝트의 추진절차를 이해한다.

들어가며

국제개발협력[1]에서 프로젝트는 OECD 및 KOICA에서 가장 큰 비중을 차지하는 원조유형으로, 국제개발협력의 목표인 개발도상국의 경제사회 발전 및 빈곤감소에 가장 많이 활용되는 수단이다. 이번 장에서는 프로젝트의 정의와 목적, KOICA 프로젝트의 특성 및 추진절차에 대해 알아보도록 한다.

1. 프로젝트의 이해

1) 프로젝트의 정의와 목적

프로젝트는 〈표 1-1〉처럼 프로젝트를 시행하는 기관에 따라 그 정의를 각기 달리하고 있다. 그중 국제개발협력 분야에서 가장 많이 활용되고 있는 경제협력개발기구(OECD) 개발원조위원회(DAC: Development Assistance Committee)[2]의 프로젝트 정의에 따르면, 프로젝트는 정해진 기간, 예산, 지역 내에서 특정 목표(objectives) 및 성과(outcomes)를 달성하기 위해 협력국과 협의된 투입물(inputs), 활동(activities), 산출물(outputs)을 종합한 사업유형을 지칭한다.

---

1   선진국과 개발도상국 간, 개발도상국 상호 간, 개발도상국 내에서 발생하는 개발격차를 줄이고 개발도상국의 빈곤과 불평등을 해소하며 개발도상국의 사람들이 세계인권선언이 주창한 천부적 인권을 누릴 수 있도록 하기 위한 국제사회의 구체적인 노력과 행위(시공미디어, 2016).

2   OECD 산하 25개 위원회 중 하나. 개발협력을 촉진해 지속가능한 개발, 특히 개발도상국의 빈곤층에 도움이 되는 경제성장, 빈곤감소 및 삶의 질 향상에 기여하고 궁극적으로는 원조가 필요 없는 미래를 만드는 것을 목적으로 한다. ODA 등 개발재원의 모니터링, 평가, 보고 등을 실시하고, 회원국들의 개발협력 정책과 관행 등을 평가하며, 개발협력의 가이드라인 마련과 모범사례 전파 등을 담당한다(시공미디어, 2016).

표 1-1 프로젝트의 다양한 정의

구분	정의
OECD/DAC	• 정해진 기간, 예산, 지역 내에서 특정 목표 및 성과를 달성하기 위해 협력국과 협의된 투입물, 활동, 산출물의 종합 — A project is a set of inputs, activities and outputs, agreed with the partner country, to reach specific objectives/outcomes within a defined time frame, with a defined budget and a defined geographical area <div align="right">자료: OECD/DAC(2013).</div>
PMBOK (프로젝트 지식관리체계)	• 프로젝트는 고유한 제품, 서비스 또는 결과물을 창출하기 위해 한시적으로 투입하는 노력 — A project is a temporary endeavor undertaken to create a unique product, service or result <div align="right">자료: Project Management Institute(2013).</div>
World Bank (세계은행)	• 일정 기간 이내에 특정한 개발 목적을 달성하기 위해 계획된 투자와 정책수단, 조직 및 그 외의 조치가 하나로 결합된 패키지 — A discrete package of investments, policy measures, and institutional and other actions designed to achieve a specific development objective (or set of objectives) within a designated period <div align="right">자료: Baum and Tolbert(1985).</div>

따라서 대부분의 국제개발협력 프로젝트는, 예를 들어 '2018년부터 2024년까지'라는 정해진 기간 동안 '3000만 달러'의 예산을 지원해 '베트남 하노이'에 위치한 'A직업훈련학교'에 대해 수원기관인 '베트남 교육훈련부'와 협의해 '5개 공과 기자재 설치 및 교사역량 강화'[3]를 실시하고, 이를 통해 '졸업생 취업률을 2017년 기준 20%에서 2024년에 30%로 상승시킨다'라는 특정 목표를 가진다.

한국국제협력단(Korea International Cooperation Agency, 이하 KOICA)은 한국의 무상원조[4]를 집행하는 대표적인 기관으로 개발도상국의 경제사회 발전

---

3   역량강화란 일반적으로 '힘을 부여하는 것'을 의미하며, 사회적 지위를 향상시키고, 스스로의 힘으로 경제활동 및 사회참여에 필요한 지식과 능력을 개발하며, 양성된 인력이 사회의 다양한 의사결정 과정에 참여해, 영향력을 행사하는 과정을 뜻한다[KOICA 홈페이지(www.koica.go.kr)].

4   무상원조는 개발도상국에 상환의무를 부과하지 않고 100% 무상으로 공여하는 원조로 '증여'라고도 부른다. 유상원조(양허성 차관)는 개발도상국에 상환의무를 부과하는 융자(차관)를 이른다. 공적개발원조(ODA)로 인정되려면 본질적으로 양허직(concessional)인 재원이어야

을 위해 프로젝트 사업, 글로벌 연수, 봉사단 파견사업 등 다양한 사업을 펼치고 있다. 그중 프로젝트 사업은 KOICA 전체 예산의 약 40%를 차지할 정도로 비중이 높으며 2018년 기준 260여 개의 프로젝트를 시행하고 있다. 일반적으로 KOICA는 프로젝트를 사업의 목적에 따라 ① 프로젝트형 사업, ② 개발컨설팅 사업으로 구분한다.

먼저, 프로젝트형 사업은 '협력국의 경제사회 발전 및 복지향상에 기여'와 같이 특정한 개발 목적을 달성하기 위해 OECD/DAC가 지정한 원조유형(Types of aid)[5]상의 다양한 사업을 연계해 종합적으로 지원하는 사업을 지칭한다.[6]

다음으로 개발컨설팅 사업(DEEP: Development Experience Exchange Partnership Program)은 기술협력[7] 중심의 프로젝트로서 소프트웨어 및 제도 구축 지원에 특화된 사업을 의미한다(한국국제협력단, 2014). 일반적으로 건축사업을 포함하지 않는 사업 중 컨설팅, 전문가 파견, 초청연수 등 소프트웨어 위주로 구성된 사업(하드웨어 비중 50% 미만)을 개발컨설팅 사업으로 분류한다. 개발컨설팅 사업과 프로젝트형 사업의 가장 주요한 차이점은, 개발컨설팅 사업이 전략 및 계획 수립에 그 초점이 맞춰져 있다면, 프로젝트형 사업은 마련된 전략이나 계획의 실행에 초점이 맞춰져 있다는 것이다.

특히 개발컨설팅 사업은 사업의 성격 및 주요 산출물에 따라 〈표 1-3〉의 4가지 유형으로 분류된다. 각각의 유형을 단독으로 실행하기보다는, 사업의 목적에 따라 2개 이상의 유형을 결합해 추진하는 경우가 일반적이다. 예를

하며 소득그룹별 최소증여율 이상이어야 한다(KOICA 홈페이지).

5   OECD/DAC는 〈표 1-4〉와 같이 원조유형을 8가지(A~H)로 분류해 국가별로 지원 통계실적 관리.

6   개발조사 및 프로젝트형 사업 시행세부지침 제2조 제1항.

7   기술수준, 지식, 기술적 노하우 및 생산능력의 향상을 통해 인적자원(human resource) 개발을 위해 기획된 지원활동(KOICA 홈페이지).

표 1-2 KOICA 프로젝트형 사업과 개발컨설팅 사업(DEEP)의 분류기준

프로젝트	DEEP
전략·계획 실행	전략·계획 수립
경제사회 인프라 및 서비스에 대한 무상지원	인적자원 간의 협력
⬇	⬇
하드웨어 중심	소프트웨어 중심

자료: 한국국제협력단(2014).

표 1-3 KOICA 개발컨설팅 사업(DEEP)의 유형 분류

사업유형	상세유형	주요 산출물 예시	사업예시
정책기술 자문	• 정책자문 • 기술자문 • 특정 전략 수립 • 연구	• 마스터플랜 1 • 보고서 • 계획문서 • 연구보고서	• 베트남 국가녹색성장전략 마스터플랜 수립사업 (2013-2014/200만 달러) • 우간다 농가공전략 수립사업 (2013-2015/250만 달러)
제도 구축	• 제도 수립 • 제도 도입·이행을 위한 파일럿 정보시스템 개발	• 법, 규정 • (파일럿) 제도 — 의료보험제도, 국제무역사제도, 기술자격검정제도, 산업클러스터 2 등 • 제도 도입·이행을 위한 파일럿 정보시스템 — 전자정보/공간정보/ 지적 등	• 네팔 의료보험제도 구축지원사업 (2013-2015/450만 달러) • 요르단 전자조달시스템 구축사업 (2014-2017/850만 달러)
인프라 구축 연계	• 공항, 수자원, 댐, 도로, 교통 등 인프라 구축을 위한 예비조사, 설계, 마스터플랜 등	• 마스터플랜 • 예비조사 보고서 • 설계, 실시설계 등	• 필리핀 국가공항개발 마스터플랜 수립사업 (2013-2014/250만 달러)
인적자원 개발	• 교육 • 워크숍 • 공동연구	• 양성된 인력 수 • 교육매뉴얼, 교육비디오 • 공동연구 보고서 등	• 세네갈 농업기술학교 역량강화사업 (2014-2017/300만 달러) • 튀니지 배전신뢰도 향상을 위한 전력수요관리 역량강화사업 (2012-2015/200만 달러)

주 1: 정책 및 전략 수립, 인프라 구축 등 프로젝트/개발컨설팅 사업의 추진을 위해 경제, 사회, 정치, 기술 등 다양한 관점에서 분석한 결과를 바탕으로 사업의 목표 또는 목적에 따른 개요, 이행 및 운영 방안 등을 포함하는 종합적이고 포괄적인 계획. 사업에 따라 마스터플랜의 대상 분야, 지역 등의 범위는 상이함.
주 2: 연관 있는 산업의 기업과 기관들이 한곳에 모여 시너지 효과를 도모하는 산업집적단지.
자료: 한국국제협력단(2014).

들자면 의료보험제도 구축을 지원하면서 동시에 이를 운영할 인적자원의 개발을 결합해 추진하는 경우이다.

KOICA의 프로젝트형 사업과 개발컨설팅 사업은 사업의 목적에 따라 나눈 구분이며, 사업의 발굴형성, 심사 등의 추진절차가 동일하므로 이 책에서는 프로젝트형 사업과 개발컨설팅 사업을 구분짓지 않고 KOICA의 프로젝트를 설명하고자 한다.

OECD/DAC는 원조유형을 〈표 1-4〉와 같이 구분해 회원국의 원조 통계실적을 관리하고 있다. 이에 따라 대부분의 KOICA 프로젝트 지원실적은 C(프

표 1-4 OECD/DAC 원조유형 및 KOICA 실적

유형	구분	2016년 KOICA 실적	비고
A	예산지원(Budget support)		
B	비지정 지원 및 공동프로그램/기금(Core contributions and pooled programmes and funds)	4,731,852,398원	
C	프로젝트 원조(Project-type interventions)	376,509,396,444원	
D	기술원조(Experts and other technical assistance)	148,613,904,806원	KOICA 봉사단, KMCO₁
E	개도국 유학생 및 연수생 지원(Scholarships and students costs in donor countries)	19,504,269,464원	
F	채무구제(Debt relief)		KOICA 미해당
G	행정비용(Administrative costs not included elsewhere)	27,647,994,525원	인건비, 경상운영비, 해외 사무소 등의 예산 및 각 지역예산의 행정비 세목으로, 공여국의 개발 관련 행정에 사용하는 예산
H	기타 공여국 내 지출(Other in-donor expenditures)	63,450,863,428원	연구, 평가, 홍보, 정보화 등의 예산세목으로, 공여국의 개발 인식 증진에 사용하는 예산

주 1: 다자협력전문가(KMCO: KOICA Multilateral Cooperation Officer). 국제기구와의 네트워크 강화 및 개발협력분야 글로벌 인재 양성을 위해 2013년부터 기관 간 약정 체결을 통해 해당 국제기구에 국내 전문가를 파견하는 제도이다. 현재 UNDP, UNICEF, UNESCO와 약정 체결을 통한 KMCO 파견 중.
자료: OECD/DAC(2016), 한국국제협력단(2016).

로젝트 원조) 유형으로 계상되고 있다. 타 공여국/공여기관과 공동기금을 조성해 지원하는 일부 프로젝트(탄자니아 보건분야 공동재정지원 사업 등/〈표 1-5〉 KOICA의 PBA 적용 프로젝트 사례 참조)의 경우, B(비지정 지원 및 공동프로그램/기금) 유형으로 DAC 통계실적에 보고된다.

KOICA 프로젝트는 지원방식에 따라, ① 양자원조, ② 다자성양자원조로 구분된다. 양자원조(bilateral aid)는 KOICA가 직접 사업시행자[8]를 선정해 협력국을 지원하는 반면, 다자성양자원조(multi-bi aid)는 KOICA가 국제기구를 통해 협력국을 지원하되, KOICA가 특정 용처(지역, 국가, 분야 등)를 지정해 지원(earmarked, non-core contribution)한다.

예를 들어, 에티오피아 모자병원 건립 및 병원운영 역량 강화를 위해 KOICA 에티오피아 사무소가 현지입찰로 현지 건설사를 선정하고, KOICA 본부가 국내입찰을 통해 국내 대학병원을 사업관리 및 역량 강화를 위한 용역기관으로 선정해 추진하는 프로젝트는 양자원조사업으로 분류된다. 반면, 볼리비아 초등학생 교육여건 개선을 위한 프로젝트를 국제기구인 유엔아동기금(UNICEF)을 통해 추진하고 KOICA가 예산지원 및 모니터링하는 경우에는 다자성양자원조사업으로 분류된다.

KOICA는 협력국의 주인의식[9] 제고, 타 공여국 및 국제기구와의 원조조화(harmonization) 강화, 협력국 시스템 활용을 위해 프로그램 기반 접근법[10](PBA: Program-based Approach)을 적용해 일부 사업을 발굴·추진 중이다.

---

8 현업에서는 '사업수행자'라는 용어를 혼용해서 사용한다.

9 개발의 주체는 개발도상국이며, 일차적으로 개발의 책임은 개발도상국이 가져야 한다는 개념. 개발주체성이라고도 번역된다(KOICA 홈페이지).

10 국가빈곤 감소전략, 주제별 프로그램 또는 특정 기관의 프로그램을 포함한 현지 주도의 개발 프로그램과의 조율하에 지원하는 것을 원칙으로 하여 개발협력에 참여하는 방법을 지칭한다(OECD, 2006).

표 1-5 KOICA의 PBA 적용 프로젝트 사례

사업명	유형	적용사유
캄보디아 보건분야 프로그램 (Health Sector Support Program II, HSSP2) 지원사업 (2014-2016/ 500만 달러)	• 섹터₁예산지원 • 공동재정지원	• 캄보디아 정부의 보건전략계획 HSPII(Health Strategic Plan, 2008-2013)을 공동 지원하는 프로그램으로서 PBA 형태의 보건분야 지원 프로그램 HSSPII(Health Sector Support Program)에 참여해 예산 지원하는 사업임 • 캄보디아 보건부(MoH)와 7개 공여기관[프랑스 국제개발청(AFD), 호주 국제개발청(AUSAID), 벨기에 개발협력청(BTC), 영국 국제개발부(DFID), 유엔 인구기금(UNFPA), 유엔 아동기금(UNICEF), 세계은행(WB)]이 공동으로 지원함 • 지원금은 WB가 통합 관리하는 신탁기금(MDTF)을 통해 공동계정에 투입되며, MoH로 직접 예산이 지원되어 보건부의 취약계층 지원 프로그램에 사용됨
르완다 농촌공동체 개발사업 (2014-2018/ 1100만 달러)	• 섹터예산지원	• KOICA의 재정지원예산 총 1100만 달러 중 800만 달러를 르완다 농업부(MINAGRI)에 직접 예산 지원하고 르완다 측 분담액 150만 달러를 더해 습지 및 경사지 복원 및 상품사슬 강화에 지원함 • 본 사업을 위해 르완다 농업부 내 KOICA-SPIU(Single Project Implementation Unit) 내부에 해당 사업을 전담 시행할 PSCU(Project Support and Coordination Unit)를 설립해 사업을 수행하는 협력국 시스템을 활용하는 형태임
탄자니아 보건분야 공동재정지원 (2016-2018/ 690만 달러)	• 섹터예산지원 • 공동재정지원	• 탄자니아의 보건분야 공동재정지원(HBF) 사업은 탄자니아 보건부의 정책, 중장기 계획, 연간 목표 달성을 위해 탄자니아 보건체계를 활용해 집행하는 PBA 사업임 • 2015년 기준 WB, 캐나다, 덴마크, 아일랜드, 스웨덴, UNICEF, UNFPA, 이상 7개 공여기관이 참여하고 지원함 • 공동예산은 탄자니아 보건사회복지부(보건부)에 지원되어 보건부의 제4차 보건분야 전략계획(HSSP)과 탄자니아 대통령 이니셔티브인 Big Result Now 달성을 지원하는 데 활용되며, 협력국-수원기관이 공동으로 운영하는 공동재정지원위원회(BFC)를 통해 예산집행이 관리·감독됨

주 1: 이 책에서 섹터는 보건, 교육, 공공행정, 농업 등 분야를 지칭.

PBA는 공적개발원조(ODA: Official Development Assistance)[11] 사업이 각 국가의 개별 프로젝트(stand-alone project)로 진행됨에 따라 발생하는 문제점을 해결하기 위해 2000년대부터 유럽 공여국을 중심으로 활성화되었다. 하나의 목적을 위해 필요한 여러 개의 프로젝트를 묶어 프로그램을 형성하지 않고 개별 프로젝트를 추진할 경우, 동일한 프로젝트를 다양한 원조기관에서

---

11 개발도상국의 경제사회 발전을 위해서 공여국의 공공부문이 개발도상국 또는 국제개발기구에 제공하는 양허성 자금(시공미디어, 2016).

각각 시행할 수 있다. 이처럼 원조가 분절화 및 파편화되면, 협력국의 행정 부담이 가중되고, 협력국의 필요와 공여국의 지원이 상충되거나, 협력국 정부의 공공 재정관리 시스템을 사용하지 않음으로써, 협력국 정부 시스템의 유효성과 역량 강화를 간과하는 문제점이 발생한다.

따라서, PBA는 협력국 현지 주도의 프로그램에 대해 타 공여국과 중복되지 않고 연계를 강화하는 등 조율하에 지원하는 것을 원칙으로 한다. 또한 프로젝트, 기술협력, 예산지원과 같이 원조양식(modality)이나 수단(instrument)이 아닌 하나의 접근법 또는 프로세스이다. PBA로 분류되기 위해서는, ① 협력국 또는 현지 기관의 리더십, ② 하나의 포괄적인 프로그램 및 예산 틀, ③ 보고(reporting), 예산책정(budgeting), 재정관리(financial management) 및 조달(procurement)을 위한 공식적인 공여국 간 조정 및 조화 절차, ④ 프로그램 설계 및 실행, 재정관리, 모니터링 및 평가를 위한 현지 시스템 활용을 향상시키는 노력 등이 필요하다.

2) KOICA 프로젝트 구성요소

KOICA 프로젝트는 앞서 정의한 바와 같이 다양한 투입물로 구성되며, 주요 구성요소는 건축, 기자재 지원, 전문가 파견, 연수 등이다. 건축은 학교, 병원, 공장 등 건물 및 시설에 대한 건축 및 토목 관련 설계·공사·감리 등을 총괄하는 구성요소이다. 기자재 지원은 건축 및 시설 운영을 위해 투입되는 장비, 부품, 설비 등을 포괄하며, 기자재 제작, 선적, 운송, 검수, 설치, 운영교육 등의 절차로 진행된다. 전문가 파견은 전문인력을 투입해 협력국의 자문, 연수, 조사 등의 활동과 세미나, 포럼 등의 행사를 지원/진행하는 것을 포관한다. 연수는 협력국 관계자의 교육훈련을 목적으로 현지연수 또는 국

표 1-6 KOICA 프로젝트 사업시행기관 구분 및 주요 업무

구분		주요 수행업무
PMs(Project Management Service, 이하 PM)		사업 책임관리 기능만을 분리해 수행하는 기획관리용역 기관으로서 사업 형성 및 기획, 사업수행 전반(계약/일정/성과)에 대한 관리와 사업 종료 후 각종 하자보수, 사후관리 부문의 기술지원을 지속하는 업무 수행
PMC(Project Management Consulting)		사업 관리 및 수행에 대한 기술자문(전문가 파견, 국내초청연수, 공동연구 등), 단위사업시행자(PC) 선정 지원 등
CM(Construction Management)		건축부문에 대한 기술자문, 건축비 산정, 입찰지원, 공정관리, 설계변경, 품질 및 감리 업무 등 수행
PC(Project Contractor)		PMs 또는 PMC의 감독하에 단위사업을 수행하는 시행자 의미, 사업구성요소에 따라 구분되며, 과업 간 연관관계에 따라 1개 기관이 턴키(turn key)로 담당하는 경우도 있음(예: 정보시스템 개발과 관련 IT 기자재 공급)
	설계	설계도면 작성(CM 과업에 포함하는 경우도 있음)
	시공	건축/토목 시공
	감리	시스템 개발 감리 등(건축의 경우 CM이 감리 수행)
	시스템 개발	정보시스템 개발 및 구축
	기자재 공급	기자재 공급, 설치, 운송 및 운영교육
	전문가 파견/연수	각 부문별 전문가 파견, 국내초청연수 및 현지연수 등

자료: 한국국제협력단(2012) 참조 저자 내용 보완.

내초청연수 형태로 진행된다. 그 외 학부모 대상 아동 교육권, 특정 질병 예방을 위한 인식 제고 및 홍보 등 다양한 형태의 활동도 구성요소에 포함될 수 있다.

KOICA는 구성요소별 프로젝트 수행을 위해 프로젝트 사업시행기관을 선정해 프로젝트를 관리하고 있다. 먼저, PM은 사업 기획관리용역 기관으로서 △사업 형성 및 기획, 수행 전반에 대한 성과/계약/일정 등 관리와 △사업 종료 후 하자보수 및 사후관리 등 기술지원 등의 업무를 수행한다. PMC는 △사업 관리 및 수행에 대한 기술자문, △사업시행자 선정 지원 등의 업무를 수행한다. PC는 PM 또는 PMC의 관리감독 아래 단위사업을 수행하는 시행자로서, 설계, 시공, 감리, 시스템 개발, 기자재 공급, 전문가 파견 등의 업무를 담당한다. CM은 건축부문에 대한 기술자문, 건축비 산정, 입찰지원, 공정

관리, 설계변경, 품질관리 등의 업무를 수행한다.

〈표 1-7〉에서는 KOICA 프로젝트 주요 구성요소별 사업시행기관과 그 산출물을 요약했다.

표 1-7 KOICA 프로젝트 주요 구성요소별 수행기관 및 산출물

구분	내용	수행기관	주요 문서1
건축	• 건물 및 시설에 대한 건축 및 토목공사 지원 • 기본/상세 설계, 감리, 건설사업관리(CM) 포함	• CM • 설계/시공/ 감리 업체	• 공정보고서 • 감리보고서 • 준공보고서 • 준공설계도서
기자재 지원	• 장비, 부품 및 설비 등 기자재 지원 • 선적, 해상운송, 검수, 설치 및 운영교육 포함	• PM • PMC • 기자재 공급업체 • 물류업체	• 납품계획서/사양서 • 검수보고서 • 설치결과보고서
전문가 파견	• 전문인력을 투입해 협력국에 대한 자문, 지식전수, 연수, 조사 등의 활동 수행 • 워크숍, 포럼, 발표회 등 포함(국내/현지에서 이루어지는 상기 활동을 모두 총괄해 '전문가 파견'으로 통칭)	• PM • PMC	• 파견계획서 • 파견결과보고서 • 착수보고서 • 중간보고서 • 최종보고서
연수	• 협력국 관계자들에 대한 교육훈련활동 지원 • 연수생 초청 또는 현지연수 형태로 진행	• PM • PMC(연수 위탁기관)	• 연수계획서 • 연수결과보고서
사업 자문	• 각 사업요소 추진 전반에 대한 기술자문 및 제언 • 각종 변경사항에 대한 기술적 적정성 검토	• PM • PMC	• 사안별 검토보고서

주 1: 프로젝트 구성요소별 산출물 및 주요 문서는 4장을 참고. 예를 들어 4장에서는 '감리보고서'에 있어 '감리
계획서', '감리수행결과보고서', '감리일지', '감리 및 기성보고서' 등으로 세분해 제시하고 있음.
자료: 한국국제협력단(2012) 참조 저자 내용 보완.

2. KOICA 프로젝트의 특성

KOICA 프로젝트는 개발도상국에서 진행되는 특성상 일반 프로젝트와는 차별화된다. 아래에서는 KOICA 프로젝트의 특성에 대해 알아보도록 한다.

1) 프로젝트 주요 이해관계자

프로젝트의 성공적인 추진을 위해 주요 이해관계자를 파악하고 각 이해관계자로부터 협력을 적절히 이끌어내야만 한다. KOICA 프로젝트의 주요 이해관계자로는 수원총괄기관, 수원기관, 수혜자, 타 공여기관 등이 있다.

(1) 수원총괄기관

수원총괄기관은 협력국 내 국가개발계획 수립, 개발협력 및 ODA를 총괄하는 정부기관으로서, 일반적으로 재무부 또는 외교부 역할을 하는 부처가 수원총괄기관인 경우가 많다. 수원총괄기관은 우리 정부의 중점협력국[12] 국가협력전략(CPS: Country Partnership Strategy) 수립 시, 협력국의 카운터파트(협의 상대방) 기관이다.

우리 정부는 모든 ODA 프로젝트, 프로그램, 개발컨설팅 사업에 대한 발굴·형성 단계의 투명성 제고[13]와 협력국 내 혼선방지 및 조율 등을 위해 수원총괄기관의 사업요청공문과 사업제안서(PCP: Project Concept Paper)를 반드시 구비[14]하도록 요구하고 있다. 이에 따라, KOICA는 해외 사무소를 통해 상시·정기적으로 수원총괄기관과 프로젝트 발굴에 관한 사전협의를 진행하며, 모든 프로젝트 PCP를 수원총괄기관을 통해 접수한다. 한편, 수원총괄기관은 개별 부처의 PCP를 취합한 후, 국가개발계획과의 전략적 연계성 및 우선순위, 시급성, KOICA 협의결과 등을 반영해 최종적으로 엄선된 프로젝트

---

12 협력대상국 중에서 '국제연합(UN)'이 선정한 최빈국을 포함해 중점적으로 국제개발협력을 행해야 할 협력대상국(국제개발협력기본법).

13 2018년 국제개발협력 종합시행계획/ 2017년 12월 제30차 국제개발협력위원회.

14 제2차 국제개발협력 기본계획/ 2015년 11월 제22차 국제개발협력위원회 의결.

PCP를 우리 공관(KOICA 해외 사무소)에 공식 제출한다.

(2) 수원기관

수원기관은 협력국 내 해당 프로젝트를 총괄하는 부처 또는 정부기관(지방정부, 대통령실 등)으로서, 프로젝트 추진 시 KOICA 및 사업시행기관이 가장 긴밀하게 협의하는 기관이다. 사업분야에 따라 협력국의 교육부, 보건부, 농업부 등이 대표적인 수원기관이며, 협력국 내 지방에서 사업을 추진하는 경우, 해당 지방정부가 수원기관이 되기도 한다.

수원기관은 프로젝트 추진 시 협력국의 분담사항을 이행하는 주체로서, KOICA는 수원기관과 협의의사록(R/D: Record of Discussion) 체결을 통해 양국 간 분담사항을 결정한다. 또한 수원기관은 사업추진과정에서의 협력국 내 모든 의사결정을 담당하고, 종료 후 프로젝트 결과물에 대한 운영관리 책임을 가지고 있기 때문에, KOICA 프로젝트의 원활한 추진과 지속가능성 제고를 위해 가장 중요한 이해관계자 중 하나이다. 따라서 KOICA는 프로젝트 발굴 및 형성 시, 수원기관의 기능과 역량, 법적 지위 및 권한, 사업추진 의지 등에 대해 면밀하게 분석하고, 그 결과를 신규 프로젝트 심사 시 반영하고 있다. 또한 KOICA는 일반적으로 프로젝트 추진 시, 수원기관과의 공동 의사결정 및 운영을 위한 프로젝트운영위원회[15](PSC: Project Steering Committee) 및 공동 사업추진을 위한 프로젝트집행조직[16](PIU: Project Implementation Unit)을 양 기관 공동으로 구성해 수원기관이 책무성과 주인의식을 가지고 프로젝트에 참여하도록 유도한다.

---

[15] 프로젝트 주요 의사결정 및 관리를 수행하고 책임지는 KOICA 및 협력국의 공식적인 책임자 조직 지칭.

[16] 프로젝트 집행을 담당하는 KOICA(수행기관 포함)와 협력국의 공식적인 실무자 조직 지칭.

(3) 수혜자

수혜자는 프로젝트 수행에 따라 빈곤감소 및 사회경제 발전 등에 영향을 받는 대상자로서, 프로젝트의 영향력을 받는 방식에 따라 직접수혜자와 간접수혜자로 구분될 수 있다. 직접수혜자는 보건, 교육 분야 프로젝트 대상지역에서 실제로 지원받는 병원, 학교를 이용하는 주민 또는 학생, 학부모인 경우가 대표적이다. 간접수혜자의 경우, 지원된 프로젝트의 파급효과로 사회경제적 발전기회를 얻은 인근 지역주민이 하나의 예가 될 수 있다.

사업 발굴 시, 수혜자 수요를 면밀히 분석하고, 이를 바탕으로 문제분석 및 프로젝트 목표 수립 등 해결방안을 제시하는 것이 중요하다. 프로젝트 진행 시에는, 수혜자의 목소리를 충분히 반영할 수 있도록 KOICA 및 수행기관은 프로젝트 추진 현황 및 관련 정보를 수시로 수혜자들과 공유하는 등 원활한 의사소통체계를 구축해야 한다. 또한 평가 시에는 실제 수혜자가 평가과정에 깊이 참여해 충분한 의견을 표명함으로써, 평가결과의 신뢰성을 확보할 수 있다는 점도 유념해야 한다.

특히 KOICA는 지속가능개발목표(SDGs: Sustainable Development Goals)의 기본정신인 '그 누구도 소외되지 않기(leaving no one behind)'에 따라, 여성, 아동 등 취약계층을 포괄하는 인권 중심의 개발을 지향하고 있으며, 프로젝트 발굴 시 성별분석 및 취약성 분석 등을 통해 취약계층이 실질적인 혜택을 누릴 수 있는지 검토하고, 분석결과를 바탕으로 프로젝트를 추진한다.

(4) 타 공여기관

타 공여기관은 원조조화 측면에서 중요한 개발협력 파트너이다. 원조조화는 원조사업의 효과성 및 효율성 제고를 위해 공여국 간 원조정책, 지원절차, 지원 방식 및 분야 등을 서로 조정해 원조사업의 중복을 방지하고 연계

표 1-8 KOICA의 타 공여기관 협력사업 사례

사업명	공여기관	협력내용
가나 볼타지역 모자보건 개선사업 (2013-2016/600만 달러)	미국 (USAID)	동 사업의 일부 과업인 조산사 양성 및 역량개발₁ 부문을 USAID를 통해 위탁 실시 (사업비 100만 달러 해당)
코트디부아르 아비장시 빈민가정 상수급수 연결사업 (2014-2016/300만 달러)	프랑스 (AFD)	AFD 아비장 식수공급 및 위생개선 사업 (2012-2015/7090만 유로) 중 상수도관 설치 프로그램에 KOICA가 동 사업비 300만 달러를 지원해 AFD가 이행

주 1: 장기간에 걸쳐 개인과 기관과 사회가 자신들의 개발 목적을 설정하고 달성할 수 있는 능력을 획득하고, 강화 및 유지해 나가는 과정. 개인 및 기관과 사회 전체를 연결하는 개념으로, 기존의 역량 강화(Capacity Building)가 주로 조직과 개인의 능력 향상을 대상으로 하는 반면, 역량개발은 그와 함께 제도 및 정책의 정비, 사회시스템의 개선까지 포함(KOICA 홈페이지).

를 강화하는 절차를 의미한다. KOICA 역시 프로젝트 발굴단계부터 사업효과성 제고를 위해 KOICA가 단독으로 진행하는 개별 프로젝트(stand-alone project) 대신 타 공여기관과의 협업에 기반한 프로그램 기반 접근법(PBA)을 적용한 프로젝트 발굴을 확대하고자 노력하고 있다.

이에 따라, 타 공여기관과의 협업을 지속적으로 강화하는 추세이며, 프로젝트 발굴·형성 시, 풍부한 현지 정보 및 네트워크, 유사사업 경험 등을 보유한 타 공여기관과 협의하는 절차를 반드시 거쳐야 한다. 참고로, 미국 국제개발처(USAID), 독일 기술협력공사(GIZ) 등 타 공여기관이 KOICA 사업의 수행기관이 되어 추진하는 협력사업도 존재한다.

한편, 타 공여기관과 협업해 공동프로그램/기금(pooled programmes and funds) 형태로 추진되는 KOICA 프로젝트의 경우, 1절 1항('프로젝트의 정의와 목적', 〈표 1-4〉 참조)에서 설명한 바와 같이 원조유형 B(비지정 지원 및 공동프로그램/기금)로 분류된다.

2) 프로젝트 수행환경의 특수성

프로젝트는 개발도상국 현지에서 진행되기에, 비교적 예측가능성이 낮고 변동성이 높다. 따라서 이런 상황을 늘 염두에 두고 프로젝트를 추진해야 한다. 프로젝트 수행과정에서 발생하는 정책 및 정치적 환경의 변화, 치안 및 안보환경의 변화 등은 사업 추진 시 예상치 못한 장애요인으로 작용할 수 있다.

예를 들어 정권 교체 및 협력국의 정치적 환경 변화로 수원기관장이 갑자기 변경되어 사업 추진이 중단되거나, 협의의사록(R/D) 체결이 상당 기간 지연되는 경우가 있다. 또한 국가소요 사태가 발생해 치안이 악화되어 사업수행 인력의 안전이 위험해지거나 심지어 이들이 철수해야 하는 상황도 발생한다. 또한 협력국의 문화적 환경도 사업 수행에서 고려해야 할 중요한 부분이다. 특히, 아프리카 농촌종합개발사업의 경우 대부분 부족마을에서 사업이 진행되는데, 이때 마을의 문화적 특성 및 전통, 주민대표 등 마을의 주요 이해관계자와의 관계 등을 반드시 고려해 사업을 추진해야 한다. 예를 들어, 한 마을 내에서 주민대표인 추장을 중심으로 의사를 결정하는 방식이 과거부터 지금까지 전통적으로 존재하는 경우, 사업추진과정에서 필요한 의사결정도 마을의 기존 의사결정방식을 최대한 존중해야 하며, 불가피하게 주민투표 등 다른 방식을 추진할 경우에도, 반드시 주민대표를 비롯한 이해관계자의 동의를 구하거나 충분한 협의를 바탕으로 진행해야 한다.

아울러 협력국의 행정절차 및 분담사항 이행 가능 여부도 ODA 사업 수행 시 고려해야 할 특수성 중 하나이다. 사업 수행에 필요한 R/D 체결 등 행정절차가 협력국의 열악한 거버넌스[17]로 인해 지연되어 사업 추진이 중단되는

---

17 국가의 능력(state's capability)을 의미한다. 정치, 행정, 사법 전 분야에서 제도를 관리하는 것('거버넌스와 개발협력' 강의교안, 한국행정연구원 김은주).

경우가 발생할 수 있으며, 사업부지 제공, 물과 전기 등 인프라 지원과 같은 협력국 분담사항이 이행되지 않아 사업이 장기 지연되거나 취소되는 경우도 발생 가능한바, 이러한 특수성을 객관적이고 심층적으로 고려하면서 사업을 추진해야 한다.

또한 해외사업의 특성상 환율의 급격한 변동에 따른 환리스크의 발생도 간과할 수 없는 환경변화 중 하나이다. 환율 변동은 사전예측이 어려운바, 총 사업비의 5~10%를 예비비로 편성해 환리스크가 발생할 경우를 대비해야 한다.

3. KOICA 프로젝트 관련 법, 정책 및 전략

KOICA 프로젝트는 국제개발협력기본법, 국제개발협력 기본계획, 국제개발협력 종합시행계획 등에 근거해 수립된다. 아래에서는 KOICA 프로젝트와 관련된 국내·외 대표적인 법, 정책 및 전략에 대해 설명한다.

1) 국제사회 정책

국제사회는 2015년 새천년개발목표(MDGs: Millennium Development Goals)의 종료 이후, 지속가능개발목표(SDGs: Sustainable Development Goals)[18]를 새로운 개발의제로 채택했다. SDGs는 2030년까지 달성해야 할 17대 목표, 169개 세부목표로 구성되어 있으며, 동 목표는 사회발전, 경제성장, 환경보존이

---

18 SDGs에 대한 보다 자세한 사항은 아래 웹사이트 참조.
http://odakorea.go.kr/ODAPage_2012/T01/L01_S05_01.jcp

라는 3가지 축을 기반으로 한다. 또한 SDGs 달성을 위해 국제사회는 정부, 민간, 학계, NGO 등 다양한 개발협력 파트너의 참여 및 파트너십 확대, 개발재원[19] 유치 등을 강조한다.

2) 우리 정부 법, 정책 및 전략

우리 정부는 체계적이고 효과적인 ODA 추진을 위해 관련 법, 정책 및 전략을 수립했고, KOICA는 이를 준용해 프로젝트 사업을 추진하고 있다.

(1) 국제개발협력기본법

국제개발협력기본법[20]은 ODA 정책의 법적안정성 확보와 정책일관성 및 원조효과성 증진을 위해 2010년 1월 제정되어 2010년 7월 26일에 발효되었다. 동 법은 한국의 개발원조[21]에 대한 목적, 정의, 기본 정신 및 원칙, 국제개발협력위원회의 정의, 구성 및 역할, 국제개발협력 기본계획 및 종합시행계획 수립절차, 국제개발협력 주관기관의 역할 및 기능 등을 담고 있다. 특히, 유상원조와 무상원조가 각각의 전략하에 분리 지원되어 원조효과가 저하되는 문제점을 개선하기 위해 유·무상 ODA 통합추진체계 구축에 초점을 두고 있으며, 국제개발협력 주관기관으로서 양자 간 개발협력 중 유상협력은 기획재정부, 무상협력은 외교부가 각각 주관하도록 명시하고 있다. 또한

---

19 개발도상국의 빈곤감소 및 지속가능개발을 위해 필요한 재원을 통칭하는 말. 주요 유형으로는 국내공적재원(조세), 국제공적재원(ODA, OOF), 국내민간재원(저축, 국내투자), 국제민간재원(해외직접투자, 송금 등) 등이 있다(KOICA 홈페이지).

20 국제개발협력기본법에 대한 보다 자세한 사항은 아래 웹사이트 참조. http://odakorea.go.kr/ODAPage_2012/T02/L01_S02.jsp

21 개발도상국의 빈곤퇴치를 위해 공여국 및 국제사회가 기여하는 재정 및 기술, 물자 지원 등을 지칭한다(개발원조 관련 국제기구 지식정보원).

국제개발협력과 관련한 사업을 실시하는 중앙행정기관, 지방자치단체 및 공공기관을 시행기관으로 정의하고 있다.

기본법은 시행기관이 다수인 분절적인 사업시행구조를 인정하면서, 그 대안으로 통합적 정책 추진을 위한 국제개발협력위원회[22]의 역할을 강조하고 있다. 위원회는 국제개발협력에 관한 정책이 종합적·체계적으로 추진될 수 있도록 주요 사항을 조정 및 심사·의결하기 위한 국무총리 소속의 기구이다. 국제개발협력기본법 제정을 통해 국내적으로는 보다 체계적인 ODA 정책과 시스템을 갖추고, 대외적으로는 국제사회에 대한 한국의 기여의지를 표명한다는 데 그 의의가 있다.

(2) 국제개발협력 기본계획

우리 정부는 2010년 제정된 국제개발협력기본법에 따라 5년 주기로 국제개발협력 기본계획[23]을 수립해 이행 중이다. 기본계획은 △국제개발협력정책의 기본방향, △국제개발협력의 규모 및 운영계획, △중점협력대상국에 대한 중기지원전략, △국제개발협력의 제공 및 제공된 국제개발협력의 활용과 관련한 투명성 증진을 위한 계획 등을 포함한다.

2015년에는 '2030 지속가능개발의제'[24] 채택 등 국제개발협력의 환경변화

---

22 국제개발협력에 관한 주요 정책을 심의·조정하는 우리나라 개발협력분야 최고의 정책기구로서, 2006년 1월 국무총리 소속하에 설치되었다. 위원장은 국무총리가, 간사위원은 국무조정실장이 역임하며, 위원회는 간사위원을 포함한 25명 이내의 ODA 주요 중앙행정기관 및 관계기관의 장, 혹은 민간위원으로 구성된다. 국제개발협력위원회에 대한 보다 자세한 사항은 아래 웹사이트를 참조.
http://odakorea.go.kr/ODAPage_2012/T03/L01_S00_01.jsp

23 국제개발협력 기본계획에 대한 보다 자세한 사항은 아래 웹사이트 참조.
http://odakorea.go.kr/ODAPage_2012/T02/L01_S04_01.jsp

24 2016년부터 향후 15년간 국제개발협력의 공동목표, 유엔이 지향하는 5대 가치와 SDGs를 이행하기 위한 수단인 개발재원 논의 등을 담고 있는 길파문서(시공미디어, 2010).

와 제1차 기본계획(2011~2015) 추진결과를 바탕으로 '제2차 국제개발협력 기본계획'(2016~2020)을 수립했다. 제2차 기본계획은 '통합적인 ODA', '내실 있는 ODA', '함께하는 ODA'를 기본원칙으로 하여, 국제사회의 새로운 목표인 SDGs 달성에 기여하고자 한다.

구체적으로, 우리 정부는 통합 전략과 계획을 통한 체계적인 ODA를 추진해 원조의 분절화[25]를 방지하고 효과성을 높이기 위해 '통합적인 ODA' 추진을 제시했다. 또한 협력대상국 수원총괄기관과의 협의 강화 등 사업발굴절차를 개선하고 ODA 사업의 사후관리를 강화하며 제3자에 의한 사업평가를 확대해 '내실 있는 ODA'를 도모할 계획이다. 아울러 '함께하는 ODA'를 통해 ODA 사업에 시민단체·학계·기업의 참여 확대, 다자기구성과평가네트워크(MOPAN) 및 유엔 경제사회이사회(UN ECOSOC) 의장직 수임 등 국제개발협력 논의 주도와 민간재원 활용 추진을 주요 과제로 제시했다.

또한 재원의 운용 측면에서 아시아 중심의 지원기조를 유지하되 아프리카에 대한 지원비중을 점점 확대하며, SDGs 체제 출범에 따라 경제 인프라 및 환경분야 지원, 프로그램 기반 접근법(PBA) 지원 확대도 강조하고 있다.

(3) 국제개발협력 종합시행계획

국제개발협력기본법상 각 시행기관은 매년 국제개발협력 기본계획에 따라 유·무상 협력 주관기관인 기획재정부와 외교부에 국제개발협력 시행계획안을 제출해야 하며, 주관기관은 제출된 연간 국제개발협력 시행계획안을 종합·검토해 국제개발협력위원회에 제출한다. 국제개발협력위원회는 제출된 국제개발협력 종합시행계획안을 조정 및 심사·의결해 확정한다.

---

25   한 국가의 여러 부처와 기관이 각자 원조사업을 벌이는 것. 업무중복 등의 부작용이 있다.

종합시행계획[26]은 기본계획에 따른 당해 연도 국제개발협력의 추진방향 및 추진계획과 주요 지원 분야와 사업, 사업 간 연계 및 통합 세부내역, 기관별 ODA 사업예산 및 세부사업 등을 제시한다.

(4) 국가협력전략

국가협력전략(CPS: Country Partnership Strategy)[27]은 중점협력대상국을 대상으로 한 범정부 차원의 통합 지원전략이며, 협력대상국의 개발수요 및 우리의 비교우위 등을 고려해 3~5년 주기로 수립한다. CPS는 개별 국가에 대한 우리 정부 최초의 유·무상 원조를 통합한 지원전략이라는 측면에서 의의가 있다. 또한 정부는 한정된 ODA 재원의 효율적이고 전략적인 활용을 위해 2010년 26개 중점협력대상국을 지정해 국가별 제1기 CPS를 수립했으며, 2015년 중점협력대상국을 24개로 재조정해 해당 국가에 대한 제2기 CPS를 2015년, 2016년에 수립했다. 2018년부터는 CPS 적용 주기(기존 5년)를 대상 국가의 국가개발전략과 연동시키고, 중점협력국 편입 혹은 제외에 따라 CPS도 신규 수립 혹은 종료를 추진하는 등 탄력적으로 적용하여 CPS의 실효성을 강화할 계획이다.[28]

CPS는 3~4개 중점협력분야를 지정해 동 분야에 우리 정부의 해당 국가 ODA의 최소 70% 이상을 지원하도록 명시하고 있다. 이는 원조의 분절화를 방지하고 협력국의 개발수요와 우리의 개발전략에 최대한 부합하도록 ODA

---

26 국제개발협력 종합시행계획에 대한 보다 자세한 사항은 아래 웹사이트 참조.
    http://odakorea.go.kr/hz.blltn2.YearPlanSIPL.do?brd_seq=3&blltn_div=oda

27 국가협력전략에 대한 보다 자세한 사항은 아래 웹사이트 참조.
    http://odakorea.go.kr/ODAPage_2012/T02/cps/asia/Vietnam.jsp

28 CPS 탄력적 적용 주기에 대한 보다 자세한 사항은 '2018년 국제개발협력 종합시행계획(2017.12)' 참조

를 지원하기 위해서이다.

표 1-9 중점협력국 및 CPS 중점협력분야

지역	중점협력국	CPS 중점협력분야
아시아 (11)	네팔	① 물관리 및 보건위생 분야, ② 교육 분야, ③ 지역개발 분야, ④ 에너지 분야
	라오스	① 물관리 및 보건위생 분야, ② 에너지 분야, ③ 교육 분야, ④ 지역개발 분야
	미얀마	① 공공행정 분야, ② 지역개발 분야, ③ 교통 분야, ④ 에너지 분야
	몽골	① 교육 분야, ② 물관리 및 보건위생 분야, ③ 공공행정 분야, ④ 교통 분야
	방글라데시	① 교육 분야, ② 교통 분야, ③ 물관리 및 보건위생 분야, ④ 통신 분야
	베트남	① 교통 분야, ② 교육 분야, ③ 물관리 분야, ④ 공공행정 분야
	스리랑카	① 교육 분야, ② 교통 분야, ③ 물관리 및 보건위생 분야, ④ 지역개발 분야
	인도네시아	① 교통 분야, ② 공공행정 분야, ③ 환경보호 분야, ④ 물관리 분야
	캄보디아	① 교통 분야, ② 물관리 및 보건위생 분야, ③ 교육 분야, ④ 지역개발 분야
	필리핀	① 지역개발 분야, ② 물관리 및 보건위생 분야, ③ 교통 분야, ④ 재해 예방 분야
	파키스탄	① 교통 분야, ② 에너지 분야, ③ 물관리 및 보건 분야, ④ 지역개발 분야
아프리카 (7)	가나	① 지역개발 분야, ② 보건위생 분야, ③ 교육 분야, ④ 에너지 분야
	르완다	① 교육 분야, ② 지역개발 분야(농촌개발), ③ 통신 분야(ICT)
	모잠비크	① 교통 분야, ② 에너지 분야, ③ 물관리 및 보건위생 분야, ④ 교육 분야
	세네갈	① 지역개발 및 수산업 분야, ② 교육 분야, ③ 물관리 및 보건위생 분야, ④ 교통 분야
	에티오피아	① 물관리 및 보건위생 분야, ② 지역개발 분야, ③ 교통·에너지 분야, ④ 교육 분야
	우간다	① 지역개발 분야, ② 교육 분야, ③ 보건위생 분야
	탄자니아	① 물관리 및 보건위생 분야, ② 교육 분야, ③ 교통 분야, ④ 에너지 분야
중남미 (4)	볼리비아	① 보건위생 분야, ② 지역개발 분야, ③ 교통 분야, ④ 에너지 분야
	콜롬비아	① 지역개발 분야, ② 교통 분야, ③ 산업 분야, ④ 평화 분야
	파라과이	① 물관리 및 보건의료 분야, ② 교통 분야, ③ 지역개발 분야, ④ 통신 분야
	페루	① 보건위생 분야, ② 공공행정 분야, ③ 환경보호 분야, ④ 교통 분야
중동CIS (2)	우즈베키스탄	① 교육 분야, ② 물관리 및 보건 분야, ③ 공공행정 분야
	아제르바이잔	① 통신 분야, ② 물관리 및 보건위생 분야, ③ 공공행정 분야, ④ 지역개발 분야

자료: 한국 정부의 ODA 통합 홈페이지(http://odakorea.go.kr).

(5) 기타

이 외에도 정부는 국제개발협력에 관한 국제사회의 여건 변화 및 국내·외 수요 등을 고려해 국제개발협력 추진에 필요한 다양한 정책 및 전략을 수립해 운영 중이다.

예를 들어 '2030 지속가능개발의제' 달성의 주요 과제로 취약국[29] 발전이 대두됨에 따라 '취약국 지원 전략'(2017)을 수립했으며, 개발재원 보충을 위한 ODA의 전략적 활용 및 민간부분의 역할 강화를 위한 '개발금융의 ODA 활용방안'(2016), 국제사회의 다자협력 수요 증가에 따라 정부 차원의 체계적인 협력방안 모색을 위한 '다자협력 추진전략'(2016) 등을 수립했다.

3) KOICA 정책 및 전략

KOICA는 우리 정부의 정책 및 전략을 고려해 기관의 중장기 경영목표와 전략을 수립하고, 이를 기반으로 신규사업 발굴, 집행 및 평가, 성과관리 등을 추진한다.

(1) 중장기 경영목표

KOICA는 외교부 산하 준정부기관으로 '공공기관 운영에 관한 법률'에 따라 5개년 경영전략인 '중장기 경영목표'를 수립하고, 매년 대내외 환경과 기관의 정책 및 전략의 변화를 고려해 이를 갱신하고 있다.

동 경영목표(2019~2023)에 따라, 현재 KOICA는 프로젝트 관련 경영목표로 '중점협력국 SDGs 달성 기여', 전략과제로 'SDGs 달성 전략과 프로그램 수립 및 이행', '정부 개발정책 및 전략연계 강화', '개발협력사업 관리체계 내실화' 등을 선정해 추진 중이다.

---

29 정치적으로 정권의 권위와 정당성이 부족하며, 행정적으로 기본적인 공공서비스를 제공할 역량과 의지가 미흡하고 내부적인 폭력과 외부적인 위기상황에 의해 안보가 보장되지 않는 국가(KOICA 홈페이지)

(2) 분야별 중기전략

2017년 KOICA는 SDGs 달성 실행력 강화를 위해 10개 분야에 대한 구체적인 비전과 미션, 전략목표 및 주요 프로그램 등을 제시하는 KOICA 분야별 중기전략(2016~2020)을 수립했다. 10개 분야는 교육, 보건, 공공행정, 농촌개발, 물, 교통, 에너지, 성평등, 기후변화대응, 과학기술혁신으로 구성되어 있다. 또한 10개 분야별 표준 성과지표[30] 풀(pool)을 개발해 개별 프로젝트에 적용하고 있으며, 이를 통해 분야별 중기전략이 구체적인 사업 발굴 및 성과 달성과 연계되도록 관리하고 있다.

(3) 기타

그 외에도 타 공여기관과의 파트너십 확대 및 원조조화를 위한 '타 공여기관과의 공동협력사업 형성지침'(2017), '다자협력 가이드라인'(2015), '분쟁 및 취약국 지원사업 발굴지침'(2017) 등 국제개발협력에 관한 국제사회의 여건 변화, KOICA 경영목표 및 전략방향 등을 고려해, 다양한 정책과 전략을 수립해 운영 중이다.

4. KOICA 프로젝트 추진절차

KOICA 프로젝트는 우리 정부, 국제사회, 협력국의 정책 및 전략을 바탕으로 사업 발굴, 사업 형성, 사업 심사, 사업 기획, 사업 수행의 단계로 진행된다. 아래에서는 프로젝트 단계별 주요 내용과 일정을 설명하고 있다.

---

30 프로젝트를 통해 달성하고자 하는 성과를 구체적이고 측정 가능한 형태로 정의한 지표(예: 아동사망률, 졸업생 취업률 등).

1) 프로젝트 사업 기획

프로젝트 사업 기획은 프로젝트를 추진하기 위한 첫 단계로서 다음과 같은 절차를 통해 진행된다.

(1) 정책 수립

정책 수립이란 우리나라의 개발원조 전략과 방향 등 기본 틀을 체계적으로 정립하는 것을 말한다. 정부는 국제개발협력기본법에 따라 범정부 차원에서 5년 주기로 수립하는 '국제개발협력 기본계획' 및 국내·외 여건에 기반한 '취약국 지원전략'(2017.6.), '다자협력 추진전략'(2016.2.), '개발협력분야 NGO 지원방안'(2016.5.) 등 다양한 정책 및 전략을 수립하고 있다. 24개 중점 협력국의 경우 각각의 국가협력전략(CPS)이 가장 우선시되는 정부의 개발정책이다. KOICA를 포함한 각 시행기관은 정부의 정책 및 전략을 준용해 사업을 발굴한다.

(2) 사업 발굴

정부의 정책 및 전략에 따라, 각 시행기관은 실제 추진할 프로젝트를 발굴하게 된다. KOICA 본부는 외교부와 협의해 매년 '사업발굴 지침'을 수립해 외교부를 통해 해당 재외공관 및 KOICA 해외 사무소에 안내한다. 동 지침은 정부의 '사업 2년 전(n-2년) 예비검토제' 이행을 위해 사업 승인 2년 전에 수립해 안내한다. 'n-2년 예비검토제'는 사업의 발굴단계에서부터 유상과 무상 사업 간, 그리고 무상사업 간 연계를 강화하기 위해 2013년부터 도입된 제도로서, 각 시행기관은 n-2년 하반기에 n년도 후보사업을 정부의 ODA 모니터링 시스템에 등록하고, 국무조정실 및 각 주관기관은 이러한 정보를 기반으로 사전에 사업 간 연계 및 중복 가능성을 검토한다. 이후, 실질적 연계사업은 국제개발협력 종합시행계획에 반영하고, 국무조정실에서 연계결과를 모니터링해 사업 간 연계를 강화하고 중복을 방지한다.

KOICA 해외 사무소는 사업발굴 지침에 기반해 수원기관 간의 협의를 통해 사업 발굴을 실시하고, 수원총괄기관을 통해 개별 수원기관의 사업제안서(PCP: Project Concept Paper)를 접수한 후, PCP에 대한 검토의견서를 작성해 우리 공관에 제출한다. 재외공관은 이렇게 접수된 사업에 대한 PCP, PCP 검토의견서, 수원총괄기관 요청공문, 국문 사업개요서 등 관련 자료를 외교부 및 KOICA 본부로 송부한다.

KOICA 본부는 해외 사무소에서 접수된 사업에 대해 정책 및 전략 연계성, 기술적 타당성, 효과성 및 국별 재원 등을 중심으로 PCP를 검토하고, 검토결과에 따라 사업 형성을 추진할 적격사업을 선정한다.

(3) 사업 형성

KOICA 해외 사무소는 PCP 검토결과 적격사업을 대상으로 예비조사를 통해 사업 형성 및 사업타당성 검토를 실시하고, 본부의 PCP 검토의견을 반영한 PCP 보완본, 사업기본계획, 국/영문 사업개요서 등을 작성해 KOICA 본부에 제출한다. 예비조사는 국별/사무소별 여건에 따라 △국내/현지 전문가 투입, △국내/현지 용역기관 활용, △사무소 직접 실시 등의 방식으로 추진한다. KOICA 본부는 국내 전문가 파견 및 용역기관 선정, 사업형성 소요예산 지원, 사업형성 관련 자문 등을 실시한다.

(4) 사업 심사 및 시행계획 확정

사업형성 결과를 바탕으로 KOICA 본부는 사업심사위원회를 구성해 신규 사업 선정을 위한 사업 심사를 실시한다. KOICA는 심사 결과에 따라 심사 대상사업 중 신규 사업을 선정해 국제개발협력기본법 제11조(연간 국제개발 협력 시행계획안의 작성 등)에 따라 차년도 국제개발협력 시행계획안에 반영한 후, 무상원조 주관기관인 외교부에 제출한다. 일반적으로 외교부는 매년 3 월경 각 무상원조 시행기관으로부터 차년도 시행계획안을 접수한다.

외교부는 전체 무상원조 시행기관의 시행계획안을 취합해, 중복 방지 및 연계 강화를 위한 무상원조 관계기관 분과협의회 및 협의회를 4~5월에 개최 한 후, 무상원조 종합시행계획안을 국무조정실에 제출한다. 한편, 기획재정 부는 유상원조 종합시행계획안을 수립해 국무조정실에 제출한다. 국무조정 실은 외교부, 기재부가 제출한 무·유상 종합시행계획안을 검토해 무·유상 전체 사업에 대한 연계 및 중복 여부를 조정한 후, 6월경 정부 예산요구액 기 준으로 작성된 차년도 국제개발협력 종합시행계획안을 국제개발협력위원 회에서 심사·의결한다. 이후, 정부 및 국회 예산심의를 거쳐 종합시행계획 상 사업예산이 확정되며, 이를 반영한 최종 차년도 종합시행계획을 12월경 국제개발협력위원회를 통해 의결한다. 이후, KOICA는 확정된 시행계획을 바탕으로 'KOICA 대외무상원조 사업계획'을 수립한 후, 매년 1월경 전체 사 무소에 확정된 사업계획 및 국별지원계획을 안내한다.

(5) 심층기획조사 및 협의의사록 서명

사업 심사를 통과해 신규 대상사업으로 선정된 프로젝트는 사업에 본격 적으로 착수하기 전, 세부 사업내용 및 양국 간 분담사항을 확정하는 심층기 획조사 및 협의의사록(R/D: Record of Discussion) 서명 단계를 거치게 된다.

KOICA와 수원기관 간 최종 합의사항은 R/D 서명을 통해 확정된다. R/D 는 PCP 접수 이후 협력국과의 관계에서 본 사업의 범위, 일정, 예산 및 양국 간 분담사항 등을 공식적으로 합의한 매우 중요한 문서이다.

R/D 자체는 국제법적인 효력은 없으며, 협력국 내 우리 공관과 협력국 외교부 간 구상서(Note Verbale) 교환, 교환각서(Exchange of note) 체결 등의 절차를 통해 R/D상 합의내용이 공식적인 정부 간 합의로 효력을 가지게 된다.

(6) 집행계획 수립

R/D 체결 후에는 KOICA 내부적으로 사업 추진을 위한 최종 계획문서라 할 수 있는 집행계획을 수립한다. 집행계획은 예비조사 및 심층기획조사 결과를 바탕으로 단위·부문별 사업 구성요소 및 추진방안, 사업시행자 선정방식, 예산·일정·위험 관리, 성과관리계획, 홍보계획 등의 내용을 포함한다.

집행계획 수립단계는 기획의 최종단계이자, 사업수행(집행) 절차로 전환하는 기준점이 되는 단계이다. 즉, 집행계획 수립 시 사업수행체계가 확정되고, 사업시행자 선정절차가 진행되며, 이후 본 사업 착수 등의 중요 시발점이 된다. 집행계획 수립 세부내용은 2장에서 자세히 다룬다.

표 1-10-1 KOICA 프로젝트 추진절차

단계(주관)		내용	일정
전략	CPS, KOICA 분야별 중기 전략 등 (정부/KOICA)	▸ (정부) CPS, 국제개발협력 기본계획 등 개발 정책 및 전략 수립·개정 ▸ (KOICA) 분야별 중기 전략, 국가별 재원계획 등 수립·개정	상시
사업 발굴	사업 발굴·형성 지침 수립/안내 (외교부/KOICA본부)	▸ 외교부-KOICA 본부 사업 발굴·형성 지침 수립 ▸ 재외공관(KOICA사무소) 전문 안내	n-2년 6-7월
	PCP 제출 (공관/KOICA사무소)	▸ 재외공관(KOICA사무소), 협력국 협의를 기반으로 ① 사업제안서(PCP), ② PCP 검토서, ③ 사업개요서(국문) 제출	n-2년 8-9월

단계	업무	주요 내용	시기
	PCP 검토 (KOICA 본부)	▶ 주요 검토사항: 정책연계성 및 국별 재원규모 등 ▶ 검토결과: ① 적격, ② 보완 필요, 　　　　　　③ 부적격으로 구분 　― 보완 필요사항 및 부적격 사유 정리	n-2년 10월
	PCP 검토결과 안내 (KOICA 본부)	▶ PCP 검토결과 안내(적격 여부 및 보완 필요사항) ① 적격: 사업형성 착수 ② 보완 필요: PCP 보완 후 재제출 ③ 부적격: 탈락	n-2년 10월
사업 형성	예비조사 (KOICA사무소)	▶ 예비조사(사무소 주도, 본부 지원) ① 국내/현지 전문가 투입, ② 국내/현지 용역기관 활용, ③ 사무소 직접 실시 등 방식으로 추진 ▶ 협력국과 협의해 PCP 보완 필요사항을 반영	n-2년 11-12월
	사업형성 결과보고 (공관/사무소)	▶ 재외공관(KOICA사무소), 예비조사 및 형성결과를 기반으로 ① PCP 보완본, ② 사업기본계획(안), ③ 사업개요서(국/영문), ④ 수원총괄기관 공문 제출 등 　　사업형성 결과보고	n-2년 12월
사업 심사	사업 심사 (KOICA 본부)	▶ 사업심사 실시 ▶ 심사결과: ① 선정, ② 미선정으로 구분 　― ① 선정: 사업계획 반영 　― ② 미선정: (필요시) 차년도 　　　　　　사업발굴단계부터 재추진	n-1년 1-2월
사업 기획	심층기획조사 및 R/D 서명 (KOICA 사무소)	▶ 심층기획조사 실시 및 R/D 서명 　― 사무소 주도, 협력국 협의를 통해 양국 간 　　분담사항 확정 및 R/D 서명(n년 5월까지 　　서명해 집행계획에 반영) 　― 사업 발굴·형성 과정에서 주요 변경사항 　　발생 여부 확인 및 업데이트 실시	n-1년 7월 - n년5월
	집행계획 수립 (KOICA 사무소)	▶ 집행계획 수립 　― 기본계획을 기초로, 심층기획조사 및 　　R/D 서명 결과 등을 반영해 수립	n년 1-5월
사업 수행	사업시행자 선정 및 사업 수행 (KOICA 사무소/본부)	▶ 입찰공고(KOICA), 입찰제안서 제출(응찰업체), 기술평가(KOICA 및 외부 심사위원) 및 가격평가(KOICA), 계약 체결	사업기간
	본 사업 실시 (KOICA 사무소/본부)	▶ 사업 실시	사업기간

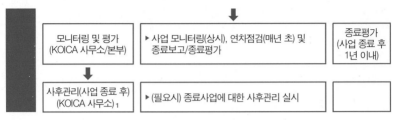

모니터링 및 평가 (KOICA 사무소/본부)	▶ 사업 모니터링(상시), 연차점검(매년 초) 및 종료보고/종료평가	종료평가 (사업 종료 후 1년 이내)
사후관리(사업 종료 후) (KOICA 사무소)1	▶ (필요시) 종료사업에 대한 사후관리 실시	

※ 상기 일정은 2019년 신규 사업 기준으로 작성되었으며, 연도별 변경 가능.
주 1: KOICA 사무소 역할의 경우 KOICA 사무소 부재 시 겸임국 또는 본부에서 담당.
자료: 한국국제협력단(2016).

표 1-10-2 정부 절차: 국제개발협력 시행계획 수립, 정부/국회 예산심의, 정부 간 합의문

	단계(주관)	내용	일정
시행 계획	차년도 시행계획(안) 수립 및 제출 (KOICA 본부)	▶ 차년도 신규 사업 및 계속 사업을 반영한 KOICA 시행계획(안) 수립 및 외교부 제출	n-1년 3월
	정부 차년도 시행계획(안) 조정 및 심의 (외교부/기재부/국무 조정실 국제개발협력 위원회)	▶ (외교부) 분과협의회 및 협의회 개최, 무상원조 종합시행계획안 국조실 제출 - 관계부서 참석 및 무상사업 간 조정 ▶ (기재부) 유상원조 종합시행계획안 수립 및 국조실 제출 ▶ (국무조정실) 유·무상 사업 및 무상사업 간 조정 ▶ (국제개발협력위원회) 차년도 국제개발협력 종합시행계획(요구액 기준) 심사·의결	n-1년 4-6월
	예산심의	▶ 정부(기획재정부) 및 국회 예산심의	n-1년 5-12월
	시행계획 확정 (국제개발협력위원회)	▶ (국제개발협력위원회) 차년도 국제개발협력 종합시행계획(확정액 기준) 심사·의결	n-1년 12월
	정부 간 합의 (외교부)	▶ 정부 간 합의문 교환 - 외교부, 재외공관을 통해 n년도 신규 사업에 대해 정부 간 약정 또는 구상서 교환	n년 초

※ 상기 일정은 정부 여건 등에 따라 연도별 변경 가능.
자료: 한국국제협력단(2016).

2) 프로젝트 조달

조달(Procurement)이란 △무엇이 필요한지를 확인하고, △이를 공급하기 위한 가장 적합한 사람 또는 기관을 결정해, △필요한 것이 적절한 장소에, 적기에, 최적의 가격으로 공정하고 투명한 방식을 통해 제공되는 과정을 의미한다.[31] KOICA는 용역, 기자재, 공사 등 다양한 전문영역의 사업시행자 조달을 통해 사업을 추진하는데, 이때 역량 있는 사업시행자의 선정은 프로젝트 성패와 직결된다고 볼 수 있다. 특히 원조사업은 사업 대상지 및 분야가 광범위하고, 해외사업이라는 특수성상 사업시행자 풀이 제한적이고 신규진입 장벽이 높은 편이라 볼 수 있다.

앞서 프로젝트 사업시행기관은 과업범위에 따라 크게 사업 기획·관리적 성격의 업무를 수행하는 경우(PM, PMC, CM)와 실제 본 사업을 수행하는 경우(PC)로 구분된다고 설명했다. 프로젝트의 사업시행자는 선정방식에 따라 구분할 수도 있는데, △「대외무상협력사업에 관한 조달 및 계약규정 및 동 규정 시행세칙」에 따라 입찰을 통해 선정하는 경우, △약정 체결 등 기관 간 파트너십에 기반해 추진하는 경우, △예산지원 등을 통해 협력국이 직접 수행하는 경우 등이 그것이다.

사업내용에 따라 다르지만 대개 1개 기관으로 사업을 수행하는 경우는 소수에 불과하며, 통상 사업관리 성격의 기관과 사업을 직접 수행하는 기관, 현지협력기관 등 복수의 기관으로 운영되기 때문에 사업시행기관 간 역할분

---

31   "Public procurement refers to the process of identifying what is needed; determining who the best person or organisation is to supply this need; and ensuring what is needed is delivered to the right place, at the right time, for the best price and that all this is done in a fair and open manner", OECD(http://www.oecd.org/governance/procurement/toolbox/about/terminology/, 2018.1.26. 접속).

담, 의사결정 및 보고 체계, 상호 커뮤니케이션 채널 등의 유지 및 확보가 긴 요하다고 볼 수 있다.

(1) 입찰에 의한 방식

입찰을 통해 선정하는 방식은 입찰방법, 낙찰자 선정방법, 조달수행 주체에 따라 다시 세부적으로 나눠볼 수 있다. 각 방법에 따른 구체적인 내용은 3장에서 다룰 예정이다.

먼저 입찰방법에 따라 경쟁계약과 수의계약으로 크게 나눠볼 수 있다. 입찰참여에 제한조건이 없는 일반경쟁이 원칙이나, 계약의 성질 및 목적에 따라 특정한 계약실적 등을 요구하는 경우 제한경쟁 또는 지명경쟁으로 진행할 수도 있다. 국가기관 및 지방자치단체에 해당하는 등 국가계약법상 수의계약요건을 충족할 경우 특정 1인을 지명해 계약을 체결하기도 한다.

그림 1-1 입찰방법에 따른 구분

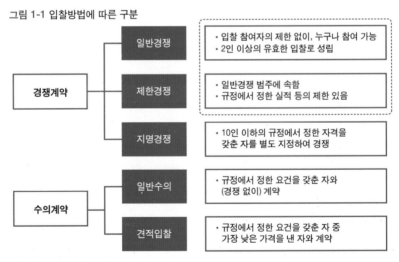

자료: 한국국제협력단(2016).

또한 낙찰자 선정방법에 따라 최저가, 적격심사, 2단계 입찰, 협상에 의한 계약 등 크게 4가지로 구분할 수 있다. 낙찰자 선정방법은 입찰자를 평가하는 방법으로 계약의 목적물 및 입찰의 난이도에 따라 달리 적용되며, 2가지 방법을 복합적으로 적용하는 경우도 있다. 입찰 규모 및 과업내용에 따라 차이는 있지만, 주로 KOICA에서는 기자재의 경우 최저가에 의한 방식을, 공사는 2단계 경쟁입찰을, 기술용역의 경우 협상에 의한 계약을 일반적으로 적용해 진행한다.

표 1-11 낙찰자 선정방법에 따른 구분

낙찰자 선정방법	내용
최저가	• 예정가격 이하로서 최저가격으로 입찰한 자를 낙찰자로 결정 　－ 단순 기자재 지원 시 적용
적격심사	• 최저가격 입찰자순으로 당해 계약이행 능력(이행실적, 재무상태 등)과 입찰가격을 심사해 일정 점수 이상인 자를 선정 　－ 일반적인 기자재 및 시공입찰 시 적용 　－ 낙찰하한율이 형성되어 덤핑입찰 방지
2단계 경쟁입찰	• 1단계 규격(기술)입찰 실시 후, 규격 적격자에 한해 2단계로 가격입찰을 실시해 최저가격으로 입찰한 자를 낙찰자로 결정
협상에 의한 계약	• 계약이행의 특수성·기술성·창의성·안정성 등이 필요한 경우, 다수의 입찰자로부터 제안서를 제출받아 기술평가 후 기술·가격 평가점수를 종합해 최고 득점자를 대상으로 협상을 통해 계약을 체결

자료: 국가직무능력표준(https://www.ncs.go.kr/, 2018.1.26. 접속).

마지막으로 조달수행 주체에 따라 KOICA 본부입찰과 현지입찰로 구분할 수 있다. 본부입찰은 다시 국적제한 여부에 따라 국내입찰과 국제입찰로 구분할 수 있으며, 현지입찰의 경우 KOICA 해외 사무소에서 주관하는 입찰과 협력국 정부에서 주관하는 입찰로 구분할 수 있다. 후자는 협력국의 공공조달시스템을 활용하는 것으로, 이는 공여국이 협력국 정부의 관련 법령에 따른 공공조달절차에 따라 프로젝트 실시를 위한 재원을 제공하는 것을 의미한다(이현주, 2010: 69).

(2) 입찰 외 방식

사업의 특성에 따라 계약의 형태가 아니라 약정 등 파트너십에 기반해 사업 일부 또는 전체를 수행하는 경우가 있는데, 대부분의 국제기구 또는 타 공여기관 협력사업이 이에 해당하며, 분쟁·취약국으로 사업대상지 접근이 어렵거나 특정 기관의 전문성과 네트워크 활용이 효과적인 국가 및 사업을 그 대상으로 한다(한국국제협력단, 2016). 또한 최근에는 개발효과성 제고 및 협력국 역량 강화를 위해 협력국 재정시스템을 활용해, 수원기관이 주도적으로 사업을 집행하는 방식도 확산되고 있다.

표 1-12 입찰 외 방식의 사례

- 동티모르 WFP 모자보건 영양개선사업(2015-2017/360만 달러): 국제기구협력사업
  - 동 사업은 동티모르 5세 이하 영양불량 아동 및 임산부 등을 대상으로 영양보충식을 제공하고, 지역사회 대상 영양보건증진활동 수행을 주요 내용으로 하는 사업이다. 영양개선분야에 전문성이 있으며, 동티모르에서 지속적으로 사업을 수행해온 WFP(세계식량계획)와 2015년 10월 약정(Grant Agreement) 체결을 통해 사업을 추진하고 있다. 동티모르는 분쟁 및 취약국 중 하나로 KOICA에서는 WFP 외에도 WHO(세계보건기구), UNDP(유엔 개발계획) 등 여러 국제기구를 통해 협력사업을 지원하고 있다.

- 캄보디아 KOICA-GHSA※ 로드맵 수립 및 3대 행동계획 이행 지원사업 (2017-2019/300만 달러): 타 공여기관(USAID) 협력사업
  ※ 글로벌 보건안보구상(GHSA: Global Health Security Agenda)은 2014년 미국 중심으로 MERS, SARS 등 대규모 전염병에 대한 공동대응 노력을 위해 설립된 국제기금이다.
  - 동 사업은 캄보디아 내 증가하는 전염병 위험에 대한 대응역량 확보를 위해 예방접종, 실험시설 역량 강화 등을 지원하는 사업이다. 캄보디아에서 GHSA 로드맵 작성 및 관련 사업을 수행하고 있는 미국 국제개발처(USAID: US Agency for International Development) 및 미국 질병관리국(USCDC: US Centers for Disease Control and Prevention)과 2017년 2월 업무협조약정(MOU) 체결을 통해 공동으로 추진하고 있다.

- 가나 CHPS 기반의 지역보건체계 강화사업(2016-2020/900만 달러): 협력국 시스템 활용사업(재정지원)
  - 동 사업은 가나 고유의 보건체계인 CHPS(Community-based Health Planning and Services)를 기반으로 하여 지역사회 보건체계를 강화하고 모성, 신생아, 아동 건강증진을 지원하는 사업으로, 수원기관인 가나 보건청(GHS: Ghana Health Service)으로 재정을 지원하고, 예산집행 및 결과보고를 협력국의 재정시스템을 준용하는 방식으로 추진하고 있다.

자료: 한국국제협력단(2017a).

3) 프로젝트 집행 및 관리

유럽연합 집행위원회(EC: European Commission)에서는 프로젝트의 집행을 '착수(Inception) - 집행(Implementation) - 종료(Phase out)'의 3단계(period)로 구분하고 있다.

그림 1-2 주요 집행단계

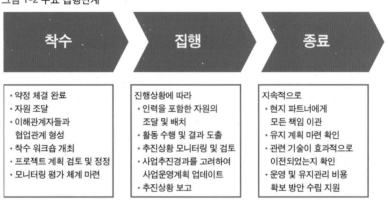

착수	집행	종료

• 약정 체결 완료
• 자원 조달
• 이해관계자들과
  협업관계 형성
• 착수 워크숍 개최
• 프로젝트 계획 검토 및 정정
• 모니터링 평가 체계 마련
	진행상황에 따라
	• 인력을 포함한 자원의
	  조달 및 배치
	• 활동 수행 및 결과 도출
	• 추진상황 모니터링 및 검토
	• 사업추진경과를 고려하여
	  사업운영계획 업데이트
	• 추진상황 보고
		지속적으로
		• 현지 파트너에게
		  모든 책임 이관
		• 유지 계획 마련 확인
		• 관련 기술이 효과적으로
		  이전되었는지 확인
		• 운영 및 유지관리 비용
		  확보 방안 수립 지원

자료: European Commission(2004: 39).

사업시행자 선정 및 계약을 체결하고 착수조사 및 착수보고회를 실시하는 단계가 착수이다. KOICA에서는 통상 사업관리용역 선정 후 1차 현지 파견 시 수원기관과 함께 현지 착수보고회를 개최하고 프로젝트 조직과 추진계획, 성과관리계획 등을 공유한다. 이후 사업시행자는 사업수행계획서에 따라 과업을 추진하고 KOICA는 사업진척률에 대한 모니터링 및 검토, 이 외에 범위·일정·예산 등을 통합 관리하는 단계가 집행이다. 마지막으로 사업추진 결과물을 수원기관에 인계하고, 운영방안 수립 및 관련 교육을 실시하는 단계가 종료이다. 아래에서는 집행과 종료를 중심으로 살펴본다.

(1) 프로젝트 집행

사업시행기관이 선정되었다면 프로젝트의 본격적인 착수 준비가 완료된 셈이다. KOICA는 집행계획상 사업추진일정 및 사업수행체계에 따라 적시에 필요한 사업시행기관을 선정해 사업을 추진한다. 각 사업시행기관은 사업수행계획서상의 일정에 따라 해당 과업을 수행하고 KOICA는 각 사업시행기관의 관리·감독을 통해 프로젝트 전반의 일정 및 예산 등에 대한 통합관리를 수행한다.

그림 1-3 사업수행체계 예시

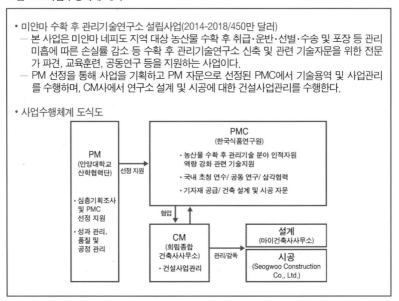

자료: 한국국제협력단(2017a).

통상 KOICA 프로젝트는 투입 기준으로 볼 때 전문가 파견, 연수, 건축 지원, 기자재 지원 등의 사업요소로 구성되며, 실제 사업에 따라 매우 다양한 형태로 나타난다. 투입요소별 수행 절차 및 유의점 등 세부내용은 4장에서 자세히 다루고자 한다.

사업요소별로 수행절차는 다르지만, 기본적으로 수행 – 검토 – 승인의 절차로 진행되는 것은 동일하다고 볼 수 있다. 기술용역의 경우 사업시행기관(PMC, PC)에서 작성한 용역결과보고서에 대해 KOICA 및 수원기관이 검토·확정한다. 기자재 지원(PC)의 경우 역시 납품된 기자재에 대해 KOICA가 검수하고, 수원기관이 이를 확인·인계함으로써 완료된다. 시스템 개발 감리, 건축준공검사와 같이 특정 자격을 소유한 전문기관의 검토절차를 거쳐 과업이행 여부가 확정되는 부문도 있다. 유의할 점은 발주기관은 KOICA지만 최종 산출물의 활용주체는 수원기관이므로, 협력국 관계자와 긴밀한 협의를 통해 과업을 수행함으로써, 결과물이 적시에 협력국에 인계될 수 있도록 하는 것이다.

각 사업구성요소들은 사업의 특성에 따라 1개 기관 또는 복수의 기관에서 나누어 수행하며, 구성요소 간 상호 연계 및 시너지 효과를 통해 프로젝트의 목표를 달성할 수 있도록 함이 바람직하다. 예를 들어 전문가 파견을 통해 현지에서 교육을 실시했다면, 동 교육결과를 바탕으로 초청연수를 통해 한국 사례를 현장에서 확인하고, 상기 결과들을 종합해 워크숍, 세미나 등을 통한 지식확산활동을 실시하는 등 사업구성요소들을 유기적으로 연계함으로써, 사업효과를 극대화할 수 있다.

(2) 프로젝트 종료

프로젝트의 종료는 사업 수행의 마지막 단계로 △건축·시설물, △기술협력(전문가 파견 및 연수생 초청, 시범운영 등), △마스터플랜 수립 및 예비조사 등의 완료시점을 의미한다. 통상 프로젝트는 여러 사업구성요소들의 복합적형태로 구성되므로 모든 부문별로 사업 수행이 완료되어야 최종 종료된다(한국국제협력단, 2016).

협력국과 관계 측면에서 볼 때, 건축·시설물 등 유형의 산출물이 있는 경우에는 개원식·준공식 등의 행사 개최를 통해, 기술협력의 경우 최종보고회를 통한 보고서 제출을 통해, 사업 결과물을 '인계'함으로써 종료된다. 사업 시행자는 KOICA와 계약관계가 있지만, 사업 종료 후 사업 결과물은 수원기관에 귀속되므로 협력국이 동 사업의 결과물을 수락(acceptance)하고 인계(hand-over)받는 데 동의해야 실질적으로 해당 사업이 '종료'된다고 볼 수 있다.

특히 완성된 사업 결과물이 협력국 측에 전달되면 이후 결과물의 운영, 유지, 보수, 관리 등은 모두 협력국이 맡게 된다. 사업의 지속가능성 확보를 위해 사업수행단계에서 미리 수원기관 측이 운영계획을 작성해 향후 운영에 필요한 재정, 기술, 인력 등을 확보할 수 있도록 조치하는 것이 필수적이다.

KOICA 내부적으로 사업담당자는 사업 각 부문이 종료된 후 집행실적, 사업성과 및 교훈을 중심으로 사업종료 보고를 실시하며, 이 시점이 사후관리 지원 여부를 결정하는 기준이 된다. 종료 보고에는 △사업개요, △추진경과, △사업추진 결과(주요 변경사항, 예산집행결과, 활동별 계획 대비 추진결과 등), △사업성과, △사후관리계획, △교훈 및 환류사항 등의 내용이 포함된다.

(3) 사후관리

프로젝트가 당초 의도한 목표를 달성하고 종료되어도 사업의 효과성 및 영향력 유지, 지속가능성 제고를 위해 사후관리가 필요한 경우가 있다. 사후관리는 사업 종료 후 실시하는 정기적·비정기적 점검 및 추가 지원으로 △사후점검, △사후지원활동을 통칭한다. 사업 종료 후 지원 기자재의 고장, 지원 건축·시설물의 경미한 손상, 담당자 교체로 인한 신규 교육훈련 필요성 발생, 시스템 운영과정에서 추가기능 요구사항 발생 등 본 사업 결과물의 지속적 활용을 위해 필요한 최소한의 지원을 의미한다.

표 1-13 사후관리 지원요건 및 지원사례

- 사후관리 지원요건
  (대상기간) 사업종료 보고 완료시점을 기준으로 프로젝트 사업은 7년,
  　　　　　개발컨설팅 사업은 5년 이내인 경우 사후지원 수요 검토 가능
  (지원횟수) 동일 사업에 대해 2회까지 분할해 지원 가능
  (예산규모) 지원예산 상한규모는 100만 달러(미국달러 기준) 또는 종료사업예산의 10% 중
  　　　　　적은 금액 적용
  (지원내용) 종료사업과의 연계성을 고려해, 기(旣)지원범위를 기준으로 종료사업의 정상운영
  　　　　　및 지속적인 유지에 필요한 내용 지원 가능

- 사후관리 지원사례: 몽골 관세청 현대화사업(2008-2009/250만 달러)
  － 동 사업은 몽골 관세행정 정보시스템 구축을 지원한 사업으로 지난 2009년 12월 말 구축
  　완료 후 수출입 통관에 소요되는 시간이 종전 시스템에 비해 1/10로 단축되는 등 몽골 관
  　세행정관리의 생산성 및 효율성 향상에 크게 기여한 것으로 평가됨.
  － 다만 시스템 구축 이후 주재국 무역량의 급격한 증가에 따라 시스템 사용자 수 및 데이터
  　처리량이 크게 증가해 장비용량이 한도에 도달하면서, 시스템 성능 최적화가 필요해짐. 이
  　에 따라 2015년에 사후관리 수요 접수 및 사업시행자 선정, 이듬해 추가 기자재 지원 및
  　모니터링 시스템 구축 등 사후관리 지원을 실시, 안정적인 시스템 운용 기반을 확보함.

자료: 한국국제협력단(2017a).

　사후관리는 어디까지나 기(旣)지원사업 결과물의 활용도 제고를 일차적인 목적으로 하므로, 당초 지원사업과 연관성이 떨어지는 추가지원이나 100만 달러 이상의 지원 등의 경우 사후지원이 아니라 2차 사업으로 접근함이 바람직하다. 또한 협력국 자체적으로 관련 예산을 확보하고 운영·관리가 가능하도록 운영현황을 점검해 문제의 원인을 분석하고, 사후관리 지원 시 수원기관의 자체적인 개선계획을 확인해야 한다.

나가며

　1장에서는 개발원조사업의 주요 유형(modality) 중 하나인 프로젝트 사업의 정의, 특성 및 추진절차를 살펴보았다. 개발협력분야의 전문용어가 많이 등장해 사업시행지 입장에서는 다소 생소하고 이해하기 어려울 수 있고, 과

업범위와 직접 관련이 있는 부분이 아니라고 생각될 수도 있을 것이다. 하지만, 이는 KOICA의 사업 중 가장 큰 비중을 차지하는 프로젝트를 파악하는 첫 출발점으로, KOICA에서 수행하는 국제개발협력 프로젝트를 성공적으로 이끌기 위해 반드시 이해가 필요한 부분이다. 특히 KOICA 사업은 다양한 사업시행기관의 참여·협력으로 추진되므로 전체 사업 틀에 대한 이해는 과업을 성공으로 이끄는 데 필수적이라고 할 수 있다. KOICA에서 기술용역사업 발주 시 개발협력사업의 고유한 관리영역으로 볼 수 있는 성과관리를 주요 과업 중 하나로 강조하고 있는 부분 또한 이와 동일한 맥락으로 볼 수 있다.

읽을 거리

- European Commission. 2002. Project Cycle Management Handbook.
- Lavagnon A. Ika, Amadou Diallo, Denis Thuillier. 2010. "Project management in the international development industry: The project coordinator's perspective." *International Journal of Managing Projects in Business*, Vol.3 Issue: 1, pp.61-93.

필수개념 정리

- 경제협력기구 개발원조위원회(OECD/DAC) OECD 산하 25개 위원회 중 하나로서, 개발협력을 촉진해 지속가능한 개발, 특히 개발도상국의 빈곤층에 도움이 되는 경제성장, 빈곤감소 및 삶의 질 향상에 기여하고 궁극적으로는 원조가 필요 없는 미래를 만드는 것을 목적으로 한다. ODA 등 개발재원의 모니터링, 평가, 보고 등을 실시하고, 회원국들의 개발협력 정책과 관행 등을 평가하며, 개발협력의 가이드라인 마련과 모범사례 전파 등을 담당한다.

- 프로젝트(project) 정해진 기간, 예산, 지역 내에서 특정 목표(objectives) 및 성과(outcomes)를 달성하기 위해 협력국과 협의된 투입물(inputs), 활동(activities), 산출물(outputs)을 종합한 사업유형을 지칭한다.

- 개발컨설팅 사업 기술협력 중심의 프로젝트로서, 소프트웨어 및 제도 구축 지원에 특화된 사업을 의미한다. 통상 건축사업을 포함하지 않는 사업 중 컨설팅, 전문가 파견, 초청연수 등 소프트웨어 위주로 구성된 사업(하드웨어 비중 50% 미만)을 개발컨설팅 사업으로 분류한다.

- 프로그램 기반 접근법(PBA: Program-based Approach) 협력국 현지 주도의 프로그램에 대한 타 공여국 간의 중복 방지 및 연계 강화 등을 포함한 원조조화를 원칙으로 하며, 프로젝트, 기술협력, 예산지원과 같이 원조의 양식(modality) 혹은 수단(instrument)이 아닌 하나의 접근법 또는 프로세스이다.

- 수원총괄기관 협력국 내 국가개발계획 수립, 개발협력 및 ODA를 총괄하는 정부기관으로서, 일반적으로 재무부 또는 외교부 역할을 하는 부처가 수원총괄기관인 경우가 많다. 수원총괄기관은 우리 정부의 중점협력국 국가협력전략 수립 시, 협력국의 카운터파트(협의 상대방) 기관이다.

- 타 공여기관 타 국가의 공여기관으로서, 원조조화 측면에서 KOICA의 중요한 개발협력 파트너이다.

- 원조조화(harmonization) 원조사업의 효과성 및 효율성 제고를 위해 공여국 간 원조정책, 지원절차, 지원 방식 및 분야 등을 서로 조정해 원조사업의 중복을 방지하고 연계를 강화하는 절차를 의미한다.

- 국가협력전략(CPS: Country Partnership Strategy) 중점협력대상국을 대상으로 한 범정부 차원의 유·무상 통합 지원전략으로서, 협력대상국의 개발수요 및 우리의 비교우위 등을 고려해 수립하며, 협력국 국가개발전략 주기와 연동해 수립 및 적용한다.

- 국제개발협력기본법 우리나라 ODA 정책의 법적안정성 확보와 정책일관성 및 원조효과성 증진을 위해 2010

년 1월 제정되어 2010년 7월 26일에 발효되었다. 동 법은 한국의 개발원조에 대한 목적, 정의, 기본 정신 및 원칙, 국제개발협력위원회의 정의, 구성 및 역할, 국제개발협력 기본계획 및 종합시행계획 수립절차, 국제개발협력 주관기관의 역할 및 기능 등을 담고 있다.

● KOICA 분야별 중기전략 2017년 KOICA는 SDGs 달성 실행력 강화를 위해 10개 분야에 대한 구체적인 비전과 미션, 전략목표 및 주요 프로그램 등을 제시하는 KOICA 분야별 중기전략(2016-2020)을 수립했다. 10개 분야는 교육, 보건, 공공행정, 농촌개발, 물, 교통, 에너지, 성평등, 기후변화대응, 과학기술혁신으로 구성된다.

● 협의의사록(R/D: Record of Discussion) 프로젝트 사업 이행을 위해 협력국과 상호 합의를 바탕으로 도출한 최초 공식문서로서, 사업 종료 시까지 사업범위, 양국의 분담사항 이행조건 등을 명시한다. 사업수행과정에서 협력국과 이견이 발생될 시 조정의 근거문서가 되는 프로젝트 헌장(Project Charter)으로 기능한다.

● 집행계획 R/D 체결 후에는 KOICA 내부적으로 사업 추진을 위한 최종 계획문서라 할 수 있는 집행계획을 수립한다. 집행계획은 예비조사 및 심층기획조사 결과를 바탕으로 단위·부문별 사업 구성요소 및 추진방안, 사업시행자 선정방식, 예산·일정·위험 관리, 성과관리계획, 홍보계획 등의 내용을 포함한다.

■ 토론점

● 선진공여기관 중에는 직접 사업을 수행하는 형태보다 국제기구 또는 현지 NGO들을 활용한 간접지원이나 협력국 정부에 직접 예산을 지원하는 형태의 사업을 선호하기도 하는데, 이러한 지원방식의 장단점은 무엇일까?

● KOICA는 주로 직접 사업을 수행하는 방식으로 프로젝트형 사업을 추진하고 있는데, 이러한 방식의 장단점은 무엇이며, 앞으로 어떤 방식을 지향하는 게 적절할까?

● KOICA와 협력국이 서명하는 R/D는 법적인 효력이 없으며, R/D 내 협력국 분담사항이 이행되지 않아 사업 지연 또는 사업 취소 등 문제가 발생하는 경우가 있다. 이러한 문제를 방지 또는 최소화하기 위한 대책은 무엇일까?

2장 프로젝트 사업 기획

학습목표 ✏️

1. 프로젝트 기획의 절차 및 방법을 이해할 수 있다.

2. 사업제안서(PCP)와 이를 기본으로 한 사업형성 절차 및 방식, 대상사업의 규모와 성격에 따른 사업타당성 검증방안과 사업 심사 및 선정 과정을 이해할 수 있다.

3. 프로젝트 추진에 대한 수원국과의 협의 및 사업집행 계획 수립 절차와 주요 내용을 이해할 수 있다.

들어가며

프로젝트 사업 기획은 협력국 수요에 기반한 사업 발굴·형성, 예비조사
및 심사를 통해 신규 사업을 선정하고, 수원국과의 협의의사록(R/D) 체결 및
집행계획 수립까지 사업을 기획하는 전체 과정을 말한다. 이번 장에서는 각
과정별 목적 및 세부내용 등을 자세히 알아보고자 한다.

1. 사업제안서(PCP)의 이해

1장 4절('KOICA 프로젝트 추진절차')에서 간략히 소개된 사업제안서(이하
PCP)의 개념과 역할, 양식에 대해 알아보자.

1) PCP 개념

PCP(Project Concept Paper)는 협력국의 공식적인 사업제안서로서, 협력국
수요 중심의 사업 발굴을 위해 수원기관이 작성해 수원총괄기관을 통해 제
출하는 문서이다. PCP 작성을 통해 협력국은 사회경제 발전 및 빈곤해결을
위한 협력국 내 문제 파악 및 해결방안을 자체적으로 고민하고, 프로젝트로
구체화한다. 즉, PCP 제출은 협력국의 주인의식과 책무성을 강화하고, 협력
국 중심의 사업을 발굴하기 위한 절차이다.

협력국의 PCP 작성을 위해 KOICA 해외 사무소(이하 사무소)는 사업발굴
지침을 협력국과 공유해 우리 정부와 KOICA가 제시한 발굴지침에 부합하
는 사업이 PCP로 제출되도록 한다. 이에 따라, PCP 작성은 기본적으로 협력

국의 개발수요와 우리 정부 및 KOICA가 수립한 개발협력 정책과 전략[1]을 종합해 실행 가능한 프로젝트로 구체화하는 과정이라고 할 수 있다. 충실한 PCP를 작성하도록 지원하기 위해 국내·외 전문기관/인력을 투입하고, 협력국, 여타 국제기구 및 공여기관 등과 공동으로 관련 분야/지역/수혜자 등을 중심으로 개발수요 분석(needs assessment)을 실시하기도 한다. PCP 작성을 위해 KOICA 사무소는 협력국 수원기관과 사업 발굴에 대한 협의를 수시로 진행하며, 공동으로 사업후보지를 방문해 현장 조사 및 수혜자 면담 등을 실시한다. 또한 KOICA 사무소는 수원기관으로부터 수혜자 정보, 사업후보지 지도 및 주변 여건, 과거 지원사례, 타 국제기구 및 공여기관과의 협업현황 등 다양한 사업 관련 정보를 공유받고, 이를 바탕으로 사업 발굴에 대한 의견을 협력국에 전달한다.

PCP는 협력국 수원기관 또는 관련 부처(Line Ministry)가 KOICA 사무소와 협의해 작성하나, 반드시 협력국 수원총괄기관을 통해 일괄적으로 재외공관 및 사무소로 제출해야 한다. 이는 협력국의 개발수요를 수원총괄기관이 전체적으로 취합해서 국가개발계획에 따른 협력국의 중요도 및 시급성에 따라 우선순위를 정하고, 개별 부처에서 발굴한 사업 간 중복을 방지하고 연계를 강화하기 위해서이다. 우리 정부도 시행기관에서 신규 프로젝트 발굴 시 수원총괄기관의 사업요청공문을 접수토록 의무화했으며, 주관기관이 시행계획 조정 및 검토 시에는 수원총괄기관 공문 접수 여부를 확인한다. 이를 통해 우리 정부와 협력국과의 원조채널을 일원화하고, 같은 협력국 내 시행기관 간의 사업 중복을 방지한다.

협력국으로부터 접수된 PCP는 KOICA 본부 유관부서에서 검토하며, 그

---

1   1장 3절('KOICA 프로젝트 관련 법, 정책 및 전략') 참조.

결과를 협력국 및 재외공관과 사무소에 안내하고 있다. PCP는 사업의 기본 구상과 방향의 타당성, 타 사업과의 중복가능성 등에 대한 내용이 주로 담기며, KOICA는 정책 및 전략 연계성, 기술적 타당성, 효과성 및 국별 재원 등을 위주로 PCP를 검토한다. KOICA는 PCP 검토 결과, 상기 기준상 적절한 사업 또는 사업형성과정에서 상기 기준에 따라 보완이 가능한 사업을 적격 사업으로 판단하고, 사업 형성을 실시한다.

2) PCP 양식

PCP는 ① 사업 기본정보, ② 사업개요, ③ 사업 필요성, ④ 이해관계자 분석, ⑤ 사업 관리 및 이행 방안, ⑥ 지속가능성, ⑦ 모니터링 및 평가, ⑧ 리스크 등의 항목으로 구성되어 있다. 또한 첨부물로 △사업대상지 지도, △PDM(Project Design Matrix)[2], △일정표, △예산내역, △환경 체크리스트, △젠더[3] 체크리스트 등을 제출해야 한다.

① 사업 기본정보는 대상국가, 사업명, 사업대상지, 사업기간, 사업비, 사업목적 등 사업의 가장 기본적인 정보를 제시한다. 이를 통해 사업의 전체적인 내용을 이해할 수 있으며, 수원기관의 법적 지위, 주요 기능, 연간예산 등도 포함해 수원기관 선정의 적정성, 수원기관의 역량 등도 확인할 수 있다.

② 사업개요는 사업목적(objectives), 성과(outcomes), 산출물(outputs), 활동(activities) 등을 항목별로 설명하면서, 사업목적을 달성하기 위한 성과, 산출

---

2 프로젝트 계획의 개념적 구성을 정리한 개요표로, 프로젝트의 설계 준비 및 평가를 지원하기 위한 도구 또는 프로젝트를 관리하기 위해 사용되는 이론적 틀이다. 논리모형모델(Logical Framework, Logframe)이라고도 불린다(KOICA 홈페이지).

3 여성·남성의 생물학적 차이를 뜻하는 섹스(Sex)와 구분되는 사회문화적·심리적 차이를 지칭하는 용어(시공미디어, 2016).

물, 활동 간의 논리적 연계성을 제시한다. 참고로 동 항목의 내용은 PCP 첨부자료로 제출하는 PDM상의 내용과 일치해야 한다.

③ 사업 필요성은 사업과 관련한 사회경제적 환경 분석, 사업을 통해 해결하고자 하는 문제에 대한 설명 및 도출과정, 사업과 관련한 협력국 국가개발계획 세부내용, 유사사업으로부터의 교훈 등을 포함하고, 이를 통해 사업 추진이 필요한 정당성을 확보한다.

④ 이해관계자 분석은 사업 추진에 참여하거나 영향을 받는 다양한 이해관계자에 대한 설명이다. 특히, 수혜자의 경우 성별분리통계를 포함한 구체적인 수혜자 수, 수혜자 도출 배경 및 과정, 수혜자 사업참여 방안 등을 제시해 '수혜자 중심'의 사업 발굴이 되도록 한다. 또한 수원기관, 국제기구, NGO, 타 공여기관 등 사업과 관련한 다양한 이해관계자에 대한 설명과 함께 이해관계자 간 협력 및 조정 방안도 제시한다.

⑤ 사업 관리 및 이행 방안에는 사업 추진 시 기획 및 관리 주체, 다양한 활동 간의 조율절차 등을 설명한다. 또한 건축이 포함된 경우, 건축물의 목적, 연면적, 사업대상지, 건축 기간 및 예산, 유지관리계획 등을 제시한다.

⑥ 지속가능성은 사업이 종료된 이후, 협력국 자체 운영 및 재정지원 계획 등을 제시해야 한다. 특히 건축, 기자재, 시스템 등이 포함된 하드웨어 지원사업의 경우, 지속가능성이 중요한 PCP 검토기준이 된다. 또한 인프라 관련 마스터플랜 및 예비조사, 다양한 분야의 정책 수립 등 개발컨설팅 사업의 경우, 본 사업 추진을 위한 재원유치방안 및 구체적인 정책반영계획 등이 포함되어야 한다.

⑦ 모니터링 및 평가는 사업추진과정에서 계획 대비 실제 진행상황에 대한 모니터링 방법 및 전체적인 사업목적 달성 여부 등을 포함한 평가방안 등을 제시한다.

⑧ 리스크는 사업추진과정에서 발생 가능한 다양한 리스크 및 관련 대응 방안 등을 제시하며, 비록 발생가능성이 낮더라도 모든 리스크를 제시해 사전에 사업을 안정적으로 추진할 수 있는 기반을 마련한다.

2. 사업 형성

사업 형성은 본부의 PCP 검토결과를 바탕으로 예비조사를 통해 사업의 부족한 부분을 개선하거나 보완해 사업의 완성도를 제고한다. 동시에, PCP 내용에 대한 사회적·경제적·기술적 타당성 등을 검증하고, 이를 심사에 반영한다.

예비조사는 KOICA 사무소 주도로 실시하며, 본부의 PCP 검토를 통해 적격사업으로 선정된 사업에 대해서 진행한다. 예비조사를 주도한 KOICA 사무소 또는 본부는 예비조사의 결과물로 사업기본계획, PCP 보완본, 국/영문 사업개요서 등을 작성해, 사업 심사를 주관하는 부서에 제출한다.

사업기본계획은 예비조사 결과에 따라 도출된 보완 및 개선 사항 등을 충분히 검토해 협력국과 협의한 후, 최종결과를 반영해 작성한다. 사업 심사는 사업기본계획을 기반으로 진행되는바, PCP 제출 및 예비조사 이후 변경된 사항은 모두 사업기본계획에 반영되어야 한다.

사업기본계획은 사업개요, 사업추진 여건, 사업수행계획, 지속가능성, 모니터링 및 평가계획, 위험분석 및 대응방안, 범분야 관련 사항 등의 항목으로 작성하며, 첨부물로 예산 세부내역, 국/영문 PDM(Project Design Matrix), 사업개요서(국/영문), PCP 보완본, 관련 보고서 및 참고문헌 등을 제출한다. 또한 PCP 보완본은 본부의 PCP 검토의견을 반영해 협력국과 협의 후 작성 및 제출해야 한다.

1) 절차

사업 형성을 위한 예비조사는 사무소 주도로 ① 국내/현지 전문가 투입, ② 국내/현지 용역기관 활용, ③ 사무소 직접 실시 등의 형태로 수행 가능하며, 본부는 사업형성과정에 필요한 국내 전문가 섭외 및 용역기관 선정 등의 행정지원과 기술자문 등을 지원한다.

다만, 사무소가 부재하거나, 1인 사무소인 경우, 또는 사업의 특성상 본부의 정책적 판단 및 조사가 필요한 경우에는, 본부가 직접 예비조사를 주도할 수 있다. 예를 들면 KOICA 사무소가 부재한 앙골라 모자보건 역량강화사업의 예비조사를 실시할 경우, KOICA 본부 사업담당자 주도로 공모절차4를 통하거나 전문가 풀에서 보건분야 외부 전문가를 선정해 조사단을 구성하고, 필요시 KOICA 내부 보건전문가가 같이 참여할 수도 있다. 또한 KOICA 본부가 정책적으로 강조하는 기후변화 및 GCF(녹색기후기금)와 연계한 사업의 경우, KOICA 본부 사업담당자 주도로 기후변화 관련 KOICA 내부 전문가가 같이 예비조사를 주도할 수 있다.

2) 주요 검토 및 계획수립 사항

예비조사 시, 아래 항목에 대한 조사분석을 실시하고, 관련 계획을 수립해

---

4   전문가 공모절차는 KOICA 홈페이지를 통해 진행되며, 공고 시, 모집개요, 지원분야 및 자격요건 등을 제시한다. 동 절차를 통해 KOICA 사업의 외부 전문가 참여를 확대하고 예비조사의 객관성 및 전문성을 강화할 수 있다.

야 하며, 각 항목은 사업심사항목과 연계되어 있는바 반드시 구체적이고 객관적으로 검토되어야 한다.

(1) 국내·외 정책부합성 분석

국내·외 정책부합성 검토는 KOICA 프로젝트가 우리 정부 및 KOICA, 국제사회의 다양한 국내·외 정책[5]과 유기적으로 연계되어 발굴됨으로써 정책달성에 기여하기 위한 목적으로 진행된다.

일반적으로 △SDGs(지속가능개발목표) 및 세부목표 해당 여부, △KOICA 분야별 중기전략과의 연계성, △중점협력국의 경우 CPS 중점협력분야 해당여부, △기타 국정과제 및 정부/KOICA 정책, 공여국, 국제기구 및 지역협의체 등을 포함한 타 기관 정책과의 부합성을 분석한다.

(2) 사업추진 여건 분석

사업추진 여건 분석은 개발도상국 현지에서 사업을 추진하기 위해 필요한 필수적인 조건에 대해 면밀히 조사하며, △문제/수요 및 해결방안, △법/제도적 여건, △사업대상지, △수혜자/수원기관, △사업 수행 파트너, △이해관계자, △유사사업 중복 여부 및 협업가능성, △파트너 재원 유치 가능성, △경제적 타당성 등을 확인한다.

문제/수요 분석 및 해결방안은 현재 문제 상황 및 원인, 협력국 수요, 관련 분야 협력국의 사회·경제·산업·기술적 여건, 적정한 문제해결방안 등을 확인한다.

법/제도적 여건 분석은 신규기관 설립 및 정부 시스템 구축 등의 사업을

---

5   1장 3절('KOICA 프로젝트 관련 법, 정책 및 전략') 참조.

진행할 경우, 사업 추진에 필요한 현지 법/제도적 여건이 갖춰져 있는지 또는, 향후 관련 법/제도 구축 계획이 있는지 등을 확인한다.

사업대상지 분석은 사업대상지 선정배경, 국유지 여부, 접근성, 치안상황, 이주민 토지보상 필요성 등을 포함한다.

수혜자 분석은 구체적인 직/간접 수혜자 수와 선정사유, 사업 추진 시 수혜자 역할 및 참여방안, 취약계층(여성, 아동, 장애 등) 고려방안 등을 포함한다.

수원기관 분석은 수원기관 성격, 기능 및 역량, 조직 및 인원 등을 확인한다. 사업 수행 파트너 분석의 경우, 사업을 국제기구 또는 타 공여기관을 통해 추진할 시, 해당 기관의 역량 및 전문성을 확인하기 위한 목적으로 수행한다.

이해관계자 분석은 사업 추진과 관련된 다양한 이해관계자 간 협력필요사항, 예상되는 갈등, 관리감독체계 등을 확인한다.

중복 여부 및 협업가능성 분석은 해당 사업과 관련해 현지 기관(타 공여기관, 수원기관, 국제기구, NGO, 민간 등), 국내 타 시행기관과의 중복 방지 및 연계 강화를 위한 목적으로 실시한다.

파트너 재원 유치 가능성 분석은 KOICA 사업의 확대 및 확산을 위해 타 개발협력 파트너 재원 유치 가능성을 확인한다.

경제적 타당성 분석은 정부방침에 따라, 사업비 1500만 달러 이상 사업은 반드시 비용/편익 분석을 통한 경제적 타당성 분석을 실시해야 하며, 사업비 1500만 달러 미만의 인프라 사업의 경우에는 선택적 혹은 가급적 경제적 타당성 분석을 실시해, 사업 종료 후 재원 유치 및 본 사업 추진 가능성을 사전 확보해야 한다.

(3) 사업기본계획

사업기본계획은 △사업개요, △사업추진 여건, △사업수행계획, △지속가능성, △모니터링 및 평가계획, △위험분석 및 대응방안, △범분야 관련 사항 등의 항목을 중심으로 작성한다.

사업개요는 사업개요서, 사업대상지 지도, 추진경과, 전문가 파견내역 등의 사업형성 개요를 기술한다.

사업추진 여건은 정책적 측면과 사업 측면으로 구분된다. 정책적 측면은 국제사회 여건, 협력국 여건, 우리 정부 및 KOICA 여건이며, 사업 측면은 문제분석 및 해결방안, 대상지 분석, 수원기관/사업 수행 파트너 분석, 수혜자/이해관계자 분석, 유사사업 분석, 국내 타 시행기관과의 협업가능성 분석 등을 포함한다.

사업수행계획은 사업 목표 및 추진전략, 사업논리모형, 사업추진체계, 활동별 세부 수행계획, 추진일정, 예산집행계획, 조달계획 등을 위주로 기술한다.

또한 경제적 타당성을 포함한 지속가능성, 모니터링 및 평가계획, 위험분석 및 대응방안, 젠더 및 인권 등을 포함한 범분야 관련 사항도 기본계획에 포함된다.

(4) 성과관리계획

성과관리계획은 사업의 목적을 달성하기 위한 가장 중요한 부분이며, 사업기획단계에서부터 객관적이고 구체적으로 관리되어야 한다. 일부 사업의 경우, 사업진행과정에서 성과관리계획을 수립하는 경우가 있으나, 이 경우 사업 실시 이전과 이후의 변화 및 성과를 비교할 수 없기 때문에 성과의 객관성을 확보하기 어렵다. 따라서, 성과관리는 반드시 기획단계에서부터 실시해야 한다.

또한 성과관리는 PDM을 통해 진행된다. PDM상 수직적으로 나타나는 영향(impacts) – 성과(outcomes) – 산출물(outputs) – 활동(activities) – 투입물(inputs)의 논리적인 인과성 및 수평적으로 나타내는 검증수단, 지표 설정 등을 기반으로 성과관리를 실시한다. PDM 변경은 섹터부서 및 평가부서의 자문을 통해 반드시 공식적으로 진행하고, 이에 대한 이력관리를 해야 성과관리의 객관성을 확보할 수 있다. PDM 수립 시 설정한 성과지표의 경우 〈표 2-1〉과 같이 기초선 조사(Baseline Survey)를 통해 사업 착수 전 초기값을 조

표 2-1 기초선 조사 개요

1. 개념
- 기초선 조사: 개발사업 실시 전 사업대상지역의 상황을 조사하는 기초자료 수집 및 분석 활동을 말하며, 이를 통해 수집된 자료는 향후 모니터링 및 평가 시 사업 진척사항과 성과를 판단하는 근거로 활용
- 기초선: 개발사업 수행 이전 사업현장의 주요 상황(지표)을 측정한 기준점으로서, 사업목표 수준별 각 성과지표의 초기값이 됨.

2. 조사목적
- 사업현장에 대한 정확한 기초자료 확보를 통해 현실적인 사업목표를 수립하고, 사업 방향과 전략을 개선해 효과성을 제고
- 사업수행 이전 상황에 대한 정보를 확인하고 이에 대비해 진척률을 점검해 정확한 사업성과와 영향력을 파악

3. 실시시점
- 가급적 협력국 수요 파악 시 혹은 사업 형성 초기에 실시하는 것이 바람직하나, 어려울 경우 사업 형성 완료 후 PMC 과업의 일부로 기초선 조사를 수행
- 실시시기가 늦을수록 조사결과의 정확도 저해, 사업성과 저평가 위험이 있음을 감안, 실질적인 사업 착수 이전에 실시해야 함.
  - 단, 정확한 기초선 자료 확보를 위해서는 사업의 PDM 및 성과지표 수립, 성과관리계획이 선행/병행되어야 함.

4. 조사수행단계(소요기간은 상황에 따라 유동적으로 변경 가능)
- 준비단계: 대상사업 이해 및 성과지표 확정(1주)
- 설계단계: 조사질문 구성, 표본 규모 및 추출방법, 조사방법 선정(2주)
- 착수단계: 현지조사 준비, 현지조사 및 1차 자료 수집(2~4주)
- 분석 및 보고서 작성: 자료 분석 및 보고서 작성(1주)

5. 유의사항
- 조사 수행 이전, 기초선 자료로 활용 가능한 자료 존재 여부 및 출처 확인
- 조사결과에 대한 협력국 유관기관의 검토의견을 반드시 확인

자료: 한국국제협력단(2010a).

사항으로써 사업 추진 전후의 성과를 비교·분석하는 자료로 활용한다.

특히 PDM 수립 시 산출물의 경우 목표치를 제시해야 하며, KOICA는 매년 사업의 실적 및 목표치 달성 여부를 확인·관리한다. 정부의 ODA 예산편성이 연도별로 실시됨에 따라, KOICA 사업도 연도별로 예산집행실적을 검증하고 예산집행의 책무성을 제고한다.

PDM 관련 상세내용은 6장에서 확인할 수 있다.

(5) 소요예산

소요예산은 사업 투입물을 기준으로 작성하며, KOICA 내부 관련 규정(용역경비 산정기준, 기술용역사업 용역비 집행 및 정산 기준 등)을 준용해 산정한다. 특히, 협력국에서 제시한 건축비는 현지 건축단가 이하의 수준으로 낮게 책정된 경우가 많으므로 물가인상률 등을 고려해 제시된 건축비의 130% 정도 가중해 산정한다. 기자재의 경우, 현지 구매단가에 유지보수비, 설치교육비, 물류비 등 부대비용을 포함해 130~150%로 가중해 산정한다. 또한 KOICA 자체적인 모니터링 및 평가, 예비비 차원에서 총 사업비의 5~10%를 사업관리비로 편성한다.

국제기구를 통해 추진하는 다자성양자(Multi-bi)[6] 사업의 경우, 국제기구에서 제출한 사업비 구조를 유지하되, 반드시 총 사업비의 5~10%의 KOICA 사업관리비를 포함해 국제기구의 추진 현황 및 결과를 모니터링하고 평가한다. 또한 사업 중 KOICA가 직접 시행하는 요소(국내초청연수 등)가 있을 경우, 관련 KOICA 규정을 준수해 국제기구가 집행하는 예산과는 별도로 KOICA

---

6   다자성양자 사업(국제기구협력사업)은 사업시행자(PC)를 국내에서 선정하는 대신 현지 해당 분야에서 활발히 활동하는 국제기구와 업무협조약정(MOU)을 맺고 해당 기구를 통해 수행하는 사업을 의미한다(프로젝트 매뉴얼, 2016).

가 직접 집행하는 예산을 구분해 기술한다.

3. 사업 심사 및 선정

국내·외 정책부합성, 사회경제적 타당성, 기술적 타당성을 포함한 예비조사 결과를 바탕으로 KOICA 본부는 사업심사위원회를 구성해 신규 사업 선정을 위한 사업 심사를 실시한다. 위원장은 KOICA 소관 사업이사이며, 심사위원은 내외부 위원[7]으로 구성된다. 주요 심사기준은 ① 국별지원전략(CPS 등) 연계성, ② 개발과제 연계성, ③ 기술적 타당성, ④ 파급효과성, ⑤ 지속발전가능성 등 5가지 항목으로 구성된다.

심사결과에 따라 전체 심사위원의 산술평균 80점 이상 득점사업을 대상으로, 국별재원배분계획, 사업의 우선순위 및 시급성 등을 종합적으로 고려해, 차년도 시행계획에 반영할 신규 사업을 선정한다. 이후, KOICA는 차년도 시행계획안을 수립하고 무상원조 주관기관인 외교부에 제출한다. 이후, 외교부, 기재부와 국무조정실의 국제개발협력 시행계획안 조정 및 심의, 정부 및 국회의 예산심의를 거쳐, 국제개발협력위원회에서 종합시행계획안이 심사·의결[8]되면 공식적인 KOICA 신규 사업으로 확정된다.

---

7   일반적으로 내외부 위원은 각각 2인 이상으로 구성한다.

0   외교부 시행계획 제출 이후, 세부절차는 1장 1절('KOICA 프로젝트 추진절차') 참조.

4. 심층기획조사 및 협의의사록 체결

사업 심사 및 선정이 완료되면 심층기획조사를 통해 협의의사록(R/D)을 생산하고 이에 서명을 함으로써 세부 사업내용 및 양국 간 분담사항을 확정하게 된다.

심층기획조사는 예비조사 시 협력국과의 협의를 통해 형성·기획된 사업에 본격적으로 착수하기 전 사업내용 및 양국 간 분담사항을 확정하는 단계이다. 예비조사가 사업추진 여건을 분석해 정책적·기술적 타당성을 검증하는 데 초점이 있다면, 심층기획조사는 본 사업 추진을 위한 세부계획안[9]을 확정함에 초점이 있다.

참고 2-1 심층기획조사가 끝나면 사업 착수가 가능한가?

- 심층기획조사는 일반적으로 전년도 하반기(n-1년 7월~)부터 실시하는데, 이때 역시 사업 추진 여부가 '확정'된 것은 아니라는 점에 유의해야 한다. 기획재정부 예산심의(n-1년 4~9월) 완료 이후에는 변경사항이 드물기는 하나, 공식적으로는 국회심의(n-1년 9~12월)를 거쳐 전년도 말(n-1년 12월)에 사업계획이 확정된다. 따라서 전년도 하반기에 심층기획조사를 하고 R/D를 조건부로 서명하는 것은 사업계획 확정 후 n년 초 조속히 사업을 추진하기 위한 것으로, 협력국과 협의 시 어디까지나 본 사업 착수는 n년도 상반기 중 가능하며 정부 및 국회의 심의과정에서 사업 추진이 취소될 수 있다는 전제로 협의를 진행해야 한다.
- 실제로는 R/D 체결 후 집행계획 수립 및 사업시행자 선정 등에 소요되는 시간을 감안 시, n년도 상반기 착수하는 사업은 비교적 신속하게 진행되는 예로 볼 수 있다. 앞서 기술한 절차에 소요되는 기간을 감안할 때, 일반적으로 사업 발굴부터 본 사업 착수까지 평균적으로 2년 내외의 시간이 소요된다고 볼 수 있다.

R/D는 사업 이행을 위해 협력국과 상호 합의를 바탕으로 도출한 최초 공식문서로서, 사업 종료 시까지 사업범위, 양국의 분담사항 이행조건, 부가가치세 면제 및 기자재 면세통관 등 협력국 사업 수행에 따라 협조가 필요한 사항을 확정한다. 또한 사업추진과정에서 혹시나 제기될 수 있는 갈등상황에서

---

9   KOICA에서는 집행계획이라는 명칭으로 부른다.

이를 해결하기 위한 근거가 되므로, 문안에 대한 철저한 검토가 필요하다.

표 2-2 예비조사와 심층기획조사의 과업범위 비교

예비조사: 사업추진 여건 분석	심층기획조사: 사업 세부내용 확정
• 해당 분야 협력국 현황 및 사업 수행여건 분석 • 사업타당성 분석 • 사업의 구성요소 도출 • 사업계획초안 수립(예산 포함)	• 사업세부계획(안) 수립(예산 포함) • 협력국 및 한국의 상세업무 분담 • R/D 최종안 확정, R/D 체결 • PDM 및 성과지표 확정

자료: 한국국제협력단(2016a).

심층기획조사 단계는 ① 계획 수립 및 조사 준비, ② 프로젝트 사업의 품질관리를 위한 기술관리그룹(TAG: Technical Assurance Group) 구성 및 검토 실시, ③ 조사단 사전회의(체크리스트 작성 포함), ④ 심층기획조사 실시 및 R/D 체결, ⑤ 결과보고단계로 구분할 수 있다. 심층기획조사는 사업추진 여건의 변화 등 주요 변수를 감안해 특이사항이 없을 시 기존 협의된 내용에 대한 확인 및 R/D 체결로 신속하게 진행된다. 아래에서는 △TAG 검토, △심층기획조사 세부내용, △R/D 체결 및 정부 간 합의단계별로 추가 기술한다.

1) TAG 검토

심층기획조사 계획 수립에서 가장 중요한 단계가 TAG 검토단계이다. 이 단계에서는 계획 초안을 바탕으로 섹터 및 평가 부서 등의 담당직원으로 구성된 TAG를 실시하고, 심층기획조사 계획을 보완한다. TAG는 사업의 방향 및 보완사항 등에 대해 해당 프로젝트 담당부서(지역실 및 사무소)와 유관부서(사업 품질·성과 관리, 평가, 조달 부서 등)가 공동으로 논의해 발생 가능한 위험을 최소화하고 사업효과성 제고에 기여하고자, 2014년 KOICA에 도입된 통합 품질관리(Total Quality Assurance) 제도이다. 프로젝트 생애주기(life cycle) 동안 최소 2회 이상 TAG를 실시함으로써 사업 형성·기획 단계에서의 기술자문을 수행한다.

TAG 1의 경우 심층기획조사 전 사업기본계획의 기술적 타당성 및 적절성, 사업관리계획의 효율성 등에 대해 검증하며, 주요 내용은 〈표 2-3〉과 같다.

표 2-3 TAG 1 개요

개최시기	• 심층기획조사 3주 전
참석범위	• (의뢰) 지역부서/ (자문) 섹터, 평가, 법무, 조달, 예산 부서 등
검토내용	• 사업 기본방향 및 구성의 적절성 • 사업 추진의 기술적·환경적 타당성 • 기간 및 규모의 적정성 • PDM 및 성과관리계획의 논리성 • R/D 합법성 및 분담내역 • 이해관계자 분석을 통한 위험관리방안 등 검토
검토자료	• 예비조사 결과보고서 • 사업기본계획(안) • R/D 초안 • PDM • 현지조사 체크리스트 • (건축이 포함된 사업 시) 건축자문 결과보고서 등

자료: 한국국제협력단(2016a).

2) 심층기획조사 세부내용

심층기획조사는 예비조사에서 도출된 기본계획에 대한 세부계획을 확정하는 것이 주목적이며, 예비조사가 충실히 진행되었다는 전제하에 본 사업 착수 전 필요한 사항을 재확인하고 검증하는 수준에서 보충적인 조사를 진행하는 것이 원칙이다. 다만, 예비조사 시점 대비 심층기획조사 단계에서 협력국 사업추진 여건의 변화 등 당초 합의한 내용 그대로 추진하기에 무리가 있다는 판단이 들 경우, 심층기획조사를 통해 일부 추가조사를 실시하기도 한다. 이 경우에도 예비조사단계에서 확정된 기본사항(사업목적, 사업비, 사업기간 및 주요 사업구성요소 등)에 큰 변화가 없음을 전제로 조정이 가능하며, 주요 사항에 변화가 생긴 경우에는 별도의 재검토 절차를 거쳐 사업의 계속 추진 여부를 결정해야 한다.

심층기획조사는 △현장 중심으로 추진, △사업의 특성을 감안해 다양한 방식[국내 전문가, PM 제도, 현지 인적자원, 기본계획수립(BDS: Basic Design Survey) 용역 등] 활용을 통해 조사의 내실화, △분야별 표준 성과지표 적용 및 기초선 조사 실시 등 성과 기반 접근으로 n-1년 말까지 완료, n년도부터 본 사업 착수가 가능하도록 하는 것이 원칙이다.

심층기획조사 단계에서는 조사기간 중 협력국과 사업 수행에 관련된 모든 사항을 빠짐없이 협의해야 한다. 이 단계에서 시행해야 하는 사항은 △사업대상지역 실사 및 확정, △사업요소별 적정예산 분배방안 및 사업수행기간 협의, △협력대상국 분담사항 및 이행가능성 확인, △사업구성요소별 최적 추진모델 수립, △사업방식의 효율성 및 효과성 제고방안 협의, △이해관계자 및 위험관리 분석, △사업 추진방안, 수행체계, 양국 간 분담사항 등 확정, △세부 사업추진계획 및 PDM 확정, △협의의사록(R/D) 협의 및 체결[10] 등이다.

이 중 가장 중요한 항목은 협력국 측 분담사항 이행 의지 및 가능성에 대한 확인이다. 특히 건축이 포함된 사업의 경우 △해당 부지의 제공 여부 및 적정성, △관련 인프라(전기·수도·통신 등) 제공이 확실히 가능한지, △그 외 시설물 관련 각종 인허가 처리 및 시설물 도입에 필요한 예산·조직의 확보 등 분담사항을 철저히 검증해 세부적으로 R/D에 명시할 필요가 있다. 협력국 분담사항 이행 여부는 사업 추진 전 과정에서 주요 위험요인으로 작용하므로, 심층기획조사 단계에서 협력국의 의지가 미약하거나 불확실하다는 판단이 든다면 사업 취소 등 사업 추진 여부를 재검토하는 것도 필요하다고 할 수 있다.

---

10 개발조사 및 프로젝트형 사업 시행세부지침 제0조(심층기획조사).

참고 2-2 협력국 분담사항은 어디까지인가?

- 협력국 분담사항은 물리적으로 KOICA가 수행 불가능한 사항들로 한정하는 것이 원칙이며, 무상원조 기본협정상 협력국 분담사항으로 명시된 사항을 대상으로 하나, 이 중 협력국의 상황 또는 의지 부족으로 이행이 불가능하다고 판단되는 경우는 제외한다.
- 일반적으로 부지 확보, 인허가, 관련 인력 및 예산, 전기 및 수도 등 인프라 인입, 통관, 면세, 진입도로, 사회적 이슈(불법 거주민 이주 해결 등), 환경영향평가(협력국 법에 의거해 협력국 자체 실시) 등이 포함된다.
- 이 외에 사업의 지속가능성을 담보할 수 있는 기제(예: 운영계획 수립, 인력 파견 및 운영예산 배정 등)를 협력국 분담사항으로 포함하기도 한다.
- 건축 및 부대사항(토목, 조경, 인입로 등), 기자재의 경우 협력국의 실제 이행가능성이 낮고 분담사항 이행 지연 시 주요 사업지연요인으로 작용하므로 분담을 지양해야 한다.
- 리모델링, 부지 기초조사, 전기 및 난방 인입공사 등 협력국 분담사항 미이행을 사유로 사업 기간이 연장되거나 사업비 증액 등 사업계획이 변경된 사례가 종종 발생하고 있어 사전에 협력국의 부담능력과 의지를 확인하고 미리 대응책(예: 예비비 편성 등) 마련이 필요하다.

자료: 한국국제협력단(2016a).

수원기관에 일부 분담사항을 배정하는 것은 현실적으로 우리 측에서 담당하기 어려운 부분(부지 확보, 인허가 관련 사항 등)을 해결하기 위한 목적과 함께, 수원기관이 사업과정에 적극적으로 참여하게 함으로써 프로젝트에 대한 주인의식과 책임감을 가질 수 있도록 하려는 의도도 있다. 일반적으로 KOICA의 분담사항은 시설 건축, 기자재 지원, 전문가 파견 및 연수 실시 등이며, 수원기관 측은 부지 확보 및 정비, 전기·수도 등 기초 인프라의 인입, 기자재의 통관 및 내륙운송, 인허가 취득을 비롯한 각종 행정지원 등을 담당하게 된다.

또한 예비조사 때 실시한 기초선 확인 및 성과지표를 포함한 PDM을 확정하는 것 또한 이 단계의 중요한 과업이다. 기초선 조사 결과를 바탕으로 목표치(종료선)를 수립하되, 특정 기간 내 한정된 예산 안에서 동 목표치를 달성하기 위한 집행계획을 수립해야 하므로 예비조사 때 실시한 기초선 조사 결과의 실효성 확인 및 검증이 반드시 필요하다. 심층기획조사 시 확인이 필요한 사항을 정리해보면 〈표 2-4〉와 같다.

표 2-4 심층기획조사 시 주요 확인사항

일반/공통 사항

- 사업내용 확정(사업명, 기간, 규모, 목적, 주요 구성요소 등)
  - 특히 각 사업구성요소의 경우 예비조사를 통해 작성한 예산안을 기반으로 세부예산 도출
- 양국 간 분담사항 확정 및 협력국 측 분담사항 이행 가능 여부 확인
  - 특히, 사업 진행 중 면세혜택 제공, (건축 포함 시) 부지 제공 및 평탄화 작업, 전기 인입 등 인프라 부담가능성, 종료 후 결과물 관리, 인력관리 등 반드시 확약 필요
  - 각 부담사항의 이행 담당/관련 기관, 업무추진 절차, 소요예산, 협력국 측 분담사항 이행을 위한 예산 확보 여부 확인 등
- 정부 간 합의체결 관련 협의(체결절차, 관계기관, 소요기간 등 확인)

사업구성요소별 확인사항

구분	확인사항
전문가 파견	• 전문가파견계획(세부분야, 국내·외 투입 M/M 1, 전문가 자격요건, 투입단계별 활동내용 및 산출물) • 현지 전문가 활용계획
초청연수	• 기술 전수 및 공유 계획(교육·훈련계획) • 교육 세부내용(목적, 분야, 기간, 대상 연수생, 교육내용, 강사조건) • 학위과정(필요시)
기자재 지원	• 기자재 목록 및 세부사양, 국내/현지 단가 및 적절한 조달방안 도출 • 기자재 조달 및 운송계획(국내/현지) • 협력국 부담사항(협력국 내 운송, 보관료, 통관 등)
건축	• 사업대상지 정보 • 기본 설계도면/공간계획(space program) • 현지 자재 활용계획(단가 포함) • 조경, 주변 인프라 활용계획 • 협력국 부담사항(부지 정리, 각종 인허가, 부지 기초조사, 전기 및 수도 등 인프라 인입 외) • 협력국의 건물유지관리계획 • 설계, 시공, 감리 업체(CM) 선정계획
시스템 구축	• 시스템 구축 목적 및 function point(세부기능 요구사항) • 시스템 유지보수계획(하자보수와는 별도의 유지보수) • 현지 전문가 역량강화계획 • 현지 업체 활용계획(유지보수, 또는 시스템 구축) • 세부 소요예산(국내 유사 시스템의 비교견적)

주 1: 맨/먼스(man/month)의 약자. 소프트웨어 개발사업의 대가를 계산하는 방식의 하나로 한 사람이 한 달 동안 할 수 있는 양을 의미. KOICA에서는 인력투입량을 표기할 때 사용하며 사업에 따라 맨/데이(man/day)로 나타내는 경우도 있음.

사업관리요소별 확인사항

구분	확인사항
조달	• 사업수행체계 및 과업별 조달방안(PMC, CM, 시공, PC 등) • 현지사정을 고려한 사업자 선정방식 결정(국제입찰, UNOPS 활용 등)
성과관리	• 기초선 조사 및 성과지표, PDM 확정 • 모니터링 및 평가 방안 확정(일정, 시기, 주체)

	• 종료평가는 협력국과 공동평가임을 명시하고, 기초선 조사 및 중간/종료/사후 평가 성과 확인에 협력국 협조 필요사항이 있다면 명시
위험관리	• 예비조사 때 확인된 위험요인(risk)에 대한 점검 • 사업추진절차별 위험관리방안, 위험요인별 모니터링 계획, 일정 및 후속조치

자료: 한국국제협력단(2016a) 활용 저자 재작성.

3) 협의의사록 체결 및 정부 간 합의(심층기획조사 이후)

심층기획조사가 완료되면 이 과정에서 합의한 모든 사항을 문서화해 수원기관과 상호 합의하는 절차를 거치게 되며, 이때 서명하는 문서가 바로 협의의사록(R/D)이다. R/D 서명 후 이 내용을 바탕으로 정부 간 합의를 체결하는데, R/D는 국제법상 법적 효력이 없으며 정부 간 합의를 통해 법적 구속력을 확보하게 된다. 정부 간 합의 성립 후 프로젝트에 착수하는 것이 원칙이나, 이를 위한 협력국 내부절차에 장시간이 소요됨을 감안해 정부 간 합의를 조건으로 R/D를 서명하고, 집행계획 수립 및 사업자 선정 등 본 사업 착수 준비를 먼저 하는 경우가 일반적이다.[11]

R/D는 크게 서명을 하는 표지, 해당 사업에 대한 합의내용을 명시한 TOR(Terms of Reference), 이 외에 세부 사업추진 일정 및 기자재 목록 등 첨부문서(attachment)로 구성이 된다. 특히 TOR은 사업수행과정에서 협력국과 이견이 발생될 시 조정을 위한 근거문서가 되는 프로젝트 헌장(Project Charter)으로 기능하므로 작성에 유의가 필요하다(한국국제협력단, 2016a).

TOR의 주요 목차는 〈표 2-5〉와 같으며, 가장 눈여겨보아야 할 부분은 'II. 기관 간 분담사항'이다. 여기서는 KOICA의 지원내역을 투입물과 활동 중심으로 기술하고, 각 활동별로 협력국의 분담사항을 명시한다. 수원기관 내 프

---

11 개발조사 및 프로젝트형 사업 시행세부지침 제12조(본 사업 착수) 제1항 및 제2항.

표 2-5 협의의사록 TOR 주요 목차

목차
I. 사업개요(Outline of the Project)
II. 기관 간 분담사항(Commitments of the Participants)
III. 모니터링 및 평가(Monitoring and Evaluation of the Project)
IV. 사업의 착수 및 실행(Initiation and Implementation of the Project)
V. 상호 협력 및 협의(Mutual Cooperation and Consultation)
VI. 사업 이해 증진 및 지원(Promotion of Understanding and Support for the Project)
VII. 사업추진일정(Project Schedule)
부속서류(attachment)

자료: 한국국제협력단(2016a).

로젝트 전담조직의 구성 및 관련 예산의 확보, 건축이 포함된 사업의 경우 해당 부지의 제공, 전문가 파견활동 및 기자재 면세통관 지원 등이 이에 해당한다.

양 당사자는 R/D상 명시된 사항을 미이행한 경우에 상호 이행을 요구할 수 있다. 또한 사업추진과정에서 R/D상 확정된 사항 중 변경이 발생한다면, 수정 R/D 체결 등을 통해 협력국과의 협의 및 변경 내용을 확정한 후에 진행해야 한다.

5. 집행계획 수립

집행계획은 예비조사 및 심층기획조사 결과를 바탕으로 단위·부문별 사업 구성요소 및 추진방안, 사업시행자 선정방식, 예산·일정·위험 관리, 성과관리계획, 홍보계획 등 사업 추진을 위해 구체화한 최종 계획문서이다.

집행계획은 ① 사업추진 배경, ② 협력대상국의 해당 지원분야 주요 정책, ③ 사업 추진을 위한 현황 및 문제점 분석, 해결과제 및 유사사업의 교훈, ④

사업목표 및 기대효과, ⑤ 지원방법 및 주요 활동계획, ⑥ 사업관리 및 향후 추진계획, ⑦ 부문별 사업시행자 선정방법, ⑧ 사업평가 방법 및 기타 사업의 성공적 수행을 위한 중점관리사항 등을 포함해야 한다.[12]

집행계획 단계에서 TAG 2를 실시해 집행계획의 품질을 제고한다. TAG 2의 경우 집행계획 초안을 바탕으로 사업구성 내용의 적절성, 타당성 등을 심층 검토하며, TAG 2 결과는 집행계획의 일부로서 반영된다. TAG 2에서 검증하는 항목은 TAG 1과 유사하지만, TAG 1이 사업내용 확정을 위한 사업기본계획 검증에 주요 목적이 있다면, TAG 2는 본 사업 추진을 위한 사업시행자 조달방안, 구체적인 성과관리 및 사업관리 방안 등의 검증이 중심이다.

표 2-6 TAG 2 개요

개최시기	집행계획 수립 전	
참석범위	(의뢰) 사무소 또는 지역부서/ (자문) 섹터, 평가, 법무, 조달, 예산 부서 등	
검토내용	• 사업구성 내용의 적절성 • 조달계획의 적절성 • 사업관리 및 일정관리의 적절성 • 범분야 요소 고려 여부 등 검토	• 예산 배분 및 산출 근거의 합리성 • PDM 및 성과관리 방안의 적정성 • 지속가능성 제고방안

검토자료	• 집행계획 초안
	• 심층기획조사 결과보고서
	• 사업관리/시행용역(PM 또는 PMC 등)
	  선정 제안요청서
	• 기자재 내역(안)
		• R/D 서명본
		• 예산계획(안) 및 산정근거자료
		• PDM
		• (건축사업 포함 시) 건축기획 적정성
		  검토결과서 등

자료: 한국국제협력단(2016a).

집행계획 표준목차(〈표 2-7〉 참조)는, 크게 △사업개요, △사업추진 여건, △사업수행계획, △사업관리계획 등 4개 파트로 구분이 된다. 아래에서는 이렇게 수립된 집행계획에 의거해 프로젝트가 어떻게 추진되고 관리되는지 KOICA – 수원기관 – 사업시행기관의 관점에서 비교·설명하기로 한다.

---

12   개발조사 및 프로젝트형 사업 시행세부지침 제12조(본 사업 착수) 제3항.

표 2-7 집행계획 표준목차

목차
0. 국가 일반 개황
0. 용어 설명(약어)
I. 사업기본정보 　1. 사업개요서(국/영문) 　2. 사업대상지 지도 　3. 추진 경위 　4. 중요 변경내역
II. 사업추진계획 　1. 사업추진전략 　2. 기대성과 　3. 사업논리모형(PDM) 　4. 사업범위 및 양국 분담사항 　5. 이해관계자 　6. 사업수행체계 　　가. 사업수행 및 의사결정 체계 　　나. 역할 및 책임(Roles and Responsibilities) 　7. 성과관리 　8. 산출물 내역 및 관리 　9. 예산관리 　10. 일정관리 　11. 의사소통 관리 　12. 홍보관리 　13. 지속가능성 확보 방안 　14. 위험관리
III. 조달관리 및 사업시행자 선정 계획 　1. 조달관리계획 　2. 사업시행자 선정계획
〈첨부〉 　1. 예산 세부내역 　2. 성과관리양식(PDM, 성과점검양식, 지표정의서) 　3. 협의의사록(R/D) 　4. 사업시행자 선정 제안요청서(RFP) 　5. TAG 2 결과서 　6. 기타 참고자료(필요시)

자료: 한국국제협력단(2018a).

1) 사업수행계획(각 사업구성요소별 추진계획)

1장에서 KOICA 프로젝트는 전문가 파견, 초청연수, 기자재 지원 등 여러 사업구성요소로 이루어지고, 사업시행자 선정절차를 거쳐 추진된다고 설명했다. 즉, 사업수행계획은 KOICA가 외부의 다양한 전문영역의 사업시행자를 선정하고 이를 통해 추진한다고 볼 수 있다. 그렇다면 이 과정에서 KOICA의 역할은 무엇이고, 섹터 전문성이 있는 기관에서 직접 개발원조사업을 수행하는 것과 차이는 무엇일까?

표 2-8 사업수행계획서 목차 예시

목차
I. 사업개요
1. 사업추진 배경과 사업목적
2. 사업대상지 분석
3. 과업목표 및 성과지표
II. 사업수행계획(사업내용에 따라 조정)
1. 기본방향
2. 전문가 투입
3. 연수생 초청
4. 마스터플랜 수립
5. 기자재 발주 자문
III. 사업관리계획
1. 투입인력 현황 및 운용계획
가. 투입인력 현황
나. 인력운용계획
2. 사업관리 방안
가. 성과관리
나. 일정관리
다. 위험관리
라. 사후관리
마. 보고 및 산출물 관리
바. 국내·외 사업 홍보
3. 과업 현지화 전략 및 범분야 사업수행 적용계획
가. 대상국 특성을 고려한 과업 현지화 전략
나. 범분야 사업수행 적용계획

자료: 한국국제협력단(2018b) 활용 저자 재작성.

아래에서는 주요 사업구성요소별 추진사항을 기술하고 KOICA – 수원기관 – 사업시행기관의 역할 구분을 〈표 2-9〉로 서술한다.

표 2-9 사업 추진 시 사업구성요소별 KOICA-수원기관-사업시행기관 간 역할 구분

사업구성요소 (추진내용)	KOICA	사업시행기관	수원기관

전문가 파견
• 분야별 전문가
  파견을 통한
  컨설팅, 공동연구
  등 수행
	• 전문가 파견 계획서
	  및 결과보고서에
	  대한 검토 및 승인
	• 인력변경 관리 검토
	  및 승인
		• 전문가 파견계획서
		  작성
		• 전문가 파견 및
		  결과 보고
		• 인력변경 관리
			• 전문가 활동
			  행정지원
			• 전문가 활동 참여
			  (컨설팅, 공동연구 등)

연수
• 한국 초청 또는
  현지연수를 통한
  협력국 관계자 대상
  교육훈련 실시
	• 연수 대상자 최종
	  확정
	• 과정계획서 및
	  결과보고서에 대한
	  검토 및 승인
		• 과정계획서 작성
		• 연수 대상자
		  선발지원
		• 연수 실시 및
		  결과 보고
			• 연수 대상자 추천 및
			  참여

기자재 지원
• 기자재 구매/운송/
  설치/교육/하자보수
	• 기자재 운송※
	※ 사업시행기관의
	  과업범위에 포함된
	  경우도 있음
	• 기자재 통관지원
	• 기자재 검수
	• 기자재 하자보수
	  총괄
		• 기자재 납품
		• 기자재 설치
		• 기자재 활용교육
		• 기자재 하자보수
		  수행
			• 기자재 통관지원
			• 기자재 설치 공간 및
			  인프라 지원
			• 기자재 활용교육
			  참여
			• 기자재 활용 및
			  필요시 하자보수
			  요청

건축
• 설계/시공/감리/
  하자보수
	• 건설사업관리(CM)를
	  통한 단계별 산출물
	  검토 및 승인
	• 건축 인허가 등과
	  관련 협력국 협력
	  총괄
	• 건축 하자보수 총괄
	• 준공 이후 운영현황
	  점검
		• 건축 설계
		• 건축 시공
		• 건축 하자보수 수행
			• 건축부지 제공
			• 건축 인허가 등
			  각종 행정지원
			• 건축 인프라 지원
			• 준공 이후 사용 및
			  유지관리
			• 필요시 하자보수
			  요청

시스템 구축
• 시스템 개발/
  감리/운영지원
	• 시스템 개발
	  감리사를 통한
	  단계별 산출물 검토
	  및 승인
		• 요구분석/설계/개발/
		  테스트/사용자 교육
		  및 운영지원
		• 유지보수 수행
			• 요구분석/설계/개발/
			  테스트 및 운영 시
			  협조
			• 데이터 이관 및
			  시스템 연계 협조
			• 필요시 유지보수
			  요청

〈표 2-9〉에서 확인할 수 있듯이 사업시행기관에서 각 사업부문별로 과업을 수행하면 KOICA는 당초 과업의 지시방향대로 이행이 되었는지 검토 및 승인하고, 이 과정에서 필요한 수원기관과의 협력관계를 조율·총괄한다.

특히 KOICA는 사업 발굴·기획 단계부터 해당 프로젝트가 당초 의도한 목

표를 달성하기 위해 정상적으로 진행되고 있는지를 개발원조의 관점에서 꾸준히 모니터링하고, 사업 종료 이후에도 현지 사무소를 통해 정기적으로 사업현장을 점검함으로써 지속가능성 제고에 기여한다. 사업시행기관은 과업이행을 완료하고 계약기간이 종료되면 철수하지만 KOICA는 사업 종료 이후에도 해당 수원기관과 관계를 유지하며, 필요시 사후관리 지원 또는 후속사업 연계 등을 통해 지원효과를 극대화하는 역할을 수행한다. 특히 민관협력사업, 봉사단 파견 등 다양한 사업형태(modality)를 보유하고, 현지에서 사무소 중심으로 수원기관 및 타 공여기관과의 지속적인 네트워크를 바탕으로 현장 중심의 지원이 가능하다는 점은 타 섹터 전문성만을 보유한 기관과 달리 KOICA만의 장점이라고 볼 수 있다.

각 사업구성요소별 추진 세부내용 및 유의사항의 경우 4장에서 깊이 있게 다룰 예정이다.

2) 사업관리계획 수립

KOICA 사업담당자는 각 사업구성요소별로 사업시행자를 선정해 실질적인 개발활동 및 자원의 투입을 추진해 나간다. 기본적으로 KOICA 사업담당자의 주 임무는 정해진 기간 동안 계획된 예산과 투입요소가 관련 규정 및 절차에 따라 최대한 효과적으로 투입될 수 있도록 관리·감독 및 모니터링하는 것으로 볼 수 있다. 아래에서는 일반적인 프로젝트 관리 방법론을 제시하고, KOICA의 프로젝트 관리와 비교·서술하기로 한다.

(1) 프로젝트 관리 방법론

일반적으로 프로젝트 관리는 특정한 프로젝트를 수행하는 데 필요한 모든 행위를 말하며, 그 목적은 프로젝트의 목적을 달성하기 위해 자원을 기획·조직·관리하는 것이다(한국국제협력단, 2016).

프로젝트 관리 방법론은 개발원조사업뿐만 아니라 건설, IT 사업에서 폭넓게 쓰이고 있는데, 주요 방법론으로는 미국의 민간기관인 프로젝트 관리협회(PMI: Project Management Institute)에서 개발한 프로젝트 지식관리체계(PMBOK: Project Management Body of Knowledge)와 영국 조달청에서 개발한 PRINCE2(PRoject IN Controlled Environments version2) 등이 있다. PMBOK는 일정·원가 등 10개의 지식영역, 착수·계획·실행·감시통제·종료 등 5개의 프로세스 그룹으로 구분이 된다.

개발원조에서의 프로젝트 관리는 '1960년대 말 미국 국제개발처(USAID)에서 도입한 논리모형접근법(LFA: Logical Framework Approach)[13]과 이에 기반한 프로젝트 사이클 관리(PCM: Project Cycle Management)[14] 방법론 등이 있다. LFA는 프로젝트를 기획·관리·평가하기 위한 방법론으로 이해관계자 분석·문제분석·목표분석 등을 포함하고 있으며, 이러한 LFA에 기반해 프로젝트의 발굴·형성을 포함한 기획, 심사, 실시, 모니터링·평가와 피드백까지 일련의 프로젝트 사이클을 운영·관리하는 방법이 PCM이다(한국국제협력단, KOICA 홈페이지(2018.1.28. 접속)].

유럽연합 집행위원회(EC: European Commission)에서는 프로젝트 관리를 위한 운영 사이클(The Cycle of Operations)을 전략(Programming)·발굴(Identification)·기획(Formulation)·이행(Implementation)·평가/감사(Evaluation & Audit)

---

13 프로젝트의 근본을 투입물, 활동, 산출물, 산출결과, 영향의 수직적 논리와 지표 및 증명수단의 수평적 논리로 나누어 설정하고 이들의 체계적이고 논리적인 설정을 통해 프로젝트를 설계, 실행, 평가하는 방법론을 지칭(KOICA 홈페이지).

14 개발원조 프로젝트의 계획, 실행, 평가에 이르는 3단계의 프로젝트 사이클을 프로젝트 설계 일람표를 이용해 운영 및 관리하는 기법을 지칭(KOICA 홈페이지).

그림 2-1 프로젝트 관리를 위한 운영 사이클

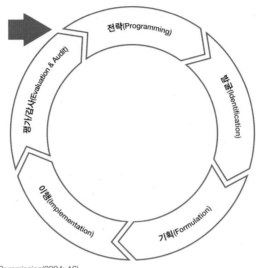

자료: European Commission(2004: 16).

등 5단계로 구분하고 있는데, KOICA 프로젝트의 사업추진 단계 또한 이와 크게 다르지 않다. 이 중 5절 2항('사업관리계획 수립')에서 서술하고자 하는 부분은 이행단계에서의 '관리'이다.

아래에서는 PMBOK의 10가지 지식영역을 기준으로 KOICA - 사업시행기관 - 수원기관 간 역할분담을 표로 비교하고, KOICA의 프로젝트 관리방안 중심으로 살펴본다.

(2) KOICA의 프로젝트 관리방안

PMBOK에서는 통합(Integration), 범위(Scope), 일정(Time), 예산(Cost), 품질 (Quality), 인적자원(Human Resource), 의사소통(Communications), 위험(Risk), 조달(Procurements), 이해관계자(Stakeholder) 등 10개의 지식영역별로 구분해 프로젝트 관리방안을 제시하고 있다. 정보시스템 구축, 플랜트[15] 건설, 연구

용역 프로젝트 등 '고유한 제품, 서비스 또는 결과물을 창출하기 위해 한시적으로 투입하는 노력'이라는 프로젝트의 정의에 포함되는 모든 업무는 이러한 10개의 지식영역에 대한 관리로 수행된다(PMI, 2013).

상기 10개의 지식영역이 '과정(process)' 중심의 관리라면, 개발협력사업은 '결과(result)' 중심의 성과(performance) 관리와 지속가능성(sustainability) 관리가 추가된다. 이 부분이 개발협력사업을 다른 프로젝트와 구분하는 지점이다. 각 관리영역별로 KOICA – 사업시행기관 – 수원기관 간 역할 구분을 살펴보면 〈표 2-10〉과 같다.

표 2-10 관리영역별 KOICA-수원기관-사업시행기관 간 역할 구분

관리영역		PMBOK	KOICA	수원기관	사업시행기관
프로젝트 관리 방법론	통합	• 프로젝트 헌장 수립 • 프로젝트관리계획서 개발 • 프로젝트 작업 지시 및 관리 • 프로젝트 작업 감시 및 통제 • 통합 변경 통제 수행 • 프로젝트 또는 단계 종료	• R/D 체결 • 집행계획 수립 • 사업연차 점검 (중간점검) • 사업인계 (to 수원기관) • 사업종료 보고	• R/D 체결 • 중간점검 및 모니터링 협조 • 사업인수 (from KOICA)	• 용역계약 체결 • 사업수행계획서 작성 • 사업연차점검 보고 • 용역종료 보고
	범위	• 범위관리계획 수립 • 요구사항 수집 • 범위정의 • 작업분류체계 작성 • 범위검수 • 범위통제	• 집행계획 변경관리	• 요구사항 관리 협조 • 변경관리 협조 ※ 관련 면담, 컨설팅, 워크숍 등 참석	• 사업수행계획 변경관리
	일정	• 일정관리계획 수립 • 활동정의 • 활동순서 배열 • 활동자원 산정 • 활동기간 산정	• 전체 일정관리 ※ 간트차트 활용	• 일정관리 협조	• 사업수행계획상 일정관리

---

15 전력, 석유, 가스, 담수 등 제품을 생산할 수 있는 설비를 공급하거나 공장을 지어주는 산업을 지칭.

	• 일정개발 • 일정통제			

예산	• 원가관리계획
	  수립
	• 원가산정
	• 원가책정
	• 원가통제
		• 전체 사업비 관리
		※ 사업비 집행률,
		  예비비 관리, 이월
		  등을 포함한
		  총 사업비 관리,
		  용역비(변경/전용)
		  관리 등
			• 협력국 분담사항
			  이행을 위한
			  자체예산 확보 및
			  집행
			• (기타) 예산지원 등
				• 용역비 관리

품질	• 품질관리계획
	  수립
	• 품질보증 수행
	• 품질통제
		• 전체 품질관리
		※ 각종 위원회, TAG
		  제도, 분야별 자문
		  활용 등
		• 용역계약산출물
		  품질관리
		※ 보고서 검토/심사/
		  승인, 기자재 검수,
		  건축준공검사, 시
		  스템 구축 감리 등
			• 품질관리 협조
			※ 사업 관련 인허가
			  (건축) 지원, 필요시
			  관련 위원회 운영,
			  보고서 검토,
			  산출물 인계 시
			  검토 등
				• 품질관리 협조
				※ KOICA 측
				  자문요청 등
				• 사업수행계획상
				  품질관리

인적
자원
	• 인적자원관리계획
	  수립
	• 프로젝트팀 확보
	• 프로젝트팀 개발
	• 프로젝트팀 관리
		• 전체 인적자원 관리
		※ 프로젝트 수행
		  내부조직체계
		  (KOICA 본부/
		  사무소)
		• 용역계약
		  인적자원 관리
		※ 인력투입 변경
		  승인 등
			• 프로젝트
			  전담조직 구성
			• 용역계약
			  인적자원
			  관리지원
			※ 출입국, 체류지원 등
				• 사업수행계획상
				  인적자원 관리
				※ 총투입 M/M,
				  세부부문별
				  변경관리 등

의사
소통
	• 의사소통관리계획
	  수립
	• 의사소통 관리
	• 의사소통 통제
		• 전체 의사소통
		  관리 TAG 제도
		※ KOICA-협력국-
		  사업시행기관 간
		  의사소통 관리 및
		  주요 단계 의사결정
			• 의사소통 관리
			  협조
			※ 협력국 이해관계자
			  및 수원기관 내
			  보고/의사결정
			  포함
				• 사업수행계획상
				  의사소통 관리
				※ 사업시행기관 간
				  의사소통 관리
				  포함(with PC)

위험	• 리스크관리계획
	  수립
	• 리스크 식별
	• 정성적 리스크
	  분석 수행
	• 정량적 리스크
	  분석 수행
	• 리스크대응계획
	  수립
	• 리스크 통제
		• 전체 위험관리
		※ 형성/기획 단계
		  리스크 요인 조사/
		  분석/모니터링
			• 위험관리 협조
			※ 리스크 요인 조사/
			  분석/모니터링
			  지원
				• 사업수행계획상
				  위험관리

조달	• 조달관리계획 수립
	• 조달수행
	• 조달통제
	• 조달종료
		• 전체 조달관리
		※ PMC, PC, CM 등
			• 조달관리
			  (국제입찰) 협조
			• 협력국 시스템
			  활용 협조
				• 사업수행계획상
				  조달관리
				※ KOICA 측
				  조달지원,
				  기타 과업범위에
				  해당할 경우

개발협력사업 고유영역	이해관계자	• 이해관계자 식별 • 이해관계자관리 계획 수립 • 이해관계자 참여관리 • 이해관계자 참여통제	• 전체 이해관계자 관리	• 전체 이해관계자 관리 협조 ※ 현지 이해관계자 (관련 기관, 대학, 시민사회 등) 협의 지원	• 전체 이해관계자 관리 지원
	지속 가능성	해당 사항 없음	• 전체 지속가능성 관리 ※ 범분야 이슈, 출구전략 검토/승인	• 전체 지속가능성 관리 협조	• 전체 지속가능성 관리 지원 ※ 범분야 이슈, 출구전략 작성
	성과	해당 사항 없음	• 전체 성과관리 ※ 기초선 조사, 성과지표 및 목표치 설정, 종료선 조사 등 검토/승인	• 전체 성과관리 협조 ※ 성과지표 공동설계 및 관련 데이터 조사 협조	• 전체 성과관리 지원 ※ (과업범위에 따라 상이) 기초선 조사, 성과지표 및 목표치 설정, 종료선 조사 등 기초 데이터 조사 및 작성

자료: 프로젝트관리협회(2013) 활용 저자 재작성.

프로젝트의 집행 시 당초 수립한 집행계획상의 일정, 범위, 예산 등이 그대로 추진되는 데는 한계가 있다. 기획단계에서 수립한 내용이 사업추진과정 중 발생하는 각종 변수에 따라 정도의 차이는 있지만 달라질 수밖에 없고 어느 정도 조율은 불가피하다고 볼 수 있다. EC는 프로젝트 집행단계를 이

그림 2-2 이행: 배움의 과정(Implementation: A Learning Process)

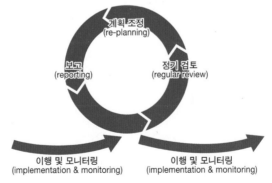

자료: European Commission(2004:42).

행 – 검토 – 조정 – 보고 등 순환되는 학습과정으로 보고 반기 또는 연 단위로 진도율 및 성과 달성도를 검토하고, 계획을 조정하는 것이 필요하다고 언급하고 있다. 아래에서 주요 관리영역별로 살펴볼 KOICA의 사업관리 또한 이러한 맥락에서 접근할 필요가 있다.

① 범위관리: 사업계획 변경과 연계

【 사업범위의 정의 】

KOICA 프로젝트의 사업범위(project scope)는 수원기관과 합의를 통해 확정되어 R/D에 명기되며, 공식적으로 R/D상 명시한 사업범위를 기준으로 관리한다. 예를 들어 보건소 건립 프로젝트의 경우, 건물 신축을 위한 부지 정비에서부터 건물의 설계와 시공 및 감리, 지원되는 의료 기자재의 조달, 운송과 설치, 현지 의료인력에 대한 역량 개발과 기술 전수 등의 주요 사업구성요소들이 사업범위에 포함되어 추진될 것이다. 그리고 이를 추진하기 위한 각종 행정지원, 홍보, 평가 등 전체적인 사업 수행을 위해 필요한 부대활동 등이 모두 사업범위에 포함된다.

【 사업범위 관리의 필요성 】

협력국의 분담사항 불이행, 정치환경의 변화 또는 수원기관조직의 변경, 예기치 않은 자연재해 발생 등은 사업범위에 영향을 미치며, 그 결과 사업 추진 지연, 사업계획 변경, 극단적으로는 사업 취소 등으로까지 이어지기도 한다. 이를 방지하기 위해 사업형성단계에서부터 수원기관의 이행역량을 면밀히 판단하고, 사업 전반에 위험관리가 필요하며, 일정 부분 예비비(contingency cost)를 확보하는 것 또한 한 가지 대안으로 볼 수 있다. 이러한 변경요인이 발생했을 때 사업범위 및 사업예산의 조정, 사업 취소 등 여러 대안을 분석해 최적의 의사결정을 내리는 것이 KOICA 사업담당자의 주요 역할이다. 이 과정에서 내외부 기술 검토 및 각종 심의위원회 등 관련 행정절차 등을 거치게 되며, 사업의 당초 취지 및 조정 이후 각 이해관계자에 대한 파급효과 등을 종합 고려해야 하므로 복합적인 관리가 필요하다고 볼 수 있다.

【 사업관리계획 수립 및 추진 시 범위관리상 유의점 】

정해진 기간(period) 동안 제한된 자원(resource)을 투입해 특정한 목적(objectives)을 달성하는 과업이라는 프로젝트의 일반적 정의를 감안할 때, 사업범위 관리에서 가장 중요한 부분은 이러한 제약사항을 고려해 사업범위를 한정하고 이에 대한 조정을 제한적으로 검토하는 것이다. 따라서 집행계획 수립 시부터 활동(activities) 및 수혜자 범위를 명확히 정의하고, 사업범위에 포함되는지 해석의 논란이 있는 이슈의 경우 심층기획조사 과정(수원기관) 혹은 제안요청서 작성과정(사업시행기관)에서 반드시 정리해야 한다.

또한 사업 추진에 있어 어느 정도 사업범위의 조정이 발생할 수는 있으나, 사업 심사를 통해 확정된 사업구성요소, 사업목적 등 사업의 기본 틀을 벗어나는 조정·변경은 지양해야 하며, 협력국 측 요청으로 인한 변경일 경우에도 당초 사업의 취지 등을 감안해 조율해야 한다. 특히 사업범위 조정에 따라 사업비를 변경해야 할 경우, 그 규모에 따라 외교부 장관의 승인 및 KOICA 내부 계약심의위원회 심의 등의 절차로 2개월 이상 소요되는 경우가 대부분이다. 따라서, 사업비상 중차대한 변동이 예상되는 경우 조속히 관련 절차에 대비해 적기에 관련 검토 및 행정절차가 진행될 수 있도록 해야 한다.

② 일정관리

【 사업일정의 정의 】

KOICA 프로젝트의 사업 기간 및 일정은 수원기관과 협의를 통해 R/D에 명기된다. 한편, KOICA가 내부적으로 공식적인 사업기간으로 규정하는 연간 무상원조 사업계획상 사업기간은 해당 사업에 공식적으로 예산이 배정되는 기간을 의미하며 이는 R/D상 사업기간과 일치하지 않을 수도 있다. 또한 실질적으로 사업 수행을 위한 활동이 이루어지는 기간, 사업수행업체와의 계약기간 등도 상기 사업기간과는 일치하지 않는 경우가 많다.

【 사업일정 관리의 필요성 】

사업일정의 지연은 여러 가지 측면에서 성공적인 프로젝트 수행에 심각한 장애요인이 된다. 일정이 지연되어 수행기간이 당초보다 늘어날수록 프로젝트를 기획하면서 논리구조를 뒷받침하기 위해 설정한 주요 가정들이 변화할 위험이 증가하며, 제반환경의 변화로 인해 당초 계획대로 프로젝트를 수행하는 것이 어려워질 가능성이 높아진다. 또한 시설건축, 장비지원 등 하드웨어 투입부문에서는 공기연장으로 인해 추가비용이 발생하는 등 일정의 지연은 비용증가 문제를 수반하는 경우가 많다.

주요 일정지연 사유는 △협력국 측의 분담사항 미이행, △협력국 측의 행정절차 지연 및 각종 필수자료 제공 지연, △정치환경, 자연환경 변화 등 협력국 측 기인 사유, △유찰 등으로 인한 사업시행자 선정 지연 등이다. 따라서, 프로젝트 수행자들은 적절한 사업일정 관리와 지연을 유발할 수 있는 위험요소들에 대한 선제적 조치를 통하여 심각한 일정지연을 방지하고 계획된 사업기간 내 프로젝트를 완료하기 위한 노력을 기울여야 한다.

【 사업관리계획 수립 및 추진 시 일정관리상 유의점 】

(일정관리 일반사항) 일정관리의 핵심은 보고 및 모니터링이다. 계획된 일정의 조정은 통제 불가능한 사유로 발생하기도 하고 그렇지 않은 경우도 있는데, 모니터링을 통해 지연이 있을 경우 조속한 대응으로 사업 추진을 정상화하고, 정기적으로 일정을 업데이트한다. 집행계획 수립 시에는 수원기관, 사업시행기관 등을 대상으로 모니터링을 어떤 주기로, 어떤 도구와 방법을 활용할지 세부내용을 명시해야 한다. 또한 사업 발굴·형성 단계부터 파악된 사업 지연 위험요소가 있다면, 이 위험요소(예: 협력국 측의 인허가 지연 등)에 대한 정기적인 모니터링을 통해 실제 지연요소로 작용하고 있지 않은지, 당초 수립한 대안의 변경 필요성은 없는지 등을 검토해야 한다.

【 사업구성요소별 일정 조율 】

전체 사업일정 지연과는 별건으로, 각 사업구성요소별로 지원일정을 결정할 때 고려해야 하는 사항이 있다. 사업구성요소는 상호 연계를 통해 시너지 효과를 발휘하므로 각 구성요소별 지원계획 수립 및 집행 시 타 구성요소에 대한 고려가 필요하다. 예를 들어 전문가 파견을 통해 현지에서 교육을 실시했다면, 동 교육결과를 바탕으로 초청연수를 통해 한국 사례를 현장에서 확인하고, 상기 결과들을 종합해 워크숍, 세미나 등을 통한 지식확산활동을 실시하는 등 사업구성요소 간 유기적으로 연계해 사업효과를 극대화할 수 있다. 건축이 포함된 사업의 경우 준공시점을 감안해 기자재가 납품·설치되어야 하며, 기자재의 사양 또한 해당 건축물의 인프라 여건을 고려해 최종 결정되어야 한다. 또한 일부 부문(지원 건축 안에 포함되는 기자재를 활용해 실시되는 현지교육 등)의 경우 선행 지원이 완료되지 않으면 불가능하거나 지원효과가 현저히 떨어질 수 있으므로, 해당 부문 사업수행자 선정시점에 대한 철저한 검토가 필요하다.

【 일정관리 툴 】

일정관리 툴로 가장 많이 이용되는 것은 간트차트이다. 간트차트는 프로젝트 투입 또는 활동 단위별로 시간의 흐름을 나타낸 것으로(〈표 2-11〉 참조) 각 활동별 선후관계 파악이 용이하나, 일정 조정이 필요할 경우 전체 차트를 업데이트해야 된다는 단점이 있다.

③ 예산관리

【 KOICA 프로젝트 사업 예산관리의 체계 】

일반적으로 KOICA 프로젝트는 다년간 진행되지만, KOICA의 예산회계체계는 정부의 방침에 따라 단년도 체계이기 때문에 사업기간에 걸쳐 해당 사업의 연간예산을 매년 배정받으며, KOICA 담당자는 사업집행계획에 근거해 연도별로 예산을 집행한다. 사업추진과정에서 사업 및 용역 범위 조정, 입찰잔액 등에 의해 연도별·부문별로 예산 과부족이 발생할 수 있으며, 이런 경우에는 예산 전용 등을 통해 이를 관리한다. 전체 예산이 부족해 총 사업비 자체에 대한 증액이 필요한 경우는 증액규모에 따라 외교부 장관 승인 등 추가적인 절차를 밟아야 한다.

【 예산관리의 필요성 】

예측가능성이 떨어지기 쉬운 개발도상국을 대상으로 하는 개발협력 프로젝트의 특성상 당초 계획된 연도별·부문별 예산과 실제 집행액은 차이를 보일 가능성이 크다. 예산 변동은 프로젝트의 부문별 요소 투입에의 변동과 직결되며 이는 결과물 산출 및 목표 달성에 매우 직접적인 영향을 미치게 된

표 2-11 간트차트 예시[DR콩고 농촌지도 역량강화사업(2016-2020/800만 달러)]

구분	2016 3Q	2016 4Q	2017 1Q	2017 2Q	2017 3Q	2017 4Q	2018 1Q	2018 2Q	2018 3Q	2018 4Q	2019 1Q	2019 2Q	2019 3Q	2019 4Q	2020 1Q	2020 2Q	2020 3Q	2020 4Q
1. PM 선정	■																	
2. 기반구축																		
2.1. NAEC 설립		■																
운영위원회 운영			■															
센터 설립 및 운영 법제화					■	■												
센터 건축(입찰, 설계, 시공)							■	■										
기자재 지원(입찰, 납품, 설치)								■										
시범농장 부지정리											■							
2.2. 농촌지도자 선정 및 파견 관련 시스템 구축											■	■						
농촌지도자 지역 정립(규정화)												■						
농촌지도자 권한책임 정립(규정화)																■	■	
지역사무소 역량강화 지원																		
3. NAEC 운영																		
3.1. 운영계획(연간교육계획 포함) 수립						■												
3.2. 교재 개발								■										
3.3. 직원 및 강사 선발							■											
3.4. 교육과정(ToT, ToL, 시범농장 등) 운영								■										
4. 기술전파																		
4.1. 지도자 출장												■	■				■	■
4.2. 파일럿 사업												■					■	■
5. 모니터링 평가																		■

※ 국립농촌지도센터(NAEC: National Agricultural Extension Center).
자료: 한국국제협력단(2016b)

다. 따라서 프로젝트 수행자는 예산 변동 등의 요인 발생 시 당초 의도한 사업목적에 부합하는 것인지 등을 면밀히 검토해 예산의 조정과 집행을 수행해야 할 것이다.

【 사업관리계획 수립 및 추진 시 예산관리상 유의점 】

예산집행은 대개 사업추진 진도와 밀접한 관련이 있으므로 일정관리와 마찬가지로 정기적으로 모니터링하고 예산집행계획을 업데이트하는 것이 중요하다. 집행계획 수립 시에는 이러한 모니터링 계획이 명시되어야 하며, 입찰잔액 등 각 사업구성요소별 사업비 잔액 및 예비비 활용계획 또한 명시되어야 사업추진과정에서 발생하는 각종 예산 과부족 상황에서 보다 계획적으로 예산집행이 가능하다.

사업비가 부족한 경우 대응할 수 있는 방안은 사업구성요소 간의 예산배분 조정 또는 총 사업비 증액 등 2가지 방법으로 나누어볼 수 있다. 전자의 경우 행정적으로는 보다 용이하나, 다른 사업구성요소의 투입내역에 영향을 미쳐 전체 사업목표 달성에 지장을 줄 가능성에 유의해야 한다. 또한 조정되는 사업구성요소 내역에 대해 협력국과 충분한 협의를 이루어야 하는 것이 전제조건이다. 총 사업비 증액은 문제점을 근본적으로 해결할 수 있는 방안이나, 당초 사업형성단계에서 확인하기 불가능한 사유에 기인하는 것인지, 사업목적 달성에 부합하는 것인지 등을 종합적으로 고려해 정당하고 충분한 사유와 근거 아래 신중히 이루어져야 한다.

④ **의사소통 및 이해관계자 관리**
【 의사소통 및 이해관계자 관리의 필요성 】

KOICA 프로젝트는 KOICA 본부, 해외 사무소, 협력국 주재 우리 공관, 수원기관, 지역주민 외 수혜자, 사업시행기관 등 다양한 관계자들이 연관되어 있다. 또한 사업수행 주체로서 PMC, CM, 설계사, 시공사, 기자재 공급사 등 다양한 참여자들이 함께 사업을 수행하게 된다.

사업시행 과정에서 다양한 참여자 및 이해당사자 간의 의사소통에 혼선이나 오해가 발생할 경우, 원활한 사업 수행에 막대한 지장을 초래할 수 있다. 특히 협력대상국과 협력해 프로젝트를 수행해야 하는 특성상, 언어나 문화, 제도 등의 차이에 의해 의사소통의 혼선과 오해가 발생할 가능성이 늘 존재한다. 따라서, 참여자 간의 명확한 의사소통체계를 확립하고 이를 통합해 관리하는 것이 매우 중요하다.

【 사업관리계획 수립 및 추진 시 의사소통 및 이해관계자 관리상 유의점 】

이러한 혼선은 주요 사항의 경우 레터(letter) 등 공식적으로 소통하거나, 주요 회의 혹은 업무협의 시 회의록 작성 및 상호 공유를 통해 최소화할 수 있다. 또한 프로젝트운영위원회(PSC: Project Steering Committee) 등 프로젝트 관련 주요 이해관계자가 참여하는 협의체를 통해 이슈를 조율하고 협의를 진행하는 것도 방법이다. 집행계획 수립 시에는 이러한 협의체의 운영방안(의사결정체계, 개최주기, 결정사항 환류방안)을 수원기관과 협의해 구체적으로 명시해야 한다.

실제 프로젝트 수행과정에서는 사업시행기관이 직접 수원기관과 접촉하는 경우가 대부분인데, 사전에 KOICA와 사업시행기관 간 협의를 통해 공식적인 의사소통 방법과 경로를 확실히 하고, 사업시행기관의 재량하에 합의 및 조정할 수 있는 내용과 한계를 명확하게 결정해야 한다. 예산 변동을 수반하는 결정 등 중요 사항에 대한 의사결정은 전체적인 사업을 총괄하고 조율하는 KOICA가 담당하며, 이 외의 사항의 경우에도 사업시행기관 입장에

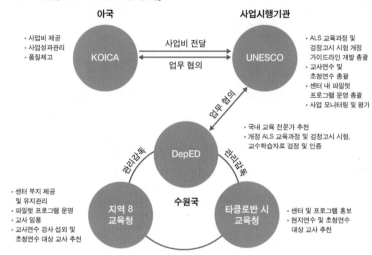

자료: 한국국제협력단(2016c).

서 보고, 승인 등의 사항으로 구분해 커뮤니케이션 체계 및 의사결정 책임과
권한의 범위를 명확히 할 필요가 있다. 특히 다수의 이해관계자가 참여하는
KOICA 사업의 특성상 각 기관 간 보고 및 협업 체계, 업무 분장 등을 도식대
로 계획에 명시함으로써 추진과정에서 발생하는 각종 이견을 최소화할 수
있도록 한다.

⑤ 품질관리

KOICA는 프로젝트의 품질관리를 위해 프로젝트 추진단계별로 각종 위원
회 및 기술자문제도를 운영하고 있다. 현장조직(사무소)과 본부조직(총괄은
사업부서, 기술자문은 섹터/평가/조달 부서 등) 등으로 역할을 분담해 관리하며,
△사업심사위원회, 계약심의위원회, 분쟁심의위원회 등 각종 심의위원회 운
영, △기술관리그룹(TAG)에 의한 동료검토 실시뿐만 아니라, KOICA에서 사

업시행자가 작성한 각종 산출물을 검토·심사·승인하는 모든 절차를 품질관리의 일환으로 볼 수 있다.

그림 2-4 산출물 품질관리 예시[DR콩고 농촌지도 역량강화사업(2016-2020/800만 달러)]

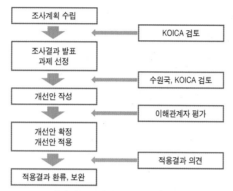

[법제(안), 운영계획, 커리큘럼 등 산출물]

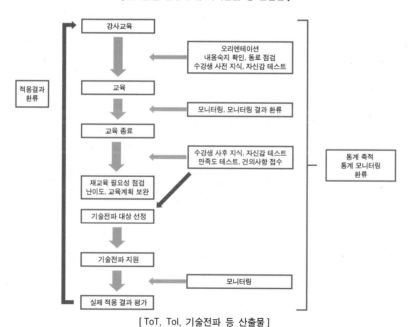

[ToT, ToI, 기술전파 등 산출물]

자료: 한국국제협력단(2016b).

KOICA 차원의 품질관리 외에 주요 산출물에 대해 수원기관과 토의 및 검증, 관련 워크숍 개최를 통한 의견 수렴 등을 통해 사업시행기관에서 일차적으로 도출한 산출물을 보다 현지에 부합하는 결과물로 발전시키는 과정 또한 협력국 수요 기반의 품질관리로 볼 수 있다. 집행계획 수립 시에는 사업시행기관의 산출물에 대한 KOICA 내외부 전문가, 수원기관 등 여러 이해관계자들의 검증을 통해 사업품질을 제고할 수 있도록 동 관리체계에 대한 고민이 필요하며 이에 소요되는 예산 또한 적절히 반영해야 한다.

⑥ 조달관리

앞서 확정된 사업수행체계에 따라 KOICA 사업담당자는 각 사업시행자별로 조달방안을 수립한다. 조달방안은 1장에서 언급한 바와 같이 입찰, 약정 및 기타(협력국 예산지원 등) 방식으로 구분되며, 가장 많은 비중을 차지하는 입찰방식에 대한 세부내용은 3장에서 깊이 다룰 예정이다. KOICA 사업담당자가 조달관리방안 수립에 있어 고려하는 포인트는 △사업수행체계를 어떻게 구성할 것인가, △본부입찰 및 해외 사무소 입찰 중 무엇이 더 적합한가, △해당 과업을 수행하기 위해 요구되는 자격요건은 무엇인가 등이다.

사업수행체계와 관련해, 프로젝트는 전문가 파견, 초청연수, 건축 등 여러 사업구성요소가 복합적으로 구성된다. 과업에 따라 1개 기관이 여러 과업을 수행하는 것이 효율적일 수 있는 반면, 여러 사업시행자로 분리 발주함으로써 사업시행자 간 관리·감독과 협력체계로 구성할 수도 있다. 이는 사업특성에 따라 결정이 필요한 부분이다.

입찰주체와 관련해, 프로젝트는 국내입찰로 사업시행자 선정이 가능한 경우가 있는가 하면, 시공사 등 국제입찰이 더 적합한 경우도 있다. 국내입찰과 국제입찰을 결정하는 가장 중요한 요인 중 하나가 '사업시행자 풀 및 게약의 목적물'이다. 현지의 치안, 사업대상지의 거리, 과업성격의 특수성 등을 사유로 국내입찰을 추진 시 국내에 충분한 사업시행자가 없다면 경쟁입찰이 성립될 수 없을 뿐만 아니라 충분한 사업수행 역량을 갖춘 시행자 선정에도 한계가 있다. 또한 건축이 포함된 사업의 경우 시공사 입찰은 대개 현지입찰로 추진되는데, 이는 계약의 목적물 성격상(건설 장비 및 자재 등의 확보 문제) 국내 사업시행자의 참여에 한계가 있기 때문이다. 이는 기자재의 경우에도 같은 맥락에서 고려할 수 있는데, 지속적인 활용 및 유지보수가 가능하려면 현지에서 원활히 부품을 조달하고 사후 관리할 수 있어야 하므로 국내 조달로 추진하더라도 이러한 점을 반드시 감안해야 한다.

⑦ 성과관리

성과관리는 프로젝트 기획 당시 설정한 일련의 개발목표들을 달성하도록 담당자가 수행하는 업무를 말한다. 다른 관리항목들이 프로세스 관리에 해당한다면, 성과관리의 경우 프로젝트의 성과나 목표를 관리한다는 측면에서 이와 차별화된다고 볼 수 있다. 이를 위해 기초선 조사를 통해 기준치를 확정하고, 동 프로젝트 지원을 통해 달성하고자 하는 목표치(종료선)를 설정하고, 프로젝트 진행과정에서 해당 성과지표 달성 정도를 모니터링한다. 집행계획 수립 시 지표를 언제, 어떤 주기로, 어떤 자료를 근거로 측정할 것인지 결정해야 한다.

성과관리는 기본적으로 PDM 관리를 통해서 이뤄진다. 사업의 주요 추진단계(milestone)별로 PDM을 업데이트하며, 이에 맞춰 성과지표 달성도를 모니터링한다. 성과관리에 대한 세부내용은 6장 이하에서 자세히 다룰 예정이다.

나가며

2장에서는 프로젝트를 발굴, 형성 및 기획하는 일련의 과정을 살펴보았다. 이 과정은 길게는 2년까지 소요되지만, 사업의 추진 여부를 결정하고 사업내용을 확정하는 중요한 단계이다. KOICA 사업의 추진과정에서 발견되는 많은 문제점들이 예비조사 및 심층기획조사 과정에서 조사가 미흡해 비롯되기도 한다. 따라서 사업기획 과정에서 철저한 조사와 검증을 통해 향후 사업 추진상의 시행착오를 최소화할 필요가 있다. 사업 착수 이후에는 시간, 예산 등 여러 가지 제약요건으로 조정에 한계가 있고, 관련 절차 또한 단순하지 않으므로, 사업 성공을 위해 사업기획단계에서 사업여건을 종합적으로 고려해 계획을 수립해 나가는 것이 매우 중요할 것이다.

읽을 거리

- 산업통상자원부 기술표준원. 2013. 프로젝트관리표준(ISO21500) 이행가이드. 산업통상자원부 기술표준원.
- 린다 G. 모라 이마스(Linda G. Morra Imas)·레이 C. 리스트(Ray C. Rist). 2016. 『개발협력 프로그램 평가의 설계와 실행』. 한국국제협력단 옮김. 한울아카데미.

필수개념 정리

- 사업제안서(PCP: Project Concept Paper) 협력국의 공식적인 사업제안서로서, 협력국 수요 중심의 사업 발굴을 위해 수원기관이 작성하고 수원총괄기관을 통해 재외공관 또는 KOICA 사무소로 제출하는 문서이다.
- 예비조사 본부의 PCP 검토결과를 바탕으로 사업의 부족한 부분을 개선하거나 보완해 사업의 완성도를 제고하면서, 동시에 현장에서 PCP 내용에 대한 사회적·경제적·기술적 타당성 등을 검증하는 조사이다.
- 기초선 조사 개발사업 실시 전 사업대상지역의 상황을 조사하는 기초자료 수집 및 분석 활동을 말하며, 이를 통해 수집된 자료는 향후 모니터링 및 평가 시 사업 진척사항과 성과를 판단하는 근거로 활용한다. 기초선은 개발사업 수행 이전 사업현장의 주요 상황(지표)을 측정한 기준점으로서, 사업목표 수준별 각 성과지표의 초기값이 된다.
- 기술관리그룹(TAG: Technical Assurance Group) 사업의 방향 및 보완사항 등에 대해 해당 프로젝트 담당부서(지역실 및 사무소)와 유관부서(섹터, 평가, 조달 부서 등)로 구성, 상호 공동으로 논의를 통해 발생 가능한 위험을 최소화하고 사업효과성 제고에 기여하고자 지난 2014년 KOICA에서 도입된 통합 품질관리(Total Quality Assurance) 제도이다.
- 협의의사록(R/D: Record of Discussion) 프로젝트 사업 이행을 위해 협력국과 상호 합의를 바탕으로 도출한 최초 공식문서로서, 사업 종료 시까지 사업범위, 양국의 분담사항 이행조건 등을 명시한다. 사업수행과정에서 협력국과 이견이 발생될 시 조정의 근거문서가 되는 프로젝트 헌장(Project Charter)으로 기능한다.
- 집행계획 프로젝트 사업 추진을 위한 최종 계획문서로서, 예비조사 및 심층기획조사 결과를 바탕으로 단위·부문별 사업 구성요소 및 추진방안, 사업시행자 선정방식, 예산·일정·위험 관리, 성과관리계획, 홍보계획 등의 내용으로 구성한다.
- 논리모형접근법(LFA: Logical Framework Approach) 1960년대 말 미국 국제개발처(USAID)에서 도입, 프로젝트의 근본을 투입물, 활동, 산출물, 산출결과, 영향의 수직적 논리와 지표 및 증명수단의 수평적 논리로 나누어 설정하고 이들의 체계적이고 논리적인 설정을 통해 프로젝트를 설계·실행·평가하는 방법론을 지칭한다.
- 프로젝트 사이클 관리(PCM: Project Cycle Management) LFA에 기반해 프로젝트의 발굴, 형성을 포함한 기획, 심사, 실시, 모니터링 평가와 피드백까지 일련의 프로젝트 사이클을 운영·관리하는 방법이다.

토론점

● KOICA 프로젝트 발굴을 위한 PCP 작성 시, 협력국이 PCP의 작성주체이나, 현실적으로 작성역량이 부족한 경우, 이를 보완할 수 있는 방법은 무엇일까? 또한 사업 발굴 시 협력국이 생각하는 기본방향과 KOICA의 작성지침(정부/KOICA 관련 정책 및 전략 등)이 상충될 경우, 이를 해결하기 위한 방법은 무엇일까?

● KOICA의 제안서 작성지침을 보면 사업관리 방안 중 일정관리, 위험관리, 사후관리, 모니터링, 국내·외 사업홍보 등 일견 KOICA 담당자의 사업관리와 중복되는 것으로 보이는 항목들이 있는데, KOICA 담당자의 사업 관리와 PMC 등 사업시행자의 사업 관리는 어떻게 구분되는 것일까? 사업시행자 입장에서는 사업 관리 시 어떤 부분을 중점적으로 감안해야 할까?

● 프로젝트는 당초 기획된 대로만 진행되지 않는데, 사업 추진 중 발생하는 크고 작은 조정들은 어디까지 수용하는 것이 바람직할까? 또한 불가피한 조정은 어떤 것이고 그렇지 않은 조정은 무엇일까?

3장 프로젝트 조달 및 계약

학습목표

1. 국가계약법과 KOICA 조달의 특성을 이해한다.

2. 조달 목적물(물품, 용역, 공사)별 입찰절차와 계약방법을 이해한다.

3. 국제입찰의 특징을 이해하고, 국제개발협력사업에서의 지속가능한 조달모델을 모색한다.

들어가며

일반적으로 프로젝트 조달은 해당 사업 내에서 필요한 것(물품, 용역 및 공사)을 구매한다는 의미이다. 과거에는 이러한 조달업무를 누군가가 요청하면 진행하게 되는 부차적·수동적 업무로 인식했으나, 최근에는 원조효과성이 최대한 발휘되도록 지원하는 고도의 전문지식과 기술이 필요한 업무로서, 그 중요성이 계속적으로 높아지고 있는 분야이다.

조달은 발주처의 성격상 공공조달과 민간조달로 구분되는데, 공공기관인 KOICA의 무상원조사업에 대한 조달은 공공조달[1]에 속한다. 공공조달은 정부가 공공재의 공급을 위해 민간 등 다른 부문으로부터 재화 또는 서비스(물품, 공사 및 용역 등)를 획득하는 행위를 의미한다. 공공조달의 전형적인 예로는 경부고속도로, 남해대교, 소양강댐과 같은 도로, 교량, 댐, 철도 등 국민이 이용할 공공재를 공급하기 위해 건설업체로부터 건설서비스를 조달하거나 또는 설계업체로부터 건설공사에 필요한 설계용역을 의뢰해 설계도면 등을 납품하게 하거나, 국민에게 행정서비스를 공급하기 위해 물품생산업체로부터 사무용품을 조달하는 것 등이 있다. 이러한 공공조달은 그 결과인 공공재 공급의 혜택과 조달비용이 납세자인 국민의 부담으로 이루어지는 점과 조달업무의 주체가 정부기관 및 공무원에 의해 이루어진다는 점 등에서 민간조달과 구분된다(장훈기, 2015: 49).

한편, 국제개발협력사업에서의 조달은 그 프로젝트의 일차적 목적[2]을 단

---

1   국가기관, 지방자치단체 및 공공기관에서 수행되는 조달형태를 말하며, 공공조달 또는 정부조달로 혼용되어 사용된다. 일반적으로 민간기업 또는 사인(私人, private) 간 이루어지는 민간조달과는 구분되는 개념이다.

2   공사의 경우 준공, 물품의 경우 납품, 용역의 경우 과업 완료.

순히 달성하는 것에서 벗어나, 당초 계획한 과업 완료 이후의 효과성까지도 구현하고자 하는 데 그 목적이 있다. 또한 원조재원의 가치가 가장 효율적으로 활용될 수 있도록 청렴성과 공정성, 투명성 등 매우 엄격한 절차를 준수해 사업시행자를 선정해야 한다. 이번 장에서는 KOICA에서 수행하는 조달 및 입찰 절차의 개요와 목적을 설명하고 국내입찰과 국제입찰[3]의 차이점을 이해함으로써, 조달업무의 과정과 성공전략에 대한 이해를 제고하고자 한다.

1. 프로젝트 조달의 이해

1) 조달 개요

한국의 공적개발원조(ODA)는 무상원조와 유상원조로 구분된다. 무상원조는 외교부에서 총괄하며, 사업 수행은 산하 준정부기관인 KOICA가 실시하고 있다. 또한 유상원조는 기획재정부에서 총괄하며, 산하 기타 공공기관인 한국수출입은행[4](이하 수출입은행)에서 대외경제협력기금[5](EDCF: Economic Development Cooperation Fund)의 관리업무 등의 사업을 수행하고 있다. KOICA

---

3   KOICA 조달은 조달업무의 수행주체에 따라 KOICA 본부에서 주도하는 '본부입찰', KOICA 현지 사무소에서 주도하는 '현지 사무소 입찰' 및 수원국에서 주도하는 '수원국 조달 시스템 이용'으로 구분되며, 사업시행자의 참여범위에 따라 국내업체를 대상으로 하는 국내입찰과 국내·외 모든 업체를 대상으로 하는 국제입찰로 구분된다.

4   한국수출입은행은 수출입, 해외투자 및 해외자원 개발 등 대외 경제협력에 필요한 금융을 제공함으로써 국민경제의 건전한 발전을 촉진하기 위해 1976년 설립된 기획재정부 산하 기타 공공기관이다.

5   개발도상국의 산업화 및 경제발전을 지원하고 한국과 이들 국가 간 경제교류를 증진하기 위해 설치한 한국수출입은행 내 정책기금으로, 상하수도 설비, 병원, 교통 등 경제발전의 기초가 되는 사회간접자본시설의 건설에 소요되는 개발자금차관 이외에도 기자재차관, 민자사업차관 등 개발도상국 정부 또는 법인에 대한 다양한 차관지원 등의 유형이 있다.

및 수출입은행 임직원은 공무원 신분은 아니나, 기관의 내부 규정 및 다른 법률에 따라 공무원에 준하는 책임과 의무[6]를 지고 있으며, ODA 사업에 대해 한국 정부의 위임을 받아 국가를 대표해 집행하는 대리인 성격을 가지고 있다(한국국제협력단, 2012: 92). 공공조달의 발주기관은 크게 국가, 지방자치단체 및 공공기관으로 구분되며, 국가의 경우에는 '국가를 당사자로 하는 계약에 관한 법률'(이하 국가계약법)이, 지방자치단체의 경우에는 '지방자치단체를 당사자로 하는 계약에 관한 법률'(이하 지방계약법)이, 공공기관의 경우에는 '공공기관의 운영에 관한 법률'(이하 공운법)이 각각 적용된다. 그중 정부부처 산하 공공기관은 국가계약법의 적용도 받게 된다. KOICA에서의 조달은 공운법 및 '공기업·준정부기관 계약사무규칙'(이하 계약사무규칙), 'KOICA 대외무상협력사업에 관한 조달 및 계약 규정'(이하 KOICA 조달규정)과 'KOICA 대외무상협력사업에 관한 조달 및 계약 규정 시행세칙'(이하 KOICA 조달규정 시행세칙)을 우선 적용받게 되며, 그 외의 사항에 대해서는 계약사무규칙 및 국가계약법을 준용한다.

KOICA는 2005년 6월 13일부터 투명하고 공정한 조달행정 구현을 위해, 기존 수기입찰형태의 조달절차를 탈피해 전자조달시스템을 구축했다. 또한 2007년 1월 15일부터 보안 강화 및 편의성 증진을 위해 기존 시스템의 운영 개선 및 검수시스템 등 신규 기능을 추가 개발하는 등 지속적으로 시스템을 개선한바, 2015년 10월 26일 이후 공공조달정보 공개 확대, 국제입찰규범 준수 및 사용자 편의 중심의 신규 전자조달시스템으로 확대 개편해 운용 중이다.

KOICA에서의 프로젝트 용역은 설계, 마스터플랜 수립 및 연수 등 다수의

---

6   한국국제협력단법 제29조, 한국수출입은행법 제17조.

표 3-1 프로젝트 용역의 구분

사업시행기관에 따른 구분	용역의 성격에 따른 구분
정부/공공 비영리법인, 연구기관	PMC 용역, 초청연수
중견/중소 기업	BDS/ISP, PC 용역, SW 개발, 설계용역
대기업	CM 용역

자료: 한국국제협력단(2016).

과업이 복합적으로 구성된 PMC 용역과, 특정 과업의 이행을 주요 목적으로 하는 PC 용역으로 구분되며, 대다수 사업은 중소기업 등이 수행하고 있다.

국가를 대리하는 KOICA가 계약상대자와 체결하는 조달계약은 국가계약법 제5조에 따라 상호 대등한 입장에서 당사자의 합의에 따라 체결되는 것으로서, 행정주체인 KOICA가 사인(私人)의 지위에서 상대방과 대등한 관계로 계약업무를 수행한다는 점에서 원칙적으로 사법상의 법률행위이다. 아울러 공공조달계약은 매매, 임차·도급 등 국가계약법령상 각각 특별한 이름이 붙여져 있는 전형계약(유명계약)[7]이며, 각 당사자가 상대방으로 하여금 일정 급부를 할 것을 약속함과 동시에 자기도 그 대가로서 교환·급부할 것을 약속하는 쌍무계약[8]이다. 나아가 공공조달은 사법상 계약이므로 민법상 일반 원칙인 계약자유의 원칙, 신의성실의 원칙, 사정 변경의 원칙, 권리남용금지의 원칙 등이 적용되어 공공조달계약에 관한 분쟁은 민사소송의 대상이 된다. 다만, 대법원 판례(대법원 81누366 ⟨83.12.27.⟩)는 국가계약법령에 의한 행

---

7   민법에서는 증여로부터 시작해 매매·교환·소비대차·사용대차·임대차·고용·도급·현상광고·위임·임치·조합·종신정기금·화해에 이르기까지 도합 14종의 전형계약을 규정하고 있다. 이 밖에 상법에서도 창고계약·운송계약·보험계약 등을 볼 수 있다. 이와 같이 법률로 정한 계약의 유형이 있는 경우에 그 계약을 전형계약 또는 유명계약이라고 한다.

8   계약당사자가 서로 대가적 의미를 가지는 채무를 부담하는 계약이다. 예를 들면 매매계약에 있어서는 매도인이 상대방에게 상품을 인도하는 의무를 부담하고 매수인은 상대방에게 대금을 지급할 의무를 부담한다. 이 두 채무는 서로 대가관계에 있다. 민법에서 규정하고 있는 14종의 전형적인 계약 가운데 매매 외에 교환·임대차·도급·조합·화해·고용 등은 쌍무계약이며 증여·무이자소비대차·사용대차·무상의 위임, 무상의 임치는 편무계약이다.

표 3-2 법률 적용

구분	내용
민사소송대상	입찰절차(입찰공고, 적격심사, 낙찰자 결정 등) 및 계약절차(대금지급, 계약해제 등)와 관련한 행위는 사법상 행위
행정소송대상	부정당업자 제재조치는 행정처분이므로 행정소송대상

자료: 한국국제협력단(2016).

위 중 부정당업자 제재조치만은 행정처분으로 보아 이에 대한 분쟁은 행정 소송대상으로 인정하고 있다. 또한 최근에는 부정당업자에 대해 입찰참가자 격을 제한하는 조치 대신 경제적 제재수단으로서 과징금을 부과하고 있으 며, 해당 근거를 국가계약법 제27조의 2에 직접 규정[9]하고 있다.

KOICA 프로젝트 사업 내에서의 조달은 프로젝트를 수행하기 위한 수단 을 확보하는 과정으로 프로젝트 수행 이전 또는 프로젝트 수행과 동시에 이 뤄진다. KOICA는 프로젝트 수행을 위해 계약 목적물 및 과업에 따라 각기 다양한 형태의 사업시행자와 계약을 체결하고 있으며, KOICA 사업은 그 특 성상 복합과업으로 구성되어 있어 경쟁입찰방식 중 협상에 의한 계약으로 주로 진행되고 있다. 이에 따라 KOICA는 계약법령에 따른 입찰 등의 방식을 원칙으로 하여 프로젝트 사업 시행자를 선정한다. 이때 해당 프로젝트를 수 행하는 사업자가 과업 수행을 위해 해당 분야[10] 전문업체를 선정해 KOICA 의 승인을 받는 형태로도 진행할 수 있는데, 이처럼 프로젝트 사업 시행자가 분야별 전문업체를 직접 선정하는 경우에는 간접적으로 공공조달법령의 범 위 내에서 관리될 수 있다.

---

9   단, 공기업 및 준정부기관의 경우 국가계약법 제27조의 2를 준용해 부정당업자에게 입찰참 가자격 제한을 갈음해 과징금을 부과할 수 없다[안건번호 15-0134(2015-03-27), 법제처 '법 령해석-법령해석사례'].

10   물품, 용역, 공사 등 전 분야.

2) 조달환경의 변화

우리 정부는 1994년 4월 15일 세계무역기구(WTO: World Trade Organization) 정부조달협정(GPA: Government Procurement Agreement)에 가입했으며, 동 협정은 1997년 1월 1일 부로 발효되었다. 이에 따라 KOICA의 국제입찰[11]에는 외국업체도 호혜의 원칙에 따라 대한민국 국민, 대한민국에서 생산되는 물품 또는 용역과 차별 없이 참여가 가능하다. 아울러, 정보화에 따라 정부 전자조달시스템, 전자민원시스템 및 전자소송시스템 등 사회 각 분야에서의 정보화 체계도 급속히 구축되었다. 이에 발맞춰 KOICA는 2005년부터 전자조달시스템(e-bid)[12]을 운영 중이며, 이를 통한 정보 공유 및 공개로 정

그림 3-1 KOICA 전자조달시스템 화면

자료: 한국국제협력단(2016).

---

11 KOICA는 공기업·준정부기관 계약사무규칙 및 국가계약법령상 양허대상기관이 아니므로 국제입찰의 의무기관은 아니나, 비구속화 원칙에 따라 국제입찰을 진행하고 있다.

12 KOICA 전자조달시스템(https://nebid.koica.go.kr).

보의 가치를 중대시키고 있다.

최근에는 투명성 강화, 공정성 중시를 비롯한 고객 중심주의 조달 가치관이 강조되는 방향으로 조달 패러다임이 변화하고 있으며, 유럽연합(EU) 등에서 기술혁신형 공공구매 및 경쟁적 대화절차 계약제도[13] 등이 확산되면서 조달제도에 대한 근본적 변화도 계속적으로 요구되고 있다.

2. KOICA 조달 및 계약 절차

KOICA는 조달에 대한 모든 업무와 관련해 전자조달시스템을 활용하고 있다. KOICA 조달부서 및 내부 사용자, 협력업체 일반 사용자가 조달시스템을 이용하고 있으며, 외부 연계기관으로서는 국가종합전자조달시스템(이하 나라장터)[14]과 온라인으로 연계되어 있다. 아울러, KOICA 입찰공고는 KOICA 전자조달시스템 및 나라장터에서 각각 조회가 가능하다(한국국제협력단, 2012: 98). KOICA는 전자조달시스템을 구축한 이후 다수 업체들을 조달시스템에 등록하게 하여 대다수 사업을 전자계약으로 체결·관리하고 있다.[15] 일반 사용자는 KOICA 사업에 참여하기 위해 우선 조달청(나라장터)에 업체 등록을 한 후, KOICA 전자조달시스템의 '간편가입' 메뉴를 이용해 정보를 연동시켜야 한다. 또한 KOICA 입찰공고에 따라 입찰에 참여하고 낙찰자로 결정된 후

---

13 수요자의 요구에 부합하는 대안을 찾을 때까지 제안서와 기술적 협상을 진행하는 방식으로, 우선협상 대상자를 선정해 진행하는 협상계약방식과는 달리 제안된 모든 업체들과 기술대화를 시도해 최적의 솔루션을 만들어 가는 점에서 차이가 있다(한국조달연구원, 2016: 2).

14 국가종합전자조달시스템(www.g2b.go.kr).

15 2015년 10월 26일부터 신규 전자조달시스템으로 개편하면서 협력업체 등록요건을 간소화했다.

계약 체결을 하는 등 조달 및 계약에 관한 모든 절차가 전자조달시스템으로 진행된다.

표 3-3 입찰절차도

구분	조달계약팀	기술평가팀	사업부서
사전협의 및 입찰의뢰	2. 사전협의 실시 및 결과송부	2. 사전협의 실시 및 결과송부	1. 사전협의 의뢰 2. 사전협의 참석 및 결과접수 3. 사업자선정계획 수립
사전공고 및 입찰공고	5. 사전공고 실시 (최소 5일) 6. 조달집행계획 수립 7. 입찰공고 실시	(기술평가 관련 사항 검토)	4. 입찰의뢰
입찰진행	8. 입찰설명회(선택) 9. 입찰참가 신청 10. 입찰서 접수	8. 입찰설명회(필요시)	8. 입찰설명회
낙찰자 결정	12. 개찰 13. 적격심사(필요시) 14. 우선협상자 통보	11. 기술평가(필요시)	
검토/협상	15. 기술협상 요청 (필요시) 17. 가격협상 및 기타 계약조건 검토		16. 기술협상, 결과통보
계약체결	18. 계약서(안) 작성 19. 계약체결계획 승인 20. 계약서 업체 송신 21. (업체)보증서 제출 및 계약서 서명 22. 증권접수, 계약서 최종서명		18. 계약서 확인
과업수행	변경계약 체결 검수/물류 지원 지체상금 제재부과 계약해지		계약이행 점검 변경계약 지체상금 제재부과 계약해지 의뢰

자료: 한국국제협력단(2016).

1) 발주계획

　KOICA에서는 연간발주 예상소요를 미리 계획해 사업 참여 희망자에게 알리고자 연간발주계획을 공개하고 있다. KOICA 홈페이지[16] 및 전자조달시스템[17]을 통해 발주계획을 연 2회 이상 게재하고 있으며, 본부 또는 지역별 조달설명회 개최를 통해 사업 참여 희망업체들이 입찰전략을 체계적으로 수립할 수 있도록 지원하고 있다. 또한 ODA 도서관[18]을 통해 전문가 기획조사 보고서 등 입찰 이전의 자료들을 누구나 열람 가능하도록 정보를 공개하고 있다. 아울러 KOICA는 프로젝트에 대해 입찰 전 사전공고를 실시하고 있으며, 물품, 용역, 공사 등 입찰로 진행되는 모든 사업에 대해 3~5일간 전자조달시스템을 통해 일괄 공개하고 있다. KOICA는 사전공고기간 중 규격이나 과업에 대한 의견이 있는 경우, 이를 접수하고 검토해 사업내용에 반영하고 있다. 또한 이러한 사전공고제도를 통해 계약 쌍방 간의 분쟁 방지 등 입찰의 공정성과 투명성, 그리고 청렴성 강화를 위한 노력을 계속적으로 개선해 나가고 있다.

2) 입찰공고

　공공조달의 기본적인 계약방법은 일반경쟁이며, 이는 법령에서 정한 면허조건[19]과 같은 필수적인 입찰참가자격을 부여해 불특정 다수 모두를 경쟁

16　(이용방법) KOICA 홈페이지▷공지사항

17　(이용방법) KOICA 전자조달시스템▷고객센터▷일반공지사항

18　KOICA ODA 도서관 홈페이지(http://lib.koica.go.kr).

19　예를 들면, 정보통신공사 입찰진행 시 정보통신공사업법에서 정한 정보통신공사업 면허를 입찰참가자격으로 반영하는 것을 말한다.

입찰에 참여토록 하는 방법이다. 아울러 계약목적을 효과적으로 달성하기 위해 실적 같은 사항을 자격으로 두고 제한하는 제한경쟁입찰[20] 방식과, 특정 업체를 2개 이상 지명해 그중 낙찰자를 선정하는 지명입찰[21] 방식도 있다. 또한 경쟁입찰방식과는 다르게 수의계약[22]이 있는데, 이는 조달규정과 계약법령상 열거된 사항에 한해 불가피한 경우에 특정인과 계약을 체결하는 방식이다. KOICA에서는 수의계약을 공정성·투명성의 원칙하에 계약법령의 범위 내에서 가능한 한 최소화하고 있으며, 1억 원 이상의 사업을 수의계약으로 진행할 경우 반드시 계약심의위원회 심의를 받도록 규정하고 있다. 한편, 일반·제한·지명 경쟁입찰과 같은 입찰로 진행되는 사업은 모두 입찰공고를 거쳐야 하며, 입찰공고는 일반적으로 입찰일의 전일부터 기산해 7일

---

20 제한경쟁입찰은 계약의 목적·성질·규모 등을 비추어 필요한 경우 시공능력, 실적, 기술보유 상황, 재무상태 등으로 입찰참가 자격요건을 정하고 요건을 갖춘 자에 한해 입찰에 참가토록 하여 낙찰자와 계약을 체결하는 방법이다. 제한경쟁은 시공능력이나 경험이 없는 자를 입찰에 참가하지 못하도록 하여 부실시공 방지, 입찰업무의 효율성 등을 확보하기 위한 입찰방식이다. 제한경쟁은 계약목적 달성에 적합한 업체 선정에 유리하고, 중소기업 보호에 기여가 가능하나, 신규 업체의 참여기회를 차단하고 객관적인 참가자격요건 설정이 곤란해 특혜시비 우려가 있다는 점에서 단점이 있다. 또한 공공계약에서는 실적제한이 대표적인 제한기준이며, 시공능력, 기술보유상황, 품질인증, 주된 영업소 소재지, 중소기업자 및 재무상태 등도 제한기준으로 적용할 수 있다. 한편, 실적제한 시 특정한 명칭·과도한 실적으로 제한하는 것은 국가계약법령에 따라 금지된다.

21 지명경쟁은 계약의 성질 또는 목적에 비추어 특수한 설비·자재·물품 또는 해당 실적이 있는 자가 아니면 그 목적을 달성하기 곤란한 경우, 특정 다수의 참가자를 지명해 입찰방법에 따라 낙찰자를 결정해 계약을 체결하는 방법이다. 지명경쟁은 일반경쟁에서 불성실하거나 신용이 없는 자가 경쟁에 참가해 공정한 경쟁을 방해할 수 있는 점에서 벗어날 수 있고, 일반경쟁에 비해 절차가 간소하며, 계약이행에 가장 적합한 자만을 지명해 입찰에 참가토록 할 수 있다는 점이 장점이나, 지명에서 객관성 및 공정성 확보에 어려움이 있고, 특정인만이 입찰에 참가함에 따라 담합을 유발케 하여 경쟁의 실효를 거둘 수 없다는 단점이 있다.

22 수의계약은 법에 정한 기준에 따라 특정인을 상대로 계약을 체결하는 방법으로 계약상대자가 1인밖에 없거나, 계속공사로서 새로운 입찰절차가 불필요한 경우, 긴급히 계약을 체결할 필요가 있는 경우, 계약금액이 소액인 경우 및 중소기업 보호 등 특수목적을 위해 한정적으로 운용되고 있으며, 수의계약 시에도 계약상대자는 경쟁입찰 참가자격을 갖추어야 한다. 수의계약은 계약목적물의 특수성을 충족하는 데 적합하고, 신속히 계약목적을 달성할 수 있으며, 입찰절차 간소화 및 입찰비용 부담감소 등의 장점이 있으나, 경쟁원리가 배제됨에 따라 기술개발 저해, 예산낭비 소지가 있으며, 유착으로 인한 특혜시비 등의 단점이 있어 지명경쟁과 더불이 신중하고 합리적으로 운용될 것이 요구된다.

그림 3-2 조달업무 처리절차

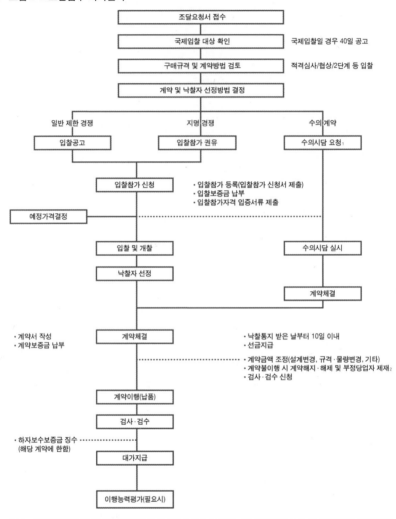

주 1: 수의계약 전 계약담당공무원이 계약 상대방과 가격 협상하는 것. 행정용어 순화 시 '가격협의', '가격협상' 이라고 함(서울특별시교육연수원, 2016: 42).

주 2: 입찰 및 계약을 체결하는 과정이나 계약이행과정에서 입찰의 공정한 집행 또는 계약의 적정한 이행을 해칠 염려가 있거나 기타 입찰에 참가시키는 것이 부적합하다고 인정되는 자에 대해 일정 기간 동안 입찰참가자격을 제한하는 것(조달청, 2017: 210).

자료: 한국국제협력단(2016).

이전에 공고해야 한다. 단 긴급입찰과 재공고 입찰의 경우는 5일 전까지 이를 단축할 수 있다. 아울러, 국제입찰[23] 및 협상에 의한 계약인 경우 입찰일의 전일부터 기산해 40일 이전에 공고해야 하며, 긴급 또는 재공고 입찰의 경우는 10일 전까지 공고를 단축할 수 있다. 정정공고의 경우에는 기존 공고기간에 5일 이상을 더해 공고해야 한다. 입찰공고서에는 입찰에 부치는 사항과 입찰참가자격, 제출서류, 낙찰자 결정 방법에 관한 사항, 입찰 및 개찰의 장소와 일시 등과 같은 입찰 관련 제반사항이 명시되어야 한다. KOICA의 경우, KOICA 전자조달시스템, 나라장터, KOICA 홈페이지, 입찰정보지에 게재 및 필요시 일간신문 등에 추가 공고하고 있으며, 현지 사무소 입찰의 경우에는 현지 일간신문에 공고하는 것이 일반적이다.

3) 가격조사 및 예정가격 산정

(1) 가격조사

KOICA 조직 내 사업부서에서 조달부서로 공식적으로 조달을 의뢰하면서부터 입찰을 위한 조달업무가 본격적으로 진행된다. 조달 의뢰 전 사업부서와 조달부서 간 사전협의를 통해 물품, 용역, 공사 등에 대한 세부 규격 또는 과업을 준비하게 된다. 입찰공고 전에는 사전협의를 거친 품목, 세부규격, 수량, 설계도면 작성, 전문가 파견 및 연수 등의 관련 세부사항을 상세히 검토해야 한다. 필요한 경우 전문가 또는 전문업체에 의뢰해 검토·작성하게 할

---

23 한국의 WTO 정부조달협정 가입 및 FTA 체결 등에 따라 당사국 간 정부조달시장에 외국업체의 참여가 가능하게 되었다. 이처럼, 협정 당사국 간 입찰에 있어 외국업체가 직접 참여 가능한 입찰을 국제입찰이라 한다. 아울러, 국제입찰 시 외국업체에 대해서는 비차별 원칙이 준수되어야 하고, 내국민으로 대우해야 한다. KOICA는 계약법령 및 공운법령에 정한 협정 적용 대상기관에는 포함되지 않으나(임의적 국제입찰), 국제입찰에 관한 제반 계약법령을 준용(40일 이상 공고, 외국어 요약 공고 등)하고 있다.

수 있으나, 반드시 수원국 현지사정 등을 고려해 호환성, 사후관리 용이성 등이 반영될 수 있도록 해야 한다. 동등 이상의 물품을 원칙으로 하여 제조사 독점에 따른 부작용을 최소화해야 하며, 그에 따라 경쟁성 있는 규격 또는 사양이 반영되도록 해야 한다(한국국제협력단, 2012: 98~99).

한편, 해당 사업의 할당된 예산에 대해 KOICA에서는 '조달집행예산'이라는 용어를 사용한다. 해당 입찰건에 대한 집행예산 책정 시 물품 및 국외에서 수행되는 용역 등은 무상원조사업의 일부로 지원됨에 따라, 이에 대한 부가가치세는 부가가치세법에 의거한 영세율[24](부가가치세 제외)로 집행된다. 또한 물품은 수출형식(무역거래)으로 지원되어 입찰조건에 따라 물품가격, 물류비용(운송료, 보험료, 포장비 등), 보험비용 등이 포함된 가격으로 산정된다. 특히 계약방식에 의거 지원대상물품의 인도장소와 매입가에 포함되는 제 비용[25]의 범위에 따라 FOB와 FCA, CIF[26]로 구분되며, 이는 'INCOTERMS 2010'[27]에 근거한다. 또한 프로젝트 사업 수행을 위해 현지에서 물품 등을 구매하는 경우 KOICA와 수원국 간 합의사항에 따른 세제지원을 받지 못할 수도 있다.

---

24 세금부과대상에는 포함시키되 세율은 0%를 적용하는 것. 세금을 안 낸다는 점에선 면세와 같지만 세금부과대상에 포함된다는 점에서 면세와 다르다.

25 제 비용의 범위에는 운임·보험료, 관세, 통관비용, 세금 기타 공과금, 양륙비용, 검사비용, 기타 추가비용이 있다(ICC 국제상업회의소, 2010: 16~79).

26 • FOB: 본선 인도(Free On Board … named port of shipment). 물품이 지정된 선적항에서 본선의 난간을 통과하는 때 매도인이 인도하는 것을 의미한다.
   • FCA: 운송인 인도(Free Carrier … named place of delivery). 매도인이 물품을 수출 통관하고, 지정된 장소에서 매수인에 의해 지정된 운송인(Carrier)에게 인도함을 의미한다.
   • CIF: 최종 도착지까지의 전 운임비용(Cost, Insurance and Freight … named port of destination). '운임·보험료 포함 인도'라 함은 물품이 선적항에서 본선의 난간을 통과하는 때 매도인에서 매수인에게 인도되는 조건이며(FOB, CFR과 동일) 매도인은 물품의 수출통관을 이행함은 물론 지정된 목적항까지 물품을 운반하는 데 필요한 비용 및 운임을 지급해야 한다.

27 '무역조건의 해석에 관한 규칙'의 약칭으로 국제상업회의소(ICC)가 주관해 작성했다.

표 3-4 INCOTERMS 2010 구성(11개 조건)

Group	Terms	Criterion
E	EXW: Ex Works(공장 인도)	Departure (적출지 인도)
F	FCA: Free Carrier(운송인 인도) FAS: Free Alongside(선측 인도) FOB: Free On Board(본선 인도)	Main Carriage Unpaid (운송비 미지급)
C	CFR: Cost and Freight(운임 포함 인도) CIF: Cost, Insurance ang Freight(운임·보험료 포함 인도) CPT: Carriage Paid To(운송비 지급 인도) CIP: Carriage and Insurance Paid To(운송비·보험료 지급 인도)	Main Carriage Paid (운송비 지급)
D	DAT: Delivered at Terminal(도착터미널 인도) DAP: Delivered at Place(목적지 인도) DDP: Delivered Duty Paid(관세지급 인도)	Arrival (도착지 인도)

자료: ICC, 「The Incoterms® rules 2010」 활용 저자 재작성.

표 3-5 인도 조건별 비용부담의 범위 및 책임분기점

인도 조건	제조 원가	포장 검사	반출 운송	수출 허가	수출 통관	운송 비용	보험 비용	수입 허가	수입 통관	반입 운송	위험책임 분기점
EXW	○	○	x	x	x	x	x	x	x	x	공장
FCA	○	○	○	○	○	x	x	x	x	x	지정 운송인
FAS	○	○	○	○	○	x	x	x	x	x	선적항 선측
FOB	○	○	○	○	○	x	x	x	x	x	선적항 본선(난간)
CFR	○	○	○	○	○	▲	x	x	x	x	상동
CPT	○	○	○	○	○	▲	x	x	x	x	제1운송인
CIF	○	○	○	○	○	▲	▲	x	x	x	선적항 본선(난간)
CIP	○	○	○	○	○	▲	▲	x	x	x	제1운송인
DAF	○	○	○	○	○	○	○	x	x	x	국경
DES	○	○	○	○	○	○	○	x	x	x	도착항 본선
DAT	○	○	○	○	○	○	○	x	x	x	지정 터미널 (매수인의 처분하에 둠)
DAP	○	○	○	○	○	○	○	x	x	○	매수인 지정장소 (도착운송수단)
DDP	○	○	○	○	○	○	○	○	○	○	상동

○=매도인 부담, ▲=매도인 부담(주운송비와 최소담보보험료만 부담), x=매수인 부담
자료: 한국국제협력단(2012).

(2) 예정가격 결정

협상에 의한 계약 및 국제입찰의 경우에는 계약법령 및 KOICA 조달규정에 따라 예정가격을 작성하지 않을 수 있으나, 대부분의 KOICA 입찰은 입찰건별로 KOICA 예정가격 산정기준[28]을 토대로 예정가격을 산정하고 있다. 공공조달에서는 거래실례가[29]와 원가계산가 그리고 견적가를 기준으로 하나, KOICA에서는 전문가 및 전문업체에게 용역해 조사한 가격, 견적가 또는 용역경비 산정기준에 의한 금액을 기준으로 결정하고 있다. 경쟁입찰에 있어서의 예정가격은 복수예비가격을 통해 정해지며, 예비가격은 예정가격 기초금액을 기준으로 ±2.5% 내에서 생성된다.

표 3-6 예정가격 작성절차

기초예정가격 작성 (조달 담당자)	▶ 전자조달시스템 ▷ 입찰관리 ▷ 예가₁관리 ▷ 해당 입찰건 결재 상신 (입찰서 제출마감 전 설정)
기초예정가격 확정	▶ 팀/실장 기초예정가격 작성 및 결정(전결범위의 차이)
예정가격 산출	▶ 전자조달시스템에서 자동산출 ― 최종 예정가격 결정금액은 각 입찰 참여자가 전자조달시스템상 표시된 15개 번호 중 선택한 번호별 금액이 조합되어 자동 산출 / 입찰 시 1개 입찰참여업체당 4개 번호 선택 ― 투찰업체가 15개 번호 중 2개씩 번호 선택. 다빈도순으로 선택된 4개의 복수예비가격 평균이 예정가격으로 산출

주 1: 예정가격의 줄임말. 입찰 또는 계약 체결 전 낙찰자 및 계약금액의 결정기준으로 삼기 위해 미리 작성·비치해두는 가액으로서 국가계약법 시행령 제8조의 규정에 의해 작성된 가격(국가를 당사자로 하는 계약에 관한 법률).
자료: 한국국제협력단(2016).

---

28 적정한 거래가 형성된 경우 거래실례가격, 원가계산가격, 견적가격 및 국가계약법 시행령 제9조에서 정한 기준.

29 계약 쌍방 간 적정한 거래가 형성된 경우 그 가격을 의미하며, 조달청장이 조사해 통보한 가격, 기획재정부 장관이 정하는 기준에 적합한 전문 가격조사 기관으로서 기획재정부 장관에게 등록한 기관이 조사해 공표한 가격, 각 중앙관서의 장 또는 계약담당공무원이 2인 이상의 사업자에 대해 당해 물품의 거래실례를 직접 조사해 확인한 가격이 이에 포함된다(국가를 당사자로 하는 계약에 관한 법률).

4) 기술평가(기술제안서 작성 포함)

(1) KOICA 기술평가 개요

우리나라 ODA 예산규모 확대에 따라 KOICA 조달규모 또한 꾸준한 증가 추세를 보이고 있다. KOICA는 연간 200여 건의 입찰[30]을 진행하고 있으며, 총 입찰건의 90% 이상 입찰에 대한 기술평가를 실시하고 있다.

또한 ODA 사업이 다각화되고 사업분야가 다양해지면서 전문분야별 평가위원 풀(pool) 확보 및 관리가 더욱 중요해지고 있다. 이에 기술평가팀은 평가위원규모를 확대해 평가를 내실화하고 있으며, 사업규모에 따라 6~10인의 평가위원으로 기술평가위원회를 구성해 평가위원 수가 총 6인 이상인 경우, 점수집계 시 총점에서 최고·최저점을 제외한 점수를 산술 평균해 기술평가점수를 부여하고 있다. 또한 평가위원 기피 및 제척[31] 사유를 확인함으로써 이해관계자를 제척하는 등 공정한 평가를 위해 노력하고 있다.

성공적인 ODA 사업 수행을 위해서는 역량 있는 사업시행자 선정이 가장 중요하다고 할 수 있다. KOICA는 평가의 공정성, 투명성, 신뢰성 확보를 위해 기술평가업무를 전담하는 기술평가반을 2012년 2월 신설했고, 2013년 원조조달부 기술평가팀으로 확대 개편했다.

기술평가팀 신설 이후 각 사업부서에서 개별적으로 운영해온 기술평가업무를 분리해 평가의 독립성을 확보하고, 2016년에는 전자기술평가시스템을 도입해 평가위원 관리제도 및 평가위원 선정시스템을 활용해 공정하고 투명

---

30 낙찰자 선정방식 중 협상에 의한 계약 및 2단계 경쟁입찰은 기술평가결과 기술적합자 중 사업시행자를 선정하며, 최저가 낙찰제와 적격심사제는 별도의 기술평가 없이 가격을 기준으로 하여 사업시행자를 선정한다.

31 재판권 행사의 공정을 꾀하고 재판에 대한 국민의 신뢰를 지키기 위해, 법관이 특정 사건의 피해자이거나 또는 피해자나 피고인과 가족·친척 관계일 때 그 직무의 집행에서 제외하는 일.

한 기술평가를 실시하고 있다.

기술평가의 보안 및 공정성 강화를 위해 제안사의 기술제안서를 기술평가위원회 당일에 배포하는 당일 소집평가를 원칙으로 기술평가를 실시하고 있으며, 기술평가위원 풀에 기반한 평가위원 후보군을 3~5배수로 구성해 위원 선정 전산시스템을 통한 교섭결과에 따라 평가위원을 선정하고 있다.

또한 기술평가 종료 후 제안사의 기술평가 총점 및 평가의견서(평가위원 익

표 3-7 기술평가 실시단계

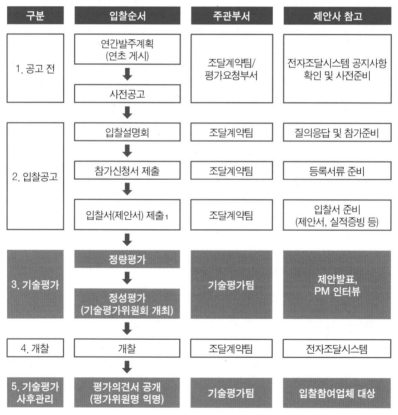

구분	입찰순서	주관부서	제안사 참고
1. 공고 전	연간발주계획 (연초 게시) → 사전공고	조달계약팀/ 평가요청부서	전자조달시스템 공지사항 확인 및 사전준비
2. 입찰공고	입찰설명회	조달계약팀	질의응답 및 참가준비
	참가신청서 제출	조달계약팀	등록서류 준비
	입찰서(제안서) 제출1	조달계약팀	입찰서 준비 (제안서, 실적증빙 등)
3. 기술평가	정량평가 → 정성평가 (기술평가위원회 개최)	기술평가팀	제안발표, PM 인터뷰
4. 개찰	개찰	조달계약팀	전자조달시스템
5. 기술평가 사후관리	평가의견서 공개 (평가위원명 익명)	기술평가팀	입찰참여업체 대상

주 1: 제안서 마감 익일 각 제안사별 기술평가위원회 개최 안내메일 발송(기술평가위원회 개최일, 제안발표시간 등 관련 사항 안내).

명)를 전자조달시스템에 공개해 기술평가의 투명성을 제고하고 있다(단, 자사 기술평가결과만 확인 가능).

한편, ODA 사업 진출을 희망하는 신규 파트너, 중소기업 및 사회적 약자 기업(여성기업, 장애인 기업, 사회적 기업)의 KOICA 입찰참여 독려를 위해 다양한 가점제도를 운영하고 있다.

(2) 기술평가 구성

기술평가는 〈표 3-8〉과 같이 정량평가 20점과 정성평가 80점으로 이루어지며, 정량평가는 평가주관부서인 기술평가팀이 평가하고 정성평가는 상임·비상임위원으로 구성된 기술평가위원회에서 진행한다. 기술평가결과가 85점 미만인 경우, 부적격업체로 판정되어 우선협상대상자 및 낙찰자 대상에서 제외된다.

표 3-8 기술평가항목 구성의 예

구분		평가항목1	배점
기술평가팀	정량평가2	경영상태, 회사유사사업 수행실적, 핵심 투입인력 유사사업 수행실적	20
상임위원/비상임위원	정성평가	사업내용의 이해도, 기술제안내용, 사업관리, 인력투입계획, PM 역량 등	80
총계			100

주 1: 상기 평가항목은 표준 평가항목이며, 평가항목은 용역특성에 따라 상이함.
주 2: 정량평가 평가항목은 경영상태, 회사유사사업 수행실적, 핵심 투입인력 유사사업 수행실적을 평가하나, 사업 및 용역 특성을 고려해 평가항목과 배점은 변경될 수 있음. 또한 미래창조과학부고시 제2017-44호 (2017.2.15.)에 근거해 중견기업인 소프트웨어 사업자가 참여할 수 있는 사업예산(부가가치세 포함) 기준 20억 원 이상을 발주하는 정보시스템 구축사업 등에 대해서는 '상생협력 및 하도급 계약의 적정성(10점 이상)'이 평가항목으로 포함됨.
자료: 한국국제협력단(2018).

【 정량평가 】

정량평가는 기술평가 총점 100점 중 20점이며(용역에 따라 최대 30점), △경영상태, △회사유사사업 수행실적, △핵심 투입인력 유사사업 수행실적 항목을 평가하며, 제안요청서에 제시된 유사사업 정의에 따라 제안사가 제출한 첨부 및 증빙 서류에 근거해 평가한다.

경영상태 경영상태는 '신용정보의 이용 및 보호에 관한 법률' 제4조 제1항 제1호의 업무를 영위하는 신용정보업자가 입찰공고일 이전에 평가한, 유효기간 내에 있는 회사채, 기업어음, 기업신용평가등급을 기준으로 평가한다. 단, 신용평가등급을 제출하지 않거나 신용평가등급 확인서가 확인되지 않은 경우는 최저등급으로 평가하며, 유효기간 만료일이 입찰공고일인 경우는 유효한 것으로 평가한다.

합병한 업체에 대해서는 합병 후 새로운 신용평가등급으로 평가하며 합병 후 새로운 신용평가등급이 없는 경우에는 합병대상업체 중 가장 낮은 신용평가등급을 받은 업체의 신용평가등급으로 평가한다.

표 3-9 신용평가등급 배점기준 예시

신용평가등급			
회사채	기업어음	기업신용	점수
A- 이상	A2- 이상	A- 이상	8.0
BBB+	A3+	BBB+	7.7
BBB0	A30	BBB0	7.4
BBB-	A3-	BBB-	7.1
BB+, BB0	B+	BB+, BB0	6.8
BB-	B0	BB-	6.4
B+, B0, B-	B-	B+, B0, B-	6.0
CCC+ 이하	C 이하	CCC+ 이하	5.6

자료: 한국국제협력단(2018).

회사유사사업 수행실적 회사유사사업 수행실적은 '해당 사업규모' 대비 제안요청서에서 제시한 유사사업 정의에 따른 사업 수행실적 비율로 평가한다. 단 현재 진행 중인 실적은 불인정한다. '해당 사업규모'는 사업예산(집행한도액)을 기준으로 하나, 사업의 내용 및 특성을 고려해 해당 사업규모를 조정할 수 있다. 제안사는 회사유사사업 수행실적, 곧 유사사업 정의에 부합하는 실적에 대해 관련 실적관리협회의 실적증명서 또는 발주처에서 발급한 실적증명서, 계약서 및 세금계산서를 제출해 평가받는다.

공동수급(분담이행, 공동이행)의 경우, 경영상태 및 회사유사사업 수행실적의 평가항목은 수급체 구성원별로 각각 산출한 평가점수에 참여지분율 또는 분담률을 곱해 이를 합산한다.

핵심 투입인력 유사사업 수행실적 핵심 투입인력 유사사업 수행실적은 제안요청서에서 제시한 유사사업 정의에 따른 실적건수로 평가하며, 현재 진행 중인 실적도 인정한다. 단, 핵심 투입인력이 타 용역 중복 참여 시(용역 잔여과업 기간이 개찰일 기준 3개월 이상인 것에 한함), 건별 0.5점 감점 처리한다. 동 평가를 위해 제안사에서 제출하는 증빙은 회사유사사업 실적증빙과 동일하다. 핵심 투입인력이 1인 이상인 경우, 각 핵심 투입인력의 유사사업 수행실적점수를 산술 평균해 평가한다.

가·감점 KOICA와 계약실적이 없는 경우, 입찰참여업체가 중소기업, 여성기업, 장애인 기업, 사회적 기업인 경우, 혹은 핵심 투입인력이 ODA 자격증을 취득한 경우 가점을 부여한다. 불성실한 사업 수행, 핵심 투입인력의 타 용역 중복 참여, 제안서 작성지침 미준수, 불공정 하도급 및 거래행위에 해당하는 경우에는 평가기준에 따라 감점한다.

제안사는 정량평가 및 정성평가를 위해 제안요청서상 명시된 제안서, 첨부 및 증빙 서류, CD(기술제안서 및 증빙서류)를 제출한다.

제안서의 규격은 흑백인쇄 및 무선좌철 제본과 양면복사를 원칙으로 하며 제안요청서상 명시된 작성분량을 초과하지 않도록 유의해야 한다. 제안

그림 3-3 제안서의 올바른 예

링 제본 X

바인더 X

자료: 한국국제협력단(2018) 인용 저자 재구성.

서의 규격, 매수, 형식, 색상 등이 정해진 규격에 부합하지 않는 경우 감점기준에 따라 감점되므로 제안사는 각별히 유의해 제안서를 작성하고 불필요한 감점사유가 발생하지 않도록 유의한다.

【 정성평가 】

정성평가는 기술평가 100점 중 80점이며, 상임·비상임위원으로 구성된 기술평가위원회를 개최해 당일 소집평가를 원칙으로 진행한다. 전자기술평가시스템을 활용해 기술평가위원회 종료 후 당일 점수집계를 완료하고 기술평가결과를 발표한다. 점수집계 시 평가위원 수가 총 6인 이상인 경우 최고·최저점을 제외하고 점수를 산출한다.

평가항목 평가위원은 평가항목 및 평가기준에 따라 평가를 진행하고 보완이 필요한 사항 및 평가종합의견을 평가의견서에 작성하며, 각 제안사는 평가위원을 익명 처리한 평가위원별 평가의견을 확인할 수 있다.

제안발표 제안발표는 파워포인트로 작성해 정해진 시한까지 기술평가팀으로 제출하며, 기술평가위원회 개최 당일 제안사의 특·장점을 위주로 10분간 발표하고, 제안발표 종료 후 기술제안내용, 사업수행능력 등에 대한 질의 응답을 진행한다. 필요시 영어(혹은 제2외국어)[32] 발표를 실시하기도 한다. 제 안발표 및 인터뷰에 대리인이 참여하는 경우 정성평가항목 중 'PM 역량' 배 점에서 최저점을 받게 되고, 사업관리자(Project Manager) 인터뷰에 응하지 않 거나 불참하는 경우 실격 처리된다. 또한 입찰자가 제안서상 사업총괄책임 자 또는 핵심 투입인력을 명시하지 않거나, 제안요청서상에 명시한 요건을 갖추지 않은 사업총괄책임자 또는 핵심 투입인력을 제안한 경우, 제안발표 를 할 수 없으며 제안서 서면평가로 대체한다. 따라서 입찰자는 제안서 작성 전 제안요청내용을 반드시 숙지하고 제안서를 작성해야 한다. 〈표 3-10〉에서 는 제안서 작성 시 주요 유의사항을 정리했다.

표 3-10 제안서 작성 유의사항

제안서 작성 유의 사항	1. KOICA 사업 수행원칙 이해	• 국가협력전략(CPS: Country Partnership Strategy)에 기반을 둔 사업수행계획 수립 • 우리 정부가 지정한 중점협력국 지원 전략 (odakorea.go.kr 전략문서 참조)에 대한 이해 • 해당 국가의 전제적 지원 맥락 속에서 사업목적 파악
	2. 성과관리(과학적/ 계량적 성과 측정) 개념의 이해	• 산출물(Outputs)에서 성과(Outcomes)에 대한 관리로 전환 • 기초선 조사 및 주요지표 관리방안 수립 • PDM(Project Design Matrix)의 이해 (사업구성요소 간 논리적 연계성 강화) • 품질 중심의 사업수행계획 수립
	3. 제안요청서에 대한 분석	• 용역의 취지 및 핵심 요구사항 분석 • 기술평가 기준표 분석을 통한 평가의 주안점 확인
	4. 제안내용은 최대한 구체적으로 작성	• 사전 자료조사(예비조사 및 심층기획조사 보고서 등), 입찰설명회 참석, Q&A 활용 • 해당 사업의 내용을 파악하고 사업대상지에 대한 정보 수집 및 분석 필수 • 대상용역의 성격(평가/계획/시행 등) 및 사업대상지에 대한 이해(문화, 사회적 특성, 위험요소 분석 등)

---

32 사업총괄책임사(또는 세안요청서에 지정된 인력)에 대한 영어 인터뷰(혹은 제2외국어)를 실 시하며, 영미권(영어가 법적 공용어로 지정되어 있으며, 국민 대다수가 영어를 모국어로 사 용하는 국가) 소재 대학의 경우 수업 활동(course work) 및 논문 작성을 영어로 수행했을 경 우에는 영이 인디뷰를 면제힌디(긴, 논문표지 필수 제출).

	5. 특수제안 활용	• 제안요청서의 개선방안, 추가 투입인력, 사업의 지속가능성 및 성과제고방안 등을 기술 • 평가위원의 호의적 반응을 이끌어내는 수단으로 활용
	6. 제안서 가독성	• 텍스트, 도표, 그림 등 제안내용의 논리의 흐름을 이끌어낼 수 있도록 적절히 활용
	7. 제안서 작성지침 준수	• 제안요청서상 '제안서 작성지침'을 통해 안내하는 형식적(인쇄, 제본방법, 매수 등)·내용적 지침 준수 (미준수 시, 건당 0.25점 감점)
실적 증빙 제출 유의 사항	1. 증빙서류 불인정 사례	• 용역 이행 실적증명서에 기관장 직인 누락 • 증명서 사본 제출 시, 원본 대조필 날인 누락 • 명시된 제출서류 이외의 다른 형태의 증빙 제출 • 민간부문실적에서 계약서, 세금계산서 미첨부 • 해외실적 증빙서류에 아포스티유1, 영사 확인 없이 제출 • '공공기관 입찰에 사용할 수 없다'고 명시된 신용평가등급 확인서 제출
	2. 가점서류	• 증빙서류 미제출 시 가점 인정 불가 • 중소기업확인서 유효기간 확인 • 여성기업, 장애인 기업, 사회적 기업 해당 증빙서류 구비 • 핵심 투입인력의 ODA 자격증 취득준비(연 2회 시험일정 확인, ODA 교육원 활용)

주 1: 한 국가의 문서가 다른 국가에서 인정받기 위해서는 문서의 국외 사용을 위한 확인(Legalization)을 받아야만 한다. 공관 주재원(영사)이 문서를 확인하는 경우 주재국 공문서인지 여부를 신속하게 확인하기 힘들다. 이러한 불편을 해소하기 위해 도입된 것이 문서발행국가의 권한 있는 당국이 자국 문서를 확인하고 협약 가입국이 이를 인정하는 내용을 골자로 한 '외국 공문서에 대한 인증의 요구를 폐지하는 협약(이른바 아포스티유(Apostille) 협약)'이다. 우리나라의 권한 있는 당국으로 지정된 외교부와 법무부가 협약에 따라 문서의 관인 또는 서명을 대조해 진위를 확인하고 발급하는 것이 아포스티유이며, 이에 따라 아포스티유가 부착된 공문서는 주한공관 영사 확인 없이 협약 가입국에서 공문서로서의 효력을 인정받게 된다(아포스티유 인증시스템 www.apostille.go.kr/).
자료: 한국국제협력단(2017a).

〈표 3-11〉은 입찰 참가자들이 기술평가를 준비하면서 기술평가팀에 자주 질문하는 내용과 그 답변을 정리한 것이다. 기술평가를 준비할 때 참고하라.

표 3-11 기술평가 관련 주요 질의내용

정량 평가	1. 공동수급업체에 대한 정량평가는 어떻게 진행하나요?	정량평가항목 중 [경영상태]와 [회사유사사업 수행실적]은 수급체 구성원별로 각각 산출한 평가점수에 참여지분율 또는 분담률을 곱해 이를 합산합니다.
	2. 핵심 투입인력이 2인 이상인 경우 정량평가는 어떻게 진행하나요?	핵심 투입인력이 2인 이상인 경우, 각 인력 평가점수의 합을 투입인력 수로 나눈 점수를 부여합니다.
	3. 가점을 포함해 정량평가 점수 만점은 20점을 초과할 수 있나요?	가점은 정량평가점수 만점인 20점 한도 내에서 적용됩니다. 가점이 적용되어도 총 정량평가점수는 20점입니다.

정성 평가	1. PM 인터뷰에 대리인이 참여할 수 있나요?	대리인이 제안발표를 대리 수행할 수는 있으나 정성평 가에서 해당 항목 'PM 역량' 최저점을 받게 됩니다. 또 한 PM의 영어 인터뷰는 대리인이 진행할 수 없습니다.
	2. 기술평가 PM 인터뷰(제안발표) 날짜는 언제 알려주나요?	제안서 마감 후 기술평가위원회 날짜 및 진행방법(발표 시간 등)을 포함한 제안사 안내자료를 이메일로 안내드 립니다.
	3. 입찰참여업체의 발표순서는 어떻게 정해지나요?	제안사 발표순서는 기술평가위원회 개최 당일 제안사 오리엔테이션에서 현장 무작위 추첨을 통해 순서를 정 해 진행하고 있습니다.
기타	1. 기술평가결과는 언제 공개하나요?	입찰공고에 명시된 개찰일시 이후 개찰결과를 안내하 며, 전자조달시스템(http://nebid.koica.go.kr/)에서 자사 의 기술·가격 종합결과 및 총점 확인이 가능합니다.
	2. 기술평가 세부점수 및 타 업체의 평가점수를 공개하나요?	KOICA 규정에 따라 자사의 총점을 공개하고 있으나, 세부평가점수는 공개하지 않습니다. 또한 타사의 평가 점수나 업체 간 점수차이 등도 공개하지 않습니다.
	3. 사전타당성 결과보고서 등 입찰에 필요한 자료는 공개되어 있나요?	해당 입찰건에 대한 KOICA 공개자료는 전자조달시스 템 자료실에 게시되어 있습니다. 기타 추가자료는 KOICA 홈페이지 또는 ODA 도서관에서 확인 가능합니다.

자료: 한국국제협력단(2017a).

5) 낙찰자 선정 및 계약 체결

KOICA의 대다수 프로젝트 사업에서는 당해 사업의 입찰공고문상 낙찰자 선정방식에 따른 입찰절차를 거쳐 낙찰자가 결정되고 계약을 체결하게 된다. 낙찰자 선정은 최저가, 적격심사, 2단계 입찰(규격가격 동시입찰), 협상에 의한 계약 총 4가지 방식으로 진행된다. 최저가 낙찰제는 최저가격을 제시한 자를, 적격심사제는 최저가격을 제시한 자 순서로 계약이행능력을 심사해 통과한 자를, 규격가격 동시입찰 및 2단계 입찰은 규격적합자 중 최저가격을 제시한 자를, 협상에 의한 계약은 기술평가와 가격평가를 합산한 후 최고점수를 획득한 자를 우선협상대상자로 선정해 기술제안 및 제안가격에 대한 협상을 실시한다. 협상이 성립된 경우 낙찰자로 선정해 계약을 체결한다. 계약의 성립 및 확정에 대해 대법원 판례(대법원 2010다59646 ⟨10.11.11.⟩)는 '정부계약은 계약당사자가 계약서에 기명하고 날인 또는 서명했을 때 계약

표 3-12 낙찰자 선정절차: 협상에 의한 계약

입찰서 접수	▶ 온라인 가격입찰 및 기술제안서 방문 제출
기술평가결과 통보	▶ 기술평가팀 기술평가결과 통보(수신처: 조달팀, 사업담당부서)
입찰참가자격 확인	전자조달시스템 ▷ 입찰관리 ▷ 개찰관리 ▷ 개찰 ▷ 결재상신 ※ 기술평가 부적격자도 가격개찰 실시(상기 참가자격 부적격에 미해당)
우선협상자 통보	▶ 우선협상대상자에게 우선협상 통보 (전자조달시스템 ▷ 입찰관리 ▷ 개찰관리 ▷ 협상통보) ▶ 사업부서 및 사무소에 기술협상 실시 요청공문 발송 (15일 이내 기술과 가격에 대한 협상완료 필요)

자료: 한국국제협력단(2016).

이 성립 및 확정되었다고 본다'고 판시했다. KOICA에서는 낙찰 통지 후 10일 이내에 낙찰자와 계약을 체결해야 하며, 또한 낙찰자는 계약 체결 전에 계약보증금을 납부해야 한다. 아울러 KOICA 조달규정 시행세칙 제54조에 의거 계약금액이 3천만 원 이하인 계약을 체결하는 경우 또는 국가 및 지방자치단체와 계약을 체결하는 경우에는 계약서 작성을 생략할 수 있다. 다만, 이 경우 KOICA는 계약상대자로부터 청구서·각서·협정서·승낙사항 등 계약 성립의 증거가 될 수 있는 서류를 제출받아 비치해야 한다.

(1) 보증금

KOICA는 경쟁입찰에 참가하려는 자에게 입찰 시 계약 체결을 담보하기 위해 입찰보증금[33]을 납부토록 하고 있다. 아울러 체결된 계약의 적정한 이

---

33 입찰보증금은 KOICA 조달규정 제14조에 따라 입찰금액의 5% 이상 금액을 현금 또는 보증증권으로 납부한다. 다만, KOICA 조달규정 제36조 및 시행세칙 26조 2항의 경우에는 입찰보증금을 지급보증확약각서로 대체 가능하며, 이는 국가기관 및 지방자치단체, 공공기관(공기업, 준정부기관, 기타 공공기관), 정부가 기본재산의 50% 이상을 출연한 법인, 농업협동조합법·수산업협동조합법·산림조합법·중소기업협동조합법에 의한 조합 및 중앙회, 한국농어촌공사, 건설산업기본법·전기공사업법·정보통신공사업법·건설폐기물의 재활용 촉진에 관

행을 담보하고 계약불이행 시 이에 대한 손해를 보전하기 위해 계약상대자로 하여금 계약보증금을 납부토록 하고 있다. 또한 계약보증금은 계약의 성실한 이행을 담보하는 보증금이며, 국가계약법 시행령 제50조 제6항에서 정한 납부면제대상자[34]를 제외한 모든 경쟁계약 및 수의계약 체결 시 계약상대자는 이를 납부해야 한다. 원칙적으로 계약보증금은 계약금액의 10% 이상이어야 하며, 공사계약(용역계약에도 준용) 시에는 계약금액의 15% 이상의 계약보증금을 납부토록 한다. 한편 '하자보수'는 시공상 잘못으로 인해 발생된 하자에 대한 보수를 의미하며, KOICA에서는 계약을 체결할 때 하자담보책임기간을 정하며, 국가계약법 시행령 제62조 제4항에서 정한 납부면제대상자[35]를 제외하고는 계약상대자로 하여금 하자보수 이행을 담보하기 위한 하자보수보증금을 납부토록 하고 있다. 계약상대자가 하자담보책임기간 중 발생한 하자에 대해 보수의무를 이행하지 않을 경우 해당 하자보수보증금은 KOICA에 몰수된다. 하자보수보증금은 검사 후 대가 지급 시까지 제출되어야 하며, 하자담보책임기간 동안 이를 보관해야 한다. 만약 계약상대자가 하자보수보증금을 납부하지 않는 경우에는 지급대가에서 하자보수보증금을

한 법률·골재채취법 또는 문화재 수리 등에 관한 법률 등의 법령에 의해 등록을 한 법인 또는 저탄소 녹색성장 기본법 제32조 제2항에 따라 녹색기술·녹색사업에 대한 적합성 인증을 받거나 녹색전문기업으로 확인을 받은 자 중 기획재정부 장관이 정하는 기준에 해당하는 자, 그리고 기타 경쟁입찰에서 낙찰자로 결정된 후 계약 체결을 기피할 우려가 없다고 인정되는 자에 해당하는 경우에 적용된다.

34 1. 국가계약법 시행령 제37조 제3항 제1호부터 제4호까지 및 제5호의2에 규정된 자, (2호는 2006년 삭제) 3. 계약금액이 5천만 원 이하인 계약을 체결하는 경우, 4. 일반적으로 공정·타당하다고 인정되는 계약의 관습에 따라 계약보증금 징수가 적합하지 아니한 경우, 5. 이미 도입된 외자시설·기계·장비의 부분품을 구매하는 경우로서 당해 공급자가 아니면 당해 부분품과의 구입이 곤란한 경우.

35 국가계약법 시행령 제37조 제3항 제1호 내지 제4호에 규정된 자와 계약을 체결하는 경우[국가기관 및 지방자치단체, 공공기관의 운영에 관한 법률에 따른 공공기관, 정부가 기본재산의 50% 이상을 출연(법률의 규정에 의해 귀속시킨 경우를 포함)한 법인, 농업협동조합법·수산업협동조합법·산림조합법·중소기업협동조합법에 의한 조합 및 중앙회, 한국농어촌공사

표 3-13 각종 보증서

구분	대상	기간	금액	제출시점	관리부서
입찰보증서	모든 입찰건	입찰서 마감일 이전부터 마감일 다음날 +30일 이후	5% 이상	입찰참가 신청 시	조달계약팀
계약보증서	공사·용역	계약기간 종료일	15% 이상	계약체결 이전	조달계약팀
	기자재		10% 이상	계약체결 이전	조달계약팀
선금보증서	선금지급건	선금지급일로부터 계약종료일 +60일		선금지급 시	사업부서
하자보증서	공사	시행세칙 65조에 따라 정한 기간	시행세칙 65조에 따라 정함	목적물 인수일과 준공검사 완료일 중 먼저 도래한날	사업부서
	용역(하자보수 필요용역)	1년	3%	용역완료 시	사업부서
	기자재	1년 또는 2년	3%	물품선적일 또는 준공검사 완료일	사업부서

자료: 한국국제협력단(2016).

표 3-14 보증금 관련 사례

□ **계약기간 내, 분담수급사의 계약이행은 완료되었으나₁ 타 사의 계약기간이 연장되는 경우, 수급사의 계약증권 배서 필요 여부**
   − 공식계약기간은 종료되지 않았으며, 분담이행이라도 구성원으로서 계약을 유지할 책임을 지니고 있는바, 증권 연장이 바람직

□ **보증금의 대표사 일괄납부 시(공동이행), 대표사가 지급각서 대체기관이고 공동수급사는 대체기관이 아닌 경우, 대표사가 지급각서로 대체 가능**

주 1: 2018.2.28. KOICA 대외무상협력사업에 관한 조달 및 계약규정 시행세칙을 개정해, 계약금액의 100분의 10 이상을 계약보증금으로 납부토록 했다(다만 건축설계용역, 건설기술용역, 엔지니어링 용역 및 소프트웨어 용역 등 용역계약에 있어서의 이행보증이 필요한 경우에 100분의 15 이상을 납부토록 했다).
자료: 한국국제협력단(2016).

공제할 수 있다.

선금지급은 '확정 채무에 대해 그 지급기간의 도래 전, 미리 그 채무액의 전부 또는 일부를 지급하는 것'으로 공사, 물품 제조 및 용역계약에 있어서 노임이나 자재 구입비 등을 우선 충당해 계약을 원활하게 이행하고자 활용된다. 선금지급 시 계약상대자가 국가, 지방자치단체 및 공기업·준정부기관에 해당되지 않는 경우에는 선금지급보증서가 반드시 제출되어야 한다. 나

표 3-15 선금이자 산정 예시

선금액	+	약정이자 상당액	=	채권확보금액
60,000,000원		60,000,000원 × 3.36% × (3년 + 60일) = 63,840,000원		663,840,000원
		(선금액 × 평균대출금리$_1$ × 보증기간)		

주 1: 한국은행통계월보상 평균대출금리(2016.11.).
자료: 한국국제협력단(2016).

아가 선금지급보증서상 보증 또는 보험금액은 선금지급액에 그 금액에 대한
보증 또는 보험기간에 해당하는 약정이자액을 가산한 금액 이상으로 해야
한다. 〈표 3-15〉의 선금이자 산정방법을 참고해보자.

(2) 지체상금[36]

계약상대자가 정당한 이유 없이 계약서에서 정한 이행기한(공사의 경우 계
약서상 준공신고서 제출기일) 내에 계약서상의 의무를 완료하지 못하고 지체한
때는 지체상금을 현금으로 KOICA에 납부해야 한다. 통상 물품·용역 등을
지정일까지 납품하지 못하거나 공사 등을 미완성할 때이며, 선적지연, 운송
지연 시에도 지체상금을 부과한다. 계약금액에 지체요율 및 지체일수를 곱
해 산출하며, 지체요율[37]은 공사의 경우 계약금액의 1000분의 1, 물품 및 기
타의 경우 계약금액의 1000분의 1.5, 용역의 경우 계약금액의 1000분의 2.5,
운송·보관의 경우 운송 및 보관료의 1000분의 5이며, 분할선적을 허용한 경
우에는 검사 후 인수한 부분을 제외한 나머지 분할선적분에 대해 지체상금
을 부과한다. 지체상금은 계약이행기한의 다음날부터 기산하며, 준공 또는

---

36 지방계약법을 준수하는 지방자치단체 등에서는 '지연배상금'이라는 용어를 사용한다.

37 2018.2.28. 국가계약법령상 변동사항을 반영해 KOICA 대외부상협력사업에 관한 조달 및
    계약규정 시행세칙을 개정, 2018.2.28. 이후 신규 입찰공고 및 수의계약에 대해 공사: 1000
    분의 0.5, 물품: 1000분의 0.75, 용역: 1000분의 1.25, 음·식료품 제조·구매: 1000분의
    1.5, 운송·보관 및 양곡가공: 1000분의 2.5로 조정했다.

표 3-16 지체상금 산정방법

$$지체상금 = ① 계약금액 \times ② 지체상금률 \times ③ 지체일수$$

자료: 한국국제협력단(2016).

표 3-17 지체상금 부과사례

□ 기본설계 및 실시설계를 모두 포함한 계약에서 기본설계를 기한 내 완료하지 못하였고, 이로 인해 실시설계 역시 계약기간을 도과해 완료한 경우, 실시설계 완료일을 기준으로 지체일수를 계상(기본설계 지연일을 이중으로 산정하지 않음)

□ 턴키 계약1의 경우, 설계도서2를 정해진 기한 내 제출하지 못하였을지라도 공기3 단축을 통해 전체 계약기간을 준수한 경우 지체상금 미부과

□ 계약기간 종료 이후 검사가 완료되었을 경우 지체상금 부과 여부
  1) 납품기한 내 이행을 완료하고 검사를 신청한 경우: 검사에 소요된 기간은 지체상금에 산정하지 아니함. 단, 보완지시를 받은 경우 보완지시를 받은 날로부터 최종검사 합격일까지는 지체상금 부과
  2) 납품기한 이후 검사를 신청한 경우: 검사에 소요된 기간까지 모두 지체일수로 산정. 단, 검사에 소요된 기간이 14일을 초과할 경우, 초과소요된 기간은 지체일수에서 제외 가능
예시: 납품기한이 2016.3.5.까지인 공급계약에서, 업체는 2016.3.2.에 기자재를 납품함. 그러나 2016.3.7. 검수 불합격 및 보완지시를 받아 2016.3.12.에 최종검수를 완료했다. 이 경우 지체상금을 부과할 지체일수는?
정답: 6일(보완지시를 받은 7일부터 합격한 12일까지 산정)

□ 준공기한의 말일이 공휴일(토요일, 일요일 포함)인 경우
  — 준공기한은 그다음날로 종료되고, 지체일수는 그 종료일의 다음날부터 기산

□ A사와 〈P국 △△△△사업〉의 PMC 용역계약을 체결함. A사는 계약기간 내에 전문가 파견 및 국내초청연수 과업을 모두 마쳤으나, 최종보고서는 계약기간 종료일 이후 제출한 경우 지체상금 부과 여부 및 부과 기준금액은?
  — 최종보고서 제출이 지연된 경우에는 그에 대해(보고서 발간에 대해 책정된 금액기준) 지체상금을 부과하는 것이 바람직. 주된 과업인 전문가 파견 및 연수를 계약기간 내에 모두 종료했고, 최종보고서는 위 과업에 대한 결과보고의 의미를 가지며, 이를 늦게 제출함으로 인해 전체 사업 진행에 차질이 생기거나 KOICA에 손해를 발생시킨 것이 아니라면 총 계약금액을 기준으로 지체상금을 부과하는 것은 부적절

주 1: 턴키 계약(Turn-key contract)은 설계시공 일괄방식으로 특정 시설물에 대해 발주자가 제시하는 사업 기본계획 및 지침에 기초해 입찰자는 기본설계서와 기타 시공에 필요한 기술적 요소 등을 작성·제출하게 되며, 발주자는 설계서와 가격 등을 종합 평가해 낙찰자(실시설계적격자)를 선정해 설계와 시공을 일괄해 건설공사를 조달하는 방식을 의미함(한국건설기술연구원, 2013: 10).
주 2: 정부공사계약에 있어서 설계도서는 건축물의 건축 등에 관한 공사용 도면과 구조계산서 및 시방서 기타 다음 각 호의 서류―가. 건축설비계산 관계 서류, 나. 토질 및 지질 관계 서류, 다. 기타 공사에 필요한 서류―를 말함(건축물의 설계도서 작성기준).
주 3: 工期(공사하는 기간).
자료: 한국국제협력단(2016).

납품 기한의 마지막 날이 공휴일인 경우에는 그 기한의 다음날을 기산일로 한다. 아울러, 납품기한 내 검사신청을 하여 검사소요기간으로 인해 납품기일을 초과했으나 검사에 합격했다면, 이를 지체일수에는 포함하지 않는다. 다만, 납품기한이 경과한 후 검사에 불합격해 시정지시를 한 경우에는 시정지시일부터 최종검사에 합격한 날까지는 지체일수에 산정한다. 〈표 3-16〉에서 지체상금 산정방법을 확인할 수 있다.

한편, 지체상금이 계약보증금에 달한 경우 국가계약법 및 KOICA 조달규정에 의거 계약이행 가능 여부를 판단해야 하고, 계약유지로 판단할 경우 계약상대자로 하여금 계약보증금을 추가 납부토록 해야 한다. 〈표 3-17〉에서는 지체상금 부과 관련 다양한 사례를 확인할 수 있다.

(3) 대가지급

물품의 제조·구매, 용역, 공사에 대한 대가는 계약상대자가 관련 서류[38]를 제출한 날로부터 5일 이내에 지급해야 한다. 단 분할선적을 허가한 경우는 각 분할선적분에 따라 관련 서류를 접수하고 분할해 지급할 수 있다.[39] (단, 선금을 지급한 경우에는 계약금액에서 선금을 공제한 나머지 금액을 지급한다.)

---

38 ① FCA 또는 FOB: 대금요청문서 1부, 세금계산서 1부, 상업송장(Commercial Invoice) 6부, 포장명세서(Packing List) 6부, 품질보증서 1부, 검수결과보고서(사진 포함) 2부, 물품공급내역서 3부(동 내역서 제출이 계약조건에 포함된 경우에 물품명 및 규격·물품별 사용용도 및 사진, 기본설계도 등을 매뉴얼식으로 국/영문으로 작성한 파일철과 작업 디스켓 제출), ② CIF: 대금요청문서 1부, 세금계산서 1부, 선하증권(B/L 또는 Air Waybill)·보험증권(Insurance Policy) 3부. ※ 국민건강보험료 등을 사후 정산하기로 한 계약에 대해서는 기성 부분에 대한 대가지급 청구 시 국민건강보험료 등의 청구와 관련해 '국민건강보험료 등의 납입확인서(하수급인 포함), 전회분 기성대가에 포함해 지급된 국민건강보험료 등의 지급액 중 해당 부분을 하수급인에게 지급했음을 증빙하는 서류, 기타 정부 입찰 및 계약 집행기준에 의한 사항'을 제출해야 함.

39 현지 설치가 포함된 계약의 경우에는 시운전조건부계약과 유사하게 계약조건에 따라 기 이행금액 중 일부를 유보하 후 최종과업이 완료된 이후 지급할 수도 있다.

KOICA의 경우 물품대금 청구서 및 증빙서류를 첨부해 대가지급을 신청해야 한다. 아울러, 용역에 대한 대가청구 시 계약상대자는 사업비정산서를 KOICA에서 지정한 회계법인 등 전문기관으로 제출하고, 정산과정을 거쳐 확정된 대가를 지급받게 된다. 한편, 계약상대자가 선금지급을 요청할 때는 KOICA 선금지급기준에 의거 계약금액의 100분의 70을 초과하지 않는 범위 내에서 지급(부정당업자로 제재조치 중인 경우는 제외)할 수 있다. 선금은 청구받은 날부터 14일 이내에 지급한다. 다만, 현지 물자조달 등 특수한 사안에 대해서는 발주부서와 협의해 선금범위를 결정할 수 있다.

(4) 계약의 해제·해지

KOICA는 계약상대자가 청렴계약을 위반하거나 계약상의 의무 불이행으로 계약보증금을 귀속하는 경우 또는 지체상금이 계약보증금 상당액에 달했을 때, 그리고 그 밖에 계약상대자의 책임으로 계약 해제·해지 가능 사유가 있는 경우 해당 계약을 해제 또는 해지하고 계약상대자에게 그 사유를 통지해야 한다. 이 경우 행정처분으로서 부정당업자 입찰참가자격 제한 처분절차40를 진행할 수 있다. 이와 달리, 설계변경 등에 의해 공사내용을 변경함으로써 계약금액이 100분의 40 이상 감소되었을 때 또는 공사정지기간이 공기의 100분의 100을 초과했을 경우에는 계약상대자가 당해 계약을 해제 또는 는 해지할 수 있다. 또한 사정 변경(대한민국 및 수원국의 정책 변경, 불가항력적인 사유로 인해 용역 수행이 불가능할 경우, 계약상대자의 책임이 없는 사유로 인해 사업 추진이 현저히 곤란할 경우, 기타 객관적으로 명백한 KOICA의 불가피한 사정)의 경우에도 계약의 해제 또는 해지가 가능하다. 한편, 기술용역계약의 경우에

---

40 입찰참가자격을 제한하려면 미리 해당 처분의 상대방 또는 그 대리인에게 의견을 진술할 기회를 주어야 하며, 필요한 경우 이해관계인의 의견을 청취할 수 있다.

표 3-18 계약해지절차

단계	세부내용	주관부서
① 계약해지 시행	계약 해지·해제 사유 발견 시 사업담당자는 이를 계약부서에 통지하고 계약부서는 내용 확인 후 계약 해지 또는 해제를 시행	사업부서 조달계약팀
② 계약해지 통보	계약 해지·해제 사항을 내용증명 등을 통해 계약상대자에게 통보	조달계약팀
③ 대금정산	계약을 해지·해제한 경우 기성 부분에 대해서는 금액을 정산하고, 선금지급액에 대해서는 선금잔액에 약정이자를 포함해 반환을 청구	사업부서
④ 계약보증금 징수	관련 계약에 대한 계약보증금을 청구하고 귀속	조달계약팀
⑤ 부정당업자 제재	계약심의위원회에 상정해 부정당 제재를 확정한 후 전자조달시스템에 관련 사항을 입력	조달계약팀

자료: 한국국제협력단(2016).

는 기술용역에 참가하는 조사책임자 및 조사요원을 KOICA의 사전승인 없이 변경하는 등 계약내용 중 중대한 부분의 성실한 이행이 없을 때는 계약을 해지할 수 있다는 뜻을 계약서에 포함하도록 하고 있다.

(5) 계약문서 작성

공사에서 계약문서는 계약서, 설계서, 공사입찰유의서, 공사계약 일반조건, 공사계약 특수조건 및 산출내역서, 계약당사자 간 행한 통지문서 등으로 구성되며, 상호보완적 효력을 가진다. 또한 설계서는 설계도면, 공사시방서,41 현장설명서 및 물량내역서로 구성되며, 산출내역서는 계약금액의 조정과 대가 지급 시 적용할 기준으로서 계약문서의 효력을 가진다.

물품계약에서 계약문서는 계약서, 규격서, 물품구매입찰유의서, 물품구매계약 일반조건, 물품구매계약 특수조건 및 산출내역서 등으로 구성되고,

---

41 국토교통부 장관이나 그 밖에 대통령령으로 정하는 자가 건설공사의 기술성·환경성 향상 및 품질 확보와 적정한 공사관리를 위해 정하는 기준(건설기준)의 하나로 표준시방서와 전문시방서로 구분된다(건설기술진흥법).

표 3-19 전자계약문서

계약번호	P2017-00♧♧♧-1			
계약명	♧♧♧국 ♡♡♡♡♡사업 건축설계용역			
계약금액	일금 이억팔천만		원 (₩	280,000,000)
용역범위	수행계획서 등 참조			
계약보증금	일금 사천이백만		원 (₩	42,000,000)
지체상금률	0.25%		하자보수보증률	3%
계약기간	2017-10-16~2020-12-31		사업수행기간 (납품기간)	2017-10-16~2020-12-31

위 계약을 체결함에 있어 본 계약서 및 계약 시 첨부한 하기 붙임문서도 이 계약의 일부가 됨을 확약하며 상호대등의 입장에서 신의에 따라 성실히 계약상의 의무를 이행할 것을 확약하며 계약의 증거로서 각 사가 전자서명을 함으로써 이 계약서를 작성한다.

2017년 10월 16일

붙임서류	국제기술용역표준계약서			
	계약내역서			
	수행계획서			
	인권경영실천서약서			
	기술협상결과			
계약자	주소	경기도 성남시 수정구 대왕판교로 000	(우편번호)	♧♧♧♧♧
	상호	㈜♡♡종합건축사사무소	전화번호	02-1004-1004
	대표자	♡♡♡	사업자번호	220-81-♧♧♧♧♧
한국국제협력단	주소	경기도 성남시 수정구 대왕판교로 825		
	계약관	♤♤♤	사업자번호	208-82-♧♧♧♧♧

인터넷으로 본 증명서를 발급받는 과정에서 위 변조하는 행위는 형법 제225조(공문서 등의 위조·변조) 또는 제227조의 2(공전자기록 위작·변작)의 규정에 따라 10년 이하의 징역을 받을 수 있으며 직인과 하단의 2차원 바코드 및 원본 표시가 없으면 원본으로 인정받을 수 없습니다.

자료: 한국국제협력단(2016).

용역계약에서의 계약문서는 계약서, 용역입찰유의서, 용역계약 일반조건, 용역계약 특수조건, 과업내용 및 산출내역서로 구성된다. 계약서는 서면으로 작성되며, 서면에는 전자문서가 포함된다.

KOICA의 계약서는 표제문, 계약일반조건, 계약특수조건 및 제반 계약문서 등으로 구성된다. 표제문에는 계약의 기본적 사항(계약명, 계약일자, 계약상대자, 계약금액, 계약보증금, 지체상금률, 하자보수보증률, 기타) 등이 기술된다. KOICA 계약은 국가계약법령에 따른 표준계약으로서 계약일반조건 등에 대

표 3-20 계약일반조건

국제기술용역계약 일반조건
제1장 총칙

제1조 (목적)
본 계약은 계약당사자 간에 이행하여야 할 용역에 관한 계약조건을 정함을 목적으로 하며, 계약당사자는 본 계약에서 정한 계약문서에 따라 신의와 성실의 원칙에 입각하여 계약을 이행하여야 한다.

제2장 일반 용역계약조건(공통)

제2조 (정의)
본 계약에서 사용하는 용어의 정의는 다음 각 호와 같다.
1. "계약상대자"란 협력단과 용역계약을 체결한 자연인 또는 법인을 말하며, 계약상대자는 협력단과 독립적인 지위의 계약자로서의 지위를 가진다. 계약상대자 소속의 인력이나 하도급자는 어떠한 경우에도 협력단의 고용인이나 지사로서의 지위를 가지지 아니한다.
2. "계약금액"이란 본 계약의 표지에 기재되어 있는 금액을 말한다.
3. "기술용역"이란 전문가 파견, 국내초청연수, 물자조달, 예비조사, 각종 설계·개발방안 및 정책개발 등의 형태로 수원국에 제공하는 기술자문 및 관련사업의 수행을 의미한다.
4. "날(day)"이란 역법상의 날을 말하며, 기간계산에 있어서 만기가 토요일이나 일요일, 공휴일인 경우에는 만기를 그 다음 영업일로 한다.
5. "불가항력(Force Majeure)"이란 천재지변, 전쟁, 내란, 폭동, 화재 등 당사자가 본 계약 체결 당시에 예측할 수 없었던, 그 외 통제범위를 벗어난 사유로 인하여 본 계약의 목적을 달성할 수 없는 경우를 말한다.
– 이하 생략 –

제3조 (계약문서)
① 계약문서는 설계과업지침서, 제안요청서, 계약서, 일반조건, 특수조건, 용역수행계획서, 계약금액내역서로 구성된다.
② 협력단은 일반조건 외에 해당 계약의 적정한 이행을 위하여 필요한 경우 용역계약특수조건을 정하여 계약을 체결할 수 있으며, 이 경우 특수조건이 일반조건에 우선한다.
③ 이 조건에서 정하는 바에 의하여 계약당사자 간에 행한 통지문서 등은 계약문서로서의 효력을 가진다.

제4조 (통지 등)
– 이하 생략 –

자료: 한국국제협력단 「국제기술용역표준계약서 일반조건」.

한 수정은 원칙적으로 가능하지 않다. 아울러, 계약일반조건은 목적, 정의, 계약문서, 통지, 사용언어, 용역 범위 및 내용, 보증금, 보증금 반환 및 귀속, 계약금액의 집행, 정산 및 지급, 계약변경 및 계약금액의 조정, 지체상금, 검사 및 인수, 채권양도 및 하도급 금지, 계약관리에 관한 사항, 계약 해지 또는 해제, 하자담보, 지식재산권, 제재에 관한 사항, 분쟁의 해결, 기타로 구성된다. 한편, 국가계약법 제48조의 2 규정에 따라 KOICA는 물가, 환율변동에 의한 금액조정은 반영하지 않고 있다.

표 3-21 계약특수조건

청렴계약특수조건

제1조 (목적)
이 청렴계약특수조건은 한국국제협력단(이하 "협력단"이라 한다) 계약담당자와 계약상대자가 체결하는 물품구매·용역·공사계약에 있어 계약일반조건 외에 청렴계약을 위한 내용을 특별히 규정함을 목적으로 한다.

제2조 (청렴계약이행 준수의무)
① 협력단의 계약 관계 직원(계약업무담당자, 감독자 등)은 협력단 임직원 윤리실천기준에 의거, 동 계약을 위한 입찰, 계약 체결 및 이행이 관계 법령에서 정한 절차에 따라 공정하고 투명하게 이루어지도록 관리·감독에 철저를 기함은 물론 거래상의 우월적인 지위를 이용하여 어떤 형태의 금품이나 향응 등 부당한 이익제공을 요구하거나 받을 수 없으며, 불공정한 거래 조건의 강요나 경영간섭 등 부당한 요구를 해서는 아니 된다. 이를 위반 시에는 징계 등 관계 규정 및 법에 따라 책임을 진다.
– 이하 생략 –

국제기술용역계약 특수조건

제1조 (목적)
국제기술용역계약 특수조건은 국제기술용역계약 일반조건(이하 "일반조건"이라 한다)에 대한 당사자의 특약사항을 규정한 것으로 계약문서의 일부를 구성하며, 일반조건에 우선하여 적용된다.

제2조 (계약조건 및 계약문서)
일반조건 제3의 각 계약문서 간 기재된 사항이 상이한 경우, 아래 각 호의 순서에 따라 기재된 사항이 우선한다.
　가. 계약서(일반조건, 특수조건)
　나. 기술협상조치결과 및 용역수행계획서
　다. 설계과업지침서 및 제안요청서
　라. 계약금액내역서

제3조 (사업착수)
계약상대자는 계약 체결 후 14일 이내에 용역업무에 착수하여야 한다. 다만, 부득이 한 사유로 본 사업 착수지연이 불가피한 경우에는 사전에 협력단의 승인을 얻어야 한다.
– 이하 생략 –

자료: 한국국제협력단, 「청렴계약특수조건」, 「국제기술용역계약 특수조건」※.
※ KOICA 전자조달시스템(https://nebid.koica.go.kr) ▷공지사항▷입찰규정 및 지침▷일반자료실.

또한 계약특수조건은 계약조건의 해석에 있어 일반조건에 우선해 적용되며, 청렴에 대한 사항과 과업에 대한 사항으로 구분된다. 청렴계약특수조건에서는 청렴이행각서 제출로 이루어지는 청렴계약이행 준수의무와, 담합 등 불공정행위 시 입찰참가자격이 제한되고 입찰보증금을 필수 납부하게 되는 사항, 그리고 뇌물의 경우에도 계약 해지·해제 사안임이 명시되어 있다. 계약특수조건에는 KOICA 자체 고유조건인, 사업의 착수(○○일 이내에 착수), 대가 신청 및 지급, 환율 적용, 보험 및 재해 보상, 통지의 기한(○○일 이내), 연수생 초청, 하자보수, 전문가 파견, 관리감독, 보고서 제출 및 보고회 개최, 보고서 검토, 수원국의 법령 및 환경, 참여기술자의 변경, 용역수행계획서 보완, 용역성과평가, 기자재 납품(국내 납품기한, 현지 설치기한, 선적장소, 운송 방법), 물품의 운송 및 인도에 관한 특칙(포장 및 식별, 표시, 설명서 제공, 연수 실시, 선적 관련 보험, 선적 통지, 운임, 운송서류 제출), 사전 확인, 사후 유지관리, 전략물자[42] 판정, 준공 후 과업 등으로 구성된다.

3. KOICA 국제조달

OECD DAC 회원국이 된 한국은 개발원조의 질적 개선과 선진화를 최우선 과제로 추진하고 있으며, 이에 따라 원조효과성 제고와 같은 국제기준에 부합하는 개발원조 추진을 위해 KOICA에서도 원조조달제도의 개선을 추진하고 있다. OECD DAC 가이드라인 중에서 원조조달과 관련된 '최빈국에 대한 비구속성 원조(untied aid) 권고'는 개도국 개발원조를 위한 공공조달에 있어 국적 등의 입찰참가 제한을 두지 않고 국제적인 경쟁을 촉진하려는 것으로 이에 따라 KOICA에서는 현장 중심의 현지 사무소 입찰을 계속적으로 확대하고 있다.

이에 따라 KOICA는 기존의 '국제입찰에 관한 기준', '현지입찰에 관한 기준'을 토대로 OECD DAC 기준 및 외국 사례를 참고해 2010년 국제조달기준을 제정[43]했다. 국제조달기준은 총칙, 본부입찰, 현지입찰, 수원국 조달시스

---

42 재래식 무기 또는 대량파괴무기와 이의 운반수단인 미사일의 제조, 개발, 사용 또는 보관 등에 이용 가능한 물품, 소프트웨어 및 기술(전략물자관리원-전략물자관리시스템 홈페이지).

43 원칙적으로 KOICA 및 개발협력사업은 국가계약법상의 특정 조달계약 및 국제입찰에 의한

템 이용 등 총 4개 부분으로 구성되어 있다. 우선, 계약의 발주주체와 관련해 KOICA 본부에서의 국제입찰과 현지 사무소 입찰, 수원국 조달시스템 이용으로 구분했다. 또한 수원국 조달시스템 이용 시 수원국의 주인의식 제고를 주요한 판단기준으로 포함시킴으로써 수원국 조달시스템의 활용을 강조하는 파리선언(Paris Declaration)[44]의 취지를 반영했다. 아울러, 수원국 조달시스템의 이용과 관련한 절차를 포함시켜 동 제도가 남용되지 않도록 하고, 수원국의 조달역량이 당해 계약을 수행하기에 적절한지 여부를 평가해 진행하도록 했다(한국국제협력단, 2012: 111). 아울러 이러한 조달절차가 잘 이행되는지 여부를 확인하기 위해 수원국 조달시스템 이용 시에는 낙찰 결정을 하기 전 입찰 관련 정보를 조달부서장에게 제공하도록 하고, 또한 수원기관은 조달부서장의 승인을 얻어 낙찰 결정을 하도록 하고 있다. 그뿐만 아니라 일반경쟁입찰을 원칙으로 하여, 기타 계약방식을 채택할 경우 조달부서장의 승인을 받아야 한다. 한편, 입찰 또는 계약 체결과 관련한 국제적인 분쟁 가능성을 예방하고자 국제입찰 시 언어는 한국어(Korean Version) 또는 영어(English Version)를 기본으로 하되, 한국어가 우선하도록 했다. 또한 통화는 입찰공고에 따른 사용통화를 적용하되, 계약금액환율은 KOICA 기준을 적용하도록 하여 예산집행에 통일성을 기할 수 있도록 했다. 아울러 계약자가 업무수행 시 신의성실의 원칙, 비밀유지의무, 지적재산권 존중을 명문화해 이행하도록 했다. 또한 준거법은 한국법을 적용하되 필요시 현지법 또는 국

공기업·준정부기관 조달계약의 범위에 해당되지 않으나, OECD DAC 회원국 가입 및 OECD DAC 가이드라인에 따라 국제입찰을 확대 중이다.

44 2005년 2월 파리에서 개최된 OECD/DAC '원조효과성 고위급 포럼(High Level Forum on Aid Effectiveness)'에서 채택된 문서로서, 원조의 조화를 위한 로마선언(2003) 및 개발결과 관리를 위한 마라케시 공동메모랜덤(2004)의 주요 원칙을 점검하고 이들 합의가 제시해준 교훈과 원칙을 기반으로 제작됨(KOICA 홈페이지).

표 3-22 현지 국제입찰 절차

단계	사무소	조달부서	사업부서
사업자 선정 및 입찰계획 수립	1. 집행계획 수립 2. 사업자 선정 및 입찰계획초안 작성 후 검토 요청		
검토		3. 검토의견 송부	3. 검토의견 송부
	4. 입찰계획(안) 결재		5. 사업담당자 확인+사업팀장 협조
		6. 조달담당자 확인+조달팀장 협조	
			7. 사업부장 검토+일상감사+감사실장+사업이사 결재
입찰공고	8. 입찰서 마감일 전일부터 40일 이전 공고 및 결과보고		
입찰진행	9. (PQ 시)심사 10. 입찰설명회 개최 11. 기술평가결과, 개찰		
낙찰자 결정	12. 입찰진행 및 낙찰자 선정결과 보고(조달팀 및 사업부서)		
	13. 계약서 초안 작성 및 현지 변호사 법률자문		
	14. (필요시)계약서 검토 요청		
		15. 검토의견 송부	
	16. 계약체결 수립+사무소장 검토		
계약체결			17. 사업담당자 확인+사업팀장 협조
		18. 조달팀 담당 확인+조달팀장 협조	
			19. 사업부장 검토+일상감사+감사실장+사업이사 결재
	20. 계약체결 및 결과보고		
	21. 조달시스템 등록		

자료: 한국국제협력단(2017b).

3장 프로젝트 조달 및 계약

제 상관례(INCOTERMS 포함)를 적용할 수 있도록 하였다. 나아가 국제분쟁 발생 시 해결방법으로는 먼저 당사자 간 합의해 원만히 해결함을 원칙으로 하되, KOICA 또는 계약상대자의 선택에 따라 대한상사중재원의 중재 또는 서울중앙지방법원의 재판에 의해 해결하도록 하여 사전에 분쟁을 방지하고 있다.

1) 국내입찰과 국제입찰의 차이점[45]

수원국의 다양한 여건이 고려되어야 하는 KOICA 사업의 특성상 국내입찰과 국제입찰은 다양한 차이점이 존재한다. 법적환경에 있어서 국내입찰의 경우 국내 제반 소프트웨어산업진흥법령, 건설산업법령, 전문공사 관련 법령, 중소기업 관련 법령, 해외건설업 관련 법령 등 각종 법적사항들이 반드시 고려되어야 한다. 그러나, 수원국 현지에서 수행되는 KOICA 사업의 특성[46]상 국제입찰의 경우 현실적으로 현지 법령 및 국제 상관례 등 국내와는 다른 조건을 적용받아야 하므로, 국내법적인 사항만을 전적으로 반영하는 것은 곤란하다. 일반적으로 볼 때 국가계약법 및 KOICA 조달규정에 따른 국내입찰과 국제입찰은 입찰공고기간, 입찰문서, 입찰집행방식, 업체 등록 및 입찰참가자격 사전심사기준 등에 있어 차이점을 가진다.

첫째, 입찰공고기간의 경우에는, 국내업체를 대상으로 진행되는 국내입찰과는 달리, 국제입찰은 불특정 다수의 외국업체까지 참여가 가능하므로, 이에 따라 충분한 기간 동안 입찰공고를 해야 한다. 국제입찰은 입찰일 40일 전에 공고(긴급 시에는 10일 전까지 단축 가능)해야 한다.

---

45 이 항은 한국국제협력단(2012: 111~112)을 참조했다.

46 KOICA 현지 사무소 계약은 외국업체와 외화로 계약한다는 점에서 조달청이 수행하는 외자의 성격도 가지고 있으며, 그 절차도 일부 준용하고 있다.

둘째, 입찰문서 제공에 있어서는 현지에서 진행되는 사업의 경우 입찰문서(Bidding Documents)를 영어 또는 현지어로 제공하고 있으며, 특히 입찰보증 등 각종 보증서 양식을 입찰참가자들에게 사전 제공해 업무 처리의 통일성을 기하고 있다.

셋째, 대면입찰 진행에 있어 국내입찰은 모두 전자조달시스템 입찰방식을 활용하고 있으나, 현지 국제입찰에서는 대면입찰을 원칙으로 하고 있다. 이에 따라 입찰문서에 대해 본부 국제입찰은 본부 전자조달시스템을 통해 공개하고 있으며, 현지 국제입찰의 경우에는 직접 제공하고 있다. 아울러, 입찰서 접수에 있어서도 직접 제출을 원칙으로 하되, 우편 제출도 허용하고 있다.

넷째, 협력업체 등록심사 과정의 간소화에 있어서도 차이점이 있는데, 현지에서의 국제입찰은 국내입찰과 달리 조달시스템을 통한 등록형식으로 진행하는 것이 곤란해 입찰등록 신청서식을 직접 작성해 제출하는 것으로 협력업체 등록심사 과정을 대체한다.

다섯째, Pass/Fail 형식의 입찰참가자격 사전심사(PQ) 기준을 활용해 입찰참가자의 이행실적 및 경영상태 등을 미리 심사한 후 입찰에 참여하게 하는 사전 입찰참가자격 심사제를 병행해 운용하고 있다.

2) 국제조달기준의 비구속성 원조 기준 적용

OECD DAC의 바람직한 조달관행(Good Procurement Practices for Official Development Assistance)에서는 비구속성 원조[47]가 적용되는 경우에 국제경쟁입

---

47   ODA에서 공공조달의 비구속화는 '비구속성 원조'로 통칭되며, 원조 재화 조달 시 특정 국가에 제한되지 않고 관련 재화 및 서비스를 자유롭게 구매해 개도국 지원에 사용되는 원조를

찰(ICB: International Competitive Bidding)을 가능한 한 확대해 적용해야 하며, 수의계약은 매우 예외적인 경우에만 허용되어야 함을 권고하고 있다.[48] 이에 따라 KOICA 국제조달기준에서는 국제경쟁입찰을 보다 적극적으로 활용하도록 규정화했다. 또한 2008년의 DAC 권고사항(Recommendation)[49]에 따라 국제입찰 적용범위를 최빈국만이 아닌 고채무빈곤국(HIPC: Heavily Indebted Poor Countries)[50]까지 확대했다. 아울러, DAC 기준에 의거해 입찰공고문 및 '입찰에 관한 서류(Bidding Document)'도 영어 등 국제무역에서 관행적으로 사용되는 언어로 작성되어야 한다는 원칙에 따라, 현지 사무소에서의 국제입찰 시에는 입찰 관련한 제반 서류를 영문으로 제공하고 있다. 한편, 비구속성 원조 비율의 증가를 위해서도 노력하고 있으며, OECD DAC 동료평가(Peer Review)의 권고사항인 2015년까지 양자원조 전체의 75%까지 늘리는 것을 목표로 하여 계속적으로 비구속성 원조 비율을 확대하고 있다.[51]

(1) 비구속성 원조의 의의

ODA의 재원은 대한민국 국민의 조세부담으로 조성된 예산이며, 이에 따라 ODA 시행기관은 국가기관에 준하는 예산집행규정의 적용을 받는다. 특히 ODA 공공조달은 예산을 실제 집행하는 행위이기에, 엄격한 통제와 공정

뜻한다. Untied aid, 'OECD Glossary of Statistical Terms'(OECD.org, 2007).

48 현재 KOICA 국제조달기준, 국가계약법 및 KOICA 대외무상협력사업에 관한 조달 및 계약규정 범위에서 진행하고 있다.

49 OECD DAC는 ODA의 규모 확대를 위해 1980년대 후반부터 회원국들의 ODA/GNP 비율을 0.7%까지 높이도록 권고하고 있다(KOICA 홈페이지).

50 고채무빈곤국(HIPC)은 경제수준이 낮고 부채가 많은 국가로 국제통화기금(IMF) 및 세계은행(WB)이 인정한 1인당 GNP가 659달러 이하, 부채 총액이 연간 수출액의 2.2배 이상 혹은 GNP의 80% 이상에 해당하는 국가이다(KOICA 홈페이지).

51 우리나라 ODA 비구속성 비율은 52%(2011) → 55%(2012) → 61%(2013) → 61%(2014)로, 목표(75%)에는 미치지 못했으나, 지속적인 증가추세이다.

하고 투명한 조달절차가 요구된다. ODA에서의 공공조달은 우리나라 국민이 아닌 원조를 받는 수원국의 경제·사회개발 지원을 일차적 목적으로 한 경제행위라 할 수 있다. 따라서 공정성, 투명성, 원조재원의 효용성과 함께 수원국 중심의 조달역량 강화(Capacity Building)를 포함한 원조효과성이 함께 고려될 수밖에 없다. ODA 공공조달의 시행에 있어 비구속성 원조는 국제경쟁입찰[52]을 기준으로 한다. 이는 기존 공여국 중심의 비개방적 ODA 공공조달방식에 대해서 원조의 수혜자인 수원국 중심으로 조달시장을 개방해 재화의 가치를 높이고, 공공성과 투명성을 제고하며, 수원국 민간기업들을 자국 경제·사회개발 활동에 직접 참여케 하여 주인의식을 제고하도록 국제경쟁입찰을 시행하는 것을 의미한다.[53] 또한 이것은 사업의 기획 및 조달집행 과정에서 수원국의 개발전략과 공여국의 원조정책을 일치하도록 제도를 개선하는 것이다. 국제경쟁입찰을 통한 비구속성 원조는 수원국 측의 개발목표 달성에 적합한 재화 및 용역의 효율적 구매가 가능하고, 국제공개경쟁을 통한 계약자 선정원칙[54]으로 원조자금의 가치상승(Best Value)을 통한 효율적

---

[52] 대규모 계약(10억 원 이상 일반원조, 1.9억 원 이상 투자 관련 기술협력)의 경우 국제경쟁입찰(공여국 또는 수원국 내)을 실시하며, 국제경쟁입찰이 효과적이지 않은 소규모 계약(10억 원 미만 일반원조, 1.9억 원 미만 투자 관련 기술협력(IRTC)]의 경우 수원국 조달시스템을 이용해 계약자를 선정하거나, 공여국 주도로 현지조달을 실시한다.

[53] DAC는 수원국 주인의식 및 역량개발 강화를 위해 현지조달을 권고하고 있으며, 특히 수원국 조달시스템이 국제기준에 일정 부분 부합한다고 평가될 경우 수원국 조달체계를 우선 이용할 것을 권고하고 있다. 현지조달은 현지 기업 및 공공기관 강화를 통해 실질적인 개발효과 창출이 가능하며 아울러 수원국 필요에 적합한 물품, 현장에서 활용 가능한 서비스, 물류비 절감 등을 통해 실질적인 투입자금 가치상승을 유도해 원조효과를 높이는 것이 가능하다 (Progress Report on Untied Aid to the LDCs, DAC Recommendation on Uniting ODA to LDCs 등, 2007).

[54] DAC의 지침은 입찰개시 30일 이전에 DAC 사무국에 사전 통보하고 DAC 비구속성 원조 조달 전자공고 게시판(Untied Aid Procurement Bulletin Board)에 게시하며, 입찰공고 및 입찰 관련 문서는 1개 이상의 국제통상에 통용되는 언어로 제공하도록 규정하고 있다. 또한 정부 간 조달협정인 GPA에 준해 실시할 경우, 입찰공고문과 안내문만 영어로 하고 입찰내용은 공여국 또는 수원국 언어로 해도 무방하나, DAC의 조달 관련 지침인 '바람직한 조달관행 (Good procurement Practices for Official Development Assistance)'을 순수해야 하며, 계

원조 집행이 가능한 방법이다. 이처럼 비구속성 원조는 공여국 및 수원국 모두 공정하고 경쟁적인 ODA 시장을 통한 효과적 원조 집행이 용이하므로 원조효과성 증진에 기여한다고 볼 수 있다.

(2) 기대효과와 한계

비구속성 원조를 실시하게 되면 DAC 권고에 일치하는 원조정책을 실행하게 되어 국제사회에서 우리 ODA의 위상을 높일 수 있으며, 한국 개발원조의 질적 수준을 제고시켜 원조효과 증진에 기여할 수 있다. 또한 우리정부의 ODA 규모 확대 노력과 병행해 비구속화를 통한 조달 정책 및 제도를 국제화함으로써, 선진공여국과 조화된 원조지원, 수원국과의 협력 파트너십 강화를 촉진할 수 있다. 아울러, 우리 기업들이 국제입찰환경에 적응하도록 유도해 세계 ODA 조달시장 진출을 위한 경쟁력 제고에 긍정적 요소로 작용할 수 있다. 다만, 비구속화를 통한 조달정책은 언어·문화 등 국제적 경쟁력이 높지 않은 대다수 국내 기업들에 있어서는 원조시장으로의 진입을 곤란하게 만드는 주요 요인 중 하나이며, 국내 정치·경제적 방향성에 따라 변화될 수밖에 없다는 한계를 가지고 있다.

나가며

KOICA는 한국 내 20년 이상의 국제개발협력사업에 대한 경험을 축적하

약결과는 DAC 사무국에 사후 통보하도록 규정하고 있다. 아울러, 국제입찰의 실시장소는 공여국 내 또는 수원국 등 어디에서나 가능하나, DAC는 수원국의 주인의식 강화 및 수원국 시장 활성화 등을 위해 현지조달을 권고하고 있다.

고 있는 대표기관으로서 프로젝트 사업의 수행에 있어 모든 사업을 직접 발주하는 형태로 진행한다는 점에서 대외경제협력기금(EDCF)과 가장 구별된다. 각 부처별 소규모 협력사업과 수원국에서 직접 진행하는 복잡다단한 대형 프로젝트 사업은 한국 내 대다수 중소기업들에게 있어서는 시장에 대한 유인이 높지 않다. 최근의 여러 경제적 위기를 해소하기 위한 방안으로서 협력사업을 통한 고용 확대와 기업의 해외 진출이 계속적으로 논의되고 있으나, 이러한 논의가 체감할 수 있는 사례로 승화되기 위해서는 우수한 기업들이 KOICA 사업을 통해 현지에서 우수한 역량을 발휘하고, 또한 이를 통해 수원국의 사회·경제 발전을 촉진하는 선순환 구조가 정착되어야 한다. 하지만, KOICA가 사업을 수행해야 하는 현지의 여건은 매우 열악하다. 국내와는 전혀 다른 기후, 지형, 환경 및 사회·문화·정치·경제적 상황 등 고려해야 할 요소가 매우 많으며, 그중 하나라도 간과할 경우에는 어떠한 위험에 처해질지[55] 그 누구도 확신할 수 없다. 최근 이러한 부분을 간과하고 사업을 수주한 후 지체상금 발생, 계약해지 및 보증금 몰수 등 제재상황에 처한 사업자들이 증가하고 있다.[56] KOICA 프로젝트 사업의 규모는 현지를 포함해 연간 약 2500억 원 정도이며, 그중 70% 비중이 기술용역이고, 10%가 물품, 그리

---

55 KOICA 사업수행지 대부분이 외교부에서 지정한 여행유의 또는 여행제한 지역으로서 현지 정치불안과 치안상황이 좋지 않으며, 아울러 기후적·문화적으로도 열악하다. 예를 들면, 타지키스탄의 봄철 대홍수, 솔로몬 군도와 같은 태평양 도서국가의 싸이클론, 아프리카 지역의 풍토병 및 방글라데시와 같은 이슬람 문화권 특유의 쟁의행위인 하탈 등은 사업시행자의 안전과도 직결된 사안으로서 이에 대한 각별한 관리와 대처가 필요하다. CM 용역 및 공사의 경우 장기간의 현지 상주에 따른 현지인 및 현지 업체와의 분쟁으로 현장 대리인의 인신구속 문제가 발생하기도 했으며, 현지 고용 및 안전관리 소홀로 현지 인부가 사망해 이에 대한 사후관리문제가 제기되기도 했다. 또한 물품사업에 있어서의 공사현장 내 운반 또는 현지 기술자 고용에 따른 추가비용 발생 등은 주요한 애로사항이 되고 있다.

56 2017년도 제재조치는 경고 15건이며, 계약 외 물품(주류, 약품, 식품 등)을 부당하게 선적하거나, 현지 파견인력에 대한 성폭력 사례가 발생하는 등 과거와는 다른 형태의 문제가 발생하고 있다.

고 나머지 20%가 공사로 구성되어 하나의 시장으로 보기에는 그 규모가 크다고 할 수 없다. 아울러 대부분의 참여기업들이 중소기업 및 중소기관으로 구성되어 해외사업 수행에 따른 각종 위험을 부담하기에는 곤란함이 많으며, 또한 내부 경영상 악화로 인해 사업 수행에 차질을 빚는 경우도 발생하고 있다. 최근 제3국 또는 현지 기업들의 협력사업 진출이 활발해지면서 KOICA 현지 프로젝트 중에서도 외국업체와 계약을 체결하는 사례가 증가하고 있다.

국제개발협력사업 내 개별 프로젝트에 있어 조달은 해당 원조사업에서의 개별 업무 수행자를 선정하고 그 이행가능성을 최종적으로 결정하는 과정이다. 하나의 시장에서 경쟁업체와 비교해 우수하고 뛰어난 사업시행자를 기한 내에 선정하는 것은 조달의 중요한 부분으로 다른 어떠한 구성요소보다도 중요하다. 이러한 과정에서 더불어 중요한 것은 투명성과 공정성을 확보하는 것이다. 민간부문에서의 조달절차는 공공부문보다 그 결과를 더 중요시하는 특성이 있으나, 국민의 세금으로 집행하는 공공부문에서는 조달의 결과와 함께 그 절차의 투명성과 공정성, 그리고 청렴성이 중요하며, 계약법적 근거를 토대로 수행할 수밖에 없다. 현재 국제개발협력사업을 위한 조달의 형식이 수원국 현지 기업의 조달참여를 보다 확대하는 방향으로 변해 가고 있으며, 국제개발협력 조달업무에 있어서도 보다 국제 흐름에 부합하는 국제입찰형태로 확대 개편되고 있다. 아울러 수원국 조달시스템을 이용하는 방식도 계속적으로 검토되고 있으며, 국제기구인 UNOPS(United Nations Office for Project Services)를 통한 조달도 점차 증가하고 있는 추세이다. 끝으로, 국제개발협력사업은 계속적으로 확대되고 변화하고 있는 사업분야이다. 이에 따라 KOICA 사업 및 ODA 사업 전반에 대해 사업을 준비하거나 수행하고자 한다면 대한민국 대표 ODA 사업시행자로서의 자부심을 가져야 할 것이며, 여러 위험요인을 반드시 사전에 철저히 파악함은 물론, 사업관리기관 및 협력대상기관과 계속적으로 협력함으로써 최종목표를 성공적으로 성취할 수 있어야 할 것이다.

읽을 거리

- 곽재성 외. 2016. 「국제조달시장 진출활성화 방안: MDB 조달시장을 중심으로」. ≪한국의 개발협력≫, 2016년 제2호, pp.3-39. 한국수출입은행.

- 구자건. 2015. 「OECD DAC의 ODA 비구속성 논의 동향과 시사점」. ≪한국의 개발협력≫, 2015년 제3호, pp.187-205. 한국수출입은행.

- 김대인. 2008. 「국제개발협력과 공공조달법제」. ≪개발협력≫, 2008년 제1호, pp.18-31. 한국국제협력단.

- 김종섭. 2016. 「원조의 방식과 수원국 후생 극대화」. ≪한국의 개발협력≫, 2016년 제2호, pp.109-142. 한국수출입은행.

- 한국국제협력단. 2012. 무상원조 비구속화 정책 및 이행현황 평가보고서.

필수개념 정리

- 프로젝트 자금·시설 및 기술 지원 등이 결합된 국제개발협력사업이다.

- 공공조달 국가기관, 지방자치단체 및 공공기관에서 수행되는 조달형태를 말하며, 공공조달 또는 정부조달로 혼용되어 사용한다. 일반적으로 민간기업 또는 사인(私人, private) 간 이뤄지는 민간조달과는 구분되는 개념이다.

- 예정가격 입찰 또는 계약 체결 전에 낙찰자 및 계약금액의 결정기준으로 삼기 위해 미리 작성·비치해두는 가액(견적가격)이다. 국고의 부담이 되는 경쟁입찰에 의한 계약의 경우에는 최고 제한가격, 수의계약의 경우에는 계약가격의 결정기준에 해당한다.

- PQ(입찰참가자격 사전심사) 공사계약에 있어 KOICA가 요구하는 목적물에 대해 법적 요건, 계약이행능력, 경영상태, 실적 등을 입찰 전에 미리 심사해 일정 수준 이상의 능력을 갖춘 자에게만 입찰에 참가할 자격을 부여하는 제도이다. KOICA PQ 기준의 경우 공사입찰에 한정해 제정되었으며, 물품/용역 입찰에 적용을 위해서는 각 사무소에서 입찰계획상 현 규정의 4가지 심사기준을 현지 입찰현황/법규 등을 고려해 적절히 변경하는 작업이 선행되어야 한다.

토론점

- 공공조달과 민간조달의 주요한 차이는 무엇이며, 원조조달 수행 시 어떠한 관점에서 수행해야 할 것인지 토론해보자.

- 계약 체결 시 주요하게 검토해야 할 사항은 무엇인지 토론해보자.

● 계약 해제 또는 해지 발생 시 취해야 할 사항(해지 통보, 부정당 제재 적용, 계약이행보증금 환수, 정산 등) 및 계약 당사자별 역할에 대해 토론해보자.

● 비구속화 조달을 조화롭게 수행할 수 있는 방안을 토론해보자.

4장 프로젝트 집행 *

학습목표 ✏️

1. 프로젝트 착수, 집행, 종료의 세부절차와
   활동내역을 이해한다.

2. 프로젝트 집행단계별 중점사항과 유의사항을
   이해한다.

* 사업시행기관은 기본적으로 제안요청서 및 사업수행계획서상
명시된 바에 따라 과업을 이행해야 하며, 이 책에서 다루는 내용
들은 참고로 하기 바란다.

들어가며

KOICA 프로젝트는 1장에서 학습한 대로 기획단계(사업 발굴, 사업 형성, 사업 심사 및 시행계획 확정, 심층기획조사 및 협의의사록 서명, 집행계획 수립)와 집행단계(사업시행기관 선정, 사업집행 및 모니터링, 사업 종료 및 사후관리)로 나뉘어 추진된다.

KOICA는 사업시행기관이 선정된 이후 집행단계에서 사업 일정 및 예산관리, PDM(Project Design Matrix)에 따른 성과관리, 산출물 관리, 계획 변경 시 업무협의 및 행정처리, 위험관리, 부문별 계약관리 등의 업무를 수행하게 된다.

조달 및 계약 절차를 통해 선정된 사업시행기관은 프로젝트 집행단계에서 계약문서를 바탕으로 주요 구성요소, 일정, 예산, 투입인력 등을 관리하며 실질적인 자원을 투입해 나간다. 이번 장에서는 프로젝트 착수, 집행, 종료 단계별 세부 진행방안 및 사업시행기관의 역할과 주요 구성요소별 활동 내용, 결과물, 리스크 및 이슈에 대해 설명하고자 한다.

이로써 사업시행기관이 프로젝트 집행에 대한 전반적인 이해를 갖고 각 단계별로 발생 가능한 리스크를 사전에 차단함으로써 보다 효과적이면서 효율적으로 프로젝트를 진행해 목표를 달성할 수 있도록 하는 데 목적을 둔다.

1. 프로젝트 착수

프로젝트가 성공적으로 추진되기 위해서는 프로젝트를 직접 집행하는 사업시행기관의 역할이 무엇보다 중요하다. 여러 평가보고서에서도 프로젝트의 성공요인으로 사업시행기관의 적극적 역할 및 협력체계 구축이 언급되고 있다.

이를 위해 사업시행기관은 프로젝트 착수단계에서 프로젝트 및 수원국에 대해 명확히 파악하고, 이해관계자 간 협조체계를 구축해 프로젝트의 목표를 공유하며, 정확한 현장 파악 및 사전 데이터 수집을 필수적으로 수행해야 한다.

사업시행기관이 프로젝트를 착수하게 되는 시점은 사업시행기관의 유형 및 역할에 따라 달라진다. 이 장에서는 사업 전반 관리 및 구성요소별 용역을 수행하는 PMC를 기준으로 설명하고자 한다. 다만, 프로젝트 착수 및 종료 등 공통적인 사업추진절차상 지침들은 모든 사업시행기관들이 참고 가능하다. 사업평가 용역기관의 업무수행과 관련해서는 KOICA에서 발간한 '평가업무수행 길라잡이'(2014.5., 평가심사실)를 참고하기 바란다.

1) 프로젝트 착수 준비

(1) 자료 분석을 통한 프로젝트 추진 여건 이해

'지피지기면 백전백승'이라는 고사성어는 KOICA 프로젝트에도 적용된다. 입찰과정에서 제안서를 작성하면서 담당 프로젝트에 대해 일차적으로 파악을 했다면, 착수 이후에는 좀 더 심도 있게 프로젝트와 수원국에 대해 파악하고 이해해야 한다.

관련된 자료로는 사업제안서, 예비조사 결과보고서, 심층기획조사 결과보고서, 제안요청서 등 담당 프로젝트 관련 자료와 해당 섹터 유사사업의 평가보고서 등이 있다. 특히 다양한 평가보고서를 참고하기 바란다. 평가보고서를 통해 프로젝트의 전반적인 진행상황 시 유의점과 성공요인, 잘못된 점에 대한 교훈을 얻어 대응전략을 수립할 수 있기 때문이다.

동 자료들은 KOICA 담당자나 ODA 도서관, KOICA 사무소 등을 통해 확보가 가능하기 때문에, 추가로 필요한 자료들만 수원국에 요청해 동일한 자료를 중복 요청하는 일이 없도록 유의해야 한다.

표 4-1 KOICA ODA 도서관 참고자료 검색 예시

- 담당 사업: A지역 B국 모자보건사업
  - A지역 B국 모자보건 사업 예비조사(구 타당성 조사) 결과보고서, 심층기획조사(구 실시협의) 결과보고서
  - A지역 C국 모자보건 영양개선사업 종료평가 결과보고서
  - A지역 4개국 모자보건 분야사업 사후평가 결과보고서
  - D지역 E국 모자보건 및 가족계획 역량강화사업 종료평가 결과보고서
  - 모자보건분야 종합평가 결과보고서
  - 보건의료분야 ODA 사업 성과관리 가이드라인

표 4-2 평가보고서에서 얻은 프로젝트 성공요인

- 성과 기반의 인센티브 지급 → 수원국 참여 독려 → 사업성과 제고
  (개선 전) 직업훈련원 구축사업의 교재 개발에 있어 교재 작업량에 관계없이 수당을 정기 지급하는 방식을 택한 몇몇 사업은 현지 교사의 소극적인 참여와 무책임한 자세로 교재 개발이 부진하게 이뤄지는 경우가 있었다.
  (개선 후) A국 직업훈련원 구축사업에서는 교재개발수당을 작업량과 교재 질에 따라 성과급으로 지급했고, 그 결과 현지 교사들이 주말에도 출근하며 자발적 참여와 헌신으로 교재 개발에 매진했다. 이에 사업시행기관에서는 KOICA의 사전승인을 거쳐 타 예산을 일부 절감하고 교재개발예산을 증액시켜서 수당을 지급했다.

- 적정기술 및 기자재의 도입 → 사업의 지속가능성 제고
  (개선 전) 일방적으로 한국의 기술과 기자재를 보급한 결과, 관련된 장비 및 부품의 현지조달이 불가능하여 현지에서의 유지 관리에 어려움이 있었다.
  (개선 후) B국 댐 및 수로 건설사업에서는 현지 주민의 교육수준, 기술수준, 환경을 충분히 반영한 적정기술과 현지에서 조달, 교환, 수리가 가능한 적정 사양의 기자재를 보급했다.

자료: 한국국제협력단(2017a) 활용 저자 재작성.

수원국의 환경은 정치·경제적 불안, 자연재해 및 전염병 발생, 법적·제도적 장애, 수원기관의 역량 부족 등 리스크가 존재하는 경우가 대부분이다. 또한 규정, 제도, 통계 등의 자료가 불충분하며, 행정절차가 복잡하고 상당 기간이 소요될 수 있다.

그럼에도 불구하고 사업시행기관은 주어진 기한, 예산 내에 사업목표를

달성해야 하기 때문에 사업착수단계에 이런 리스크에 대한 점검 및 대응전략 수립이 필요하다. 현실적으로 리스크를 완전히 제거하기란 어렵기 때문에, 리스크의 존재를 인정하고 예방할 수 있도록 사전에 대응전략을 수립해 프로젝트의 전 과정에서 지속적으로 관리해야 한다. 이때 프로젝트 리스크/이슈 관리계획서 양식[1]을 자체적으로 작성해 활용하는 것이 좋다.

〈표 4-3〉은 프로젝트 추진과 관련된 리스크를 정리한 것이다.

표 4-3 프로젝트 추진 관련 리스크

• 정치적 불안상황 발생(정치적 혼란) • 테러로 인한 자산 및 인명 피해 • 자연재해 및 전염병 발생
• 경제적 불안상황 발생 • 물가변동 • 환율변동, 환전의 어려움 및 손해 발생 • 자금의 부정 사용을 위한 공모·결탁 행위 발생 • 수원국 정부 관계자 등에게 뇌물수수

• 법률 및 규정, 정책 위반
  — 안전, 지적재산권, 환경, 노동, 성평등 및 기타 사업 관련 법률 위반
  — 사업집행 과정상 또는 최종 산출물 운영 관련 법적제한 발생
• 기소 등 법적조치 발생 및 후속조치비용 발생
• 법적·제도적 변경사항 발생
  — 환경기준의 강화, 노동환경 변화 등

• 현지 조달인력 및 물품시장환경 변화
• 수원기관 관련 정보 부족   — 수원기관 및 담당자의 지위, 역할, 책임 및 의사소통채널 • 수원기관의 사업관리역량 부족 • 수원기관 담당자와의 의사소통의 어려움 • 수원기관 및 담당자의 변경 • 수원국의 예상치 못한 과세 요구 • 수원국 요구사항의 변경 • 수원국의 의지 및 재정 부족
• 수원국, 지역, 주민 및 이해관계자에게 부정적인 영향 발생 • 수원국 측 민원 발생

• 민감한 정보의 유출
  — 허가받지 않은 정보 유출
  — 대외비 혹은 민감한 정보 유출 혹은 소실
• 자료의 손실 및 손상, 컴퓨터 보안 위협(바이러스, 해킹 등)

자료: 한국국제협력단(2014a) 활용 저자 재작성.

---

1   리스크/이슈 제목, 내용, 진행상태, 영향력, 해결방안 등의 항목 작성.

리스크/이슈[2]가 발생하면 KOICA는 이를 검토해 타당성이 인정될 경우 계약변경 등을 통해 프로젝트 집행에 문제가 없도록 하고 있으나, 해결이 불가능할 경우에는 사업시행기관과의 계약에 의거해 프로젝트를 중단할 수도 있다.

표 4-4 리스크/이슈 발생으로 인한 계약변경사례

- B사가 수행한 A국 공공행정시스템 구축사업은 사업 기획 당시 상용 소프트웨어를 기반으로 구축하는 것으로 계획되었다. 그러나 동 사업 착수 직전 A국 정권이 교체되어 오픈소스(Open Source)[1] 활성화를 새로운 ICT[2] 정책으로 수립함에 따라, B사의 착수조사단 파견 시 KOICA 사업 역시 오픈소스 기반으로 개발해달라는 수원기관의 요구사항이 있었다. 이에 B사는 이러한 변경된 요구사항에 따른 영향을 분석해 KOICA에 보고서를 제출했고, KOICA는 동 보고서 검토 후 타당성을 인정해 관련 사업범위와 전문가 투입을 조정한 변경계약을 체결했다.

주 1: 소프트웨어의 설계도에 해당하는 소스코드를 인터넷 등을 통해 무상으로 공개해 누구나 그 소프트웨어를 개량하고, 이것을 재배포할 수 있도록 하는 것 또는 그런 소프트웨어.
주 2: Information and Communications Technology, 정보통신기술.
자료: 하성흔(2017).

(2) 프로젝트 관련 규정 및 조건 등 이해

사업시행기관은 프로젝트의 내용뿐 아니라 계약문서, 관련 규정, 가이드라인 등 프로젝트 관련 규정 및 주요 조건들의 세부내용을 사전에 파악하고 반드시 그에 따라 프로젝트가 집행되도록 해야 한다. 그렇지 않을 경우 사업 시행 과정에서 여러 가지 문제점이 발생할 뿐 아니라, 계약 혹은 규정 위반 사안의 경중에 따라 사업시행기관이 주의·경고·입찰참가자격 제한에 해당하는 조치를 받음으로써 향후 KOICA 사업 혹은 기타 공공기관 사업 참여에 부정적인 영향을 끼칠 수 있다.

이러한 특징상, KOICA 프로젝트는 민간부문의 프로젝트와 달리 변화하는 상황에 즉각적으로 대응하는 유연성을 확보하기 어려울 수도 있다. 따라

---

2   리스크는 이슈 발생 전 잠재적인 위험이며, 이슈는 리스크가 발생해 나타난 문제를 지칭. 상세내용은 4장의 '필수개념 정리' 참조.

서 규정과 절차를 준수하면서 최대한 능동적으로 장애요인과 문제들에 대응해 나가려는 자세를 가져야 한다.

표 4-5 문제사례

> • A사는 B국 OO용역을 수행하는 과정에서 사업수행계획서상 명시된 보고서 제출시기 미준수, 정산원칙 미준수 등으로 담당 사업부서로부터 주의조치를 3회 부과받았다. 「대외무상협력사업에 관한 조달 및 계약규정 시행세칙」상 3회 이상의 주의조치는 경고조치에 해당하나 A사는 동 사실을 인지하지 못했다. A사는 B국 사업 종료 후 협상에 의한 계약방식으로 진행된 C국 OO용역 입찰에 참여했으나 B국 OO용역으로 받은 경고조치가 5년간 유효하여 기술평가에서 1점이 감점되었다.

또한 만약 계약 체결 이후 계약문서를 검토한 결과, 오류가 있거나 계약내용 및 업무범위 해석에 대해 이견이 발생할 여지가 있다면, KOICA와의 협의를 통해 반드시 정정해야 한다. 계약문서에는 계약서(일반조건 및 특수조건), 제안요청서(혹은 과업지시서), 기술협상 조치결과(해당 시) 및 사업수행계획서, 계약금액내역서가 포함된다.

표 4-6 계약문서 검토 시 점검사항

> • 계약서 내 업무범위가 구체적이고 정확하게 기재되어 있는가?
> • 계약서에 사용된 용어, 조건에 대해 상호 명확히 이해하고 있는가?
> • 업무범위 해석에 대한 이견 혹은 계약분쟁 발생 시 대처방안을 수립했는가?

표 4-7 계약문서 검토 미비에 따른 문제사례

> • A국 OO용역업체 선정입찰에 참여한 B사는 가격투찰 시 일부 예산항목의 중복 산정 혹은 누락으로 실제 예산사용계획과 맞지 않는 예산내역서를 제출했고, 동 내역서를 기반으로 계약이 체결되었다. B사는 용역비 정산단계에서 해당 사실을 확인하고 KOICA 측에 용역비 전용을 위한 사후승인을 요청했으나, 이는 B사의 과실임에 따라 전용이 불가하다는 답변을 받았다.

관련 규정, 가이드라인상에는 계약 전반, 프로젝트 수행, 예산집행과 관련된 세부내용들이 포함되어 있으며 동 자료는 KOICA 홈페이지 및 입찰공고문에서 확인할 수 있다. 〈표 4-8〉에서는 프로젝트 집행 시 참고해야 하는 관련 규정과 각 규정별 주요 내용을 정리했으니 사업 수행 시 참고하기 바란다.

사업수행계획서는 협의의사록(R/D)과 함께 사업 수행의 근거가 되고, KOICA는 사업시행기관의 계약관리에 있어 사업수행계획서를 기준으로 일정, 예산, 업무범위, 산출물 등을 관리하게 되므로 사업수행계획서 작성 및 이행에 주의가 요구된다.

표 4-8 관련 규정, 가이드라인별 주요 내용

구분	규정명	주요 내용
계약 전반	대외무상협력사업에 관한 조달 및 계약규정	• 계약의 체결 및 이행 • 입찰참가 자격제한 등 ※ 별지서식: 선금지급신청서 양식, 기증문구 및 Shipping Mark 표식, 부정당업자의 입찰참가자격 제한기준
	대외무상협력사업에 관한 조달 및 계약규정 시행세칙	
	공동도급1계약 운용기준 ※ 공동계약에 한함	• 권리행사 및 의무의 이행 • 책임소재 등 ※ 별지서식: 공동수급표준협정서 양식
프로젝트 집행	공공협력에 의한 사업 시행세부지침 ※ 공공협력사업에 한함	• 공공협력사업 추진요건 • 공공협력 협정 체결 등 ※ 별지서식: 공공협력 협정서 양식
	전문가 파견사업 시행세부지침	• 복무 및 경비 지급 • 현지활동 지원 등 ※ 별표: 전문가 등급 기준, 직접인건비/현지활동지원비/체재비 지급 기준
	전문가 파견사업에 관한 기준	
	글로벌연수2사업에 관한 기준	• 연수 경비 등 ※ 별표: 글로벌연수사업 경비 세부기준
	글로벌연수 (CIAT 프로그램) 길라잡이	• 연수사업 추진절차 • 연수사업 성과관리, 평가 등 ※ 별지서식: 문서작성 양식
예산 집행	선금지급기준	• 적용범위 • 채권 확보 등
	기술용역사업 용역비 집행 및 정산기준 ※ 용역계약에 한함	• 용역비 전용 • 정산서 제출 및 작성 등 ※ 별표: 용역비 항목 및 증빙서류 ※ 별지서식: 인력투입내역서, 체재비영수증, 지출내용확인서 양식
	정산업무 매뉴얼, 정산양식 작성 매뉴얼	• 정산의 기본원리 및 예산항목별 정산지침 • 정산업무 체크리스트 • 정산 관련 KOICA 기준 요약본 • 정산양식 및 작성방법 등

주 1: 2인 이상의 사업자가 공동으로 어떤 일을 도급받아 공동 계산하에 계약을 이행하는 특수한 도급형태.
주 2: 개발도상국의 지속가능한 개발에 필요한 기술 습득과 역량 개발을 지원하기 위해 개발도상국의 기술인력, 연구원, 공무원 등을 대상으로 한국의 개발 경험 및 기술을 공유하는 사업(KOICA 홈페이지).
자료: 각 규정 및 가이드라인을 활용해 저자 작성.

(3) 선금 신청

용역, 공사, 물품제조 계약의 경우 사업시행기관은 KOICA에 선금의 지급을 요청할 수 있으며, 선금의 지급 및 정산 등에 대하여는 「선금지급기준」을 따른다. 제조가 아닌 단순공급에 따른 구매건은 선금지급대상에서 제외된다.

지급된 선금은 계약목적 달성을 위한 용도 이외의 다른 목적에 사용할 수 없으며, 노임 지급 및 자재 확보에 우선 사용해야 한다. 선금지급 요청을 위해서는 〈표 4-9〉를 참고 바란다.

표 4-9 선금 신청 시 구비서류

- **(선금청구공문)** 계약번호, 계약명, 계약기간, 계약금액, 선금신청액(선금비율), 계좌정보 기재
  - 공동계약의 경우 대표사가 일괄 신청함.
  - 공동이행방식의 공동계약일 경우 대표자에게 일괄 지급하며, 분담이행방식의 공동계약일 경우 구성원에게 각자 지급함.
- **(선금지급신청서, 각서)** 「대외무상협력사업에 관한 조달 및 계약규정 시행세칙」 별지 제14호의 2 서식
- **(선금사용계획서)** 사용목적, 항목별 금액, 산출근거 등 기재
- **(선금보증서/증권/각서)** 계약예규 「정부 입찰·계약 집행기준」에 해당하는 보증서, 증권 또는 각서(해당 시)
  - 보증 또는 보험금액은 선금액에 그 금액에 대한 보증 또는 보험 기간에 해당하는 약정이자 상당액을 가산한 금액 이상으로 해야 함.
- **(기타)** 사업자등록증, 계좌사본, 전자세금계산서

자료: 한국국제협력단, 「선금지급기준」(2016), 한국국제협력단(2016b: 81).

(4) 착수조사단 파견

지금까지는 국내에서 기존 자료를 통해 프로젝트에 대해 파악했다면, 착수조사단 파견을 통해서는 현장을 파악하고 현지의 이해관계자들 간 파트너십 구축을 위한 기반을 다지게 된다.

일반적으로, 착수조사단 파견 2주 전, 파견계획서를 국문 및 영문으로 각각 제출해 KOICA의 승인을 얻어야 한다. 착수조사단 파견계획서에는 파견개요(기간, 목적, 파견 전문가 구성 및 전문가별 역할 등), 주요 방문기관 및 면담자, 일별 세부일정계획 등이 포함되어야 한다. 전문가 파견과 관련된 세부내

용은 2절 4항('전문가 파견')에서 더 자세히 다루기로 한다. 〈표 4-10〉은 착수
조사단의 주요 추진업무에 대해 정리한 것이다.

표 4-10 착수조사단 주요 추진업무

구분	주요 추진업무	결과물
프로젝트 추진 여건 조사	• 프로젝트 형성시기 대비 변경사항 확인 • 기 확보된 자료를 통해 확인이 어려운 프로젝트 추진 여건상의 리스크 등 점검	• 사업수행계획서 변경요청서 (필요시) • 변경 사업수행계획서(필요시) • 수원국 협의결과보고서
프로젝트 정보 공유, 수원국 요구 및 분담사항 파악	• 수원기관 담당자, 주요 의사결정자, 프로젝트 수혜자 등 이해관계자 대상 프로젝트 범위, 추진계획, 일정 공유 • 프로젝트 관련 요구사항, R/D상 분담사항 확인 및 지원약속 문서화(필요시)	
현지 사업수행 기반 조성	• 프로젝트운영위원회(PSC: Project Steering Committee) 및 프로젝트집행조직 (PIU: Project Implementation Unit) 구축 • 타 공여기관, 국제기구 파트너십 구축 • 현지 사업수행 사무소 마련(필요시) • 현지 사업시행기관/하도급 업체 선정 및 현지인력 채용(필요시)	• 하도급 승인요청서 － 하수급인의 현황(재정상황, 본 사업내용에 기준한 하수급인의 실적요건 등) － 하도급 계약조건
현지 착수보고회 개최	• 착수조사단 파견결과를 KOICA 및 수원국과 공유하고 최종 사업수행계획서를 제출	• 착수조사단 파견결과보고서 (일일 회의록, 관련 사진 포함) • 착수보고회 발표자료 • 최종 사업수행계획서

자료: 한국국제협력단(2012b) 활용 저자 재작성.

프로젝트가 형성되고 실제 착수에 들어가기 전까지 짧게는 6개월 길게는
1년 이상의 시간이 소요된다. 따라서 착수조사단은 PCP가 접수되고 프로젝
트가 형성된 시점과 비교해 프로젝트 추진 여건에 변경사항이 없는지 조사
해, 파견 종료 후 최종 사업수행계획서에 반영·제출해야 한다. 사업수행계
획서를 작성할 때는, 착수조사 시 상황이 지속될 것이라고 가정하는 것이 아
니라 프로젝트가 추진될 기간 내 변화가 예상되는 부분을 미리 판단해 반영
하는 것이 필요하다.

착수조사단 파견은 프로젝트 수주 이후에 수원국 고위층과 프로젝트 담
당자를 첫 대면하는 매우 중요한 자리이다. 이에, 수원국 담당자에게 프로젝
트를 충분히 이해하고 있음을 보여줌으로써 프로젝트가 안정적으로 진행될

수 있다는 확신을 주는 것이 중요하다.

프로젝트 추진 여건의 또 하나의 어려움은 수원기관 혹은 상부기관 정책 결정자의 리더십과 지원이 없으면 프로젝트 집행에 어려움이 발생하고, 일부 수원기관 담당자의 경우 본인에게 직접적인 혜택이 없으면 수동적인 태도를 견지한다는 점이다.

따라서, 사업의 착수단계부터 수원기관 담당자를 비롯한 각 부처 주요 의사결정자, 프로젝트 수혜자 등 다양한 이해관계자들을 참여시켜 프로젝트에 대한 비전을 공유해야 한다. 프로젝트를 통해 얻을 수 있는 것이 무엇인지, 이를 위해 수원국에서 지원해야 하는 인력, 예산, 활동 등은 무엇인지 등 성과에 대한 인식이 공유되어야 수원국의 책임성을 확보하고 사업의 성과를 지속적으로 관리할 수 있다.

또한 사업시행기관은 프로젝트에 대한 수원국의 요구사항을 분명히 확인해야 한다. 일부 사업에서는 세부요구사항 조사를 위한 전문가 파견을 착수조사단 파견과 별도로 진행하기도 하지만, 착수조사 시 최소한 제안요청서에 제시된 수준의 요구사항에 대해서는 조사가 필요하다.

수원국 관계자로서는 동 사업이 처음이기 때문에 명확하게 요구사항을 밝히는 것은 어려운 일일 것이다. 따라서, 수원국이 제시하는 선에서만 요구사항을 파악하는 수동적인 태도가 아닌, 사업의 비전을 보여줌으로써 요구사항을 이끌어내는 적극적인 자세가 요구된다. 수원국의 요구사항 중 KOICA 프로젝트를 통해 지원이 가능한 부분에 대해서는 프로젝트 기획단계에 협의가 되었으나, 프로젝트 착수 이후 추가로 파악된 요구사항의 경우 동 요구사항과 KOICA 프로젝트 지원범위 사이에서 어떻게 효율적·효과적으로 프로젝트를 수행할지에 대한 방안을 마련하고 KOICA와의 협의를 통해 지원 가능한 범위를 확정해야 한다.

또한, 수원국의 분담사항에 대해서는 수원국의 총괄책임자로부터 명확한 확답을 받아야 한다. 수원국 분담사항은 R/D상 명시된 양국 간의 약속사항이나 법적 효력이 없기 때문에 간혹 잘 지켜지지 않는 경우가 있다. 프로젝트 추진에 있어 결정적인 역할을 하는 수원국 분담사항의 경우, 수원국의 협조가 미비하면 KOICA 사업관리비 내에서 지원을 하기도 하나 이는 지양해야 하며, 프로젝트 착수단계부터 수원국의 분담사항 이행을 위해 이행시기 등을 협의해 관련된 준비를 하도록 촉구해야 한다.

수행일정, 요구사항, 양국 간 분담사항 등 수원국과의 주요 협의결과는 양 기관 정책결정자의 서명이 들어간 회의록(Minutes of Meeting) 형태의 문서로

표 4-11 회의록 양식 예시

Minutes of Meeting	
Date and time	(회의일시)
Location	(회의장소)
Attendees	• KOICA (KOICA 측 관계자 참석명단) • 수원기관명 (수원기관 측 관계자 참석명단)
Purpose of Meeting	(회의목적/ 프로젝트명 포함)

KOICA	수원기관명
(발언자명) 발언내용	(발언자명) 발언내용
(발언자명) 발언내용	(발언자명) 발언내용
(발언자명) 발언내용	(발언자명) 발언내용

Minutes prepared by	(실제 회의록 작성자 성명)
Minutes approved by	• KOICA (KOICA 측 대표 성명 및 자필 서명) • 수원기관명 (수원기관 측 대표 성명 및 자필 서명)

자료: 한국국제협력단(2017b: 149).

남기는 것이 바람직하다. 이는, 수원국 담당자 혹은 사업계획의 변경 및 그에 따른 사업시행기관과의 변경계약 체결 시 근거자료가 되기 때문이다. 회의록 양식은 〈표 4-11〉을 참고하기 바란다.

착수조사단의 경우 타 파견단계에 비해 이슈가 발생하는 경우가 잦기 때문에 귀국 전 일괄보고가 아닌, 일일보고 형태로 빠른 시간 내에 KOICA와 이슈를 공유하고 승인을 받아야 한다.

프로젝트 집행과정에서 이해관계자들 간에 발생하는 이견, 의사결정 지연, 추가 요구사항 도출 등의 리스크를 해결하기 위해서는 KOICA, 수원기관, 사업시행기관을 중심으로 하는 프로젝트운영위원회(PSC) 및 프로젝트집행조직(PIU)을 구성하여 조율해 나가는 것이 바람직하다. 또한 타 공여기관/국제기구나 수원국 내 관련 기업, NGO, 연합체 등과의 파트너십을 통해 사업의 성과와 지속가능성을 제고할 수 있는 방안을 고려해야 한다.

표 4-12 우수사례

> - A국 B직업훈련원 역량강화사업을 수행하던 C사는 사업추진과정에서 타 공여기관/국제기구와의 지속적인 파트너십을 통해 노하우 공유 및 사업 홍보를 추진했다. 그 결과, 사업 종료 이후 B직업훈련원은 아시아개발은행(ADB), 세계은행(World Bank) 등의 단기훈련 과정을 수주해 직업훈련원의 운영과 시설 개선을 위한 기반을 형성함으로써 사업의 지속가능성을 제고했다.
> - D국 E직업훈련원 역량강화사업을 수행하던 F사는 D국 내 최대산업단지를 보유한 도시에 건설되는 직업훈련원인 만큼, 직업훈련원과 산업체 간 의사소통을 원활히 하기 위한 상설기구를 설립했다. 동 기구는 지역 산학연 회의 등을 개최해 산업체 수요를 파악하고 직업훈련원 운영과 관련된 주요 사항들을 결정하는 등의 역할을 통해 사업목표 달성에 기여했다.

자료: 한국국제협력단(2017a) 활용 저자 재작성.

사업시행기관이 현지 사무소를 개설하는 경우에는 KOICA 해외 사무소, 수원기관 사무실, 외부 임대사무실 임차 등의 방법을 통해 공간을 확보할 수 있다. 가급적 R/D상 명시된 수원국 협조사항을 확인해 수원기관 내 개설하는 것이 좋은데, 이는 수원기관으로부터 업무 협조를 받거나 업무 진척사항을 수시로 점검 및 협의하기에 편리하며 임차료를 절감할 수 있어 효율적이기 때문이다.

현지 사무소 개설 시, 사무소 업무를 보조하고 필요시 통역을 담당할 현지 인력을 채용해 고용계약을 체결해야 하는데, 이 과정에서 현지 노동법규를 준수하고 있는지, 처우는 적절한지 확인해야 한다. 채용단계에서는 계약조건 등과 관련해 KOICA 해외 사무소 혹은 대사관에서 도움을 받는 것이 좋고, 채용 이후 근무하면서 발생하는 갈등문제에 대해서는 기록을 남겨두는 것이 필요하다. 만약 무단결근 및 상습적인 지각을 했거나 업무상 중요한 문제를 초래했을 때는 동 사실을 문서화해 추후 재계약 시점에 근거자료로 사용하는 것이 만에 하나 발생 가능할 노무분쟁을 방지하는 방안이 될 것이다.

또한 현지 사업시행기관 혹은 하도급 업체를 선정해야 할 경우 〈표 4-13〉의 점검항목들을 고려할 필요가 있다. 건설공사 표준계약서에 따르면 공사의 전부 또는 일부분을 KOICA의 사전승인 없이 제3자에게 위임 또는 하도급할 수 없으며 이를 따르지 않을 경우 부정당 제재를 받을 수 있으므로 하도급자의 선정이유, 평가방법 등을 반드시 사전에 KOICA에 통지하여 서면 승인을 얻어야 한다.

표 4-13 현지 사업시행기관/하도급 업체 선정 관련 리스크별 점검항목

리스크	주요 내용
현지 사업시행기관/ 하도급 업체의 역량 및 경험 부족	• 경영상태(현금 확보력, 현금유동성)는 양호한가? • 예산을 도용할 우려는 없는가? • 국제개발협력사업에 대한 이해가 있는가? • 프로젝트 집행을 위한 전문지식, 기술인력, 사업관리능력 (일정, 예산, 인력관리 등)을 보유하고 있는가? • 투입되는 인력은 유사사업(국제개발협력 해당 섹터, 유사규모 사업) 수행경험, 관련 분야 전문지식 및 기술을 보유하고 있는가?
현지 사업시행기관의 중도포기	• 프로젝트 집행 중도에 포기할 가능성이 있는가? • 사업 중도포기를 막기 위한 법제도적 장치와 대처방안이 마련되어 있는가?

자료: 한국국제협력단(2014a) 활용 저자 재작성.

기초선 조사가 사업시행기관의 과업내용에 포함되어 있는 경우에는 착수

조사단 파견단계에 기초선 조사를 실시하게 된다. 조사방법의 경우 7장에서 자세히 다룰 예정이다.

KOICA의 프로젝트 기획단계에 기초선 조사가 이미 실시된 경우에는, 동 조사 결과 및 프로젝트 기획단계에서 수립된 성과관리계획을 참고해 최종 성과관리계획을 수립하고, 성과관리계획 및 변경된 PDM을 사업수행계획서 내에 포함해 제출해야 한다. 성과관리에 있어 사업시행기관의 역할은 〈표 4-14〉와 같으며, 자세한 내용은 7장에서 다루기로 한다.

표 4-14 성과관리에 있어 사업시행기관의 역할

- 성과관리계획 수립
  - 사업유형에 따른 명확한 사업목표, 사업범위, 성과지표 정의
  - 'KOICA 분야별 성과지표정의서 샘플'을 참고해 국제적 기준에 부합하는 성과관리 방안에 근거하고 사업특성에 맞는 성과관리계획 및 성과 모니터링 방안(자료 출처, 자료수집 방안, 조사빈도 등) 수립
- 수원국과의 목표공유계획 수립
  - 성과공유 워크숍 실시 계획
  - 수원국 공동 성과측정 계획
- 데이터 확보
  - 기초선 조사 결과에 따라 기본 데이터 확보
  - 정기적 모니터링을 통해 기초선 대비 개선효과를 정량적으로 측정
  - 사업을 통한 변화와 영향을 파악할 수 있는 자료 작성
  - 주요 요소별 계량, 비계량 지표 정기 업데이트
- 사업평가 지원
  - KOICA에서 외부 전문가를 선발해 중간점검 및 종료평가 실시 시 관련 보고서, 데이터 제출 및 인터뷰 등 지원

자료: 한국국제협력단(2016d) 활용 저자 재작성.

착수조사단 파견의 마지막 단계로 수원국과 사업 방향 및 계획 공유, 협조 체계 구축을 위해 국내 및 현지에서 착수보고회를 개최해야 한다. 특히 현지 착수보고회는 착수조사단 파견기간 중 반드시 개최해, 수원국과 성과관리계획을 공유하고 동 계획 실행에 참여하도록 이끌어내는 것이 중요하다.

표 4-15 착수보고회 개최방식

구분	현지 착수보고회	국내 착수보고회
주요 목적	• 수원기관과 사업수행계획 공유, 협조체계 구축 및 사업홍보 실시	• 착수조사단 파견, 현지 착수보고회 개최결과 및 그에 따른 사업수행계획 KOICA와 공유, 협의
시기(안)	• 1차 전문가(착수조사단) 파견 중	• 1차 전문가(착수조사단) 파견 후
발표내용	• 프로젝트 목표 및 개요 • 프로젝트 착수 이전 사업대상지역의 주요 상황(지표) • 착수조사 실시결과 및 제안요청서 대비 변경사항(해당 시) • 사업구성요소별 세부 사업수행계획 • 성과관리계획 • 프로젝트의 수원국 내 파급효과, 향후 발전방안 등	
발표언어	• 수원국이 선호하는 언어	• 한국어
참석자	• (대사관, KOICA) 대사, KOICA 사무소장 및 사업담당자 • (수원국) 수원기관 관계자 및 사업수혜자 등 • (사업시행기관) PM, 핵심 투입인력, 분야별 전문가 등 사업시행자	• (KOICA) 본부 사업담당부서장, 담당자, 해당 섹터 담당자, 사업기획단계 참여 전문가 등 • (사업시행기관) PM, 핵심 투입인력, 분야별 전문가 등 사업시행자
비고	• KOICA 사무소와의 협의하에 현지 언론보도를 실시해 주재국 내 사업 이해관계자 및 수혜자 대상 사업홍보 권고	• 착수보고회 시 논의된 내용을 바탕으로 최종 사업수행계획서 변경 필요시, 사전에 KOICA 담당자와 협의해 수정제출 필요
개최사진		

자료: 한국국제협력단(2012b) 활용 저자 재작성.

2) 프로젝트 착수 시 유의사항

사업시행기관은 소속 전문가들이 KOICA를 대신해 사업을 수행함을 명심하도록 사전교육을 철저히 해야 한다. 현지활동 시, KOICA 해외 사무소 또는 공관의 관리, 감독에 따르며 수원기관과 협의하는 주요 결정사항은 반드시 KOICA와 사전협의 및 결과보고를 거쳐 독단적으로 결정하는 일이 없도록 해야 한다. 특히 사업 관련한 외부 홍보 시, 수행사업의 주체는 사업시행 기관이 아닌 KOICA이므로 관련 내용에 대해 KOICA의 사전 검토 및 승인을 얻어야 한다. 홍보 관련해서는 2절 7항('홍보')에서 자세히 다루기로 한다.

프로젝트의 내용이 R/D 대비 경미하게 변경되었을 경우, 수원국 책임자 와 사업시행기관 간에 변경된 프로젝트 내용에 대해 상호 합의한다는 내용 의 문서를 작성하고 서명해야 한다. 단, 최종 변경은 KOICA의 승인을 전제 조건으로 한다는 내용을 포함해야 한다. KOICA의 승인을 받으면 변경된 내 용을 반영한 변경 사업수행계획서를 제출하게 되며, 동 내용 변경에 따라 사 업추진일정, 인력투입계획 등 계약내용이 변경되었을 시에는 용역계약 변경 을 진행해야 한다. R/D상 중대한 사항이 변경되는 경우에는 수원기관에서 KOICA에 공식적으로 요청한 후 조정하게 된다. 이러한 프로젝트 운영과 관 련된 사항들은 5장에서 자세히 다루기로 한다.

2. 프로젝트 집행

프로젝트는 1장에서 학습한 대로 '수원국의 경제사회 발전 및 복지향상에 의 기여'라는 특정한 개발 목적의 달성을 목표로, 여러 구성요소를 연계해 종 합적으로 지원하는 사업이다. 동 구성요소는 프로젝트의 특성에 따라 다양 하게 결정될 수 있는데, 이번 절에서는 주요 구성요소라고 할 수 있는 건축, 정보시스템 개발, 기자재 지원, 전문가 파견, 현지연수 및 국내초청연수, 보 고회 및 워크숍 실시, 홍보와 관련해 각 요소별 활동내용, 결과물, 유의사항 에 대해 알아보도록 한다.

사업시행기관은 각 프로젝트별 계약문서 일체(제안요청서, 사업수행계획서상 활동내용과 결과물 등 포함)를 기준으로 실제 업무를 수행해야 하며, 이번 절에서 다루는 주요 구성요소별 활동내용 및 결과물은 참고자료로 활용이 가능하다.

1) 건축

수원국은 개발목표를 달성하는 데 필요한 인프라와 설비가 열악한 경우가 대부분이므로, 프로젝트를 통해 건물을 신축하거나 기존 시설을 증·개축하는 경우가 많다.

건축물은 프로젝트가 실현되는 물리적인 공간이므로 건축사업의 추진 과정과 결과물은 프로젝트 전체의 추진 과정과 결과에 큰 영향을 미친다. 따라서 건축사업을 직접 수행하지 않는 사업시행기관들도 건축과 관련한 업무에 대해 일정 수준의 사전지식을 가지고 설계사, 건설사업관리(이하 CM) 및 시공사 등과 협력해야 한다. 또한 프로젝트의 목표 달성을 위해 건축물이 가져야 할 기능과 건축일정 등에 대해 적극적으로 정보를 공유함으로써 건축사업이 원활히 진행되도록 해야 한다.

건축사업 수행기관에는 설계업체, 시공업체, CM 혹은 현지 감리업체가 있으며 설계, 시공, 감리, 준공, 유지 관리를 수행하게 되고 각 기관별 역할은 〈표 4-16〉과 같다.

표 4-16 건축사업 수행기관별 역할 및 주요 과업

사업시행기관 유형	역할 및 주요 과업
설계사	• 계획설계(SD: Schematic Design), 기본설계(DD: Design Development), 실시설계(CD: Construction Documents), 현지 파견 수행
시공사	• 건축물 신축, 증·개축 및 가설·토목·구조·기계·전기·소방·조경 등 설계도서상 포함된 공사 일체 수행

건설사업관리 (CM: Construction Management)	• 발주자의 대리인으로서 그 권한을 위임받아 건축사업 전(全) 단계에서 설계 관리, 입찰 및 계약관리, 원가관리, 공정관리, 품질관리, 안전관리 등 수행 ─ KOICA 지역 CM의 경우 발주처의 감독관 역할을 대행하는 '감독권한대행 CM' 업무 수행
현지 감리업체	• 수원국 건축현장에 상주해 공사감리를 수행하며, 이를 CM에 보고 ─ 현지법상 현지 감리업체를 통한 감리가 필수인 경우, 현지 감리업체 선정

자료: 교육부(2015) 활용 저자 재작성.

프로젝트에 포함된 건축의 공사비가 100만 달러 이상 혹은 연면적이 1000m² 이상이거나 건축조사가 필요할 것으로 판단되는 경우, KOICA에서 실시하는 프로젝트 기획단계부터 건축 전문가를 포함하여 건축조사를 수행하게 된다. 동 기획단계에서는 사업대상지, 건축 방식 및 양식, 공간구성계획(이하 Space Program), 건축비, 발주계획, 사업기간, 양국 간 분담이행사항 등을 결정하게 되는데, 세부내용은 KOICA에서 발간한 '건축기획 가이드라인'(2017.8., 지역총괄실) 및 관련 양식(건축기획 검토서, 건축기획조사 보고서)을 참고하기 바란다.

표 4-17 건축기획단계 주요 검토항목

항목	주요 내용
건축 방식 및 양식	• 신축, 증축, 개보수 혹은 철거 등 적정 건축방식 선정 • 풍토, 기후, 문화, 건축양식 등을 반영한 설계지침 제시
사업대상지	• 대지의 물리적 현황(위치, 지적도, 주변 현황, 소유권, 접근성, 인지성 등), 기반시설 유무(상하수, 오폐수 라인, 전력 인입, 통신시설 등) 조사를 통한 최적의 사업대상지 선정
Space Program	• 건축비 및 사업내용에 맞는 Space Program 제안 • 수원국의 요구사항 검증을 통한 적정 공용면적 및 서비스면적 산출
건축계획	• 계획개념도 제시 및 현지 건축여건 반영을 위한 고려사항 제안
건축비	• 실적공사비, 주요 자재 및 인건비 단가, 실제 공사수행연도의 환율 상승 폭 및 물가인상률 등 검토를 통한 건축비 산정
건축일정	• 설계, 입찰, 시공, 하자보수 관행 등 현지여건 확인 후 주요 일정계획 수립 **건축일정 산정 시 유의사항** • 건축입찰계획 수립기간, 입찰 및 계약 기간, 실제 프로젝트 집행에 소요되는 설계 및 공사 기간을 고려하고, 현지 건설시장의 생산성이 높지 않고 원거리 사업을 관 리해야 하는 리스크를 감안해 동일 규모 국내사업 대비 약 1.5~2배의 기간으로 산 정할 필요가 있다

건축입찰방식	• 설계사, 시공사, CM 선정을 위한 적정 입찰 계획안
분담이행사항	• 양국 분담이행사항 도출 **분담이행사항 설정 시 유의사항** • 양국 간 분담사항의 적기 이행 여부는 공사비 및 공사기간 등에 직접적 영향을 미치며, 최근 수원국 분담사항의 미이행 사례가 증가하고 있다. 기본적으로 사업부지 제공, 부지 내 기본 인프라 시설 연결, 부지 정지, 기존 건축물의 철거는 수원국에서 수행하고, 조경, 옥외 부대 토목, 단지 내 도로 건설 등은 수원국과 협의해 분담 주체를 결정하게 되는데 가급적 KOICA 사업범위에 포함하는 것이 향후 사업 관리에 용이하며 완성도를 높일 수 있다

자료: 교육부(2015) 활용 저자 재작성.

수원국에서 건축사업을 추진함에 있어서 많은 어려움이 발생하는 것이 사실이다. 가장 큰 리스크는 변수가 많아 건축일정을 예상하기 어렵다는 점이다. 그러므로 건축계획 시 수원국의 각종 특성과 수원국 내에서 발생할 수 있는 리스크들을 최대한 감안해 합리적인 건축일정을 수립해야 한다. 〈표 4-18〉은 건축사업 전반의 리스크이며 각 과업단계별 리스크는 각 단계에서 설명하기로 한다.

표 4-18 건축사업의 리스크별 점검항목

리스크	주요 내용
사업대상지의 부적절성 혹은 변경	• 선정된 사업대상지는 적절한가? • 사업기획결과 대비 실제 사업대상지의 조건이 상이하거나 변경되지는 않았는가? • 사업대상지가 추후 변경될 가능성은 없는가? • 사업대상지의 소유권 분쟁 혹은 인접 부지와의 경계선 분쟁이 발생할 가능성은 없는가? • 사업대상지의 기반(시설) 인프라는 갖추어져 있는가? 　─ 전기 공급, 상하수도, 통신, 도로, 가스 또는 송유 상황 등 • 무단 점거 입주자가 발생할 가능성은 없는가? • 사업대상지가 부적절하거나 변경 발생 시 대처방안을 가지고 있는가?
예측 가능한 건축일정 수립 및 이행의 어려움	• 환경, 종교, 인프라, 근로환경 특성상 일정 지연을 발생시키는 원인들을 인지하고 있는가? 　─ 공사를 진행하기 어려운 우기, 라마단[1] 기간 등을 고려했는가? 　─ 도로망 부실로 인해 건축자재 공급이 지연될 경우를 고려했는가? 　─ 현지 노동력의 역량 부족, 임금을 받기 위한 의도적인 공사 지연 가능성을 고려했는가? 　─ 설계 변경으로 건축일정이 지연될 가능성은 없는가? • 일정 지연에 대한 대처방안을 가지고 있는가?
현지 상황에 맞지 않는 건축	• 현지의 기후, 문화, 환경적 특성 및 현지 건축물의 특성을 반영했는가? • 수원국 관계자의 의견이 충분히 반영되었는가? • 현지 상황에 맞지 않을 시 대처방안을 가지고 있는가?

인허가 문제 발생	• 인허가 관련 기관과 절차, 소요시간, 준비사항 등을 인지하고 있는가? • 인허가가 지연될 경우에 대한 대처방안을 가지고 있는가? • 인허가와 관련해 발생 가능한 문제점을 인지하고 있는가?
현지 업체와의 계약상 문제 발생	• 현지 시공업체(하도급)와의 계약상 추후 문제가 발생할 여지는 없는가? 문제 발생 시 대처방안을 가지고 있는가?
시공단계의 관리 소홀	• 공사단계 및 관리분야별로 중점 관리항목을 선정하고 적절히 관리하고 있는가? • 사업환경의 특성을 고려한 공정, 품질, 안전, 환경관리가 이뤄지고 있는가? • 주요 자재의 조달일정 관리가 이뤄지고 있는가? • 시공단계 관리상 문제 발생 시 대처방안을 가지고 있는가?
수원국 분담사항 미이행	• 수원국의 분담사항 이행을 위한 준비가 적절히 이뤄지고 있는가? • 수원국 분담사항이 미이행 혹은 지연될 경우에 대한 대처방안을 가지고 있는가? • 시설물 인수인계 및 유지관리에 대해 수원국과 명확히 협의했는가?
건축예산 부족	• 수원국의 요구사항 추가 및 설계 변경(면적 증가 등), 자재단가 상승, 현지 노임단가 상승 등에 따른 건축예산 부족 가능성은 없는가? • 건축예산 부족 시 대처방안을 가지고 있는가?

주 1: 이슬람교에서 행하는 한 달가량의 금식기간. 이 기간에 모든 건강한 성인은 매일 해가 뜨고 질 때까지
　　(즉, 낮 동안) 먹거나, 마시거나, 또는 담배를 피울 수 없다.
자료: 한국국제협력단(2014a), 교육부(2015) 활용 저자 재작성.

건축업무는 일반적으로 CM 선정, 부지 정비 및 기초 인프라 인입, 설계업
체 선정 및 설계, 시공업체 및 현지 감리업체 선정, 건축 허가, 착공, 시공, 준
공, 사후관리의 절차를 통해 이루어진다.

아래에서는 설계단계, 시공업체 선정단계, 착공 및 시공 단계, 준공 및 사
후관리단계의 세부과업과 건설사업 감리과업에 대해 알아보기로 한다.

(1) 설계

건축사업의 설계업무는 크게 설계사 선정, 계획설계(SD), 기본설계(DD),
실시설계(CD)로 진행되고, 전체 설계기간 중 평균 4회의 현지 파견업무를 수
행하게 된다.

〈표 4-19〉에는 각 단계별 설계사, CM, 사업시행기관, KOICA의 역할이 표
기되어 있다. CM은 설계도서 전반을 검토하고, 사업시행기관은 건축물의
기능 및 역할에 맞게 시공이 되고 있는지 확인해 건축물의 완성도를 제고체

야 한다. 기자재 공급업체는 기자재 입찰 및 반입, 전기·기계장비 설치, 배선공사 등과 관련해 시공업체와 충분히 협의해야 한다. 설계단계에서 건물의 기능과 역할에 대한 수원국의 명확한 요구 분석이 이뤄지지 않을 시, 시공단계에 설계상 하자가 지속적으로 드러나 분쟁이 발생할 수 있기 때문이다.

표 4-19 설계단계별 주요 업무 및 결과물

단계	내용	관리문서	주체				
			수원국	KOICA	PM/PC	CM	설계사
현지 조사 (총4회)	1.국내 설계사의 경우 계약기간 내 평균 4회의 현지조사 실시 • 현지 여건조사, 유사사업 사례조사, 현황 측량/ 지반조사, 수원기관 협의, 현지 하도급사 선정, 인허가 진행상황 확인 등 2.착수조사 이후 착수보고회 개최	• 전문가 파견계획서/ 결과보고서		접수/ 검토		검토	제출
계획 설계 (SD)	1.Space Program 확정 2.대안 검토(2~3개) 3.수원기관 협의 4.PMC/PM 협의 5.계획안 확정	• 착수계, (보안)각서, 경력증명서, 라이선스(사업 수행계획서 포함 시 생략)		접수		검토	제출
		• 계획안	검토/ 의견서	접수	검토/ 의견서	검토/ 의견서	제출
기본 설계 (DD)	1.현지 설계사에 하도급을 주는 경우 하도급 용역 착수 전 승인요청서 제출 필요 2.설계안의 디자인, 시스템(구조, 기계, 전기), 건축물의 재료 결정	• 하도급 승인 관련 문서 —하도급 승인 요청서, 하도급 계약서(사본), 대금지급보증서 (필요시)		승인		검토/ 의견서	제출
		• 기본설계도서 —기본설계 납품도서 목록 (Soft Copy), 개략공사비 내역서 • 기성청구서	검토/ 의견서	승인	검토/ 의견서	검토/ 의견서	제출

단계	세부내용	납품물					
실시설계 (CD)	1.90% 단계의 납품도서를 제출하며, CM의 검토사항을 보완해 최종 납품 2.최종 실시설계 납품 시, 납품부수 및 규격협의 가능 3.개략공사비 확정 4.인허가 진행상황 확인	• 실시설계 도서(검토용) －실시설계 납품도서 목록(Soft Copy), 물량내역서(BoQ)	접수			검토/의견서	제출
		• 실시설계 도서 －실시설계 납품도서 목록(설계과업지침서 명기) • 기성청구서	확인	승인	확인	검토/의견서	제출
종료 단계	1.하자보수보증서 및 손해배상보증서 접수 2.최종 결과보고회 개최(필요시)	• 보증보험 －하자보수보증서·손해배상보증서	접수			참조	제출
		• 최종 결과보고서	접수			참조	제출

자료: 김현이(2015).

표 4-20 설계단계 리스크별 점검항목

리스크	주요 내용
사업대상지 관련 수원국 제공자료 부실 또는 오류	• 수원국의 현황 측량도 및 지질조사자료는 적기 제공되며 오류는 없는가? • 동 자료를 제공하지 못하는 사유(측량비용 부담 및 업무태만 등)에 대해 파악되었는가? • 동 리스크에 따른 이슈(설계 변경, 품질저하 등)를 인지하고 있는가?
사업 대상지 혹은 설계 변경	• 사업대상지 변경에 따른 재설계 혹은 수정 가능성은 없는가? • 설계 변경에 따른 리스크(제공 부지의 대지경계선 축소, 계획 대비 대지면적 부족 등)를 인지하고 있는가? • 사업대상지와 관련된 법적제약조건(이격거리 등)에 대해 파악되었는가?
사업시행기관의 업무협조 미비	• 사업시행기관의 사업운영계획 공유 및 기자재 리스트 제공 등 업무협조가 원활히 진행되는가? • 사업시행기관은 건축 관련 기본지식을 가지고 설계관리를 적절히 하고 있는가?
수원국 여건을 고려하지 않은 건축설계	• 수원국의 기후여건(우기, 강수현황, 기후특성 등)에 따른 고려사항(통풍, 채광 등)을 반영해 설계했는가? • 기자재의 주요 사양 및 필요전력, 용수 등을 고려해 설계했는가?
공사비 내역 조정단계에 설계변경 발생, 주요 공사항목 누락	• 실시설계단계에 산출된 공사비 내역이 예산한도액을 초과할 가능성은 없는가? • 공사비 내역 조정 시 설계 변경에 따른 리스크(에어컨, 팬, 싱크, 주방장비, 발전기 등 주요 공사항목 삭제로 공사 시 누락 등)에 대해 인지하고 있는가?
공통	• 상기 리스크별 발생 시 대치방안을 가지고 있는가?

자료: 한국국제협력단(2014a), 교육부(2015) 활용 저자 재작성.

한국 설계사가 선정된 경우, 수원국 현지 설계사와 역할을 분담해 공동으로 설계를 수행하는 경우가 많다. 한국 설계사가 현지의 건설 관련 규정 및 주요 자재, 내역단가, 인허가 등 관련 현지정보를 충분히 파악하기 어렵고, 한국 기준을 적용해 설계도서를 완성할 경우 현실과 동떨어진 설계가 되어 시공단계에 잦은 설계 변경을 겪거나 불필요하게 건축공사비가 상승하게 된다. 따라서 국내 설계 기술력과 현지 정보력을 적절히 조합하기 위해 현지 설계사를 하도급으로 계약해 공동설계를 진행하며, 하도급 계약의 범위는 각 국가별 현지 설계사의 역량에 따라 달라진다. 이때 한국 설계사는 현지 설계사와 긴밀하게 협의해 업무를 진행해야 한다.

표 4-21 설계 수행방식별 리스크

수행방식	리스크
한국 설계사가 설계 전체를 진행할 경우	• 국내에서 설계 전 과정을 진행할 경우 도면의 완성도는 높으나 자재, 배관, 시스템 등이 현지 여건과 달라 시공단계에 잦은 설계 변경이 발생함 • 현지에서 자재 수급이 어렵거나 단가가 높을 경우 공사비 상승요인이 되며 내역 산출에 오류가 발생할 가능성이 있음 • 인허가 추진에 어려움이 있음
한국 설계사가 기본설계, 현지 설계사가 실시설계를 진행할 경우	• 기능적 계획이 필요한 건물의 경우, 오류가 발생하거나 공사비 산정내역이 불완전한 경우가 많음 • 한국 설계사와 CM의 지속적인 설계관리가 필요함
현지 설계사가 설계 전체를 진행할 경우	• 소규모 건축, 개보수 사업에 주로 적용됨 • 현지 건축물 수준으로 저가의 건축계획을 하므로 건축품질 확보가 어렵고, 사업시행기관 및 수원기관의 의견 반영이 초기에 이뤄지기가 쉽지 않아, 공사단계에 클레임과 변경이 잦아짐 • 현지에서 최종 공사비 내역을 작성할 경우, 내역서의 항목이 국내와 같이 세분화되어 있지 않고 공종별로 크게 구분되어 있어 공사항목 누락 및 물량 산출이 불확실한 경우가 많음

자료: 교육부(2015) 활용 저자 재작성.

　또한 설계작업 시, 아시아, 중동·중앙아시아, 아프리카, 중남미 등 지역별로 상이한 특징을 고려해야 한다.

표 4-22 지역별 설계작업 특징

- 아시아 지역
  - 현지에 진출한 한국 업체들이 많기 때문에 지역건설정보의 취득이 타 지역에 비해 상대적으로 용이함.
  - 건축법규가 까다롭지 않고 규정이 없는 경우가 많아 국내법규를 적용해도 크게 무리가 없는 국가들이 많음.
  - 영어 사용이 원활해 설계도서는 영어로 작성됨.
- 중동·중앙아시아 지역
  - 설계 엔지니어들 역량은 타 지역에 비해 우수한 편임.
  - 현지 건축양식은 석재 마감재를 많이 사용하는 등 수준이 우월한 편이나 건축 디자인이 다소 뒤처지므로, 한국 건축가들의 역할이 필요함.
  - 영어 사용이 원활하며, 인접 국가에서의 자재 수급이 용이함.
- 아프리카 지역
  - 건설 관련 현지 법규 및 언어, 도시 계획에 식민지 종주국의 흔적이 남아 있어, 형식적인 규정과 실제 현실이 많이 다름.
  - 영어, 프랑스어, 포르투갈어 등 국가별로 언어 사용에 차이가 있음.
- 중남미 지역
  - 모든 설계도서를 스페인어로 작성해야 함.
  - 기본설계까지만 한국 설계자가 영문으로 작성하고, 이후 실시설계 부분은 현지 업체가 영어, 스페인어로 작성해 검사기능을 충족하고, 공사 진행에도 무리가 없도록 최종 성과물을 작성하는 것이 바람직함.

자료: 교육부(2015: 78~79).

(2) 시공업체 선정

시공사 선정 시 사업의 규모, 상징성, 적정 현지업체 여부 등을 고려해 국내입찰(KOICA 본부) 혹은 국제입찰(KOICA 해외 사무소) 방식을 결정하게 된다.

시공입찰은 국제조달지침 및 국제적 기준에 따르고, 수원국 현지 여건에 맞추어 세부 입찰조건이 조정된다. 대부분의 공사입찰은 현지 국제입찰로 계획되는 경우가 많으며, 조달시스템이 없는 국가들이 대부분이므로 입찰공고는 현지 일간지에 실린다. 국제조달업무지침상 입찰보증금 비율은 5%이나 국가별 실제 비율은 2~3%로 우리 기준보다 낮을 수 있으므로, 유찰 등을 방지하기 위해 현지 입찰관행에 대한 조사가 필수적이다.

시공계약은 국제표준 공사계약서를 사용하여 체결된다. 현지 사무소에서 체결한 계약의 경우는 가급적 현지법을 따라 진행하게 된다. 선금은 10

30% 범위로 지급되며, 계약이행보증금은 10~20% 정도이다. 선금이행증권 및 계약이행보증증권의 경우 보통 현지 은행에서 신용을 담보로 증권을 발급받는다. 공사 준공 후에는 하자보수증권을 받으나, '건설산업기본법'처럼 부위별로 하자담보기간을 책정하기 어려우므로, 현지 관행상 1~2년 정도 하자증권을 은행에서 발급해 하자를 담보한다. 또 하자증권 제출이 여의치 않을 경우 유보금[3]으로 5% 정도를 책정해 공사 준공 후 하자보증금만큼을 제외한 금액만 환수, 나머지는 하자보증금 자체를 담보해 보유하기도 한다.

해외사업 경험이 부족한 국내의 중소 규모 건설사가 시공입찰에 참여하면, 국내 기준으로 저가투찰을 시도하는 경우가 많다. 그러나 해외공사의 내역기준은 국내처럼 일위대가[4]에 의해 산정되지 않으며, 현지 인력 파견 및 자재 운송 등 국내 대비 추가 소요되는 비용이 많다. 이에 저가투찰 시 이윤 보장이 어려워 부실시공으로 이어질 가능성이 있으므로 주의가 요구된다.

표 4-23 시공사 선정단계 리스크별 점검항목

리스크	주요 내용
시공입찰 진행 시 CM의 입찰절차 이해 부족 및 지원 부실	• CM은 해외 건설경험이나 입찰경험을 가지고 있는가? • CM은 입찰절차 및 현지 건설사 여건에 대해 파악하고 있는가? • CM의 지원 부족으로 현지입찰이 원활히 진행되지 않을 경우에 대한 대처방안이 있는가?
현지 입찰관행 적용 미비	• 입찰 추진 전 수원국의 보증요율, 도급기준 등에 대한 조사가 이뤄졌는가? • 동 조사 결과를 바탕으로 입찰계획이 수립되었는가? • 동 조사 미실시 및 입찰계획 미적용에 따른 발생 가능한 문제점(유찰 등)에 대해 인지하고 있는가? 해당 문제에 대한 대처방안이 있는가?
현지 시공사의 낮은 신뢰도	• 적격심사 시 시공사가 제출하는 회사신용도, 프로젝트 집행실적, 전문가 자격 등의 관련 서류는 공신력이 있는가? • 실적 관리기관이나 공증기관이 없는 경우 위조된 서류를 제출했을 가능성은 없는가? • 제출된 서류 검토 외에 시공사의 능력, 경영상태 등을 검증할 방법은 무엇인가? • 현지 시공사의 신뢰도가 낮을 경우에 대한 대처방안이 있는가?

자료: 한국국제협력단(2014a), 교육부(2015) 활용 저자 재작성.

3   공사의 완성 또는 하자보수의무 이행 담보로서 계약금액의 일부 지급이 유보되는 것.
4   표준품셈을 기초로 하여 건설공사의 공종별 단위수량에 대한 금액을 작성한 것.

(3) 착공 및 시공

시공단계는 실제 건축물이 구현되는 단계이므로 시공업체, CM 또는 감리업체, 사업시행기관, 기자재 공급업체 간의 긴밀한 협의가 필수적이다. 시공업체는 주기적인 공정보고[5]와 기성보고[6]를 통해 공사의 진행현황을 보고해야 하며, CM 또는 현지 감리업체는 정해진 감리활동을 실시하고 기성보고를 검토해 이에 대한 결과보고서를 KOICA에 제출해야 한다. 특히 설계변경, 계약변경, 하도급 계약, 보증증권관리 등과 관련해 분쟁이 발생할 수 있으므로 계약관리 역할이 상당히 중요하다.

표 4-24 시공단계관리 주요 내용 및 결과물

항목	주요 내용	결과물
착수 단계 관리	• [시공사] 수원국 착공허가 필요시, 허가 취득 • [시공사] 공사계약서에 의한 착공서류 제출 • [시공사] 현지 시공사에 하도급을 주는 경우, 하도급 공사 착수 전 하도급 승인요청서 제출 → [CM] 검토 → [KOICA] 승인 • [CM] 품질관리, 공정관리 등 건축시공관리 진행상황 보고	• [수원국 인허가] 착공신고서 • [착공계] 시공계획서(시공방법, 공정표, 공정별 인력투입계획, 장비투입계획, 안전관리계획, 품질관리계획), 착공계, (보안)각서, 보할 공정표₁, 현장대리인계, 경력증명서 및 라이선스 • [하도급 승인] 하도급 승인요청서, 하도급 계약서(사본), 대금지급보증서(필요시)
공사 진행 관리	• [시공사] 기성 신청 → [CM] 계약조건에 따라 검토 → [KOICA] 지급 • [시공사] 설계변경 발생 시 실정보고 → [CM] 설계변경절차에 따라 검토 → [KOICA] 승인 및 계약변경 • [기자재 공급업체, 사업시행기관] 기자재가 설치되어야 할 경우, 확정된 기자재 사양을 확인해 시공에 반영되도록 감독 • [사업시행기관, 시공사, CM] 건축 관련 수원국 분담사항 이행 관리	• [보고서] 공사일보(업무일지), 주간공정보고서, 월간보고서 • [승인요청문서] 자재승인요청서, 품질시험성적서, 안전관리 • [기성청구] 기성 검사원, 기성 청구서, 첨부문서 • [설계변경] 실정보고, 설계변경 요청서(시공사, 수원국), CM 설계변경 검토서

주 1: 보할은 총 공사비 대비 공정별 공사비의 요율로, 보할 공정표는 공정별 진행정도를 파악하기 위해 작성하는 문서임.
자료: 교육부(2015), 김현이(2015) 활용 저자 재작성.

---

5   공정이란 작업의 구절단위이며 분업단위와 같은 것으로서, 일반적으로 전체 공사의 계획에서 각 공사단계에 대해 역일에 대한 공사의 진도를 의미.

6   기성은 공사과정에서 현재까지 완성된 정도를 의미. 따라서 기성보고는 그때그때 계획한 목표치를 만족해 시공되었는지에 대한 보고.

설계변경은 시공사 혹은 KOICA의 요청에 따라 필요시 추진되는데, 당초 계약의 목적이나 본질을 바꿀 만큼 변경되어서는 안 된다. 시공사의 요청에 따른 설계변경 사유에는 설계서와 현장 상태가 불일치하거나 설계서상 오류 등이 있을 경우, 시공사의 신기술·신공법을 제안하는 경우가 있으며, KOICA의 요청에 따른 설계변경은 사업계획이 변경되거나 특정 공정을 추가 또는 삭제하는 경우, 시공방법을 변경하는 경우 등이다. 설계변경 요청주체별 진행절차는 〈그림 4-1〉과 같으며 관련 규정, 시기, 방법 등 세부내용은 KOICA에서 발간한 '건설공사 설계변경 가이드라인'(2017.12., 지역총괄실)을 참고하기 바란다.

표 4-25 시공단계 리스크별 점검항목

리스크	주요 내용
수원국 분담사항 미이행	• 수원국 분담사항(내부 도로, 조경, 담장, 전력 및 상수 인입 등) 이행 여부를 지속적·적극적으로 점검했는가? • 동 분담사항은 적기 이행되었는가? • 동 분담사항 미이행에 따른 발생 가능한 문제점을 인지하고 대처방안을 가지고 있는가?
공기 지연	• 공기 지연 요인을 인지하고 있는가? 　－ 수원국 분담사항 이행 지연, 현지 정세 불안정, 초기 설계단계의 협의 부족으로 인한 추가공사범위 발생, 수원국 현지 여건에 맞지 않는 건축일정 산정, 하도급 업체 문제, 자재수급 문제, 현지 시공사의 자금순환 어려움 및 낮은 작업 효율성 등 • 공기 지연에 따른 발생 가능한 문제점을 인지하고 대처방안을 가지고 있는가?
설계변경업무 처리 부적절	• 현지 시공계약의 경우 설계변경업무가 원만히 처리되지 않을 수 있다는 점을 인지하고 있는가? 이 경우 대처방안을 가지고 있는가?
시공과 기자재 설치 간 협업 미비	• 시공업체와 기자재 공급(설치)업체 간 업무 분담과 책임 소재를 명확히 인지하고 있는가? • 시공업체와 기자재 공급(설치)업체 간에 분쟁이 발생할 가능성은 없는가?

자료: 한국국제협력단(2014a), 교육부(2015) 활용 저자 재작성.

그림 4-1 설계변경 절차

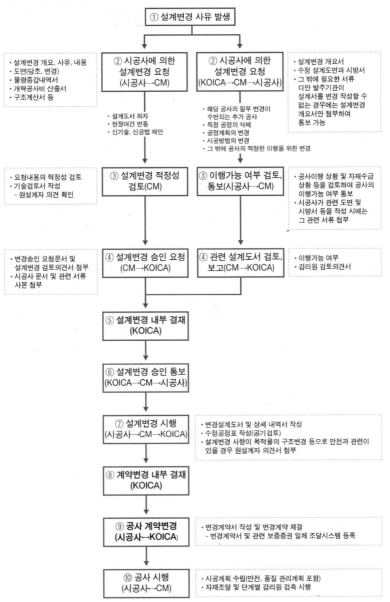

```
                    ┌─────────────────────┐
                    │ ① 설계변경 사유 발생 │
                    └─────────────────────┘
```

- 설계변경 개요, 사유, 내용
- 도면(당초, 변경)
- 물량증감내역서
- 개략공사비 산출서
- 구조계산서 등

② 시공사에 의한 설계변경 요청 (시공사→CM)

② 시공사에 의한 설계변경 요청 (KOICA→CM→시공사)

- 설계변경 개요서
- 수정 설계도면과 시방서
- 그 밖에 필요한 서류
  다만 발주기관이 설계서를 변경 작성할 수 없는 경우에는 설계변경 개요서만 첨부하여 통보 가능

- 설계도서 하자
- 현장여건 변동
- 신기술, 신공법 제안

- 해당 공사의 일부 변경이 수반되는 추가 공사
- 특정 공정의 삭제
- 공정계획의 변경
- 시공방법의 변경
- 그 밖에 공사의 적절한 이행을 위한 변경

- 요청내용의 적정성 검토
- 기술검토서 작성
  - 원설계자 의견 확인

③ 설계변경 적정성 검토(CM)

③ 이행가능 여부 검토, 통보(시공사→CM)

- 공사이행 상황 및 자재수급 상황 등을 검토하여 공사의 이행가능 여부 통보
- 시공사가 관련 도면 및 시방서 등을 작성 시에는 그 관련 서류 첨부

- 변경승인 요청문서 및 설계변경 검토의견서 첨부
- 시공사 문서 및 관련 서류 사본 첨부

④ 설계변경 승인 요청 (CM→KOICA)

④ 관련 설계도서 검토, 보고(CM→KOICA)

- 이행가능 여부
- 감리원 검토의견서

⑤ 설계변경 내부 결재 (KOICA)

⑥ 설계변경 승인 통보 (KOICA→CM→시공사)

⑦ 설계변경 시행 (시공사→CM→KOICA)

- 변경설계도서 및 상세 내역서 작성
- 수정공정표 작성(공기검토)
- 설계변경 사항이 목적물의 구조변경 등으로 안전과 관련이 있을 경우 원설계자 의견서 첨부

⑧ 계약변경 내부 결재 (KOICA)

⑨ 공사 계약변경 (시공사↔KOICA)

- 변경계약서 작성 및 변경계약 체결
  - 변경계약서 및 관련 보증증권 일체 조달시스템 등록

⑩ 공사 시행 (시공사↔CM)

- 시공계획 수립(안전, 품질 관리계획 포함)
- 자재조달 및 단계별 감리원 검측 시행

자료: 한국국제협력단(2017e: 5)

(4) 준공 및 사후관리

공사가 완료되면 준공검사, 준공 관련 인허가, 사업비 정산, 수원국 인수인계, 현장 정리 및 행정업무, 준공식 혹은 개원식 개최를 실시하게 된다.

기계 및 장비 설치 등의 과업이 포함되어 있는 사업은 정상 작동 여부를 점검하기 위해 준공 전 시운전을 하게 된다. 또한 건축공사비가 200만 달러 이상이거나 KOICA 담당자가 그 필요성을 인정하는 경우, 준공 전 2개월 내에 예비준공검사를 실시하게 된다.

이러한 준공 및 사후관리 단계별 과업은 〈표 4-26〉과 같으며 세부내용은 KOICA에서 발간한 '건설공사 준공 및 하자보수관리 가이드라인'(2017.12., 지역총괄실)을 참고하기 바란다.

표 4-26 준공 및 사후관리 단계별 과업

단계	주요 내용
시운전 (해당 시)	• [시공사] 시운전 계획서를 시운전 30일 전까지 CM에 제출 및 시운전 절차 준비 ↓ • [CM] 시공사가 제출한 시운전 계획서를 검토·확정해 시운전 20일 전까지 KOICA 및 시공사에게 통보, 시운전 입회, 시운전 완료 후 결과보고서를 시공사로부터 제출받아 KOICA에 제출
예비 준공 검사 (해당 시)	• [시공사] 준공 전 2개월 내에 예비준공검사원 제출 ↓ • [CM] 예비준공검사원을 검토해 KOICA에 제출, 예비준공검사 실시 (KOICA 담당자, 건축전문관 등 입회) ↓ • [시공사] 품질시험·검사 총괄표 제출 ↓ • [CM] 품질시험·검사 총괄표 검토 후 검토서를 KOICA에 제출, KOICA의 검사 지적사항을 시공사에 보완 지시 ↓ • [시공사] 지적사항 보완 후 CM의 확인 득, 준공검사신청서 제출
준공검사	• [시공사] 완공 시 준공검사신청서 등을 CM, KOICA에 서면 통지하고 검사 요청 ↓ • [CM] 준공검사신청서 접수 후 3일 내 준공검사자(총괄 CM 단장 등)를 임명해 검사팀 구성, KOICA 보고, 준공검사자는 준공검사신청서 접수 후 20일 내 시공사 입회하에 검사 실시, 준공검사 완료결과에 대한 검사조서를 작성해 검사 후 5일 내 검사결과를 KOICA에 보고, 조치사항이 있을 시 시공사에 통지

사업비 정산	• [시공사] 사업비정산서 작성 및 준공 기성 신청(준공정산이 완료된 계약내역서 기준), 하자이행보증서 제출(보증서 발급 불가 시 하자담보책임기간 동안 유보금으로 대체), 준공도서 제출, 선급금 공제완료 확인 및 지급보증서 반환, 계약이행보증서 반환 ↓ • [CM] 사업비정산서 검사, 상기 보증서/도서 제출 및 반납 현황 확인, 정산잔액 지급에 대한 의견서 KOICA에 제출 ↓ • [KOICA] 시공자 이행사항 및 CM 검토의견 확인 후 최종 기성잔금 지급 ↓ • [시공사] 하수급인으로부터 대금수령내역(수령자, 수령액, 수령일 등) 및 증빙서류를 받아 대금수령일로부터 5일 내 KOICA에 제출
수원국 인수인계	• [시공사] 인수인계 계획 수립 및 CM 제출 ↓ • [CM] 인수인계 계획 검토 및 검토결과 KOICA에 제출 　ㅡ 인수인계에 대해 수원기관 및 KOICA의 이견이 있는 경우, 이에 대한 현황 파악 및 필요대책 등의 의견을 제시하고 시공사가 이를 수행토록 조치 ↓ • [수원기관] KOICA, 시공사, CM 입회하에 직접 건물 인수

주: 상기 내용은 건축 포함 사업에 해당되며, 이 외 토목사업 등은 공사 감리과업을 수행하는 기관(PM, PMC 등)
이 CM 역할 수행.
자료: 한국국제협력단(2017f), 교육부(2015), 김현이(2015) 활용 저자 재작성.

준공식 혹은 개원식은 완성된 건축물이 최초로 공개되고 프로젝트의 결과물이 수원국에 이관됨을 알리는 중요한 순간이기 때문에 수원국의 고위급 주요 인사가 참석하게 된다. 프로젝트 시작부터 개원까지의 주요 과정을 사진 또는 비디오로 기록한 내용을 편집해 개원식에서 상영함으로써 프로젝트에 참여한 사람들에게 자부심을 느끼게 해주고 이후에도 많은 관심을 갖고 사후 지속성이 유지될 수 있도록 하는 것이 좋다.

수원기관은 인수인계 이후 건축물의 지속적 관리와 보수를 담당해야 함에도, 중앙정부로부터 지원되는 운영관리비가 부족하고 시설을 통한 자체 수익률이 높지 않으므로 많은 건물이 관리부실로 하자가 생기기도 한다. 따라서 시공사의 하자이행보증서가 유효한 기간까지는 시공사가 유지보수항목에 대한 지원을 해야 하며, 이후 발생되는 추가 공사나 요구사항은 필요시 KOICA의 사후관리 등을 통해 지원할 수 있다.

그림 4-2 준공식/개원식 사진

자료: 필리핀 다바오 직업훈련원 2차 지원사업 준공식 내부자료(2016).

건축시설의 내외부에는 현판, 머릿돌, 시설안내·층별안내 사인 등 KOICA 지원사업임을 홍보하기 위해 사인물(Signage)을 부착하게 되는데, 사인물의 삽입문구 및 최종 디자인은 KOICA에서 발간한 '건축시설 표준 사인물 매뉴얼'(2018.1., 지역총괄실)을 참고해 수원기관과 협의 후 KOICA 사무소장의 최종 승인을 거쳐 제작해야 한다.

표 4-27 건축시설 사인물 표준 디자인 및 활용방안

현판(건물 정면 진입부 또는 로비 벽체 내부 부착)

머릿돌(건물 정면 진입부 부착)

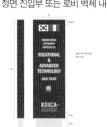

지주 사인(건물 외부 진입부 부착)

층별안내 사인(로비, 홀 부착)

- **(설계단계)** 표준 디자인을 활용해 사인물 디자인 계획안을 설계 도서 및 내역에 포함할 것
- **(제작 및 설치 단계)** 사인물 디자인 계획안을 바탕으로, 삽입문구 및 최종 디자인을 수원기관과 협의해 KOICA 사무소장의 최종 승인 이후 제작할 것
  - 설계도서에 계획안이 없을 경우, '건축시설 표준 사인물 매뉴얼'의 붙임자료인 디자인 원안을 활용
  - 시공계약 내에 사인물의 제작·설치비가 포함되어 있지 않은 경우, 현지 사인제작업체를 통해 별도계약으로 추진 가능

자료: 한국국제협력단(2018a).

시공사는 시설물을 인수 인계한 날과 준공검사를 완료한 날 중 먼저 도래한 날부터 계약서상 지정한 하자담보책임기간 동안 시설물에 발생하는 일체의 하자를 보수해야 한다. 하자보수절차는 〈표 4-28〉과 같다.

표 4-28 하자보수절차

단계	주요 내용
정기 하자점검	CM은 하자담보책임기간 중 연 2회 이상 정기적으로 하자검사를 실시하고, 그 결과를 KOICA에 보고해야 함
하자보수 조치	CM은 하자검사 결과 하자사항이 확인된 경우 시공사에 하자보수 이행을 지시해야 함
최종 하자점검	CM은 하자담보책임기간이 만료되기 1개월 전부터 만료일까지의 기간 중 최종검사를 실시해야 하며, 최종검사 완료 즉시 하자보수완료확인서를 시공자에게 발급해야 함

자료: 한국국제협력단(2017f: 910).

(5) 건설사업관리(CM: Construction Management)

현지의 건설사업환경이 국내와 상이하고 기술수준이 제약적임에도 불구하고, 수원국의 제도와 규범 내에서 현지 인력과 함께 사업을 진행해야 하는 것이 ODA 건축사업의 특징이다. 결국 자재 및 인력 등 시공단계의 투입요소들은 현지화하더라도 한국 전문가들에 의한 총괄적인 관리와 전문지식 투입, 기술적 자문이 절대적인데 CM이 그 역할을 수행하게 된다.

건축이 포함된 사업비 1000만 달러 이상의 프로젝트는 개별 CM을 선정해 관리하고, 그 이 사업이 경우 준합건설사업이 개념으로 지역 CM 제도를 수

립해 지역단위로 통합 관리하게 된다. 현지법상 현지 감리자를 통한 감리가 필수인 국가의 경우, 현지 감리 선정을 고려해 국내 CM의 선정 여부를 판단하고, 감리와 CM이 모두 필요한 경우 각각의 업무역할과 책임권한을 명확히 하여 계약에 반영될 수 있도록 계획한다.

CM은 KOICA의 건설감독권한을 위임받은 대리인으로서, 건설사업 전체 단계에서 설계, 계약, 원가, 공정, 품질, 안전 등의 관리업무를 수행한다. 2017년 말 기준, 총 8개 지역 CM이 39개국 133건의 건축사업을 관리 중이며, 18개국에 상주 CM이 파견되어 있다.

이 장에서는 건축기획 이후 건축사업 수행기관 입찰단계부터의 CM 역할에 대해 알아보기로 한다. 〈표 4-29〉는 지역 CM의 역할을, 〈표 4-30〉은 건축사업단계별 CM의 주요 과업 및 과업에 따른 결과물을 설명한 것이다.

표 4-29 지역 CM의 주요 역할

단계	역할 및 주요 과업
CM 총괄팀	• 해당 지역의 국가별 건설사업 공사감독 대행 • 지역 전반의 건설사업을 관리하며, 건축사업 수행기관 간 협의 및 행정업무 (계약, 공정, 문서 등)를 총괄적으로 관리 • CM 로드맵 수립, 인허가 스케줄 관리, 발주계획 수립, 계약업무 등 수행 • 정기적으로 현장시공상태를 종합적으로 점검, 확인, 평가, 지도기술 등 • 주/월/분기별 업무보고
상주 CM (현장 파견)	• 총괄팀의 관리하에 파견국가 건설사업 현장 관리 • 담당지역 국가의 건설사업 전반을 관리하며, 거점국가에서 상주 관리 및 그 외의 담당지역 국가의 건설사업 병행 관리 ※ 발주처 요청 시 사업추진 여건에 따라 비상주 CM의 파견국가 상주체제 변환 가능
비상주 CM단	• 건설분야별 기술지원(분야별 설계 검토, 시공계획, 공법 등 기술대안 제시, 실시설계 기술검토 등) 및 공정관리/원가관리(Master Schedule, 세부공정계획 및 공기단축방안, 공사비 분석 및 관리계획 수립 등)를 수행

자료: 한국국제협력단(2016b: 110).

표 4-30 건축사업단계별 CM의 주요 과업 및 결과물

단계	역할 및 주요 과업	결과물
입찰	• 건축사업 수행기관[설계용역업체, 시공업체, 현지 감리업체(필요시)] 선정 지원 　─ 선정입찰방식 검토 　─ 입찰계획 수립(입찰안내서, 세부입찰계획 작성 및 입찰설명회 지원, 사업참고자료, 과업지시서/제안요청서 작성 지원) 　─ 현지입찰 시 입찰진행 지원 　─ 기술협상 및 계약서 검토 및 지원 　─ 계약서 작성 및 검토 지원 　─ 각종 보증보험 관리	• 입찰 계획서 　─ 입찰공고문 　─ 사업참고자료 　─ 과업지시서/제안요청서 등 • 입찰설명회 준비자료 • 계약서 초안
설계	• 설계단계별 설계도서 검토 및 자문 　─ 계획, 기본, 실시설계 단계별 도서 검토 　─ 설계진행일정 관리 　─ 설계단계의 예산 검증 및 조정 업무 　─ 설계 경제성 검토 　─ 유관기관(수원기관, KOICA, 사업시행기관 등) 의견 조율 및 반영	• 단계별 설계도서 검토의견서 • 설계 중간 회의록 등
시공	• 공정관리체계 수립 등 책임감리 업무 　─ 설계변경 검토 및 자문 　─ 시공업체 업무수행 지도 및 자문 • 주요 기성 검토 　─ 주요 기성 시 현장 감리 　─ 각 항목(토목, 기계, 전기 등) 공정점검 　─ 설계변경 등 조정사항 발생 시 자문 • 국가별 시공지침 수립	• 현장조사계획서 및 결과보고서 • 감리 및 기성 보고서 • 설계변경 검토서
준공 및 사후관리	• 준공점검계획 수립 　─ 인수인계, 시설물 유지 관리 매뉴얼 　─ 시운전 보고서, 하자보수 리스트 • 최종 준공승인 및 준공결과보고서 　─ 수원국과 프로젝트 인수인계 합의 • 프로젝트 사후관리계획 수립 　─ 사후관리대책 및 시설물 유지관리사항 정리 　─ CM 용역 수행결과를 총 정리해 용역수행 결과보고회 개최	• 준공점검계획서 • 준공결과보고서 • 사후관리계획
기타 업무	• 건축사업 관리 자문 • 국별/지역별 건축 매뉴얼 작성(분기) 　─ 수원국 건축 인허가 등 법규 및 제도 조사 　─ 수원국 건축노임, 건축자재 등 건축단가 조사 　─ 현지 조달 및 입찰 관련 법규, 관행 조사 　─ 수원국 내 설계, 시공회사 조사 및 평가 • CM 착수보고서(인수인계 후) • CM 정기보고서 작성 　─ 주간 및 월간 공정보고 • 리스크 분석 및 대안 도출	• CM 정기보고서 　─ 주간공정보고 　─ 월간공정보고 　─ 분기보고서(국별건축매뉴얼) • 출장계획 및 결과보고서 • 용역종료보고서 • 인수인계서

자료: 한국국제협력단(2014a), 교육부(2015) 활용 저자 재작성.

상주 CM의 경우 건축 규모와 특성에 따라 현장 파견 여부를 결정하게 된다. 상주 CM은 건설감독권한을 대행하기도 하며, 동시에 건설사업관리자로서 책임도 다해야 한다. 상주 CM이 파견된 국가는 1개 사무소에 평균 2~3개의 건설사업이 있으며, 필요시 현지인 감리를 고용해 현장에 상주 배치해 지속적인 공사감리를 수행하고, CM은 현지 내에서 비상주 순회감리를 한다.

상주 CM은 매주 주간업무보고를 KOICA 해외 사무소장에게 제출하고, 업무보고 및 협의 결과를 정리해 총괄 CM에 보고해야 한다. 총괄 CM은 KOICA 본부의 건축 담당자에게 2주 1회 대면으로 정기보고를 하고 출장 및 휴일 등의 사유로 대면보고가 불가할 경우 차주보고를 시행해 최소 월 2회 이상 보고하도록 한다.

그림 4-3 지역 CM 보고체계

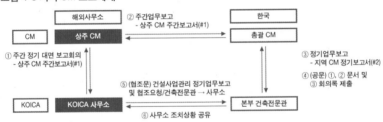

자료: 방설아(2017: 3).

2) 정보시스템 개발

정보시스템 개발은 수원국 정부의 서비스 기능별 행정시스템을 현대화함으로써 행정서비스의 효과성을 향상시키고자 공공행정분야 프로젝트의 주구성요소로 포함된다. 또한 ICT는 범분야로서 교육, 보건, 농촌개발 등 대부분 분야의 사업에 포함되어 정보체계 개선에 기여하기도 한다.

정보시스템 개발사업의 결과물은 눈으로 보이지 않는 무형의 형태로, 시스템 사용주체인 수원기관 관계자가 동 시스템을 실제로 활용해 목표로 했던 결과를 도출하는지에 따라 사업의 성패가 결정된다고 볼 수 있다. 따라서 시스템 개발에 있어 단순히 오류 없이 구축하는 것뿐 아니라 시스템의 활용이 수원국에 가져올 효과, 즉 성과지표의 달성 여부에 유념해 프로젝트를 수행해야 한다.

개발되는 시스템의 분야는 민원, 조달, 관세/통관, 출입국 관리, 특허, 통계, 지방자치단체 도시행정, 소송, 투표, 재정, 인사, 교통, 예·경보, 통계, 의료정보, 이러닝(e-Learning) 등으로 매우 다양하다.

정보시스템 개발사업은 분석/설계, 개발, 설치/테스트/교육, 하자보수/유지관리 단계를 거친다. 시스템 감리의 경우 분석완료시점, 설계완료시점, 개발완료시점, 설치/테스트 완료시점에 각각 이뤄지는 것이 일반적이나, 감리 횟수와 절차는 프로젝트의 규모와 특성을 감안해 최종 결정한다. 정보시스템 개발사업을 수행하는 정보화전략계획수립(컨설팅 포함) 용역업체, 시스템 개발 용역업체, 시스템 유지관리 용역업체, 시스템 감리업체는 각각 〈표 4-31〉의 과업을 담당하게 된다.

표 4- 31 정보시스템 개발사업 수행기관별 주요 과업

사업시행기관 유형	역할 및 주요 과업
정보화전략계획 수립(BPR/ISP₁) 용역업체	• 현 업무추진방식, 조직운영 현황을 분석해 효율적인 표준절차 정의 및 재설계 • 현 정보시스템의 기능, 하드웨어 구성현황, 이슈 및 요구사항을 분석해 시사점 도출 • 비전, 전략 및 로드맵을 제시하고, 목표모델 수립 및 정보시스템 재설계 • 정보시스템 구축을 위한 소요예산 및 투입인력 산정
시스템 개발 용역업체	• 시스템 설계, 개발, 설치, 테스트 실시 • 현지 전문가 역량강화교육 및 기술이전 실시 • 시스템 유지보수계획 수립
시스템 유지관리 용역업체	• 개발된 시스템의 유지관리

시스템 감리업체[2]	• 요구정의, 설계, 종료단계 감리 수행 • 사업관리 및 품질보증, 응용프로그램, 데이터베이스, 시스템 구조, 시험 및 전환, 보안 및 비상 대책, 기타 관련 지침 분야 점검

주 1: Business Process Reengineering(업무절차 재설계), Information Systems Planning(정보화전략계획 수립).
주 2: 개인 감리인을 활용하기도 하며, 자세한 내용은 〈표 4-36〉, 〈표 4-37〉에서 다룸.
자료: 한국국제협력단(2017h), 한국국제협력단(2017i) 활용 저자 재작성.

표 4-32 정보시스템 개발사업 단계별 주요 업무 및 결과물

항목	주요 업무	결과물[1]

분석/
설계
	• 현지조사를 통해 제안요청서와
	  업무 불일치 여부 확인
	• 요구사항 분석을 통해 세부요구사항 확정
	• 현지 시스템 개발 또는 유지관리
	  인력/업체 확보
	• 분석 완료 시 1차 감리 실시
	• 설계 완료 시 2차 감리 실시
		• 요구사항정의서
		• 인터페이스정의서
		• 포틀릿[2] 정의서
		• 화면설계서
		• 스타일가이드[3]
		• 통합 DB 논리
		• 물리모델

개발	• 응용 시스템 개발
	  — 현지 시스템 개발 또는 유지관리 인력/
	  업체가 개발에 참여하는 방안 모색
		• 개발소스

설치/ 테스트/ 교육	• 테스트는 수원기관 운영인력과 수행 • 현지 운영자 교육 실시 • 테스트 완료 시 3차 감리 실시	• 시스템 설치 계획서 및 결과보고서 • 테스트 시나리오 및 결과보고서 • 현지 운영자 역량강화계획 및 결과보고서 • 시스템 사용자 매뉴얼 • 시스템 운영자 매뉴얼 • 유지관리계획서 및 결과보고서

주 1: 결과물의 경우 대표 예시이며, 프로젝트 혹은 계약별로 상이함.
주 2: 재사용이 가능한 웹 구성요소로서 직무수행 과정에 필요한 프로세스나 관련 정보, 지식을 보여주는 메뉴.
주 3: 프로그램에 사용자 인터페이스를 만들 때 기준이 되는 각종 규칙들의 집합. 메뉴의 위치, 글자의 모양, 선택방식 등을 이름.
자료: 한국국제협력단(2017h), 한국국제협력단(2017i) 활용 저자 재작성.

정보시스템 개발 프로젝트는 시스템 개발뿐 아니라 관련 법제도 현황 분석 및 자문, 기자재 설치 및 시설공사 등 다양한 요소가 결합되어 있어 각 구성요소들을 유기적으로 연계해야 한다. 또한 구축된 시스템의 사용자인 수원국 공무원 및 국민은 시스템에 대한 이해도나 숙련도가 낮다는 점에 유의해 프로젝트를 추진해야 한다. 〈표 4-33〉은 정보시스템 개발 프로젝트의 리스크에 대해 정리한 것이다.

표 4-33 정보시스템 개발 프로젝트 리스크

리스크	주요 내용
과업범위 관리의 어려움	• 시스템 개발의 주요 목적은 비대면 업무처리와 행정정보 공개를 통해 국가예산의 투명한 집행을 달성하는 것이나, 일부 수원기관 담당자들이 온라인화, 자동화에만 중점을 두어 수작업으로 진행해야 할 업무까지 무리하게 온라인화를 요구함으로써 과업범위 관리에 어려움을 겪는 경우 − 지속적인 사업목표 확인과 홍보활동을 통해 사업의 본래 목적을 명확히 이해시키는 노력이 필요
지속적인 요구사항 도출	• 수원기관 담당자가 요구사항 분석 당시에는 명확한 정보화 요구사항을 제시하지 못했으나 시스템 개발과정, 구축 완료 또는 실제 사용 이후 추가적인 요구사항을 제시하는 경우 − 관련 분야 사업경험이 많은 전문가가 수원국 담당자를 이끌어 요구사항 도출 및 정리 필요
현지 전기 및 통신 인프라 미비	• 통신 인프라의 속도 편차가 크고 자주 단절되거나 전기 사정으로 전원이 불안정한 경우 − 인터넷 기반 정보시스템 개발과 활용은 현실적으로 불가능하므로 대비책 마련 필요 • 수원국에서 시스템 구축의 전제가 되는 인프라를 구축하기로 약속했으나 실현되지 않은 경우 − 인프라 구축시한 및 소요시간, 비용을 산정해 사업 초기부터 수원기관 고위급 담당자와의 회의를 통해 미리 준비할 수 있도록 주지시키고 진행상황 확인 필요 − 구축이 되지 않을 경우에 대한 대비책 마련 필요 • 수원국은 최신 기술을 반영한 선진 시스템의 도입을 요구하지만 기반 인프라가 미비한 경우 − 단계적으로 구축하도록 제안 필요
관련 법제도 개선 지연	• BPR/ISP 단계에서 수원기관과 법제도 개선을 합의하고 미래모형을 설계했으나 결국 법제도 변경이 이루어지지 않아 기존 법제도에 맞추어 시스템 설계를 변경해야 하는 경우 − 법제도 개선시점까지 개발일정을 연기하거나, 법제도의 변경에 따른 추가개발 사항에 대해 수원국이 책임을 지도록 협의 필요
현지 운영조직 미비	• 시스템 관련 정보화 조직, 인력이 없거나 있더라도 충분하지 않고 역량이 부족한 경우 − 시스템 개발 이후 안정적 운영을 담당할 조직과 절차 마련 필요 − 민간 IT 기업을 활용한 아웃소싱 가능 여부 및 관련 예산 소요내역 검토 필요 • 대부분의 하드웨어 및 네트워크 시스템 자원을 아웃소싱업체로부터 임대해 운영하는 등 시스템 운영관리의 독립이 어려운 경우 − 시스템 자원 및 유지 관리에 대한 단계적 독립화 방안 모색 필요
유관기관 정보 연계 관련 어려움	• 시스템 개발을 통해 수원기관의 행정서비스 업무는 개선되었으나 관련 업무를 수행하는 유관기관이 업무절차를 개선하고 정보화를 추진하지 않아 전체적인 행정서비스 개선효과가 제한되는 경우 − (예) 세관의 행정절차가 1주에서 3일로 단축이 되어도 타 기관의 승인절차가 한 달이 소요되고 모든 업무가 수작업으로 처리되는 경우 통관절차가 개선되는 전체적인 효과는 반감됨 • 수원기관의 전산화된 정보를 연계해야 하는 기관이 증가해 시스템적 부하가 발생하고 수원기관 실무업무 담당자의 업무량이 증가하며 관리비용이 증가되는 경우

	— 시스템 개발 전 유관기관과 시스템적으로 정보를 연계해야 하는 경우가 있는지 확인하고, 효율적이면서도 수원기관의 업무 부담을 최소화하기 위한 정보연계방안 모색 필요
IT 기술의 변화	• IT 기술이 빠르게 변화함에 따라 외부환경 변화에 대응하기 위한 하드웨어, 소프트웨어적인 의사결정이 필요한 경우 — 모니터링 주기를 지정해 주기적인 환류 필요

자료: 한국국제협력단(2014a) 활용 저자 재작성.

법제도와 관련된 이슈 발생 시에는 신중한 접근이 필요한데 이는 법제도 변경이 쉽지 않은 한편, 한번 변경되면 관련 시스템 역시 그에 맞게 변경되어야 하기 때문이다. 시스템에 대한 수원국의 요구사항이 관련 법제도의 변화를 수반할 것으로 예측되는 경우, 법제도 변경일정에 따라 개발일정을 연기하거나, 법제도 변경에 따른 추가 개발사항에 대해 수원국이 책임을 지도록 협의할 필요가 있다.

표 4-34 정보시스템 개발사업의 성공요인

- 표준모델 기반 시스템 개발
  - 표준모델을 기반으로 시스템을 개발함으로써 시스템의 변경 및 확장 시 유지관리의 위험을 최소화할 수 있도록 함.
- 이해당사자의 변화관리[1] 수행
  - 불특정 다수가 시스템을 사용하는 경우 변화되는 환경에 대한 불안감, 기득권의 반발, 저항이 있을 수 있어 지속적인 교육과 의사소통, 법제도 개선을 통해 이를 해소함.
- 수원기관의 적극적인 사업 참여 및 홍보
  - 사업 초기부터 수원국의 각 분야별 실무자를 인터뷰, 업무설명, 목표모델 검토, 이해관계자 설득, 테스트 참여, 이용자 교육 등 사업진행 전 과정에 참여시켜 의사소통의 가교역할을 수행하도록 함.
  - 사업의 현지화 및 지속가능성 담보를 위해 수원국과의 운영위원회 구성, 현지 전문가 참여를 통한 공동개발 등 다양한 방법의 참여적 접근을 시도함.
  - 수원기관이 단계별 보고회, 워크숍 등 사업추진과정에서 진행되는 행사는 물론 자체적으로 TV, 신문, 라디오 등 매체를 통한 적극적인 홍보로 사업의 중요성과 참여를 강조해 이해관계자들의 인식 제고에 노력함.
- 시스템 조기 가동을 통한 운영안정성 확보
  - 시스템 개발 및 테스트 완료 후 조기에 시범운영을 개시해 완성도를 검증함. 이를 위해 시스템 이용기관을 대상으로 시스템 이용준비를 주관하는 전담기구를 운영하고, 사업기간 중 시스템 가동 시기와 내용에 대한 지속적인 홍보활동을 실시함. 시스템 이용개시 후 조기 안정화를 통해 시스템의 안정성과 신뢰성을 확보함.
- 시스템 개발 참여인력의 장기 상주
  - 계약조건에 따라 기술이전을 위한 운영지원기간을 일정 기간(2주~2개월) 확보함으로써 안정적으로 시스템을 운영할 수 있도록 함.

- 현지 기관 활용
  - IT 수준이 높은 국가들의 경우 수원국 내 여러 시스템 개발사업을 묶어 현지 업체와 유지관리계약을 체결하고, 이러닝 구축사업의 경우 현지 NGO와 협력해 실제로 수원국에서 활용 가능한 교육 콘텐츠를 개발하는 등, 현지 기관을 활용해 사업시행 과정 및 추후 운영과정에서의 리스크를 줄임.
- 시스템 이용 활성화를 위한 통계 모니터링
  - 정기 모니터링을 통해 시스템 이용 통계를 확인하고, KOICA에서 추후 추가지원사업 선정 시 동 이용 성과지표를 반영토록 함으로써 시스템 활성화를 도모함.

주 1: 변화관리란 기대하는 이익을 실현시키기 위해 현재에서 미래로 조직을 변화시키고자 체계적인 접근법을 적용하는 행동을 말함.
자료: 한국국제협력단(2017a) 활용 저자 재작성.

수원기관 관계자가 개발된 정보시스템을 활용해 목표로 했던 성과를 달성하기 위해서는 시스템 개발 이후 안정적인 운영이 매우 중요하다. 수원국은 자체 운영역량이 부족한 경우가 대부분이기 때문에 프로젝트 집행기간 중 수원국의 운영역량을 제고해줄 필요가 있다.

정보시스템 구축 완료 후 하자보수기간 중 장애가 발생했을 때 사업시행기관이 직접 현지에 방문해 해결하기에는 물리적인 어려움이 있다. 이에, 현지 업체 혹은 인력과 계약을 체결해 하자보수를 수행하도록 하거나 업무 지원을 받도록 한다. 현지 업체 혹은 인력과의 계약 체결은 각각 장단점을 가지고 있다. 현지 업체와 계약을 하는 경우, 보다 안정적으로 운영지원과 기술이전을 할 수 있는 반면 인력계약 대비 많은 비용이 소요되고, 현지 인력과 계약을 하는 경우에는 상대적으로 저렴한 비용이지만 개인의 사정에 따라 인력이 교체될 가능성 등 계약 유지에 어려움이 있을 수 있다.

표 4-35 정보시스템 구축사업의 현지인력 활용사례

- A국 조세행정시스템 구축사업을 수행한 B사는 현지 엔지니어 C씨와 계약을 체결해 시스템 개발과정에 투입하고 하자보수기간 동안 수원기관에 상주시켰다. 개발에 참여했기 때문에 시스템에 대한 높은 이해도를 가지고 있는 C씨는 하자보수뿐 아니라 다양한 추가 편의기능들을 개발·보완해 시스템의 완성도를 높이고 수원기관 관계자를 대상으로 기술이전을 실시해 사업의 지속가능성을 높이는 데 기여했다.

자료: 하성흔(2017).

시스템 감리는 시스템 개발 및 운영 등에 관한 사항을 종합적으로 점검해 문제점을 개선하고, 시스템 개발 용역업체의 과업 이행 여부를 점검함으로써 계약문서에 기술된 과업의 완료 여부를 확인하는 단계이다. KOICA에서는 〈표 4-36〉 및 〈표 4-37〉과 같이 감리수행기준을 정립하고 추진 방식 및 절차를 표준화했다.

표 4-36 시스템 감리 수행 기준, 방식, 절차

항목	주요 내용
감리수행 기준	• 정보시스템 개발이 포함된 경우 → 사업비 규모[1]에 따라 판단 　— 사업비 규모가 10억 원 이상인 경우 → 감리대상(감리법인 활용) 　— 사업비 규모가 1억 원 이상 10억 원 미만인 경우 → 감리대상 　　(감리법인 또는 개인 감리인 활용 가능) 　— 사업비 규모가 1억 원 미만인 경우 → 감리대상 제외 • 정보통신공사가 포함된 경우 　— 6층 미만, 연면적 5천제곱미터 미만의 건축물에 설치되는 정보통신설비의 설치공사 → 감리대상 제외 　— 전기통신사업자가 전기통신역무를 제공하기 위한 공사 또는 철도, 도로, 항만 등 안전, 재해예방 및 운용관리를 위한 공사로서 총 공사금액이 1억 원 이상인 경우 → 감리대상
감리추진 방식	• (그룹감리) 연간 1~2회 또는 지역별로 그룹감리 대상사업에 대해 일괄발주 시행 • (개인감리) 정보시스템 개발비 1억 원 이상 10억 원 이하 사업 및 사업특성상 개인감리를 통해 감리를 추진할 경우 각 소관부서에서 감리 추진 　— 사업관리용역과 시스템구축용역을 분리 발주한 경우, 사업관리용역사가 관련 자격 및 인력을 보유했다면 사업관리용역사를 통해 감리 추진 가능 • 모든 감리대상사업에 대해 3단계 감리 실시 　— 분석완료시점, 설계완료시점, 테스트 이후/이전 단계 등 3단계로 나누어 과업이행 여부 점검
감리추진 절차	

주 1: 사업비 규모=개발인건비(기자재 구입, 설치비 등 제외).
자료: 한국국제협력단(2014b) 활용 저자 재작성.

표 4-37 시스템 감리 단계별 업무 절차 및 결과물

항목	주요 내용	결과물1
감리계획서 작성	• 감리 사업수행계획서 및 단계별 감리계획서를 작성하고 발주기관에 제출	• 사업수행계획서 • 감리계획서
감리 착수회의 개최	• KOICA, 시스템 개발 용역기관, 감리원 및 기타 이해관계자들이 참석하는 착수회의를 개최 　− 투입 감리원, 감리일정 소개 　− 감리 중점 검토사항에 대한 설명 및 KOICA, 시스템 구축 용역기관과의 협의, 조정 　− 감리 대상사업에 대한 소개, 시스템 개발 용역기관 측 감리 대응인력 확인, 감리 장소 및 환경 협의	• 착수회의 자료
현장 감리 실시	• 사업수행계획서에 명시된 참여율에 맞게 현장 감리를 수행하고 감리업무일지를 현장에 배치해 작성 후 감리수행결과보고서와 함께 제출 ※ KOICA의 현장 실사 시 인력투입사항이 감리업무일지와 상이한 경우에는 해당 인력의 감리비를 삭감하고 제재조치를 가할 수 있음 • 해외현지 감리수행 시 파견 14일 전까지 파견계획서를 제출	• 현장 감리수행계획서 • 현장 감리수행결과 보고서 • 감리일지
감리수행 결과보고서 작성 및 통보	• 감리 종료회의 결과를 반영한 최종 감리수행결과보고서를 감리 종료회의 후 10일 이내에 KOICA와 시스템 개발 용역기관에 각 2부 제출	• 최종 감리수행결과 보고서
감리결과 시정조치 확인 및 통보	• KOICA로부터 시정조치 확인 요청을 받은 경우, 5일 이내 시정조치 결과를 확인해 KOICA와 시스템 개발 용역기관에 제출	• 시정조치 확인보고서
감리결과 검사 요청	• 최종 감리 및 시정조치 확인 등 과업이 모두 완료된 경우, KOICA에 검사 요청	• 생성된 모든 문서가 담긴 CD

주 1: 모든 보고서 양식은 NIA(한국정보화진흥원)에서 발간한 '정보화사업 감리 발주관리 가이드 부록 2(단계별 서식 및 사례)'의 해당 서식을 참조.
자료: 한국국제협력단(2017h) 활용 저자 재작성.

3) 기자재 지원

기자재 지원은 프로젝트 목적 달성을 위해 필요한 기계, 기구, 장치 및 구조물 등의 설비와 이를 운용하기 위한 부품 및 물자를 제공하는 것을 말한다. 프로젝트의 목적에 따라 연구장비, 사무기기, IT 장비, 의료기기 등을 다양하게 지원하고 있다.

기자재 선정 및 사양 작성, 기자재 공급업체 선정 이후 기자재 공급업체, 검사업체, 물류업체는 각각 〈표 4-38〉의 업무를 담당하게 되며, 업무절차는

표 4-38 기자재 지원 업무 수행기관별 역할 및 주요 과업

기관	역할 및 주요 과업	결과물
사업시행기관	• 기자재 선정 및 사양 작성	• 기자재 선정 내역서 • 기자재 변경 검토내역서(해당 시)
기자재 공급업체	• 기자재 구매, 검사, 선적, 운송, 설치 및 운영교육 수행	• 기자재 발주 내역서 • 기자재 변경 요청서(해당 시) • 검사 신청서 • 기자재 설치 전문가 파견계획서, 운영교육 계획서 • 시운전/검사 결과보고서 • 운영교육 결과보고서 • 기자재 사용 매뉴얼
검사 업체	• 선적 전 검사(일반/시험/공정)를 통해 기자재 공급계약서상 규격과의 일치 여부를 확인하고, 부적합 사항을 사전에 점검하여 시정 및 보완	• 사전 검사계획서 • 검사계획서 • 검사결과보고서
물류 업체	• 물품 인수, 보관, 검사, 수출포장, 통관, 보험 가입 — 기자재 운송이 과업범위에 포함되어 있지 않은 경우, KOICA가 직접 계약한 물류업체를 통해 기자재 운송을 실시함	• 선적서류(B/L[1] 또는 AWB[2], COMMERCIAL INVOICE[3], PACKING LIST(포장명세서), 적하보험 증권, 수출면장[4])

주 1: 선하증권(bill of lading). 해상운송에서 운송화물의 청구권을 나타내는 유가증권.
주 2: 항공운송장(air waybill).
주 3: 상업송장. 외국무역에서 수출상으로부터 수입상에게로 작성되는 상거래용 송장.
주 4: 수출에 대한 내용을 작성해 기록하는 서식.
자료: 한국국제협력단(2012b) 활용 저자 재작성.

〈그림 4-4〉와 같다.

기자재 지원업무를 수행하는 각 기관 간 협업뿐 아니라 시공업체와의 협업도 매우 중요하다. 사업시행기관은 기자재 사양 작성 및 검사 과정에서 특정 업체나 제품을 위한 사양서를 작성하거나 검수과정에서 의혹을 가질 만한 편의를 제공하는 등의 행위를 삼가야 한다. 또한 기자재 설치에 관련해 필요시 건축부문과도 사전에 충분히 협의해야 한다.

그림 4-4 기자재 지원 업무 절차

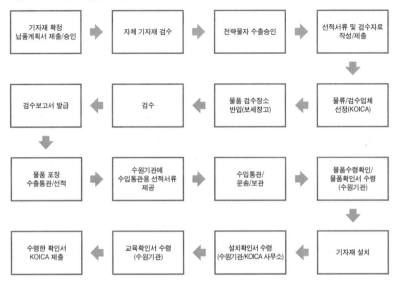

자료: 하성흔(2017: 15).

표 4-39 기자재 지원 문제 사례 1

• 기자재 설치 관련, 기자재 공급업체와 시공사 간 상호 협의가 부족하여 기자재 설치를 위해 새로 건축한 벽을 허문 사례

자료: 한국국제협력단(2012a: 71).

　기자재 지원사업의 평가결과에 따르면, 기자재 지원 후 수원국의 활용도가 낮은 경우가 있는데, 그 사유는 지원된 기자재 사양의 부적절성과 운영인력의 부재로 볼 수 있다.

　기자재의 원활한 운영을 위해서는 사전에 수원기관과 긴밀히 협의해 프로젝트 완료 이후 유지·관리하기에 적절한 기자재를 지원해야 한다. 일부 상용 데이터베이스 소프트웨어의 경우 연간 유지보수비용으로 공급가의 22~25%를 요구하며, 최고 성능의 최신 기자재들은 부품의 가격 또한 높을 가능성이 있다. 또한 운영을 위해 특수한 기술을 가진 인력을 필요로 하기도 한다. 그러나 대부분의 수원국은 재정 부족으로 기자재의 유지보수재원 마련도 쉽지 않은 경우가 많아서 하자보수기간 이후 운영이 제대로 되지 않는 경우가 종종 발생하고 있다.

따라서 기자재를 운영할 인력이 없거나 인력에 대한 훈련이 미비해 기자재 활용도가 낮은 경우에 대비해, 기자재 운영에 대한 교육을 필수적으로 진행하고, 기자재 활용 여부를 지속적으로 확인하는 것이 중요하다.

표 4-40 기자재 지원 리스크별 점검 항목

리스크	주요 내용
기자재 및 설비 부족	• 사업에 요구되는 기자재의 사양 및 수량을 정확히 인지하고 있는가? • 요구 기자재의 부족 시 이를 해결할 수 있는 대처방안을 수립하고 있는가? ㅡ 추가 조달 방안, 현지 및 국내 조달 방안 등
통관문제	• 수원국의 통관체계에 대해 인지하고 있는가? • 통관 지연을 야기하는 주요 요인에 대해 인지하고, 이에 대한 대처방안을 가지고 있는가? • 통관 지연 시 비용 증대에 따른 예산확보가 가능한가?(창고 및 컨테이너 임대료, 교체 및 수리 비용 등) • 통관 지연에 따라 발생되는 문제점에 대해 인지하고, 이에 대한 대처방안을 가지고 있는가? • 통관 분류코드가 미비할 경우에 대한 대처방안을 가지고 있는가?
유지관리비용 증대	• 유지관리비용의 증가를 야기하는 주요 요인에 대해 인지하고, 이에 대한 대처방안을 가지고 있는가?
기자재 보관 장소의 부적절한 선택	• 수원국 내 기자재 보관 장소 및 장소 여건을 정확히 인지하고 있는가? • 수원국 내 기자재 보관 장소가 변경되는 상황에 대한 대처방안을 가지고 있는가?
자산손실	• 기자재, 주요장비 등에 결함 또는 고장이 발견되는 경우에 대한 대처방안을 수립했는가? • 기자재, 주요장비 등이 손실되거나 도난당했을 경우에 대한 대처방안을 수립했는가?
필요한 지식과 기술의 부재	• 현지에서 기자재의 검사 및 설치가 잘못되었을 경우에 대한 대처방안을 가지고 있는가? • 현지에 기자재 사용에 관한 지식과 기술을 보유한 인력 확보가 어려운 경우에 대한 대처방안을 가지고 있는가?
현지조달의 어려움	• 현지의 기자재 조달 업체(직접 조달하는 경우에는 기자재 판매 업체)를 잘 파악하고 있는가? • 현지에서 기자재 조달이 어려운 경우에 대한 대처방안을 가지고 있는가?
현지 유지관리의 어려움	• 국내 기자재 및 시스템 소프트웨어를 적용함으로 인해 사후지원의 어려움이 발생할 가능성은 없는가? • 현지에서 기자재의 유지 관리가 불가능한 경우에 대한 대처 방안을 가지고 있는가?

- 사업 종료 이전, 제공된 기자재의 하자보수 책임소재와 절차에 대해 명확히 결정했는가?

자료: 한국국제협력단(2014a) 활용 저자 재작성.

표 4-41 기자재 지원 시 유의사항

- 수원기관의 유지관리 및 운영 능력 등을 검토해 최신/최고 성능의 기자재가 아니라 현지 실정에 적합하며 활용도가 높은 사양의 기자재 제공
- IT 기자재 지원 시 사후 TCO(Total Cost of Ownership)$_1$를 낮추기 위해 보다 저렴한 대체 기자재를 선정하거나 수원기관이 대비할 수 있도록 기자재의 TCO를 계산해 제공
- AVR$_2$, UPS$_3$ 등 전압보조장비 제공
- 일정 기간 사용 가능한 소모품 제공 및 수원국에서 소모품 구매가 가능한 기자재 제공
- 온습도가 유지되는 안정적인 보관창고 확보
- 방수용 커버, 덮개 등 지원해 누수, 먼지 등 이물질 유입으로부터 장비 보호
- 기자재 관리 담당자 배치
- 기자재 관리 규정 또는 지침서 작성(취득, 시험, 검사방법, 운영과 보관, 폐기절차의 문서화)
- 체계적인 기자재 관리대장 작성 및 정기적인 점검 실시

주 1: 전산시스템을 도입할 때 단순히 초기 투자비용만이 아니라 도입 후 운영이나 유지관리비용까지 고려하는 개념의 용어.
주 2: 자동전압 조정기(AVR: Automatic Voltage Regulator).
주 3: 무정전 전원 장치(UPS: Uninterruptible Power Supply).
자료: 하성흔(2017) 활용 저자 재작성.

(1) 기자재 발주

기자재 공급업체는 해당 입찰 과업지시서상 착수조사 실시 업무가 포함되어 있을 경우, 계약 체결 이후 기자재 발주 전 착수조사를 실시하게 된다. 착수조사를 통해 △지원 기자재의 세부사양 확정, △기자재 운송일정 협의, △현지 구매 기자재의 구입 및 운송, 국내 구매 기자재의 운송방법 협의, △현지 설치조건(설치장소, 전압/주파수, 정전기, 항온항습,[7] 최고/최저 온도, 배선 가능 여부, 설치 전문가 투입인원 및 자격요건, 현지 파견일수 등) 조사, △현지 유지보수 가능 여부 확인 등의 업무를 수행하게 된다.

착수조사 이후에는 계약상 정한 사양 및 수량의 기자재를 계약상 정한 기한 내 KOICA가 지정한 장소에 납품 혹은 설치해야 한다. 이때, 기자재 설치

---

7   공기의 온도 및 습도를 일정 범위 내에서 유지하는 것.

에 필요한 장비와 부품도 기자재와 같이 포장해 운송하도록 한다. 장비와 부품의 경우 기자재의 INVOICE, PACKING LIST(이후 PL)에서 제외하는 경우가 많은데, 운송 중 분실에 대비해 동 문서에 추가로 명기하는 것이 좋다.

다만, 기자재 설치에 필요해 운송했다가 프로젝트 완료 후 한국으로 가져올 고가의 장비는 수입통관 처리를 별도로 해야 할 수도 있는데, 수원국에서 한국으로 반출하기 위한 수출신고 시, 정식 수입통관을 거치지 않고 들어온 것이 문제가 될 수 있기 때문이다. 만약 수원국이 ATA 까르네(Carnet)[8] 협약국인 경우, 대한상공회의소에서 ATA 까르네 증서를 발급받아 수원국에서 무관세 임시 수입통관을 하고 기자재 설치에 활용 후, 수출신고를 통해 반출할 수 있다.

계약서상 분할 납품이 허용된 경우를 제외하고는 분할 납품할 수 없으며, 기한 내에 기자재를 공급하지 못할 경우 지체상금 부과대상이 되므로, 제조가 필요한 기자재의 경우 발주 여부와 제작공정률 등 제조공정에 대한 조사를 실시해 기한 내 공급하도록 해야 한다.

계약이 완료된 이후에 제품 단종, 현지 요구사항 변경 등의 이유로 기자재 사양을 변경하게 될 경우에는 변경 기자재를 구매하기 이전에 기자재 사양 변경 요청서를 작성해 KOICA에 제출해야 하고, 사업시행기관은 동 변경 요청한 기자재 사양이 최초 제시한 사양을 만족하는지 여부를 판단해 그 결과를 KOICA에 통보해야 한다. 기자재 공급업체는 이러한 변경에 대비해 제안요청서/과업지시서, 물품공급계획서, 검사결과보고서, INVOICE, PL 등 관련된 모든 문서상의 기자재 목록번호를 일치시키고, 변경이력을 관리하는 것이 바람직하다.

---

8 ATA는 Admission Temporaire(프랑스어)와 Temporary Admission(영어)의 합성어이며 Carnet는 프랑스어로 증서라는 뜻으로 물품의 무관세임시통관증서를 말한다.

또한 INVOICE나 PL 작성 시, 기자재의 포장단위 변경에 따라 수량이 변경되는 실수가 종종 발생한다. 예를 들어 제안요청서상 총 수량이 300단위로 지정되어 있지만 포장을 100단위로 하여 INVOICE나 PL에 수량이 3으로 되는 경우, 기자재 검사나 대금지급 시, 문제가 발생할 수 있으므로 각별히 유의해야 한다.

기자재 납품 최소 4주 전까지는 전략물자관리시스템(www.yestrade.go.kr)을 통해 기자재 전체 품목에 대한 전략물자 사전판정절차를 진행하고, 전략물자 사전판정서를 납품 2주 전까지 KOICA에 제출해야 한다. 전략물자 사전판정절차는 최소 2주에서 최대 2개월까지 소요되므로 충분한 일정을 확보

그림 4-5 전략물자 종류 및 판정사례

전략물자 종류

전략물자 수출허가절차

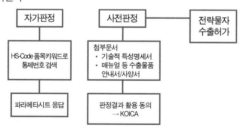

전략물자 판정사례
- 신청품목: 네트워크 백업 및 복구 솔루션
- 우려용도: 군사용 원격 통신장비의 유지 및 사용
- 신청품목: 서버 컴퓨터
- 우려용도: 군사용 보안 네트워크 구축

지료: 히성훈(2017: 17·19).

하는 것이 필요하다. 전략물자 판정경험이 없다면 전략물자관리원에서 제공하는 교육을 받는 것도 좋은 방법이다.

(2) 기자재 검사

기자재 검사에서 KOICA, 검사업체, 기자재 공급업체 간 역할은 〈표 4-42〉와 같으며, 기자재 공급업체는 사전준비, 검사품목 분류, 자체 사전검사 실시, 검사 의뢰, 검사 참여 준비, 검사 진행(불합격 시 재검사 진행)의 절차를 거치게 된다. 세부내용은 '검사절차 교육자료'[2015.9., (주)대한해사검정공사]를 참고하기 바란다.

표 4-42 기자재 검사업무절차(담당기관별)

구분		내용	산출물
사전 준비	KOICA	계약서류(사양서 및 공급계획서) 제공	사전 검사계획서
	검사업체	사전 검사계획서 작성	
	기자재 공급업체	사전 검사계획서 참고, 납품 준비	
검사 의뢰	기자재 공급업체	검사 의뢰(최종 기자재 사양서 제출): 검사 7일 전	검사계획서
	검사업체	검사일정 확정, 검사계획서 작성: 검사 의뢰 후 3일 이내	
	KOICA	검사 의뢰 승인 및 검사기관에 검사 최종 의뢰	
검사 진행	기자재 공급업체	검사장소에 기자재 납품	검사 결과보고서
	검사업체	기자재 검사 진행 및 검사 결과보고서 작성	
	KOICA	검사 참관(필요시)	
결과 등록	검사업체	검사 결과보고서 검사 시스템에 등록 (불합격 시, 검사 의뢰부터 다시 진행)	
	KOICA	검사 결과보고서 검토 후, 승인 또는 반려 (반려 시, 검사 결과보고서 재작성)	

자료: (주)대한해사검정공사(2015: 37).

모든 수량의 기자재는 눈에 잘 띄는 곳에 해당 물품에 적합한 사이즈의 공여마크를 부착해야 한다.

표 4-43 공여마크 부착방법

• 실크스크린 또는 도장의 형태로 제품 표면에 반영구적으로 인쇄 • 제품 특성상, 인쇄가 불가한 제품은 스티커 형식으로 부착 • 공여마크의 크기는 해당 품목에 적합하게 조정할 수 있으나, 가로세로 비율은 공지되어 　있는 비율 준수 필수 • 공여마크의 번짐현상(태극마크 겹침 또는 문구의 번짐) 등이 있을 시에는 불합격 판정기준에 　해당 • 1개 품목이라도 공여마크 미부착 시, 해당 검사는 '불합격' 또는 '준합격' 판정 [단, 대량 　수량에 대한 검사 진행일 경우, 견본검사 후 현지에서 공여마크 부착에 대해 재검사 진행 　(KOICA 사무소 담당자 또는 검사업체 전문가 시행)]

자료: (주)대한해사검정공사(2015: 4).

기자재 검사는 계약서류의 세부항목에 맞추어 까다롭게 진행되고 사소한 실수로도 불합격될 수 있으므로 기자재 납품일정에 여유를 가지고 신청해야 한다. 또한 불합격 시 진행되는 재검사 관련 비용은 기자재 공급업체에서 부담해야 한다.

표 4-44 검사 불합격 기준

• 계약조건, 검사기준 등에 따른 판정 외에도 다음의 사항에 해당되는 경우 검사결과는 불합격 　처리됨. 　－ 검사에 필요한 자료 또는 견본품을 제출하지 않은 경우 　－ 검사 진행에 필요한 납품업체 측 노무를 제공하지 않은 경우 　－ 검사여건이 검사결과에 악영향을 미칠 우려가 있는 경우 　－ 검사 완료물품과 대상물품이 혼합될 우려가 있는 경우 　－ 검사준비가 미비한 경우 　－ 기타 검사이행사항을 위반할 경우 　－ 납품업체의 귀책사유로 인해 검사를 계속할 수 없을 경우 • 검사 진행 중, 해당 물품에 대한 명백한 불합격 사유를 발견했을 때 검사를 중지할 수 있으며, 　검사결과는 불합격 처리됨. • 검사기준이 미비하거나 KOICA가 지침을 주기 어려운 특이사안에 대해서는 검사기관 소속 　검사관의 판단에 따른 판정결과를 전적으로 인정하고 후속조치를 진행함.

자료: (주)대한해사검정공사(2015: 14).

(3) 기자재 운송

기자재는 국내 운송, 수출통관, 해상 또는 항공 운송, 수입통관, 수원국 현지 운송을 통해 기자재 설치장소에 도착하게 된다.

운송조건에 대한 설명은 〈표 4-45〉를 참고하기 바란다. FCA 조건으로 계약해 KOICA가 직접 물류업무를 진행하는 것이 일반적이며 동 조건일 경우 세부절차는 〈표 4-46〉을 참고하기 바란다. 기자재 공급업체에 물류업무를 부여할 경우에는 CIF 혹은 DAP 조건을 사용한다.

표 4-45 운송조건

- FCA(Free Carrier): 운송인 인도 조건
  - 기자재 공급업체의 운송책임: 물류업체창고까지 운송책임
  - 물류비 지급: KOICA가 물류업체에 지불
- CIF(Cost, Insurance and Freight): 운임·보험료 포함 인도 조건
  - 기자재 공급업체의 운송책임: 수원국의 항구까지 운송책임
  - 물류비 지급: 기자재 공급업체가 물류업체에 지불
- DAP(Delivered At Place): 목적지 인도 조건
  - 기자재 공급업체의 운송책임: 수원국의 최종목적지까지 운송책임
  - 물류비 지급: 기자재 공급업체가 물류업체에 지불

자료: 한국국제협력단(2016c) 활용 저자 재작성.

표 4-46 물류업무절차(KOICA 물류 담당 시)

절차	주체		
	기자재 공급업체	KOICA	물류업체
1. 물류견적 산출	• KOICA, 물류업체에 기자재 Spec(종류, 수량, 사이즈 등) 송부	• 물류업체에 물류견적 산출 의뢰	• 물류견적 산출 및 KOICA 측에 송부
2. 선전의뢰/입고/검수	• 물류업체 포장창고에 기자재 입고 및 검수 진행	• 검수결과 확인	• 포장창고 내 기자재 입고 및 검수 완료 후 선적일정 확인
3. 포장/CFS[1]/국내 운송	• 포장 진행 시 참관해 기자재 포장계획 수립 및 기초 선적서류 작성	• 수원기관 정보 (수하인/통지처) 물류업체 측에 전달	• 기자재 공급업체의 포장계획에 따라 포장 후 선적항 또는 공항으로 화물 내륙운송 진행
4. 선적정보 전달/선적/선적보고 및 물류비 청구	• KOICA, 물류업체로부터 선적일, 도착예정일 인수 및 기자재 설치일정 수립	• 물류업체로부터 선적서류 입수 후 KOICA 사무소에 원본 및 스캔파일 송부	• 선적 전 출항/도착 예정일 KOICA 측 공유 • 출항 완료 후 선적서류 및 청구서를 포함한 선적보고서 KOICA 송부
5. 운송진행상황 관리		• 운송진행 현황 확인 및 KOICA 사무소 측 공유	• 환적 여부 및 운송진행 현황 KOICA 측 보고 • 도착 지연 시 지연사유 및 변경일정 KOICA 측 보고

| 6. 도착항 도착보고
도착지 통관/운송 | • 도착/통관 예정일에
따라 기자재 설치
전문가 파견 및
기자재 설치 준비 | • 면세통관 관련
서류 사전준비
및 통관 지원 | • 통관/운송/도착 현황 KOICA
측 보고
• 도착지 컨테이너 반납 지체료
혹은 반출 보관료 발생 시
KOICA 측 보고 |

주 1: CFS(Container Freight Station)는 컨테이너 수송을 위한 시설 중 하나로 수출화물을 용기에 적화시키기
위해 화물을 수집하거나 분배하는 장소.
자료: 범한판토스(2015).

수원국의 공항 또는 항구에 도착한 기자재는 하역과 통관작업을 거쳐 적
재한다. 기자재 공급업체는 수원국에 도착한 기자재가 보관될 창고 또는 야
적장이 세관 내부에 위치하고 있는지, 기자재 도난 및 분실에 대한 위험이
적으며 자재 관리 및 수급에 적합한지 사전에 확인해야 한다. 또한 기자재의
손괴나 기후에 따른 변색 및 변질을 방지하기 위해 사업시행기관이 도착하
기 전까지는 우드박스 포장을 해체하지 않는 등 품질관리가 이뤄지도록 수
원국에 요청해야 한다.

원활한 통관 및 육로운송을 위해서는 수하인(consignee), 통지인(notifying
party) 등 기본적인 정보를 정확히 파악해 KOICA 본부 및 사무소에 공유해야
한다. 또한 수원국 측 통관절차 진행에 필요한 선적서류(B/L 또는 AWB, PL,
INVOICE) 사본 등 서류 및 관련 증빙을 사전에 제공하고 선적되는 기자재의
규모(컨테이너 수), 도착 항구, 도착 예정일 등을 미리 통보할 필요가 있다. 일
부 국가에서는 원조 기자재에 대해서도 수입관세를 청구하는 경우가 있기
때문에 사전에 이에 대한 파악이 필요하다.

기자재 지원과 관련해서는 일정관리에 특히 유의해야 한다. 수원기관이
통관과 육로운송을 진행하는 경우에는 지연될 위험성이 높으며 이로 인해
프로젝트 일정 전체가 지연되고 창고 사용료, 컨테이너 반납 지체료 등 비용
이 추가로 발생할 가능성이 있다. 반면 기자재가 건축이나 전문가 파견 등과
같은 타 사업요소에 비해 지나치게 일찍 지원될 경우에도 보관 및 보안상의

문제가 발생할 수 있다.

표 4-47 기자재 지원 문제 사례 2

- 직업훈련원 기자재(전자장비) 지원
  - 기자재 공급업체는 포장비 절감을 위해 진공포장을 하지 않고 SKID 포장,만 하여 발송함. 수화인 측 사전 통관준비 미비로 물품의 통관이 장기 지체되었는데, 포장 미비로 일부 전자장비가 부식되고 작동이 불가하게 됨(CIF 운송조건).
- 병원 의약품 지원
  - 운송물품의 부피를 명확히 파악하지 않아 물류회사 측에 잘못된 정보를 통보함으로써 항공공간 부족 및 물류비 증가가 발생함(CIF 운송조건).
  - 일부 액체물품에 대한 물질안전보건자료(MSDS: Material Safety Data Sheet) 미제출로 현지 통관 시 통관불가판정을 받음(FCA 운송조건).

주 1: SKID 포장이란 파레트 위에 포장화물을 적재하고 철띠 또는 PP 밴드 등으로 고정하는 형태임.
자료: 박동길(2012: 17).

(4) 기자재 설치 및 운영교육

기자재 공급업체는 기자재 설치를 위해 전문가를 파견하게 되는데 전문가 파견계획서에는 파견 전문가의 인적사항, 출장일정, 현지활동계획 등이 포함되어야 한다. 기자재 보관장소에서 기자재 목록을 대조해 이상 유무를 확인하고 만약 분실 또는 파손된 경우에는 즉시 사업시행기관 및 KOICA에 통보해야 한다.

수원기관과 협의된 장소에 기자재를 설치할 때 수원기관 담당자가 설치 과정을 직접 모니터링해 추후 문제가 발생하지 않도록 하는 것이 좋다. 기자재가 설치되면 사업시행기관, 수원기관의 입회하에 기자재의 시운전을 실시해 설치된 기자재가 정상적으로 작동되는지, 기자재 사양서와 납품된 기자재의 사양 및 수량이 동일한지, 설치에는 이상이 없는지를 최종 확인한다. 이후 시운전/검사 확인서에 수원기관 담당자와 공동으로 서명하고 기자재의 설치상태 및 시운전 결과를 작성해 시운전/검사 결과보고서를 KOICA 본부 및 사무소에 제출해야 한다.

기자재 설치 이후에는 기자재의 지속적이고 안정적인 활용을 위해 수원국 담당자들이 사용 방식과 유의점들을 잘 인지해 사용할 수 있도록 충분한 교육을 실시한다. 기자재 사용 매뉴얼은 개별 기자재에 대한 상세설명과 발생 가능한 문제에 대한 대처방안을 사용자가 쉽게 이해할 수 있는 용어로 기술해 현지어와 영문으로 발간·배포한다. 또한 정기적인 점검과 관리일지 작성 등 체계적인 유지관리활동이 이뤄지도록 하는 것이 중요하다. 교육이 완료되면 수원기관의 교육확인서가 포함된 운영교육 결과보고서를 작성해 추후 운영교육 부실에 따른 불필요한 사후관리 요청이 발생하지 않도록 한다.

표 4-48 기자재 지원 문제 사례 3

• 부실한 운영교육으로 불필요한 사후관리 요청이 발생하거나 지원 기자재가 고장난 채로 방치된 사례

자료: 한국국제협력단(2012a: 71).

(5) 기자재 유지관리 및 하자보수

사업평가 결과 도출된 수원국의 불만족 사항 중에는 기자재와 관련된 것이 많다. 기자재 오작동이나, 동작이 멈춘 상태에서 유지관리가 제공되지 않거나, 소모품 공급문제로 작동이 불가한 경우 등이 있는데 이러한 현상의 원인을 보면 기자재 지원에 있어 주의점이 무엇인지 알 수 있다.

표 4-49 기자재 지원 문제 발생원인

• 기자재의 사양이 현지 실정에 맞지 않게 고사양인 경우
• 기자재 운영교육이 충분히 이루어지지 못해 수원기관 담당자가 사용방식을 습득하지 못한 경우
• 기자재 운영교육을 받은 수원기관 담당자가 교체된 경우
• 수원기관 담당자가 기자재 고장을 우려해 기자재를 사용하지 않는 경우
• 불안정한 전력공급으로 기자재에 무리가 가는 경우
• 기자재 매뉴얼이 영문 및 현지어로 제공되지 않아 활용되지 못한 경우

자료: 한국국제협력단(2017a) 활용 저자 재작성.

이러한 불만을 줄이고 기자재의 지속가능한 운영과 원활한 유지관리를 가능하게 하기 위해서는 수원국, KOICA 사무소, 기자재 공급업체 간 기자재 유지관리체계를 수립해야 한다.

표 4-50 기자재 유지관리 예시

> • A국 모자보건 역량강화사업을 수행한 B사는 보건소 내 지원된 기자재의 지속적인 관리를
>   위해 보건소장들과 논의해 각 보건소별 물품담당인력을 배정, 월단위로 점검하도록 하고
>   불시 모니터링을 실시

자료: 방경숙(2014: 40).

하자보수의 경우 하자보수보증증권을 제출하게 되는데, 이는 기자재 공급업체가 기자재 설치를 완료한 후 계약상 일정 기간 업체의 비용과 책임으로 하자를 보수할 하자보수책임기간을 두었으나, 임의로 하자보수를 이행하지 않을 경우를 대비해 받는 보증이다. 하자보수를 요구받고도 정당한 이유 없이 불응한 경우 하자보수보증금을 환수하고, 1개월 이상 6개월 미만의 범위 내에서 입찰참가자격을 제한하게 된다는 점에 유의해야 한다.

4) 전문가 파견

전문가는 역할에 따라 핵심 투입인력, 주요 투입인력, 일반 투입인력으로 구분되며 각 전문가별 인력 교체 시 승인요청절차가 상이하다. 이는 5장에서 자세히 다루기로 한다.

표 4-51 전문가 구분

구분	정의
핵심 투입인력	사업 품질 및 성과에 직결되는 투입인력(기술평가 시 정량평가 대상)
주요 투입인력	사업 품질 및 성과에 직결되는 투입인력
일반 투입인력	사업 추진을 지원하는 투입인력

자료: 한국국제협력단(2017i: 4).

전문가 파견의 주요 업무와 결과물은 〈표 4-52〉와 같으며 전문가 파견이 주를 이루는 개발컨설팅(DEEP) 사업의 유형별 과업, 산출물에 대한 세부내

용은 〈표 1-3〉에서 다룬 바 있다.

표 4-52 전문가 파견 업무추진 내용 및 결과물

구분	주요 내용	결과물
국내 투입	• 문헌조사 • 지식 전수 • 워크숍/포럼/보고회 등 개최 • 보고서 작성 • 사업 관리	• 파견 계획서 • 파견 결과보고서 • 조사 결과보고서 • 자문/컨설팅 보고서 • 마스터플랜
현지 파견	• 현지 조사 및 협의 • 컨설팅 및 기술 지도 • 정책, 법·규정 등의 제도 자문 • 지식 전수 • 워크숍/포럼/보고회 등 개최 • 사업현장 관리감독	• 연구보고서 • 예비조사 결과보고서 • 교육 커리큘럼/교재 • 설계도 • 워크숍/포럼 개최 결과보고서 • 주간/월간/분기별/반기별 보고서 등

자료: 한국국제협력단(2012a) 활용 저자 재작성.

사업시행기관은 계약 체결 시 작성한 사업수행계획서상 전문가 파견계획을 중심으로 전문가 파견시점마다 사업추진 현황에 맞게 세부내용을 KOICA 및 수원국과 협의하고 최종 확정해야 한다.

표 4-53 전문가 파견 업무절차

추진업무	수행주체별 업무	수행시기

파견
기본계획
수립
	[사업시행기관] 계획 수립
	• 수원국 현지에서 수행할 업무내용을 분석해 전문가
	 파견 분야, 파견 전문가 및 인원, 기간, 역할을 결정
	  ─ 사업수행계획서상 사업참여 인력의 적정성 재검토 및
	   파견 전문가(안) 선정
	• 수원기관 담당자 및 KOICA와의 협의를 통해 활동일정별
	 계획, 면담 기관 및 대상자, 준비요청자료 및 질의내용 선별
	• 리스크 파악 및 발생 시 대처방안 수립
	• 수원기관 담당자의 면담가능일정 확인 및 준비요청자료,
	 질의내용 사전 송부
	↓
	[KOICA] 검토
		파견
		2~1.5개월 이전

파견계획서 초안 작성 및 송부	**[사업시행기관] 작성** • 상기 내용을 담은 파견계획서 초안 국/영문본 작성 및 KOICA 본부, 사무소 제출(메일 등 비공식) ↓ **[KOICA] 검토**	파견 1개월 이전
파견계획서 검토의견 반영	**[사업시행기관] 수정** • KOICA 측 검토의견에 따라 필요시 수정 ↓ **[KOICA] 검토**	파견 1개월 이전

파견계획서 최종본 작성 및 송부	**[사업시행기관] 작성** • 파견계획서 최종본 국/영문본 작성 및 KOICA 본부, 사무소, 수원기관 제출(공문 제출/해외 사무소장 수신, 본부 담당부서장을 참조) **[KOICA] 검토** ⬇	파견 2주 이전
파견 전 연수 실시	**[사업시행기관] 실시** • 주요 파견목적, 결과물, 각종 보고양식 및 활동계획에 대해 협의하며, 파견되는 수원국에 대한 기본 정보 및 주의사항을 전달해 파견준비 지원	파견 1주 이전
행정사항 준비	**[사업시행기관] 작성** • 항공권, 숙소, 이동수단(차량, 국내선 항공 등) 예약 • 비자 발급, 보험 가입 • 전문가 체재비 지급 • 준비물 준비(노트북, 필기구, 녹음기, 카메라, 필요시 수원기관 담당자 선물 등)	
전문가 파견	**[사업시행기관] 파견** • 파견기간에 따라 일지, 주간, 월간, 분기별 보고서를 작성해 제출 • 파견기간 중 수원국과 협의한 내용을 포함한 회의록을 작성해 제출 • 수원국과 협의된 합의사항은 KOICA와 사전협의를 거쳐 서명해 제출	파견 중
파견 결과보고서 작성	**[사업시행기관] 작성** • 파견 결과보고서 및 일지, 회의록 등에 파견기간 중에 활동한 상세한 내용(현장 활동사진 포함)을 수록해 제출 **[KOICA] 검토** ⬇	파견 종료 후 2주 이내
정산 실시	**[사업시행기관] 실시** • 전문가 파견 정산지침에 따라 정산 실시 **[회계법인] 검토** ⬇ **[KOICA] 확인** ⬇	사업별 정산시점

자료: 교육부(2015) 활용 저자 재작성.

참여인력이 한국을 대표해 현지에 파견되는 만큼 파견 수원국의 사정을 고려해 안전과 복무관리에 만전을 기해야 한다. 이런 안전, 복무 관련 리스크를 사전에 파악하고 리스크/이슈 발생 시 대처방안을 수립해두는 것이 필요하다.

표 4-54 전문가 파견 리스크별 점검항목

리스크	주요 내용
참여인력의 안전문제	• 참여인력의 건강상태는 양호한가? • 질병 발생 시 현지에서 치료가 가능한가? • 참여인력의 응급상황 발생 시 환자후송계획을 수립했는가? • 비상연락체계가 구축되어 있으며 항시 운영되고 있는가? • 보험은 가입되어 있는가? • 사건·사고 발생 시 철수를 위한 비상루트는 구축되어 있는가?
현지 파견 시 복무문제	• 수원국의 법률과 관습에 따라 공정하고 성실히 직무에 임했는가? • 수원기관이 요청하는 과업 달성을 위해 전문분야에 대한 연구, 자문활동, 기술 전수 등 최선의 노력을 다했는가? • 품위를 손상하는 행위와 종교활동을 하지는 않았는가? • 활동성과 미비 시 기술료를 지급하지 않는다는 계약서상 조항을 인지하고 있는가? • 업무를 수행함에 있어 재외공관 및 KOICA 해외 사무소와 협의해 시행했는가? • 업무수행지역을 벗어날 경우 사전에 KOICA에 통보 및 협의했는가? • 업무수행을 통해 얻은 수원국의 기밀사항, 영업비밀, 노하우 등 일체의 비밀정보를 KOICA의 사전동의 없이 외부에 유출하지는 않았는가? • 업무수행을 통해 생산한 각종 자료, 보고서, 기타 문서를 KOICA의 사전승인 없이 제3자에게 제공하거나 다른 목적으로 사용하진 않았는가? • 업무수행 과정에서 타인의 특허권, 상표권, 디자인권 등 지식재산권을 침해하지는 않았는가? • 수원기관에 자료 요구 시 회신 지연을 감안해 기한을 넉넉히 확보했는가? • '부정청탁 및 금품 등 수수의 금지에 관한 법률'을 준수해 업무와 관련한 직접 또는 간접을 불문하고 사례·증여, 금품·향응 수수 등 일체의 부패행위를 단호히 배격했는가? 향후 비리에 연루될 경우에는 적법한 절차에 따른 불이익을 감수해야 한다는 사실을 인지하고 있는가?

자료: 한국국제협력단(2014a) 활용 저자 재작성.

표 4-55 전문가 파견 문제사례

• 현지에서 지나친 종교·정치 행위로 문제가 된 사례 • 아랍권 국가에서 해당국의 문화에 대한 이해 부족으로 문제가 된 사례

자료: 한국국제협력단(2012a: 69).

(1) 파견 전문가 선정, 사전교육, 사전회의

전문가 파견의 첫 단추로 적절한 전문가를 선정하는 것이 중요하다. 부적절한 전문가의 사업 참여로 프로젝트가 목표를 달성하지 못하거나, 전문가 개인의 부적절한 행동 등으로 전문가가 소속된 사업시행기관 전체가 부정당제재를 받는 상황까지 발생할 수 있기 때문이다.

입찰 및 계약 단계에서는 우수인력 참여를 제시했으나, 실제 수행과정에서는 여러 가지 사유를 들어 수시로 인력투입계획 변경을 요청하는 부적절한 사례가 발생하기도 한다. 그러나 이는 원칙적으로 불가하다. 계약 체결시 제출한 사업수행계획서상 투입인력계획을 준수하되, 불가피한 사유로 변동사항이 발생하는 경우에는 해결방안에 대해 검토해 KOICA의 사전승인을 얻어야 한다. 투입인력 변경 시 동일등급 이상의 인력으로 변경해야 하고 그 이하의 인력으로 변경하는 것은 원칙적으로 불가하며, 불가피할 경우 해당 인건비를 반납해야 한다.

표 4-56 전문가 선정 시 검토사항

항목		내용
전문성	학력 및 자격	• 학위 및 자격증 • ODA 사업에 대한 지식과 경험 • 컴퓨터 활용능력(한컴오피스, MS Office 등) • 보고서 작성능력 　－ 기존 작성문서의 질 검토 필요 • 의사조율 및 협상 능력 • 업무 추진에 대한 의지 및 책임성
	업무경력	• 국내 경력(대학, 연구소, 기업체 등) 및 국외 경력(유학, 학술연수 등) • 유사 프로젝트 집행 경험 　－ 최근 5~10년간 해당 섹터 사업 경력, 해외사업 경력, 국제개발사업 경력 등 • 선발대상직급(PM, PL 등) 경험 여부 • 기존 활동 성과평가 결과
	외국어 구사력	• 외국어 구사능력 　－ 영어, 기타(파견지역 언어)
건강 및 적응력	건강	• 업무 수행에 지장을 초래하는 질병이나 건강상태
	현지 적응력 및 친화력	• 대인관계 능력 • 적극적인 현지 적응력 • 해외 근무 또는 체류 경험 • 파견 일정 준수 및 업무 협조 정도

자료: 한국국제협력단 「전문가 파견사업에 관한 기준」(2018) 활용 저자 재작성.

파견 전문가는 현지 문화, 언어, 역사, 생활환경 등 현지 여건에 대한 이해와 해외사업 추진 시 유의사항, 비즈니스 매너 등 업무수행자세에 대한 사전교육을 마친 후 파견되어야 한다. 사업시행기관에서는 전문가를 파견하기

전에 충분한 현지 정보와 전임 파견자들의 활동결과를 제공함으로써 수원국의 행정업무가 중복되지 않도록 해야 한다.

또한 현지에서 불미스러운 사건, 사고에 연루되거나 수원국 측과 독단적인 협의를 하는 등의 문제가 발생하지 않도록 철저히 주지시켜야 한다. 전문가는 파견기간에 KOICA 해외 사무소 또는 공관의 관리·감독하에 업무를 수행해야 하며, 사업 관련 주요 사안이나 긴급상황 발생 시 지체 없이 KOICA에 보고하고 방침을 받아야 한다.

사업시행기관 소속 직원뿐 아니라 프로젝트 집행을 위해 섭외한 외부 전문가의 경우에도, 계약조건을 명확히 하여 프로젝트를 수행하는 데 무리가 없도록 해야 한다. 사업시행기관과 외부 전문가 간의 계약은 KOICA와 사업시행기관 간 용역계약을 근거로 체결하며, 원 계약에 포함되어 있지 않은 내용은 양자가 협의해 작성하고 준수하면 된다.

사전회의를 통해서는 파견 전문가 간 명확한 업무 분장을 하고, 전문가 파견활동에 있어 수원기관 및 KOICA의 역할과 지원요청사항을 정리해 현지회의 시 논의할 수 있도록 준비한다. 행정적인 준비사항으로는 비자 발급(해당 시), 환전, 통역 섭외, 거주지/수원기관/주요 기관의 위치 파악 등이 있다.

전문가 파견에서 중요한 것은, 전문가들이 서로 활발하게 정보를 공유하면서 프로젝트 목표를 달성해 나가야 한다는 점이다. 프로젝트 일정에 따라 전문가들이 서로 다른 시기에 파견되기 때문에 활발한 정보 공유 없이 각자의 전문분야에 대해서만 자문을 한다면 일치되는 자문결과를 도출해 내기 어렵기 때문이다. 사업대상지 방문 시에도 되도록 사업시행기관 내 모든 전문가가 동시에 방문해 정보를 얻고 서로 논의할 수 있도록 하는 것이 바람직하다. 그렇지 못할 경우에는 주기적인 모임을 개최하거나 온라인 커뮤니티를 활용하는 등 그동안의 진행경과와 각 전문기별로 수집된 정보를 공유하는 방안도 고려해볼 필요가 있다.

(2) 파견 계획서 및 결과보고서 제출

파견계획서에는 파견 전문가별 주요 임무, 일별 수행예정 업무, 결과보고 계획, 파견 전문가 이력서가 포함되어야 한다. 복수의 전문가 파견 시에는 각 전문가별 업무 분장 및 수행업무를 명확히 구분해 업무가 중복 혹은 누락되지 않도록 해야 한다.

파견결과보고에는 파견기간 중 주요 활동사항 및 성과, 향후 사업 추진 시 제안사항 등에 대해 빠짐없이 기록해야 하며, 개별 전문가의 활동에 대한 철저한 성과평가를 실시해 문제점이 발생되었을 경우에는 이를 KOICA에 보고하고 재파견 여부를 협의해야 한다. 또한 수원국과의 모든 협의내용은 회의록으로 남겨 파견결과보고서의 붙임자료로 제출해야 하고 추후 홍보를 위해 양질의 사진 및 영상자료를 확보하는 것이 좋다.

표 4-57 전문가 파견 보고서 작성 시 유의사항

- 공문에는 파견분야별 전문가 이름, 등급, 파견기간 등 계약서상 내역과 주요 결과를 요약해 작성하고, 세부내역은 붙임파일로 작성
- 기술용어, 약어 대신 이해하기 쉬운 용어로 풀어서 작성
- 파견 중 수행한 구체적인 협의, 조사내용을 기술하고, KOICA의 최종 승인이 필요한 사항에 대해서는 승인을 위한 참고자료가 되도록 전문가의 검토의견을 제시
- 주요 협의결과는 수원국 고위급의 서명을 받아 상호 협의내용을 재확인하고 근거자료로 제출
- 관련 수집자료 및 사업현장사진, 동영상 등을 첨부(보고서에 사진은 해상도를 줄여서 넣고, 원본은 별도 제출)
- 한글 보고서는 한컴오피스, 영문 보고서는 워드, 수치는 엑셀 양식으로 작성

자료: 한국국제협력단(2015a).

5) 연수(현지연수, 국내초청연수)

연수사업은 KOICA의 주요 사업형태 중 하나이면서 프로젝트 내에서도

중요한 역할을 하는 구성요소이다. 프로젝트 내 연수과정은 큰 사업규모를 차지하지는 않지만 〈표 4-58〉과 같은 다양한 기능을 통해 프로젝트 목표 달성에 큰 기여를 하므로, 연수과정을 기획하는 데 있어 동 사항들을 고려할 필요가 있다.

표 4-58 연수과정 실시 목적

- 프로젝트 목표 공유를 통한 주인의식 및 책무성 강화
- 프로젝트 추진과정 및 종료 이후 운영역량 강화에 기여하고 동기 부여
- 프로젝트의 운영과 관련된 이론, 실무지식 습득 및 인식 개선
- 한국의 선진기술 경험 및 시설 관람, 문화체험을 통한 홍보
- 양국 담당자 간 인간적 유대관계 형성

자료: 한국국제협력단(2012b) 활용 저자 재작성.

국내초청연수와 현지연수는 프로젝트의 목적에 따라 선택 가능한데, 사업의 현지화, 지속가능성 담보, 현장 경험 및 지식 보완, 실무 중심의 교육, 현지 확산 등을 목적으로 현지연수가 증가하는 추세이다. 현지교육 시 언어소통, 현지환경에 대한 이해도, 보수교육, 비용, 지역주민들의 만족도 등을 고려할 때 일부 강의의 경우 현지 대학, 연구소, 공공기관 등 유관기관에서 강사를 섭외하는 것이 바람직하다.

표 4-59 연수과정 종류

	과정	결과물
국내초청연수	• 고위급 과정 ─ 정책/의사 결정자, 수원기관 상위 부처 공무원 ─ 단기(10~15일) ─ KOICA, 사업시행기관, 유관기관 및 시설, 한국 주요 역사유적지 방문 ─ 프로젝트 관련 단기교육, 국가현황 보고 및 액션플랜 수립, 세미나 개최 등 • 실무급 과정 ─ 운영자, 사용자, 엔지니어 ─ 중장기(15일~6개월) ─ KOICA, 사업시행기관, 유관기관 및 시설, 한국 주요 역사유적지 방문 ─ 프로젝트 관련 중장기 실무교육(상세 이론 및 기술, 운영실무교육), 국가현황 보고 및 액션플랜 수립, 세미나 개최 등	• 국문과정개요서 • 영문과정안내서 • 실시계획서 • 예산내역서 • 결과보고서 • 정산내역서 • 국가현황 보고, 액션플랜 수립, 교재개발 등 자료 • 연수생 만족도 조사 결과 • 세미나 개최 시 참석자 명단, 발표자료, 회의록 등

현지 연수	• 실무급 과정
	  – 중장기(15일~6개월)
	  – 프로젝트 관련 중장기 실무교육(상세 이론 및 기술, 운영실무교육), 세미나 등 개최
	• 교육강사 양성과정(ToT: Training of Trainer)
	  – 중장기(15일~6개월)
	  – 기술 현지화 방안 교육, 교수방법 교육, 교재 등 콘텐츠 개발, 성과 공유 워크숍 개최 등
	• 지역사회 아웃리치(outreach)
	  – 주민들에게 직접적인 영향을 미치는 프로젝트 (지역 보건의료사업 등)의 경우 각 마을 등을 방문해 아웃리치 교육 수행

자료: 한국국제협력단(2012b) 활용 저자 재작성.

중장기(15일~6개월)로 진행되는 실무급 과정의 경우, 연수과정 도중에 평가를 해서 연수생들의 교육과정에 대한 만족도와 의견을 중간 수렴하는 것이 필요하다.

표 4-60 연수사업 우수사례

> • A국 OO역량강화사업을 추진하던 B사는 실무급 현지연수에서 1주차 과정을 마치고 만족도 조사를 실시한 결과, 이론적인 강의 위주라 업무적용방법을 찾기 어렵다는 의견이 다수 제시되었다. 이에, 기존에 계획한 2주차 교육 프로그램을 대폭 수정해 강사가 연수생과 함께 수원기관의 현 상황에 대해 분석해 개선방안을 도출하는 형태로 연수를 추진했고, 최종 평가결과, 높은 교육 만족도를 얻을 수 있었다.

자료: 하성흔(2017).

사업시행기관은 계약 체결 시 작성한 사업수행계획서상 연수실시계획을 중심으로 연수 개시 4~5개월 전 계획을 협의해, 최종 확정해야 한다. 연수실시계획서에는 연수생 공항 영접, 오리엔테이션, 환영행사, 숙박, 식사, 차량임차, 산업시찰 예약, 시내관광 및 휴일 일정, 통역 및 가이드 섭외, 이슬람 등 종교 관련 편의사항 등 세부내용이 빠짐없이 포함되어야 한다. 사업시행기관은 연수계획 수립 및 과정 운영 시 KOICA 본부, 사무소, 수원기관과 수시로 연락해야 한다. 〈표 4-61〉은 연수업무 절차 및 결과물을 설명한 것으로, 세부절차는 'KOICA 글로벌연수(CIAT 프로그램) 길라잡이'를 참고하기 바란다.

표 4-61 연수업무 절차 및 결과물

항목	수행주체별 업무	시기
연수과정 기획	**[사업시행기관] 작성** • 과정 방향성 수립, 유사과정 KOICA 평가결과의 피드백 교환 등을 위한 업무회의 — 프로그램 자문컨설턴트 활용, 현지조사, 강사 워크숍 및 회의 등 개최 • 국문 과정개요서 및 영문 과정안내서(Course Information)1 작성 ↓ **[KOICA] 검토**	연수 개시 4~5개월 전
연수생 선발	**[사업시행기관] 주도** • 수원기관과의 협의하에 업무 관련도, 전문성, 직위 등을 고려해 연수 후보생 선발 및 KOICA 사무소, 공관 측에 추천 • KOICA 사무소 및 공관에서 연수대상자 선정 ↓ **[KOICA] 확정**	연수 개시 4개월 전
연수실시계획서 제출	**[사업시행기관] 작성** • 국문 실시계획서 제출(단, 일정은 국/영문 모두 제출) — 구체적인 실시계획 및 소요예산 작성 ↓ **[KOICA] 검토**	연수 개시 1개월 전
연수 실시	**[사업시행기관] 주도** • 연수생 항공권 송부 • 연수프로그램 가이드 작성 • 연수생 출입국 및 오리엔테이션 — 강의, 워크숍, 토론, 견학, 친교행사, 평가 등 연수생 관리(식단관리, 여유시간 활용, 건강관리, 이탈자 문제 등) • 연수과정 홍보 — 연수과정에 대한 대외홍보(홈페이지, 신문보도 등) ※ 보도자료에는 KOICA 사업임을 명시 ↓ **[KOICA] 모니터링**	연수과정 중
연수결과 보고	**[사업시행기관] 작성** • 연수 실시 및 만족도 조사 결과 보고 • 경비정산지침에 의거 정산 실시 ↓ **[KOICA] 검토**	연수 종료 후 1개월 이내

주 1: 영문 과정안내서는 연수개요, 참가자격, 과정모듈, 사전과제 안내 등을 포함함.
자료: 교육부(2015) 활용 저자 재작성.

그림 4-6 연수 실시 사진

| 국내연수 | 현지연수 |

자료: 방경숙(2014: 19, 27, 42).

  많은 평가보고서에서 도출되는 문제점 중 하나는 프로젝트 종료 이후, 연수를 받은 수원기관 담당자가 해당 업무를 담당하지 않아 추가적인 교육, 기술 이전이 필요했다는 것이다. 이러한 일이 발생하는 이유 중 하나는 연수생 선발과정에서 실제 프로젝트에 투입될 인력을 선발하지 않았기 때문이다.

  아무리 훌륭한 연수프로그램을 준비하더라도 자격기준에 적합하지 않은 연수생이 선발되어 초청된다면 연수목적을 달성하기가 어렵다. 사업시행기관은 수원국의 연수생 선발과정을 지속적으로 모니터링해 자격조건을 만족하는 연수생이 선발될 수 있도록 해야 한다.

표 4-62 연수 후보생 추천 시 검토 및 유의 사항

• 사업 종료 이후 지속적인 근무가능성 검토 • 질병/임신/장애 여부, 3년 이내 기존 KOICA 타 연수과정 참여 여부 등 검토 • 연수신청서 등 각종 서류 마감기한 준수

자료: 한국국제협력단(2012b) 활용 저자 재작성.

또 다른 이유는, 선발된 연수생 대부분은 수원국 내에서 실력을 인정받고 있는 우수한 인재이므로, 한국에서 초청연수를 받아 실력이 더욱 향상되면 본인 또는 타인의 의지에 의해 보다 더 좋은 근무조건을 찾아 이동하기 때문이다. 수원국 관점에서는 우수인재를 양성했다고 볼 수도 있겠으나, 프로젝트의 주담당자가 이직할 경우 프로젝트의 진행 및 결과에 심각한 문제가 발생할 수 있다. 따라서 연수 수료생이 프로젝트 기관에 잔류하도록 수원국 책임자의 지원을 받는 것이 매우 중요하다. 연수 수료생이 프로젝트에 기여한 바가 클 경우에는 KOICA와 협의해 한국 초청연수 기회를 추가로 제공하는 등 업무성과에 따른 보상기회를 제공해주는 것도 이들이 프로젝트에 지속적으로 헌신하고 참여하게 하는 동기로 작용할 수 있다.

KOICA에서는 온라인 커뮤니티 운영과 수원국 내 KOICA 사무소를 통한 동창회 개최 등으로 연수 수료생을 관리하고 있다. 수료생이 KOICA 연수 동창회원으로 참여함으로써 자부심을 갖도록 해주는 것도 좋은 방안이다. 이 외에도 〈표 4-63〉의 연수 실시 리스크별 점검항목을 미리 확인하고 대비하는 것이 중요하다.

표 4-63 연수 실시 리스크별 점검항목

리스크	주요 내용
연수생 선발 절차 및 결과 미흡	• 연수생 자격조건에 부합한 자가 선정되었는가? • 연수기관 고위급 관계자와의 개인적인 이해관계에 의해 연수생으로 선발되지는 않았는가? • 참여 연수생이 귀국 이후 연수목적에 부합하지 않는 다른 업무를 맡게 되거나 타 부서, 기관으로 이직할 가능성은 없는가?
교육과정 미흡	• 교육과정 개설 전 교육 니즈(needs) 혹은 요청사항에 대한 충분한 조사가 이뤄졌는가? • 교육과정은 프로젝트의 목적에 맞게 진행되었는가? • 이론교육과 실무교육이 적절히 배치되었는가? • 성희롱 예방교육 등을 실시했는가? • 일방적으로 지식을 전달하는 형태가 아닌 연수생과 강사 간에 상호 교류가 이뤄지는 교육이 진행되었는가? • 특정 기술 습득을 목적으로 하는 경우 문제 중심 학습(Problem-based Learning) 방식으로 진행되었는가?

	• 교육과정에 대한 연수생들의 평가시간이 포함되었는가? • 연수 수료자가 추후 전파교육을 실시하는 등 수원기관 자체적으로 교육할 수 있는 기반이 마련되도록 교육이 이뤄지고 교육자료가 공유되었는가? • 여러 기관 방문 또는 강사 변경 시 유사한 교육내용이 반복되진 않았는가? • 언어소통의 문제는 없었는가?
연수생 관리 및 과정 운영 미흡	• 석사과정 등 장기과정의 경우 월, 분기 등 단위로 연수생 관리계획을 수립하고 KOICA에 제출했는가? • 연수생의 건강 및 안전 관리는 적절히 이뤄졌는가? • 연수생의 종교 및 나라별 특성을 감안해 식단을 준비했는가? • 숙소, 이동수단 등에 대한 연수생의 불만은 없었는가? • 연수생이 무단 이탈할 가능성은 없는가? 무단 이탈 시 대처방안을 마련했는가? • 연수일정은 계획대로 변동 없이 진행되었는가? • 연수과정 중 문제 발생 시 지체 없이 보고하고 대응책을 협의했는가?

자료: 한국국제협력단(2014a) 활용 저자 재작성.

6) 보고회, 워크숍, 세미나 등

지금까지 살펴본 구성요소들을 수행하는 과정에서 이해관계자의 의견 수렴, 추진현황 공유 및 점검, 주요 사항 논의 및 결정, 향후 추진방안 논의, 협조 요청, 홍보 등의 업무를 수행하기 위해 워크숍, 보고회, 세미나 등의 행사를 실시하기도 한다. 사업추진과정(착수, 중간, 종료) 및 개최장소(국내, 현지)에 따라 다양한 형태로 개최 가능하며 전문가 파견기간 중 실시할 수도 있다. 주요 참석자는 수원국 고위층과 수원기관 및 유관기관 담당자, 언론사 기자, 한국 대사, KOICA 사무소장 및 담당자 등이며 수원국 참석자에 따라 한국 측 참석자가 결정되고 대형 콘퍼런스홀이나 호텔 세미나룸 등의 장소를 이용한다.

표 4-64 행사형태

• 심포지엄 　— 토론자들이 각자의 의견을 발표해 해결방안을 제안하는 형태로, 청중들이 동일한 문제를 각기 다른 측면에서 폭넓게 이해할 수 있다. • 세미나 　— 일반적으로 교수의 지도하에 학생들이 공동으로 토론과 연구를 하는 교육방식으로 활용된다. 지식 습득을 목적으로 하는 연구회나 전문가 토론회로 많이 활용된다.

- 포럼
  - 토론자들이 각자의 의견을 발표하고 사회자의 주도 아래 청중도 참여해 의견 교환과 해결 방안을 제시하는 형태이다. 청중들은 토론자에게 자유롭게 질의할 수 있고, 사회자가 토론 내용과 의견을 종합해 최종 정리해서 발표한다.
- 워크숍
  - 새로운 지식과 정보를 교환하는 교육 프로그램 형식의 토론이다. 공통의 관심사를 설정하고 일정 기간 동안 전문가와 함께 정보 수집과 문제해결방법을 연구하게 된다.
- 브레인스토밍(brainstorming)
  - 3명 이상이 하나의 주제에 대해 찬반 없이 특정 시간 동안 자유롭게 의견을 교환하고 1차, 2차 검토를 거치며 하나의 의견으로 최적화시켜 나가는 방식이다.
- 패널 토의(panel discussion)
  - 2~7명의 패널이 사회자의 주도하에 청중 앞에서 논제에 대한 의견을 제시하고 패널 상호 간 의견을 조정해 해결방안을 도출하는 공개 토론회이다. 청중들도 토론에 참여해 자유롭게 자신의 의견을 개진할 수 있다.

자료: 교육부(2015: 158~159) 활용 저자 재작성.

표 4-65 행사 개최 예시

- A국 교통분야 ODA 사업 성과 공유 세미나
  (주요 내용) KOICA 교통분야 전략 및 주요 교통사업 현안 발표, A국 교통분야 사업 추진현황 및 성과 공유, 한국 기업의 A국 교통분야 진출 확대방안 논의
  (개최 장소) 국내
  (참석기관) (정부부처) 외교부, 국토교통부 (공공기관) KOICA, 한국수출입은행, 교통분야 유관기관 (민간기관) 표제 사업시행기관, 타 건설사 및 엔지니어링사 등

- B국 국가비전 수립 DEEP 사업 고위급 콘퍼런스
  (주요 내용) 연구결과 중간발표, B국 공공부문 개혁의 효과적 추진전략 논의
  (개최 장소) B국 수도
  (참석기관) (B국) 수원기관, 정부부처 및 유관기관 (한국 측) 외교부, KOICA 사무소 및 본부 담당자, 사업시행기관 (타 원조기관) USAID 사무소 대표 등

자료: 해당 행사 개최계획(2017).

표 4-66 행사준비사항

- 행사 프로그램 개발
  - 일시, 장소, 참석자, 식순, 발표자, 발표자료 등
- 초청대상자 명단 작성
- 초청장 인쇄 및 발송
- 참석예상자 확인
- 언론사 보도자료 준비
- 행사장 설치(좌석 배치, 음향 및 각종 시설물 점검, 귀빈동선 확인)
- 사진 및 동영상 촬영 준비
- 배포자료 및 기념품 준비
- 귀빈 인터뷰 여부 확인(장관, 대사, 사무소장 등)
- 다과회 준비
- 감사장 발송

착수보고회의 경우 앞에서 살펴본 대로 수원기관과 사업수행계획 공유, 협조체계 구축 및 사업홍보 실시를 위해 개최하고, 중간·종료 보고회의 경우 〈표 4-67〉의 목적을 달성하기 위해 실시한다.

표 4-67 중간·종료 보고회 실시 목적

- 중간보고회
  - 사업 추진현황 및 향후 추진일정 보고
  - 사업 추진 중 발생한 변경사항(조직, 업무절차 등)에 대해 수원국 관계자의 변경관리 협조 요청
- 종료보고회
  - 사업 추진결과 공유(필요시 현장 방문), 사업 추진성과 및 기대효과 발표
  - 제공된 시설/서비스의 적극 활용 독려

자료: 한국국제협력단(2012b) 활용 저자 재작성.

사업시행기관은 프로젝트 중간단계에 그동안의 추진내역과 진행상황을 KOICA 및 수원국 담당자에게 보고하고 객관적으로 검토받아야 한다. 특히 마스터플랜, 컨설팅, 정책자문 보고서 등이 결과물이 되는 개발컨설팅(DEEP)의 경우, 중간보고회 개최 2개월 전 중간단계 결과물을 수원국 내 관련 부처, 기관 및 학계에 공식적으로 검토 요청하고 의견을 받아 해당 결과물 및 사업수행계획서에 반영해야 한다. 또한 해당 DEEP의 진행상황을 대외에 홍보하기 위해 언론 홍보를 실시할 필요가 있다.

중간보고회는 착수보고회와 마찬가지로 외부 장소를 임차하거나 수원 부처에서 개최하며, 외부 인사의 참석을 요청하는 초청장은 중간보고회 개최 2주 전 송부하도록 한다. 종료보고회 개최 관련해서는 3절 1항 1목('종료보고회')에서 다시 다루기로 한다.

7) 홍보

KOICA 프로젝트는 정부예산으로 추진되는 만큼 국민의 세금에 대한 책

무성과 투명성이 담보되어야 한다. 따라서 국민들에게 프로젝트 추진 현황 및 성과에 대한 정보를 제공하고, ODA에 대한 인식을 증진시켜 지지율을 높이기 위한 홍보활동이 필수적으로 수행되어야 한다.

사업시행기관은 담당 프로젝트를 수원국 및 한국에서 어떻게 홍보할 것 인지를 프로젝트 착수단계에서부터 고민해야 한다. 수원국 내 홍보에서 가

그림 4-7 홍보 예시

탁상형 달력을 통한 모자보건 메시지 전달과 사업 홍보

사업로고, 입간판 제작   현지 보건소 입구, 시내 등에 입간판 설치

티셔츠 제작   의사가운 제작

자료: 반경수(2014: 31, 44, 46).

장 중요한 것은 현지의 문화에 맞는 사업홍보방식을 선택하는 것이다. 수원 국의 TV, 라디오, 신문 등 언론매체나 포스터, 달력, 입간판, 티셔츠 등을 활용할 수 있다. 수원기관의 홍보부서는 수원국 내 언론사와 밀접한 관계를 맺고 있기 때문에 이를 활용해 언론사 기자 등을 식사에 초대하고 그 자리에서 프로젝트에 대한 기사자료와 홍보물을 배포하는 방안도 있다.

한국에서의 프로젝트 홍보는 보도자료, 기획홍보, SNS 등을 통해 실시된다. 가장 일반적인 것은 보도자료로, 언론인들에게 KOICA 소식 및 정보를 제공해 기사로 만들어지도록 정리한 자료이다. 기사가 될 만한 보도자료를 작성하기 위해 〈표 4-68〉을 참고하기 바란다.

표 4-68 보도자료 작성 체크리스트

• 보도자료의 제목은 프로젝트 또는 행사를 압축적으로 설명하고 있는가.
• 보도자료를 처음 읽고도 프로젝트 또는 행사 전체의 그림을 그릴 수 있고 의문이 남지 않는가.
• 행사 홍보건의 경우, 행사날짜를 앞두고 시간적으로 여유 있게 작성되었는가.
• 사업에 대한 설명뿐 아니라 사람(수원국 국민을 포함한 모든 이해관계자)에 대한 이야기가 포함되어 있는가.
• 누구나 이해할 수 있도록 쉽게 쓰였는가. 과도한 수식어(엄청나게, 매우)보다 정확한 숫자 (OO명, XXX제곱미터로), 축약어 및 영어 표현은 자제해, 구체적이고 정확하게 쓰였는가.
• 프로젝트 또는 행사를 통한 기대효과(OO명에 깨끗한 물 XX리터 제공 등)가 충분히 설명되었는가.
• 프로젝트 또는 행사의 성격을 잘 보여주는 프로젝트 전후 비교사진, 영상 등도 첨부되었는가.

자료: 한국국제협력단(2017c) 활용 저자 재작성.

보도자료는 프로젝트의 착수, 종료, 행사 개최 등 특정 시기에 배포되는 홍보자료인 반면 기획홍보는 국내의 사회적 관심사나 정책기조에 맞춰 전략적인 홍보를 하기 위한 목적으로 진행된다. 예를 들면 6월 보훈의 달을 맞아 분쟁지역에서 진행되는 프로젝트를 홍보하는 것이다. 사업시행기관은 KOICA 와 협의해 적극적으로 홍보를 기획하거나, KOICA 홍보부서를 통해 기획보도가 기획된 경우 프로젝트 관련 자료 제공, 인터뷰 대상자 섭외, 사업대상지 취재 지원 등에 적극 협조할 필요가 있다.

SNS를 통한 홍보는 보도자료나 기획보도에 비해 빠르고 용이하다는 장점이 있다. 여러 수원국의 경우 인구 대비 SNS 사용자 수가 50%를 상회하고 있어 수원국 내에서의 효과도 크다고 볼 수 있다. 그러나 그만큼 신뢰성을 확보하기 어려운 측면도 있기 때문에 주의가 필요하다.

언론 보도 및 홍보를 위해서는 고품질의 사진이 절대적으로 필요하다. 한 장의 사진은 백 마디 말보다 강한 메시지를 줄 수 있기 때문에 적극적인 자세로 사진 혹은 영상자료를 확보하도록 해야 한다.

표 4-69 촬영 가이드라인

- 프로젝트의 수혜자가 받는 긍정적 영향에 초점을 맞춰라.
- 동적인 느낌을 살리기 위해 피사체의 다양한 모습을 담아라.
- 원조의 규모를 부각시켜라.
- KOICA의 브랜드를 보여줘라.
- 초점이 맞고 색채가 풍부하며 밝기가 밝은 사진을 선택하라.
- 고해상도의 디지털 사진으로 촬영하라.

자료: 한국국제협력단(2017c) 활용 저자 재작성.

그림 4-8 우수 홍보사진 예시

자료: 한국국제협력단(2017c: 97~99).

수원국의 이해관계자들에게 한국과 KOICA를 알릴 수 있는 생활용품을 홍보문품으로 제작해 배포하는 방안도 효과적이다. 노트, 연필, 볼펜, 에코

백, 수건 등 저렴하면서도 실용적이어서 자주 사용할 만한 홍보물품을 선정하는 것이 중요하다. 제작된 홍보물품은 연수 실시 시 수료자 대상 기념품, 프로젝트 관련 각종 행사 개최 시 기념품 등으로 다양하게 사용할 수 있다. 홍보물품을 제작할 시에도 사전에 KOICA와 협의하고, KOICA 사업임을 반드시 명시하도록 한다.

3. 프로젝트 종료

1) 프로젝트 종료 준비

프로젝트의 최종 성과물이 모두 완성되어 수원국에 전달되면 프로젝트는 종료되고 성과물의 운영, 유지관리 등은 모두 수원국에서 맡는다. 종료단계에서 사업시행기관이 수행해야 할 업무는 〈표 4-70〉과 같다.

표 4-70 프로젝트 종료단계 과업

과업	주요 내용
수원국 측 이행 필요사항 점검	• 사업의 지속가능성을 위한 재정, 기술, 인력 등 확보 여부 검토 및 미확보 시 대처방안 마련 　－ 필요시, 사업시행기관의 자체적인 사후관리 제공 혹은 KOICA를 통한 사후관리 검토
사업수행 결과 공유 행사 개최	• 개원(준공)식, 최종 워크숍, 결과보고회 등을 개최해 프로젝트의 성과를 수원국과 한국 양측이 확인하고 우리의 지원내용을 홍보 　－ 필요시, 수원국 관계자 대상 감사장 발송
종료보고서 제출	• 사업 추진내용 및 이력, 성과, 사업비 집행내역, 프로젝트 관련 수원국 현황 자료 전체 포함
프로젝트 관련 자료 이전	• 수원국 관련 기초 데이터, 프로젝트 산출물 등 사업시행 과정에서 획득한 자료를 KOICA, 사업시행기관 보관용으로 구분해 이전 • 활동단계별로 촬영한 영상 및 사진자료 통합 제출(제출 시 영상 및 사진 파일에 간략한 활동내용 작성 필요)

자료: 한국국제협력단(2012b) 활용 저자 재작성.

사업수행 결과 공유를 위한 행사 역시 착수보고회와 마찬가지로 가급적 KOICA와 사업시행기관 간 협의하에 개최하는 것이 바람직하며, 국내 및 현지에서 개최 가능하다. 참석 대상범위나, 보고회를 계기로 사업 홍보를 실시하는 점은 착수보고회와 유사하나, 종료보고회에서는 향후 수원국 주도의 운영에 대한 점검과 더불어 필요시 사후관리를 통한 지속가능성을 확보하는 방안에 대한 논의가 추가로 이뤄져야 한다.

표 4-71 사업수행 결과 공유 행사 개최방식 ※

구분	현지	국내
주요 목적	• 수원국 내 사업 이해관계자 및 수혜자 대상 사업 추진성과 공유 및 사업 홍보 • 수원국 주도의 운영을 위한 준비사항 점검 (필요시 사후관리 검토)	• KOICA 본부 담당자 등 대상사업 추진성과 공유 • 사후관리 필요성 도출 시 사후관리 지원내역, 지원방안 논의
시기(안)	• 최종 전문가 파견 중	• 사업 종료 후(종료보고서 제출 전후)

발표 내용	• 프로젝트 추진 이력
	  — 주요 내역 설명 및 관련 사진자료 편집영상/동영상 상영
	• 프로젝트 추진 성과 점검
	  — PDM상 성과지표 변경이력(해당 시) 및 최종 성과지표
	  — 종료선 조사(Endline Survey) 결과
	  — 해당 결과 도출원인 분석
	  — 목표 달성 시 지속가능성 확보방안, 목표 미달성 시 향후 대처방안
	• 수원국의 향후 운영방안
	• 향후 유사 프로젝트 추진 시 유의점	

발표 언어	• 수원국이 선호하는 언어	• 한국어
참석자	• (대사관, KOICA) 대사, KOICA 사무소장 및 사업담당자 • (수원국) 수원기관장, 관계자 및 사업수혜자 등 • (사업시행기관) PM, 핵심 투입인력, 분야별 전문가 등 사업시행자	• (KOICA) 본부 사업담당부서장, 담당자, 해당 섹터 담당자, 사업기획단계 참여 전문가 등 • (사업시행기관) PM, 핵심 투입인력, 분야별 전문가 등 사업시행자
비고	• KOICA와의 협의하에 현지 혹은 국내 언론보도 실시 권고	

※ 보고회 기준으로 작성되었으며, 워크숍 등 행사형태의 경우 4장 2절 6항('보고회, 워크숍, 세미나 등') 참조.
자료: 한국국제협력단(2012b) 활용 저자 재작성.

프로젝트가 종료되면 종료 이후 1년 이내에 종료평가, 1~3년 경과한 후 사후평가를 실시하게 된다. 이를 위해서는 프로젝트 집행단계의 모든 산출물들이 잘 정리되어 파트너협업시스템(KOPIS: KOICA Partner Information Sys tem)에 보관되어 있어야 한다. 특히 사후평가의 경우 KOICA 평가부서가 담당하고 평가의 객관성을 위해 외부 전문가가 참여하기 때문에 산출물이 잘 보관되어 있지 않을 경우 프로젝트에 대한 정확한 정보 없이 평가를 수행하는 문제가 발생하게 된다.

2) 프로젝트 종료 시 유의사항

종료된 프로젝트의 사후관리 지원이 필요한 경우, KOICA 봉사단이나 중장기 자문단 파견 혹은 KOICA의 포용적 비즈니스 프로그램(IBS: Inclusive Business Solution)[9]을 활용하는 방안이 있다.

예를 들어 정보시스템 구축사업은 시스템이나 기자재에서 발생하는 소소한 문제에도 기술적 지원이 필요하거나, 시스템 사용방법 등에 대해 수원기관 담당자가 자체적으로 교육을 실시하기 어려운 경우가 많다. 따라서 수원기관의 자립능력이 확보될 때까지 KOICA 봉사단 또는 중장기 전문가 등을 추가로 파견하는 것을 검토해볼 수 있다.

IBS 프로그램을 통해서는 수원국에 진출하고자 하는 국내 기업과의 협력구도를 만들어 사업효과성 및 지속가능성을 도모할 수 있다. 국내 IT 기업들의 해외진출 필요성이 증대되고 한국의 우수한 IT 기술이 전 세계의 관심을 받고 있어, IT 분야의 기업 연계는 프로젝트의 효과성을 증진시킬 뿐 아니라 국내 기업들의 해외진출 기반이 되는 윈윈(win-win) 구도가 될 수 있다.

프로젝트의 종료는 수원국, KOICA, 사업시행기관 모두에게 또 다른 새로

---

9   기업의 사회공헌활동(CSR: Corporate Social Responsibility)·공유가치창출(CSV: Creating Shared Value) 관련 재원과 전략을 ODA 사업과 연계해 개도국의 경제·사회·환경적 지속가능한 발전에 기여하는 사업.

운 시작이다. 수원국은 프로젝트를 이관받아 주체적으로 운영해 나가야 하고, KOICA는 동 프로젝트의 목표 달성 여부로 기관의 운영성과를 평가받으며 향후 새롭게 형성될 프로젝트에 적용할 교훈을 얻게 되기 때문이다.

사업시행기관의 입장에서는 동 프로젝트를 계기로 수원국에 진출하는 새로운 시작을 맞이할 수도 있다. KOICA 프로젝트 이후 수원국 자체적으로 혹은 타 공여기관을 통해 후속사업을 추진하는 경우가 있는데, 동 후속사업의 사업시행기관 선정입찰 시 기존의 KOICA 프로젝트를 수행했던 기관이 유리한 위치를 선점할 수 있다. 단, 이는 기존 프로젝트의 목표를 달성하고 성공적으로 추진했을 때에 해당될 것이다. 따라서 사업시행기관은 프로젝트가 종료되는 시점까지도 최선을 다해 맡은 과업을 수행해 수원국 및 KOICA로부터 좋은 평가를 받을 수 있도록 해야 한다. 또한 유상원조를 담당하는 한국수출입은행을 비롯해 현지의 타 공여기관과도 후속사업과 관련해 지속적으로 협의하는 것이 좋다.

표 4-72 KOICA 프로젝트 완료 후 수원국 진출사례

> • 350만 달러 규모의 A국 공공행정시스템 구축사업을 성공적으로 수행한 B사는 이후 수원기관이 발주한 1200백만 달러 규모의 2차 사업도 수주할 수 있었다. 동 입찰은 국제경쟁입찰 방식으로 추진되었지만 수원기관으로부터 기존 사업결과를 통해 신뢰를 확보했고 현지 프로젝트 집행경험을 통해 타 입찰참여기관보다 유리한 조건으로 제안할 수 있었던 것이 사업수주의 성공요인이었다.

자료: 하성흔(2017).

최근 KOICA 프로젝트를 통해 얻은 데이터나 결과물(마스터플랜, 컨설팅 및 정책 보고서 등)을 국내·외 학술논문에 게재하는 사례가 증가하고 있다. 이는 프로젝트 성과의 홍보 측면에서 권장할 만한 일이나 KOICA 사업을 통해 수행된 결과물임을 밝히지 않는 사례가 많아 주의가 요구된다. 논문 작성 및 게재로 인해 프로젝트 부실 집행, 기간 지연 등 업무 본연의 목표 달성에 부정적인 영향을 끼쳐서는 안 되고, 게재할 내용을 사전에 KOICA 담당자(사업 수행 당시의 담당자가 변경되었을 경우 현 해당 국가 담당자)와 공유해야 하며, 게 재일로부터 1개월 이내에 연구업무 소관부서에 해당 논문을 제출해야 한다. 만약 이를 위반할 경우 해당 업무인력 교체 등 시정을 요구할 수 있다. 논문 사사(acknowledgement) 부문에는 〈표 4-73〉과 같이 표기해야 하며 세부내용 은 KOICA 내규인 「연구업무수행세부지침」에 따른다.

표 4-73 논문표기방식

- **국문 표기**
  — 이 논문은 OOOO년도 한국국제협력단(KOICA)의 "프로젝트명"의 일부로 수행된 연구임 (No. KOICA 용역계약번호)
- **영문 표기**
  — This work was supported by the Korea International Cooperation Agency(KOICA) under the title of "프로젝트명" in YYYY(No. KOICA 용역계약번호)

자료: 한국국제협력단 「연구업무수행세부지침」(2018).

나가며

자연적·문화적 환경이 다르고 언어와 제도도 다른 개발도상국에서 그 나라 사람들과 ODA 프로젝트를 수행하는 것은 결코 쉬운 일이 아니다. 수원 국의 전반적인 역량이나 재정상 한계, 정책수행 능력의 부족, 관련 기관이나 인력들의 개발 의지와 역량의 부재, 치안문제 등 다양한 요소들로 인해 사업 시행 과정에서 예상치 못한 장애와 문제들을 만날 수 있다. 이러한 환경 속 에서 낮은 예측가능성과 높은 변동성이라는 상황을 염두에 두어야 하는 동 시에, 공적인 활동인 만큼 엄정한 규정과 절차를 준수하면서 최대한 능동적 으로 장애요인과 문제들에 대응해 나가려는 자세를 가져야 한다.

또한 KOICA 프로젝트는 수원국의 경제·사회 발전이라는 개발목표 달성의 측면과 함께, 우리나라의 국가 브랜드를 제고하고 수원국과의 우호관계도 증진시킨다는 부수적인 효과 역시 고려할 필요가 있다. 따라서 수원기관, 지역주민, 현지 사업시행기관, 현지 시민사회 및 언론매체 등 모든 수원국의 이해당사자들을 존중하고 수원국의 문화와 관습을 존중하는 등 상호 우호적 관계를 증진하는 데도 각별히 노력해야 한다.

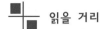

읽을 거리

- 교육부·한국직업능력개발원·프로젝트경영학회. 2017. 2016 NCS 학습모듈 공적개발원조사업 프로젝트 집행. 교육부·한국직업능력개발원·프로젝트경영학회.
- 한국국제협력단. 2017a. 국별협력사업 사업비 정산업무 매뉴얼. 한국국제협력단.
- 한국국제협력단. 2017b. IPM 국별협력사업 KOPIS 파트너 매뉴얼_v1. 한국국제협력단.

필수개념 정리

- **리스크** 프로젝트의 결과에 부정적 영향을 끼칠 수 있는 잠재적이고 불확실한 위험성으로, 그러한 불확실성을 없애고 회피하기 위한 관리가 필요하며, 적절히 관리될 경우 그에 상응하는 보상이 제공되기도 한다.
- **이슈** 리스크가 현실로 나타나 프로젝트의 결과에 부정적 영향을 끼친 상황으로, 이미 발생한 문제이기 때문에 이를 해결하기 위한 관리가 필요하다.
- **적정기술** 어느 특정한 지역의 사정에 알맞은 기술적 해법을 제시해주는 기술이다.
- **유지관리** 건축물이나 설비의 기능을 유지하고, 열화를 방지해 자산가치를 보전하고자 점검, 보수, 청소, 경비 등을 일상적·정기적으로 하는 것이다. 소프트웨어 사업에서 소프트웨어 업데이트, 성능 개선 등 라이선스 정책에 따라 유상으로 시행된다.
- **기초선 조사(Baseline Survey)** 사업 착수 전 사업대상지역의 상황을 조사하는 기초자료 수집 및 분석 활동이다.
- **하자보수** 용역(건설공사, CM, 설계, 기자재 공급 등)업체로부터 공급받은 제품이나 서비스에 결함이 있을 경우 용역업체의 책임범위 내에서 일정 기간 동안 무상으로 시행되는 보수이다.
- **전략물자** 대량파괴무기, 재래식 무기, 그 운반수단인 미사일 및 이들의 제조·개발·사용 또는 보관 등의 용도로 전용(轉用)될 수 있는 물품 및 기술이다.
- **공간구성계획(Space Program)** 건물의 각 기능별 실의 면적과 개수를 분류한 필요시설 면적표로, 건축물의 전체 면적 및 배분, 공간 특성에 따른 분류 및 관계 등을 파악할 수 있으며, 이를 기반으로 건축물의 층별·공간별 조닝(zoning)을 하는 등 건축설계작업의 기본지침이 된다.
- **현황측량(Cadastral Reconnaissance Survey/Geographical Survey)** 지상구조물 또는 지형 등이 점유하는 위치현황을 지적도에 등록된 경계와 대비해 그 관계 위치와 면적을 표시하기 위한 측량으로, 건축물 신축 시 토지의 경계 및 구획의 확정을 확실히 하기 위한 과정이다.
- **지반조사(Geological Survey/Soil Survey)** 지반을 구성하는 토층의 형성 및 성질, 지하수 상태 등을 여러 방법으로 조사해 그 지반에 계획하는 건축물의 설계 및 공사 계획에 필요한 자료를 제공하기 위해 하는 조사이다. 수원국에서 제공하는 자료이기는 하나 설계자 및 시공사도 본 조사를 과업범위에 포함해 조사의 정확도를 높일 필

요가 있다.

- 물량내역서(BoQ: Bill Of Quantity) 설계사는 공사항목의 수량, 규격, 단가가 명기된 공사예산내역서를 최종 성과물의 하나로 발주처에 납품해야 한다. 시공자 입찰 시 단가가 빠진 물량내역서(공사항목의 수량과 규격은 있으며 단가는 공란)를 배포할 수 있다. 시공자는 물량내역서에 단가를 기입한 산출내역서를 작성하고, 이는 시공계약 문서로 구성된다.

- 일위대가(breakdown cost) 표준품셈을 기초로 건설공사의 공종별 단위수량에 대한 금액을 작성한 것이다.

- 설계변경 공사 시공 도중 예기치 못한 사태의 발생, 공사물량의 증가와 감소, 계획의 변경 등으로 당초의 설계 내용을 변경하는 것이다.

- 종료선 조사(Endline Survey) 기초선 조사 결과를 바탕으로 수립한 프로젝트 목표치의 달성 여부를 확인하기 위해 사업종료시점에 실시하는 자료 수집 및 분석 활동이다.

■ 토론점

- 프로젝트의 성공적인 집행을 위해 사업시행기관, KOICA, 수원기관 등 각 이해관계자가 반드시 갖추어야 할 자세나 터득해야 하는 기술에는 어떠한 것들이 있는가?

- 프로젝트를 집행하는 수원국 현장을 이해하는 가장 좋은 방법은 무엇인가?

- 사업시행기관의 프로젝트 집행능력을 향상시키 위해 KOICA가 제공해야 할 정보, 교육 등에는 어떤 것들이 있는가?

- 사업시행기관의 프로젝트 집행 노하우, 우수 및 실패 사례를 타 사업시행기관과 공유할 수 있는 가장 좋은 방법은 무엇인가?

5장 프로젝트 운영 및 관리

학습목표 ✏️

1. 프로젝트의 원활한 추진 및 수행을 위해 필요한
   세부항목별 관리방법을 학습한다.

2. 프로젝트에서 각 관리요소의 중요성을 이해하고
   관리방법을 적용할 수 있다.

들어가며

이번 장에서는 KOICA의 프로젝트 목적을 달성하고, 효율적으로 수행하기 위해 필요한 주요 관리영역과 각 관리영역별 수행 방식 및 내용을 학습한다. KOICA의 프로젝트 사업부서(지역사업실)에서는 각 협력국의 수요를 기반으로 프로젝트를 발굴·실시하고 있으며, 프로젝트의 지원요소 중 국내 기술자문 및 이전이 필요한 요소들에 대해서는 국내 조달을 실시해 사업자를 선정하고 있다.

KOICA 지역사업실에서 수행하는 프로젝트[1]의 경우, 타 발주기관의 용역과 달리 '발주자'와 '사용자'가 다른 용역이다. 또한 한국의 ODA 재원으로 한국이 아닌 협력국에서 추진되기 때문에, 국가·정부마다 업무체계가 다르고 다양한 이해관계자를 고려해야 할 뿐만 아니라 각 프로젝트와 용역별로 위험요소나 주안점 등이 달라 모든 프로젝트를 일관되게 표준화하기 어렵다. 따라서 KOICA는 협력국의 요청을 바탕으로 각 프로젝트의 요소별로 조달 형태와 방식을 결정해 프로젝트를 추진하고 있다. 이 경우 프로젝트의 성과물을 사용하는 주체인 사용자는 수원기관 또는 수원국의 주민들이지만, 성과물을 만들어낼 수 있는 사업시행기관을 선정하는 주체인 발주자는 KOICA가 되므로 사업시행기관(용역사)[2]은 다수의 이해관계자와 의사소통을

---

1   KOICA에서는 지역사업실에서 수행하는 양자 사업을 국별협력사업으로 통칭하며, 이 책에서 다루는 프로젝트는 양자 형태(정부 간)의 국별협력사업으로 한정한다. KOICA는 양자 사업 외에 협력 파트너에 따라 프로젝트 유형 및 수행방식을 다르게 정의하고 있으며, 2018년 기준 각 사업별 주관부서는 다음과 같다. 각 사업별 상세내용은 KOICA 홈페이지 참조.
   • 다자협력인도지원실-다자협력사업(국제기구협력사업)
   • 연수사업실-CIAT 연수사업(국별, 다국가)
   • 혁신사업실-포용적 비즈니스 프로그램(IBS: Inclusive Business Solution), 혁신기술 기반의 창의적 가치창출 프로그램(CTS: Creative Technology Solution)
   • 시민사회협력실-시민사회협력사업

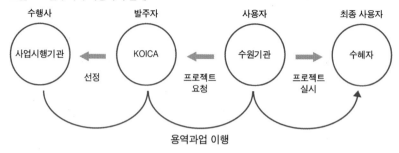

그림 5-1 발주자와 사용자의 관계

수행사 — 사업시행기관
발주자 — KOICA
사용자 — 수원기관
최종 사용자 — 수혜자

선정
프로젝트 요청
프로젝트 실시

용역과업 이행

거쳐야 한다.

또한 하나의 프로젝트 내에는 프로젝트의 내용에 따라 다수의 용역이 함께 포함되어 있어 각 사업시행기관 간 업무 분장과 이해관계에 따라 접근방식도 상이하다. 그러나 이 장에서는 KOICA 프로젝트 추진 시 사업 관리에서의 주안점 및 각 사업시행기관들이 공통으로 겪고 있는 어려움과 고려사항을 중심으로 정리했다.

1. 업무추진방식

KOICA는 KOICA와 사업시행기관 간 업무추진방식과 사업을 보다 효율적이고 편리하게 관리하기 위해 2018년부터 통합사업관리시스템(IPM: Integrated Project Management System)[3]을 개통해 활용 중이다. 기존 KOICA 사업

---

2 KOICA에서 발주하는 용역을 수주해 수행하는 용역사를 '사업시행기관', '파트너 기관' 등 다양하게 명칭하고 있으나, 이 책에서는 KOICA에서 발주하는 용역의 수주형태가 입찰, 공공협력 등 다양한 점을 고려해 '사업시행기관'으로 통일한다.

3 KOICA 프로젝트 사업시행기관은 KOICA 전자조달시스템에서 신규 시스템의 사용자 매뉴얼 및 사용자 교육 영상을 확인할 수 있다(KOICA 전자조달시스템 [> 고객센터 [> 일반자료실).

관리방식에서는 KOICA 프로젝트 담당자가 전자문서시스템을 갖추고 있는 대학·공공기관 등을 제외한 대부분의 사업시행기관과 이메일을 통해 공문 및 각종 보고서를 수·발신했으며, 이 과정에서 문서가 유실되는 경우도 잦았다. 또한 사업 착수 시 제출했던 수행계획서 대비 변경사항 발생 시, 해당 건별로 KOICA 승인을 받기 위해 많은 행정소모가 필요했다. KOICA에서는 이와 같은 문제점을 해결하고 상호 간 행정업무를 간소화하기 위해 사업시행기관에서 생산하는 모든 공문과 보고서를 통합사업관리시스템을 통해 제출받고, 용역범위 내의 단순 변경사항은 별도의 문서행위 없이 시스템에서 이루어질 수 있도록 변경했다. 통합사업관리시스템을 통해 KOICA와 사업시행기관 간 행정업무 간소화는 물론, 보다 정확한 계약금액 및 투입인력 관리 등이 가능할 것으로 기대된다.

1) 주요 변경사항 및 통합사업관리시스템 활용

당초 사업시행기관은 용역계약 변경을 수반하지 않는 단순 변경사항에 대해서는 〈그림 5-2〉와 같은 절차를 거쳤다.

상기 업무추진방식은 엑셀 또는 한글 문서 기반의 계약내역서를 바탕으로 과업 내용 또는 예산을 변경하는 것으로서, 장기간 진행되는 KOICA 프로젝트의 경우 KOICA 또는 사업시행기관 담당자 변경 시 이력 관리가 어려웠으며, 단순 변경에 대한 승인 건임에도 상당한 시일이 소요되었다. 특히 KOICA와 전자문서 수·발신이 가능한 공공기관 및 대학교 외 사업시행기관에서는 담당자 이메일로만 업무를 추진할 수밖에 없어서 문서 유실 등의 위험이 더욱 컸다. 그러나 2018년부터는 계획 및 보고서 제출, 변경 요청, 대금 신청 등 주요 업무를 통합사업관리시스템을 통해 처리할 수 있도록 변경되

그림 5-2 기존 업무추진방식

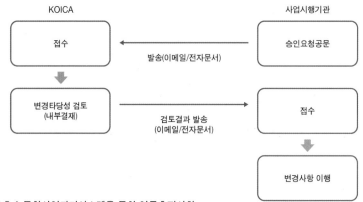

표 5-1 통합사업관리시스템을 통한 업무추진사항

구분	업무추진사항
1. 계획보고	공정계획
	인력투입계획
	산출물제출계획
2. 변경요청	계약금액 전용[1]
	인력투입계획 변경
	계약변경
	선급금 보증증권[2] 제출
3. 결과보고	공정보고
	산출물 제출
	인력투입결과 보고
	기타보고
	수시보고
4. 대금신청	용역대금 신청

주 1:예산 전용. 세출예산의 세항·목간 경비를 서로 융통해 사용하는 것.
주 2: • 선급금: 상품, 원재료 등의 매입을 위해 선지급한 금액. 상품, 원재료 등의 매매에 있어서 매매계약을 확
   실히 하기 위해 미리 대금의 일부를 지급하거나, 공사를 착수하거나 완성하기 전에 계약금·착수금 등으로
   미리 공사대금을 지급하는 경우. • 선급금 보증증권: 계약체결과 동시에 조달계약팀으로 제출하는 이행보
   증증권과 달리, 선급금보증증권은 선금을 신청하는 경우에만 제출하도록 되어 있어서 해당 지역사업실로
   직접 제출하며, 선금신청이 필수사항은 아님.
자료: 한국국제협력단(2017a).

었다. 각 추진업무에 따른 개선사항과 세부내용은 이 장의 세부목차에서 확

인할 수 있다.

2. 일정관리

KOICA는 한국의 무상원조 시행기관으로서 우리 정부와 수원국 정부 간 협의를 토대로 한정된 자원과 예산을 활용해 주어진 기한 내 프로젝트의 성과목표를 달성해야 한다. 따라서 KOICA 프로젝트의 성공을 위해서는 각 사업시행기관이 책임성과 상호 신뢰를 바탕으로 일정관리와 공정관리를 준수해야 한다.

1) KOICA 사업에서의 일정관리 및 공정관리

일정관리(schedule management)는 프로젝트 목표 달성을 위한 약속시간 관리를 의미하며, 공정관리(process control)[4]는 마찬가지로 프로젝트 목표 달성을 위해 필요한 산출물(output)을 단계별로 도출할 수 있도록 하는 관리형태를 의미한다. 일정관리는 약속시한(deadline)이 가장 중요하며, 공정관리는 사전에 계획된 산출물을 바탕으로 관리하는 방식이다. 이 2가지 관리방식은 분리해 접근할 것이 아니라, 프로젝트 완수를 위해 동시에 고려해야 한다. 예를 들어, 국내초청연수를 추진하기 위한 일정 및 공정 관리를 살펴보면 〈표 5-2〉와 같다.

프로젝트 내 국내초청연수 과업 이행 및 연수 참가자들의 현업 적용도 향상 등과 같은 목표 달성을 위해 사업시행기관은 영문 연수개요서(CI)라는 '산출물'을 최소 4주 전 제출하는 '일정'을 준수하여 추진해야 한다. 각종 제반사항의 추진은 물론 현지사정을 고려해 수원국 및 수원기관과 협의하는 등 업

---

4   KOICA는 프로젝트의 일정관리와 산출물 관리를 포괄해 '공정관리'라는 용어를 사용하고 있으며, 일반 프로젝트에서는 범위관리 등의 용어를 사용 중이다.

표 5-2 공정관리와 일정관리의 차이 예시: 초청연수

구분	공정관리 측면	일정관리 측면
준비단계	영문 연수개요서(CI: Course Information)	최소 4주 전 제출
	국/영문 실시계획서	최소 2주 전 제출
실시단계	각 모듈별 계획서, 교재, 액션플랜 등 연수추진과정에서의 산출물 및 자료	연수일정 준수
종료단계	결과보고서, 만족도 조사 결과 등	연수 종료 후 4주 이내 제출

자료: 한국국제협력단(2017e) 활용 저자 재작성.

무 추진 시 수반되는 모든 활동은 일정관리와 공정관리에 포함되며, 이러한 점에서 일정 및 공정 관리는 위험관리와도 면밀하게 맞닿아 있다. 일부 국가의 경우, 연수 참가 대상자인 수원기관 공무원의 관용여권 발급 지연, 출장 허가 지연 등이 발생하곤 한다. 이 경우, 연수 실시와 관련된 제반 '위험요소(Risk)'를 관리하여 연수가 불필요하게 지연되지 않도록 '일정'을 관리하고 '산출물'을 제출하는 것이 프로젝트에서의 일정 및 공정 관리이다.

KOICA에서 발주하는 여러 용역 중 산출물을 중심으로 하는 기술용역의 경우, 각 용역계약의 특성에 따라 공정 내용과 순서를 유연하게 구성할 수 있으므로 시간의 제약을 덜 받는 편이며 사업시행기관이 보다 자율적으로 일정관리를 할 수 있다. 예를 들어, PMC(Project Management Consulting) 용역 사업시행기관이 마스터플랜 수립, 전문가 파견, 초청연수 등의 다양한 과업을 복합적으로 수행해야 할 경우 각 과업을 병행해 추진할 수 있다. 반면 시스템 개발, 시스템 감리, 설계, 시공 등의 인프라 구축 용역의 경우, 각 과업의 단계별 완수 정도에 따라 다음 단계를 추진할 수 있으므로 용역기간 내과업 완수를 위해서는 보다 면밀한 일정관리가 필요하다. 예시로 시스템 개발 용역의 경우, 일반적으로 △요구 분석, △설계, △개발, △이행 등의 각 단계를 순서대로 거치므로 단계별 소요기간에 대한 일정관리가 필수적이다.

단, 사업시행기관에서 일방적으로 일정계획을 수립할 경우, 수원기관의 협조가 필요한 시점에서 불필요한 마찰이나 준비 부족으로 일정계획이 틀어지는 경우가 발생할 수도 있다. 따라서 수원기관의 참여가 필요한 내용에 대해서는 세부일정까지 상세하게 미리 조율하는 것이 중요하다.

각 사업시행기관들은 용역업무를 시작하면서 제출하는 사업수행계획서에 공정관리에 대한 내용(통상적으로 수행계획서상 산출물 및 제출시점 등을 명기한 산출물 제출계획을 의미)을 작성해 제출하고 있으며, 수행계획서상의 각 공정은 필수 준수사항이다.[5] 효과적인 공정관리를 위해 기간별 정기보고[6]를 통해 해당 기간에 대한 업무추진내용과 다음 기간에 대한 업무추진계획을 작성해 KOICA와 일정 및 공정 관리에 대해 공유하며, 수행계획서 대비 변경사항 발생 시 KOICA에 사전승인을 받아 진행한다. 특히, 순차적 공정을 추진하는 용역의 경우 계약서 또는 수행계획서에 납품기한 또는 공정완수기한을 명기하는 경우가 일반적이다. 따라서 기한 내 달성이 불가능한 사유가 발생할 경우 반드시 사전 보고 및 승인을 받아 용역 수행에 불이익이 없도록 유의할 필요가 있다.

아울러, KOICA 프로젝트 내에서는 다수의 사업시행기관들이 각각의 업무 분장에 맞는 용역을 수행하고 있으므로 각 용역들이 유기적으로 연계되어 있다. 그러므로 일부 용역에서의 공정 지연은 다른 사업시행기관의 용역업무에도 영향을 미치며 나아가 KOICA 프로젝트 전반에 지연을 발생시킬 수 있다. 예를 들어 시스템 개발이 주요 내용인 프로젝트의 경우, 시스템 개발 용역 사업시행기관의 공정관리 부실은 시스템 개발 감리 용역, 기자재 공

---

5   사업시행기관이 제출하는 사업수행계획서는 계약문서 중 하나로 구성된다.

6   각 사업시행기관들은 일정 주기로 KOICA에 정기보고를 실시하고 있으며, 보고주기(주간, 월간, 분기별, 반기별, 연도별)는 계약내용에 따라 상이하다.

그림 5-3 시스템 개발사업에서의 용역별 공정추진과정 예시

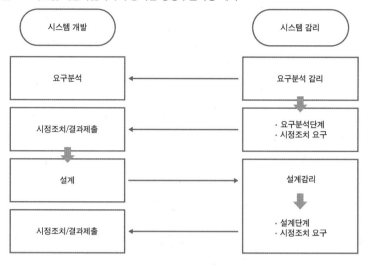

급 용역의 각 공정에도 영향을 미칠 수 있다.

프로젝트별로 용역 구성에 있어 차이가 있겠지만, 위와 같이 각 과업이 유기적·순차적으로 연결된 용역들의 경우 사업이 종료될 때까지 계속해서 각 사업시행기관이 각자의 과업에 영향을 주고받을 수밖에 없어 일정관리와 공정관리에 더더욱 유념해야 한다.

2) KOICA 사업에서의 일정 미준수 시 유의사항

위에서 언급한 것처럼 하나의 프로젝트 내에서도 다수의 사업시행기관들이 다양한 업무와 공정을 담당하고 있으며, 각 공정은 상호 간에 긴밀하게 연계되어 있는 경우가 일반적이다. 각 사업시행기관이 정해진 기한 내 과업을 이행하지 않으면 프로젝트 전반의 지연은 물론 타 사업시행기관 업무에도 지대한 영향을 미치게 된다. 특히 프로젝트 전체가 지연되어 KOICA와 수

원기관이 초기에 설정한 기간 내 프로젝트 목표를 달성하지 못해 프로젝트 기간을 연장하게 될 경우, 양 국가 간 신뢰 저하에도 영향을 미칠 수 있으므로 일정 준수는 더더욱 중요하다. 사업시행기관의 고의적 과업 추진 지연을 방지하고 사업시행기관의 이행 약속을 보증하기 위해 3장에서 설명한 바와 같이, KOICA는 계약 체결 시 제출하는 이행보증증권을 포함해 각종 제도를 도입해 시행 중이다. 또한 용역이 진행되는 과정에서 사업시행기관이 사업시행기관 측 책임으로 기한 내 과업을 완수하지 못할 경우 KOICA의 타 사업뿐만 아니라 타 공공기관 발주사업 참여에도 불이익을 받을 수도 있다.

따라서, 수원기관의 요구 변경이나 외부환경 변화 등 일정연기 사유가 발생할 때에는 불이익을 받지 않도록 KOICA에 관련 이슈와 프로젝트에 미치는 영향, 대처방안을 지체 없이 보고해야 한다.

표 5-3 KOICA 프로젝트 제재사항(참고)

구분	주의	경고	지체상금
제재 주체	• 사업부서, 사무소	• 원조조달실(조달계약팀)	• 원조조달실(조달계약팀)
내용	• 프로젝트 수행과정에서 경미한 과업 불이행이나 위반사항 발생 시, 보다 면밀한 사업 관리를 목적으로 사업시행기관 측의 주의를 환기하기 위해 서면 통보 및 조달시스템을 통한 이력 관리	• 프로젝트 수행과정에서 중대한 계약위반사항 발생 시, 사업시행기관 측의 이행 촉구를 위해 서면 통보 및 조달시스템을 통한 이력 관리	• 사업시행기관 측의 책임 있는 사유로 인한 납품기한 또는 계약기간 미준수 시, 지체일수에 대한 지체상금액 부과
효력	• 동일 계약에 대해 해당 계약기간 내 사업부서로부터 주의조치를 3회 이상 부과 시 경고 1회로 조치	• 최초 경고일로부터 2년 이내 2회 이상 경고 시 1개월~2년 이하의 입찰참가자격 제한. • 최근 5년 이내 추진 또는 완료한 사업에서 불성실한 사업 수행으로 중대한 실수를 범해 서면 경고 등 제재를 받은 경우, 수원국의 문제 제기를 받은 경우 건별로 기술평가 시 1점 감점	• 용역과업에 따른 지체요율[1]에 지체일수를 곱한 지체상금액 상계처리 후 대금지급 또는 현금징수

주 1: 지체요율은 각 용역별로 상이하며, 상세내용은 계약서상 일반조건(지체상금) 해당 내용 참조.
자료: 한국국제협력단(2017b), 한국국제협력단(2017c) 활용 저자 재작성.

3. 사업비 관리 및 정산

1) 사업비 관리 유의사항

프로젝트 시행기관들은 KOICA 프로젝트 추진 시, 사업비를 투명하게 집행·관리해야 한다. KOICA 프로젝트를 포함한 공적개발원조(ODA) 사업은 국민의 세금으로 추진되는 사업이므로 민간에서 추진되는 용역에 비해 정산과 감사가 더욱 조밀하게 진행되고 있다. 따라서 사업시행기관에서도 KOICA의 관련 규정을 준수해 사업비를 투명하고 효율적으로 집행함으로써 프로젝트가 효과적으로 추진될 수 있도록 해야 한다. 아울러, 장기간 진행되는 프로젝트의 투명한 사업비 집행을 위해 KOICA는 '1프로젝트 1계좌' 사용을 권고하고 있으며, 2018년 신규계약 체결 시부터 이를 의무화해 시행 중이다.[7] 즉, 사업시행기관은 KOICA의 프로젝트를 수행하면서 발생하는 입·출금 내역을 1개의 계좌로 관리하는 것이 바람직하다.

2) 사업비 전용

사업시행기관 담당자는 사업수행기간 중 해당 용역을 보다 효과적이고 효율적으로 추진하기 위해 예산 간 전용이 필요한 경우, 사업비 전용을 KOICA에 건의해 추진할 수 있다. 단, 사안에 따라 주요 과업이 축소되거나 증가해 발생하는 '대'항목 간 전용의 경우 KOICA는 계약 변경 여부를 검토

---

[7] 기술용역사업 용역비 집행 및 정산기준 제3조: 사업시행기관은 용역비의 정당한 지출을 입증할 수 있도록 지출내용을 별도의 장부에 정리하고 별도의 예금계좌에 관리해야 한다. 단, 용역비를 기관통합계좌에서 관리하는 것이 불가피한 경우 등 전용계좌 사용이 불가능한 경우에는 협력단과의 협의하에 진행할 수 있다.

표 5-4 기술용역 표준 계약내역서(안)

대	중	소
직접인건비	전문가 파견	
	초청연수	
제경비₁	일반	
	초청연수	
	현지활동	
기술료		
직접경비	전문가 파견	파견경비
		사업비
		현장운영경비
		기타 지원비
	초청연수	항공료
		여비
		체재비
		교육경비
		친교행사경비
		과정기획경비
기자재 지원비		

주 1: 직접인건비 및 직접경비에 포함되지 않는 간접비로, 임원, 행정보조, 경리직원 등의 급여, 국내·외 사무실 관리비, 회의비, 자료수집비, 통신비 등 기타 사업수행 지원비 등을 포함하며 용역활동의 성격에 따라 일반 제경비, 현지활동 제경비, 초청연수 제경비로 구분한다(KOICA 용역경비 산정기준).
자료: 한국국제협력단(2018a).

해야 하며, 더 나아가 프로젝트 전체에 대한 변경이 수반될 경우에는 사업계획 변경 여부까지 검토해야 하므로, 이럴 경우 KOICA 측 사업담당자와 반드시 별도 협의가 필요하다. KOICA는 2018년 신규 체결되는 계약부터 다음과 같은 표준 계약내역서를 활용하고 있으며, 직접경비의 동일 '소'항목 내 세목 간 전용에 있어 사업시행기관에 자율성을 부여하는 대신 사업비 집행에 있어 보다 큰 책임성 역시 부과하고 있다.

즉, 〈표 5-5〉에서 보다시피 '대'항목 간, '중'항목 간, '소'항목 간 전용 시에는 KOICA의 사전승인이 필요하며, '소'항목의 세목 간 전용 시에는 사업시행기관의 자율적 전용이 가능하다.[8] 각 '소'항목별 세목에 해당하는 경비내역을 상세히 살펴보면 다음과 같다(〈표 5-4〉의 굵은 선 내 항목이 '소'항목에 해당).

표 5-5 '소'항목별 세목내역

KOICA 사전승인 필수			사업시행기관 자율 전용
대	중	소	세목
직접 경비	전문가 파견	파견경비	체재비, 항공료, 보험료, 교통비, 통역료
		사업비	현지역량강화비, 현지행사비, 기타 사업비
		현장운영경비	현지인건비, 차량유지비, 사무소임차료, 자산성 기자재 구매비
		기타 지원비	자문회의비, 인쇄비, 번역비, 홍보활동비
	초청 연수	항공료	
		여비	현지교통비, 경유지경비, 비자발급비, 준비금, 보험료
		체재비	숙박비, 식비, 일비
		교육경비	강사료, 통역비, 번역비, 교육실습비, 자료제작비, 시설임차료, 다과비, 교통비, 가이드경비
		친교행사경비	친교행사지원비, 홈비지팅경비, 환영행사비
		과정기획경비	프로그램자문경비, 과정 기획 및 평가 경비

자료: 한국국제협력단(2018a), 한국국제협력단(2018b) 활용 저자 재작성.

3) 사업비 정산

KOICA는 외부 회계법인을 통해 각 사업시행기관이 집행한 사업비에 대해 집행내역과 집행금액의 적정성을 검토한 후 정산잔액을 기성금[9]으로 지급하고 있다. 모든 용역비에 대해 정산을 실시하는 것은 아니다. △전문가 파견, △초청연수, △현지연수 등과 같이 정산을 필요로 하는 항목에 대해

---

8   따라서 사업시행기관이 자율적으로 전용 가능한 항목은 직접경비 > 전문가 파견, 직접경비 > 초청연수의 각 '소'항목 내 세목만 해당한다.

9   기성은 공사과정에서 현재까지 완성된 정도를 의미. 따라서 기성금은 공사과정에서 현재까지 완성된 정도에 따라 지급하는 공사금액을 뜻한다.

사업시행기관의 집행 및 정산 내역을 회계법인을 통해 검토하며, △시스템 개발, △기자재 공급, △건축설계 등과 같은 공정률을 기반으로 하는 기성 지급의 경우 해당 공정 완료 시 대금을 지급하고 있다. 그러므로 각 계약서 상의 대금지급조건(〈표 5-7〉 참조)을 확인한 후 사업비 정산을 실시한다.

정산 대상기간 및 시점은 각 사업시행기관의 용역계약에 따라 상이하다. 시스템 개발 용역의 경우, 시스템 감리사의 각 단계별 시정조치 완료 확인보 고서 등이 있어야 해당 공정을 완수한 것으로 간주해 대금을 지급하며, 설계 용역의 경우 각 지역별 건설사업관리단(CM)의 각 단계별(기본설계, 실시설계 등) 검토보고서가 있어야 한다. 즉, 정산항목에 대해 회계법인이 집행내역을 확인하는 것과 마찬가지로, 기성을 신청하는 해당 공정에 대해 외부 감독기 관이 공정을 완수했음을 검토 또는 확인하는 절차가 필요하다. 또한 용역업 무 시작 시 선급금을 지급받았다면, 해당 항목의 대금지급 청구 시 선금요율 만큼 공제하고 청구한다. 사업비 정산은 일반적으로 9단계(〈표 5-6〉 참조)로 이루어지며, 연말에는 대부분의 사업시행기관들이 해당 연도의 기성금 청구 를 위해 정산 검토를 의뢰하므로 정산서 검토에 상당한 시일이 소요된다. 따

표 5-6 사업비 정산단계 ※

구분	주체	내용
1단계	KOICA ↔ 사업시행기관	정산 대상 과업, 금액, 시기 확인
2단계	사업시행기관	정산 실시(정산서 작성, 증빙자료 정리/확인 등)
3단계	사업시행기관 → 회계법인	정산서 검토 의뢰(정산서/증빙자료 제출)
4단계	회계법인	정산서 검토(접수 후 2주 이내)
5단계	회계법인 → KOICA/사업시행기관	정산서 검토보고서 초안 제출
6단계	KOICA/사업시행기관	정산서 검토보고서 초안 검토
7단계	KOICA/사업시행기관	정산서 검토보고서 확정
8단계	회계법인 → KOICA/사업시행기관	정산서 검토보고서 최종본 제출
9단계	사업시행기관 → KOICA	대금지급 청구

※ 이 단계는 외부 감독기관의 공정완수 확인 후(혹은 병행해) 실시함.

라서 KOICA 측 사업담당자와 사전에 협의해 정산시기 등을 확정해 미리 사업비 정산을 진행하는 것도 고려해봄 직하다.

4) 사업시행기관의 대금지급 청구 사례

사업시행기관에서 과업을 수행한 후 기성금을 신청하는 실제 사례를 살펴보면 다음과 같다. 〈표 5-7〉은 시스템 개발 용역 계약서상의 대금지급조건10 이다.

표 5-7 대금지급조건 예시

제0조 (용역대가 신청 및 지급)
① 계약상대자는 첨부된 계약금액 내역서상 및 집행계획에 의거 용역대가를 아래와 같이 협력단에게 청구하여야 하며, 협력단은 계약상대자가 청구한 사업비를 청구 후 OO일 이내에 계약상대자의 사업자등록(법인등록) 명의로 된 지정계좌를 통하여 계약상대자에게 지급한다.

1. **전문가 파견(시스템, 기자재 설치, 시스템 운영 교육 등):** 모든 용역비는 직전분기 활동보고서 및 정산보고서를 협력단에 제출하여 협력단에서 동 성과물을 검사·승인한 후 분기별로 이행완료분을 지급하고, 최종잔금은 최종보고서(또는 계약목적물) 및 정산보고서 제출·승인 후 정산잔액 지급
2. **시스템 개발 및 구축:** 단계별(분석, 설계, 이행) 결과보고서 제출 후 단계별 감리보고서 접수 및 협력단의 성과물 승인 후 정산하여 지급한다. 각 단계별 지급비율은 각 25%씩으로 하며, 최종잔금 25%는 감리사의 감리 종료 후 감리사가 최종 감리시정조치를 확인하고, 수원기관의 완료확인서가 접수되었을 때 지급한다.

3. **기자재 납품**
   가. 대금지급의 기준 및 서류는 대외무상협력사업에 대한 조달 및 계약규정 시행세칙 제62조(대가지급)에 따르며 "사업수행자"는 기자재의 검수 완료(합격)에 따라 대금청구와 관련한 서류(법인명의계좌 포함)를 제출하여야 하며 "협력단"은 대금청구서를 수취 후 지정 기간 이내 계약금액을 지급하도록 한다.
   나. 당사자가 달리 정하지 않는 한 대금지급의 비율은 장소에 따라 다음과 같다.
   a. 기자재를 국내에서 구매하여 납품하는 조건으로 현지에 설치가 없는 경우 국내 검수완료(합격)에 따라 기자재 해당 금액의 100% 지급
   b. 기자재를 국내에서 구매하여 납품하는 조건으로 현지에 설치가 있는 경우 국내 검수완료(합격)에 따라 기자재 국내납품 해당 금액의 80%, 현지 검수완료(설치 포함)에 따라 기자재 국내구매 해당 금액의 20% 지급
   c. a항, b항과 달리 현지에서 직접 구매하여 납품하는 조건이 있는 경우 현지 검수완료(설치 포함)에 따라 현지구매 해당 금액의 100% 전액 지급

---

10 대금지급조건은 계약체결단계에서 KOICA와 사업시행기관이 협의해 정할 수 있어 각 용역마다 상이하며, 각 용역별 대금지급조건은 계약서의 특수조건에서 확인할 수 있다.

자료: 한국국제협력단(2017d) 활용 저자 재작성.

위 용역의 사업시행기관이 과업을 이행하고 계약서를 바탕으로 해당 사업비를 기성금으로 청구하기 위해 KOICA에 제출해야 하는 서류는 과업별로 〈표 5-8〉과 같다.

표 5-8 대금지급조건에 따른 필요서류 예시

구분	대금지급조건	근거
공통	• 전분기 사업결과보고	③항
전문가 파견	• 분기활동보고서 • 정산보고서 • (최종잔금 청구 시) 최종보고서 또는 계약목적물	①항의 1
시스템 개발 및 구축	• 단계별 결과보고서 • 단계별 감리보고서 • (최종잔금 청구 시) 감리사의 최종 감리시정조치 확인보고서, 수원기관의 완료확인서	①항의 2
기자재 납품	• 기자재 검수 확인서 • 대금 청구와 관련한 서류(하자증권 등) • (현지 설치) 현지 설치 보고서, 수원기관의 검수완료 보고서	①항의 3

자료: 한국국제협력단(2017d) 활용 저자 재작성.

해당 사업시행기관이 2017년 7월 전문가 파견을 완료하고 해당 집행내역을 정산해 시스템 개발 요구분석단계 기성금까지 같이 청구를 한다면, 위 계약서상 대급지급조건에 따라 △2017년 2/4분기 사업결과보고서, △2017년 분기활동보고서(해당 전문가 활동 결과보고서), △회계법인의 정산보고서, △요구분석단계 결과보고서, △시스템 감리사의 요구분석단계 감리결과 보고서, △시스템 감리사의 요구분석단계 시정조치 확인보고서 등이 필요하다. 계약서상 대급지급조건을 확인하지 않고 대금을 청구할 경우, 필요서류를 다시 제출해야 하는 등 번거로울 수 있으므로 사전에 필요서류를 확인하고 제출할 필요가 있다.

5) 통합사업관리시스템을 통한 대금지급 신청

계약내역에 따른 계약금액 지급현황을 확인할 수 있으며, 사업비 전용, 인력투입계획 변동 등이 연계되어 변경된 계약내역 역시 시스템으로 확인할수 있다.

아울러, KOICA가 회계정산업무를 위탁하고 있는 지정 회계법인[11]에서는 사업시행기관이 원활하게 정산해 사업비를 청구할 수 있도록 연 1회 이상 정산교육을 실시할 뿐만 아니라 정산 매뉴얼을 제작·배포하고 있다. 따라서 상세 정산방식 및 정산을 위해 필요한 증빙자료 등은 동 정산 매뉴얼[12]을 참고하기를 권고한다.

참고 5-1 KOICA 대금지급 신청 시 유의사항

> • KOICA는 준정부기관으로 국민연금법 제95조의 2(연금보험료 등의 납부증명)에 따라 대가 지급 시 계약자의 국민연금 및 건강보험 납부 사실을 확인해야 한다. 이에 따라 대금지급 시 사업시행기관의 연금보험료 납부 증명서를 받고 있으며, 납부 증명서는 매달 10일 효력이 만료되므로 매달 10일 이후 대금지급 신청 시 해당 월의 납부 증명서를 신규로 발급받아 제출해야 한다.

---

11   KOICA 사업부서는 회계정산업무 위탁을 위한 회계법인을 약 2년 주기로 재지정해 정산 검토를 위탁하고 있으며, 2017년 11월부터 신규 회계법인이 선정되어 사업시행기관의 사업비 집행내역과 정산 증빙을 검토하고 있다.

12   정산 매뉴얼과 정산서 양식 등 정산을 위해 필요한 자료들은 프로젝트 착수 시 KOICA 사업 담당자에게 요청해 입수하거나 회계법인을 통해 입수할 수 있다.

4. 국내·외 투입인력 관리(인적자원관리계획)

KOICA는 사업시행기관의 업무수행능력을 평가하기 위한 기준 중 하나로 제안요청서상 사업수행 인력의 참여 기준 및 자격을 명시하고 있으며, 핵심 투입인력은 평가의 주요 요소이다. 사업시행기관은 기술제안서를 통해 KOICA의 요청에 부합하는 인력을 제안해 투입인력의 우수성을 검증한다. 입찰과정에서의 기술제안서 및 사업 수주 이후의 사업수행계획서에 명기된 투입인력은 KOICA 프로젝트 수행 전 기간에 걸쳐 참여하며, 사업시행기관은 우수 인력의 이탈 방지 및 적정 투입 시기 등을 고려해 효율적으로 프로젝트를 수행하기 위해 인적자원을 관리할 필요가 있다. 인적자원 관리는 사업수행계획서상 제출한 일정과 밀접하게 관련이 있다. 예를 들어, 직업교육훈련원 설립, 직업교육을 위한 공과 기자재 제공, 공과기술 전수를 위한 역량 강화(현지연수)를 구성요소로 하는 KOICA 프로젝트에서 기자재 기술자문과 역량강

그림 5-4 인력투입계획과 사업계획 예시

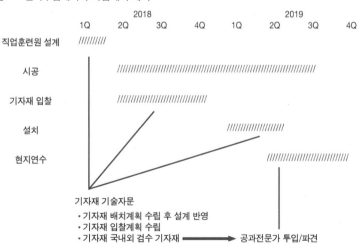

화과업을 주로 하는 PMC 용역 사업시행기관이 있다고 가정한다면, 이 사업시행기관은 〈그림 5-4〉에서 보는 것과 같이 프로젝트 전체 일정 및 사업수행계획에 따라 인력투입계획을 수립하고 적정 인력을 적정 시기에 투입해야 한다.

그러나 수행기간 중 불가피한 인력 변경이 필요할 경우, 사업비 전용과 마찬가지로 변경인력의 적정성을 입증해 KOICA의 사전승인을 얻은 후 사업을 실시해야 한다. 인력투입계획 변경은 사업비 전용과 마찬가지로 향후 사업비 정산에 있어 근거자료로 활용되므로 꼼꼼하게 확인한다.

1) 인력투입계획 수립 및 변경

각 사업시행기관들은 KOICA의 프로젝트 참여 시, 과업 완수 및 각 공정 달성을 위해 적정 인력의 투입시기 및 투입기간을 고려해 수행기간 전반에 걸친 인력투입계획을 사업수행계획서에 반영해 KOICA에 제출한다. 인력투입계획 수립 시에는 사업시행기관에서 추진해야 하는 과업 및 공정, 일정 등을 종합적으로 검토해 인력투입계획을 수립한다. 예를 들어, 과업 내용에 시스템 개발 및 시스템 운영 현지교육 등이 포함되어 있을 경우, 운영 전문가를 사업 초반에 배치하면 실제 교육이 필요한 시점에 운영 전문가의 투입기간을 소진해 과업을 이행할 수 없게 된다.

따라서 각 과업의 공정율과 이행시점에 따라 적정 인력을 배치해 관리해야 한다. 사업시행기관에서 제출한 인력투입계획은 기술평가항목 중 하나이므로 인력 투입은 기술제안서 및 사업수행계획서상 수립한 대로 추진해야 하며, 불가피한 변경요인이 발생할 경우 인력투입계획을 변경해 프로젝트를 계속 추진한다. 인력투입계획 변경 신청 및 승인은 통합사업관리시스템을 통해 이루어지며, PM을 포함한 각 분야 핵심 투입인력과 핵심 투입인력 외 전문가 변경을 구분해 변경·승인 절차가 진행된다.

2) 핵심 및 주요 투입인력 변경의 경우

핵심 투입인력은 해당 프로젝트의 품질 및 성과에 큰 영향을 미치므로 기술평가 시 평가항목 중 하나일 정도로 사업의 주요 관리요소이다. 핵심 및 주요 투입인력은 주로 프로젝트의 총괄관리자(PM: Project Manager) 및 주요 분야 관리자(PL: Project Leader) 등이 해당되며, 사업수행계획서상 인력변경 사항이 발생했을 경우, 변경이 적용되는 시점 최소 14일 전까지 KOICA의 사전승인을 받아 과업을 수행해야 한다.

3) 핵심 및 주요 투입인력 외 변경의 경우

핵심 및 주요 투입인력 외 일반 인력, 즉 해당 프로젝트 수행을 지원하는 인력 운용에 사업수행계획서 대비 변경이 발생했을 경우, 변경이 적용되는 시점 최소 14일 전까지 통합사업관리시스템에 변경사항을 등록해 KOICA에 보고한 후 업무를 추진한다.

4) 현지인력 관리 주의사항

사업시행기관들은 KOICA 프로젝트의 현지 수행을 위해 현지인 직원을 채용해 과업을 추진하는 경우도 있다. 현지인 직원을 채용할 경우, 무엇보다 가장 중요한 것은 현지 노동법을 확인해 준수하는 것이다. 현지인력 고용 시

KOICA 현지 사무소 혹은 공관 등을 통해 현지에서 사용하고 있는 현지인력 고용계약서 또는 고용법 등 필요사항을 확인할 수 있으며, 현지 변호사를 활용해 계약서를 작성하는 것을 권고한다. 사업시행기관이 채용한 현지인 직원은 엄밀하게는 사업시행기관 소속 직원이지만, 현지에서는 우리 정부가 추진하는 ODA 프로젝트 수행인력으로서 업무를 수행 중이기 때문에 사업시행기관 측의 현지인 직원 관리부실은 곧 우리 정부와 KOICA, 사업시행기관의 평판과 신뢰도 하락으로 이어지므로 주의해야 한다.

반면 사업시행기관이 채용한 현지인 직원이 프로젝트 종료 후 사업시행기관에서의 근무경험과 프로젝트 참여경험을 인정받아 수원기관의 직원으로 채용되는 사례도 있다. 이 경우, 프로젝트의 사후 운영관리 및 지원이 용이할 뿐만 아니라 실질적인 기술이전 사례로 간주될 수도 있다.

5. 성과관리

KOICA는 프로젝트의 효과성을 측정하기 위해 프로젝트 성과관리를 실시하고 있다. 프로젝트별로 다소간의 차이가 있으나, 현재는 프로젝트 실행계획을 수립할 때 프로젝트 주요 지표의 기초선 조사를 실시하는 것을 원칙으로 하고 있다. 이에 따라 KOICA 사업부서는 2017년부터 신규 프로젝트를 대상으로 프로젝트 착수연도에 기초선 조사를 완료하는 것을 목표로 하고 있으며, 프로젝트의 성과관리를 위한 기초자료를 수집하고 있다. 3절('사업비 관리 및 정산')에서 언급한 것처럼 KOICA의 프로젝트는 우리 정부의 무상원조사업으로 우리 국민의 세금으로 집행하는 사업인 만큼, 성과관리를 통해 프로젝트에 투입된 재원과 자원을 효과적으로 활용했음을 보고할 책무가 있다.

성과관리는 한정된 자원을 가지고 최적의 효과를 도출하기 위한 관리방법이며 프로젝트의 목표 달성을 위한 성과지표 개발, 관리, 측정 등을 통칭한다. KOICA는 PDM(Project Design Matrix)을 통해 프로젝트의 현황과 성과(Outcomes), 객관적 검증지표(Objectively Verifiable Indicators), 산출물(Outputs), 활동내용(Activities)을 관리한다.13 사업시행기관은 과업 수행을 통해 산출물을 도출하며, 지표 달성을 통해 프로젝트의 성과목표 달성에 기여한다. 성과관리를 담당하고 있는 사업시행기관은 기초선 조사 결과를 바탕으로 목표치를 설정하고, 프로젝트 추진과정에서의 변경사항을 모니터링해 꼭 필요한 경우 PDM을 업데이트하고, 종료선 조사를 실시해 성과 달성 여부를 확인한다. 특히 프로젝트를 수행하는 과정에서 발생하는 변경사항은 성과관리내용에도 반영해 프로젝트 추진사항이 일관되게 성과목표 달성을 위해 관리될 수 있도록 한다. 아울러, KOICA는 프로젝트 수행과정에서 주요 변경이 발생하지 않더라도 현지 사업추진 여건을 반영해 PDM을 지속적으로 업데이트하고 있으므로, 각 사업시행기관은 KOICA에 제출하는 연차보고서 및 성과관리 보고서를 통해 성과 점검, PDM 수정 등 프로젝트 기간 전반에 걸쳐 성과관리를 실시한다.

1) 프로젝트 변경사항의 성과관리 적용 예시

실제 프로젝트 변경이 발생한 농림수산분야 프로젝트를 예시로 들면 다음과 같다. 프로젝트 기획 당시, KOICA와 수원국은 영농, 관개, 축산, 잠업14 등을 주요 내용으로 하는 농촌종합개발 프로젝트를 발굴해 협의의사록

---

13   PDM에 관한 세부내용은 6장을 참고.

(R/D: Record of Discussion)을 체결하고 사업시행기관을 선정했다. 그러나 사업시행기관 전문가의 사업 착수를 위한 현지 파견 시 수원국의 사정 변경에 의해 당초 잠업대상지로 선정되었던 부지를 활용할 수 없어, 프로젝트에서 잠업분야 지원을 제외하고 영농과 관개 분야의 지원을 확대하기로 협의되어 프로젝트 내용을 변경했다.

이 경우, 프로젝트 초반 성과관리는 잠업을 포함해 지표를 선정했으나, 프로젝트 내용이 변경되었으므로 잠업에 대한 성과관리는 추진할 필요가 없다. 대신 확대 지원이 결정된 영농과 관개 분야에 대해서는 투입(inputs)이 늘어나는 만큼 수혜 대상자 그룹 및 대상 인원수의 조정, 목표치의 상향 조정 등을 검토할 필요가 있다. 또한 성과관리에서의 변경 또는 조정사항을 수원국과 협의하고 공유해 수원국에서도 프로젝트 목표 달성을 위해 분담사항을 이행할 수 있도록 한다.

2) KOICA 프로젝트의 성과관리체계

KOICA는 프로젝트의 성과관리를 위해 다음과 같은 실행체계를 두고 성과지표를 측정하고 프로젝트를 평가한다.

1. 프로젝트 발굴/기획 단계: 성과지표 발굴, PDM 수립, 기초선 조사(Base-line Survey) 실시 및 목표치 설정
2. 프로젝트 실행단계: 연차점검 및 종료선 조사(Endline Survey) 실시
3. 프로젝트 종료단계: 종료평가(종료 후 1년 이내) 및 사후평가(종료 후 1~3

---

14 뽕나무를 재배해 누에를 길러서 고치를 생산하는 과정.

년 경과 시, 주로 2년 후) 실시

KOICA는 수원국과 공동으로 성과 중심의 프로젝트 모니터링을 실시할 수 있도록 수원국이 우리 정부에 프로젝트 지원을 요청하는 사업제안서(PCP: Project Concept Paper) 제출 시, 프로젝트의 주요 성과지표와 PDM을 수립해 함께 제출하도록 권고하고 있다. 또한 KOICA는 2017년부터 분야별 성과지표 표준화를 통해 프로젝트 분야를 10개로 나누어[15] 분야별 표준 성과지표를 개발했으며, 프로젝트 발굴단계에서부터 표준지표를 활용하도록 권고하고 있다. 대부분의 프로젝트에서는 PMC 용역 사업시행기관이 성과관리를 담당해 PDM 관리와 더불어 기초선 조사와 종료선 조사 등을 실시하나, 프로젝트에 따라 별도의 사업시행기관이 기초선 조사와 종료선 조사를 과업으로 수행하는 경우도 있다.

KOICA는 프로젝트 기간 중 중간점검을 실시해 프로젝트 진행현황, 예산 집행현황, 위험관리요소 등을 확인하고 프로젝트 성과지표를 검토해 PDM 수정 여부, 프로젝트 및 용역계약 변경 필요성 여부 등을 점검한다. 프로젝트 종료 이후 KOICA는 종료평가를 실시해 프로젝트 기간 중 과업 완수 여부를 비롯해 프로젝트 추진과정의 적절성, 효율성, 효과성, 영향력, 지속가능성 등을 평가해 사후관리 또는 후속조치 필요 여부를 검토한다.[16]

마지막으로 사후평가의 경우, KOICA에서 추진해 종료한 프로젝트 전체에 대해서가 아니라 일부 프로젝트를 선정해 실시한다. 프로젝트 종료 후 상당 기간이 지난 시점에서 사후평가대상으로 선정된 프로젝트의 지속가능성,

---

15 교육, 보건, 공공행정, 농촌개발, 물, 교통, 에너지, 성평등, 기후변화대응, 과학기술혁신.

16 KOICA에서 실시하는 프로젝트의 종료평가 결과는 대외 공개자료로 KOICA ODA 도서관 홈 페이지에서 원문을 확인할 수 있다.

문제점, 성과, 한계에 대해 검토·평가한다.

성과관리의 세부내용(PDM 작성 및 성과중심 모니터링)은 6장과 7장에서 상세하게 설명하고 있으므로 해당 장을 참고하기 바란다.

6. 위험관리

위험관리(Risk Management)란 프로젝트를 수행하는 과정에서 프로젝트 추진에 영향을 미칠 것으로 예측되는 모든 요소들을 관리해 프로젝트를 최초 계획대로 진행할 수 있도록 하는 관리방식을 말한다. 위험관리는 앞서 언급한 일정 및 공정 관리와도 밀접한 연관이 있으며, 프로젝트 수행 시 예측되는 모든 위험요소(risk, 이후 리스크)들을 사전에 확인하고 실제로 발생할 경우 신속하고 효과적으로 대응해 프로젝트 추진 지연을 방지하고 성과를 달성할 수 있도록 해야 한다. 사업시행기관은 사업수행계획서상 해당 프로젝트를 수행하기 위해 예측되는 리스크와 각 리스크별 대처방안들을 작성해 제출해야 하며, 실제로 리스크/이슈 발생 시 긴밀하고 유연하게 대응할 필요가 있다. 위험관리계획을 수립할 때 사업시행기관은 리스크별 대응주체를 나누어 프로젝트 수행 중 이슈가 발생했을 때 능동적이고 적극적으로 대응해야 한다.

1) 위험관리계획 예시

다음은 실제 프로젝트 추진과정에서 발생한 리스크를 점검한 내용 중 일부이다. 이 외에도 사업시행기관별로 과업내용에 따라 관리해야 할 리스크는 상이할 수 있으며, 프로젝트가 진행됨에 따라 리스크를 점검해 관리대상

리스크를 추가 또는 제외한다. 위험관리양식을 작성하면서 프로젝트를 추진할 때 발생할 수 있는 각종 리스크에 대한 시나리오(대처방안)를 구상해볼 수 있으며, 실제 리스크가 발생할 경우 신속하게 대응할 수 있다는 장점이 있으므로 다방면으로 발생 가능한 상황을 점검해볼 필요가 있다.

각 프로젝트의 성과 달성을 위해 필요한 위험관리요소 외 개발도상국에서 추진되는 KOICA 프로젝트의 특성상 발생할 수 있는 일반적인 리스크와 대처방안을 나열하면 〈표 5-9〉와 같다.

표 5-9 위험관리양식 예시

구분	내용	발생 가능 리스크	대처방안
정치적 요소: 대선	2017년 대선 결과가 사업목표 달성에 영향을 미칠 것인가? 그렇다면 어떤 영향이 있을 것으로 예상하는가?	1. 정치적 소요사태 2. 수원기관 담당자 교체에 따른 사업 진행 차질 3. 수원기관 담당자의 선거 동원에 따른 사업 진행 차질	1. 파견된 전문가의 위험지역 철수 등 소요사태로 인한 피해 최소화 대책 수립, 소요사태 장기화로 사업추진 불능 시 사업중단 여부 검토 2./3. 수원기관 참여가 필수적이지 않은 과업부터 우선 추진, 사업지연요소에 대한 정기보고 실시 등으로 수원기관의 적극적 참여 독려, 수원기관 고위급 대상 그간의 사업추진 성과 설명 및 사업추진 필요사항에 대한 적극적 협조 요청

2) KOICA 사업 수행 시 예측되는 리스크 예시

(1) 환율

환율은 사업수행기간 중 변동성이 큰 항목으로 사업시행기관의 사업비 관리와도 연관이 있다. 그러나 KOICA는 프로젝트 사업 수행 시, 해당 연도 정부환율을 기준으로 예산계획 수립, 용역 발주 등을 하고 있기 때문에 환율 변동에 대해 대응하기가 어렵다.[17] 사업시행기관은 계약서상 환율로 사업비

---

17 만약 사업계획 수립연도가 2018년, 용역 발주가 2019년이라면, 사업계획 수립은 2018년 정부 기준환율로 수립하되, 용역은 2019년 정부 기준환율을 적용받게 된다.

를 정산하는데, 일반적으로 미화 적용 환율은 지출 당해 연도의 정부 예산편성환율을, 현지화는 동 미화 환율 대비 KEB 하나은행의 1일자 고시 혹은 비고시 환율을 적용한다.

(2) 수원국 문화와 관습

수원국에서 프로젝트 수행 시 사업시행기관은 해당 국가의 문화와 관습을 존중해 업무를 수행해야 하며, 경우에 따라 프로젝트 내용에 우리와 다른 문화와 관습이 반영될 수도 있다. 전문가의 현지 파견 시, 사전에 간단한 인사말 등 수원국의 언어와 역사, 우리나라와의 관계 등을 숙지한 상태에서 파견되면 수원기관과의 첫 대면 시 수원국을 잘 이해하고 있다는 인상을 줄 수 있다. 이를 통해 수원기관의 사업시행기관에 대한 친밀도를 높일 경우, 향후 프로젝트 추진과정에서 수원기관의 협조를 보다 용이하게 받을 수 있다.

국내초청연수 진행 시에는 수원국의 문화와 관습을 반영한 연수 내용과 일정을 준비해야 하는 경우도 있다. 예를 들어 이슬람 문화권의 수원기관 관계자를 연수생으로 초청한 경우, 할랄음식 등 해당 문화권의 특성을 반영한 프로그램을 준비할 필요가 있다. 반대로 연수생들에게 우리나라에서 터부시되는 사항들을 미리 주지시켜 각종 사고를 방지하도록 하는 것 역시 필요하다(성희롱 예방 교육 등). 실제로 A국 연수생 방한 시, 우리나라 여대생을 대상으로 같이 사진을 찍자고 하며 신체 접촉을 하는 등의 행위로 A국 연수생 B씨의 연수과정을 중단했으며, A국을 대상으로 공식 항의를 제기한 바 있다.

참고 5-2 초청연수 관련 리스크 대처방안

> • 초청연수 OT 시 연수생을 대상으로 성희롱 예방 교육을 비롯해 한국 체류 시 유의사항
>   (연수생의 연수기간 중 무단이탈 금지 등)을 공지해 사전 예방할 필요가 있다.

(3) 불가항력

천재지변, 전쟁, 폭동, 화재 등 사업시행기관이 사업수행계획서를 작성할 당시에 예측할 수 없는 동시에 사업시행기관의 통제범위를 벗어나는 사유가 발생해 프로젝트 추진이 어렵거나 손해가 발생했을 경우(화재로 인한 기자재 파손 등), 사업시행기관은 KOICA에 해당 사항을 바로 통지해야 한다. 불가항력(Force Majeure)으로 인한 프로젝트 지연이 발생했을 경우, 사업시행기관은 지체상금 등의 배상책임이 없으며 프로젝트 용역 수행이 불가능하다고 판단될 경우, 계약을 해지할 수 있다.

(4) 수원국 정치·경제·사회적 불안정

수원국의 정치·경제·사회적 불안정으로 치안이 악화되어 파견 전문가의 안전 및 건강이 위협당할 경우, 사업시행기관은 KOICA 현지 사무소(또는 대사관) 및 담당자와 협의해 프로젝트 추진 방식 및 시기 변경, 프로젝트 또는 용역 중단 등을 검토한다.

(5) 질병 및 안전 관리

사업시행기관은 프로젝트 수행을 위해 현지로 파견되는 전문가의 질병 및 안전에 유의해 프로젝트를 수행해야 한다. KOICA의 프로젝트가 수행되는 대부분의 수원국에서는 현지 풍토병의 위험이 늘 존재하므로 현지 체류 및 파견 기간 종료 후 잠복기간에 유의해 질병 여부를 확인한다. KOICA는 파견 전문가의 질병관리를 위해 사업시행기관과의 계약 체결 시 파견 전문가의 보험 가입을 계약 내에 포함하고 있다. 질병관리본부(www.cdc.go.kr)에서는 해외질병에 대한 국가별 정보를 포함해 각종 질병 및 감염병 정보를 제공하고 있으므로 전문가 파견에 앞서 예방을 위해 참고하기 용이하다. 또한

2016년 방글라데시에서 발생한 테러에서 일본국제협력기구(JICA)의 사업시행기관 파견 전문가가 사망한 것처럼 현지에서의 안전관리 역시 각별히 유의해야 할 필요가 있다.

프로젝트 구성요소별 리스크 및 대처방안은 4장에서도 상세하게 설명하고 있으므로, 이 외의 내용들은 해당 장을 함께 참고하기 바란다.

7. 이해관계자 협의 및 관리

KOICA 프로젝트는 앞서 언급한 것처럼 '발주자'와 '사용자'가 다르며, 다수의 용역으로 구성되어 있어 하나의 프로젝트에 KOICA 및 수원기관뿐만 아니라 다수의 사업시행기관이 참여하고 있다. 또한 수원국 내에서도 수원기관과 수혜자 그룹(사용자)이 다른 경우가 종종 있으며, 이 경우에는 수원국 내에서도 의견의 합치를 보기 어려워 프로젝트 수행에 장애요소가 되기도 한다. 특히 KOICA 프로젝트의 규모가 커지고 내용이 복잡해짐에 따라 단일 용역으로 추진되기 어려워 하나의 프로젝트에 다수의 사업시행기관들이 참여하고 있는 형태가 일반적이다. 또한 하나의 용역에 있어서도 복수의 사업시행기관이 공동이행, 분담이행 등 컨소시엄 형태로 참여하고 있다. 따라서 사업시행기관 간의 관계뿐만 아니라 컨소시엄 내의 불협화음을 최소화하고 효율적으로 과업을 추진할 수 있도록 하기 위해서는 PM의 사업수행 역량이 절대적으로 중요하며, 각 사업시행기관 간의 밀접한 의사소통을 통한 지속적인 업무협의가 필수적이다. 더불어 프로젝트 성과를 달성하기 위해 각 사업시행기관 간의 관계 및 역할을 정의해 상호협조체계를 초기에 구축하는 것이 필요하다.

1) KOICA 프로젝트 사업시행기관 간 관계

KOICA는 프로젝트의 내용, 분야, 규모에 따라 사업시행기관 조달방식에 대한 사업계획을 수립해 필요한 사업시행기관을 입찰을 통해 선정한다. KOICA 프로젝트의 전반적 사업관리 및 성과관리를 담당하는 PMC 또는 PM 용역, 프로젝트의 세부업무를 담당하는 프로젝트 수행용역(PC: Project Contractor), 이 외의 프로젝트 수행을 지원하거나 KOICA의 일부 기능을 위탁받아 수행하는 용역 등 다양한 관계자들이 하나의 프로젝트에 참여 중이다.

참고 5-3 KOICA의 위탁용역 사업시행기관

> • KOICA의 위탁용역 사업시행기관은 2017년 12월 기준 다음과 같으며, 각 용역의 계약기간 만료 시 해당 위탁용역을 재선정하므로 KOICA 사업담당자를 통해 위탁업무 사업시행기관을 재확인하고 업무를 추진하길 바란다.
> **(기자재 검수)** 대한해사검정공사
> **(물류)** 범한판토스, 롯데로지스틱스
> **(회계법인)** 프로젝트 유형에 따라 KOICA 내 지정 회계법인이 상이하며, 지역사업실의 경우 안진회계법인

그림 5-5 PC 용역이 포함된 사업유형 예시 ① : 공공행정(ICT) 분야

PMC: 사업관리, 성과관리, 초청연수　　　　PC 1: 시스템 개발　　　　PC 2: 기자재 지원
사업지원: 시스템 감리, 기자재 검수, 물류, 회계정산

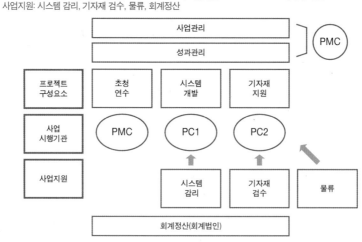

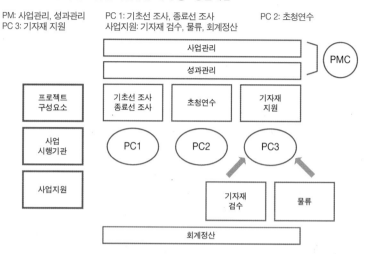

그림 5-6 PC 용역이 포함된 사업유형 예시 ② : 농촌개발

PM: 사업관리, 성과관리   PC 1: 기초선 조사, 종료선 조사   PC 2: 초청연수
PC 3: 기자재 지원   사업지원: 기자재 검수, 물류, 회계정산

2) 업무협조체계

KOICA의 프로젝트는 앞서 언급한 것처럼 복수의 용역이 필요한 복합적 성격을 가지고 있고, 각 용역 사업시행기관에서 추진하는 업무들은 서로 긴밀하게 연계되어 있다. 따라서 프로젝트를 성공적으로 이끌기 위해서는 KOICA와 사업시행기관 간 업무 협조 이외에 각 사업시행기관 간의 협조도 필수적이다. 예를 들어, 건축요소 및 기자재 지원요소가 포함된 프로젝트의 PMC 또는 PM 용역의 경우, 기자재 지원 계획, 설계 검토 등 타 용역 수행과업에 대한 지원 및 검토 등의 업무도 수행한다.

(1) 업무협조체계 예시 ①

기자재 공급 용역 사업시행기관이 현지조사 후 수원기관의 요청 및 현지 사정 변경으로 기자재 공급계획을 변경해야 할 경우, 사업시행기관(기자재 공급 PC 용역: 〈그림 5-7〉, 〈그림 5-8〉의 PC2)은 즉시 KOICA에 동 사항을 보고하고, KOICA는 (일반적으로 PMC 용역 과업범위에 기자재에 대한 기술자문을 포함하므로) PMC 용역기관 또는 외부 검토기관의 기자재 변경 적정성 검토결과에 따라 수원기관의 요청사항 수용 여부를 결정한다.

그림 5-7 사업시행기관 간 업무협조체계 예시

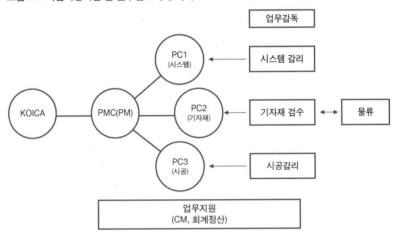

그림 5-8 업무협조체계 예시 ①

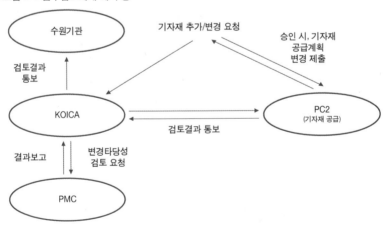

(2) 업무협조체계 예시 ②

또는 시스템 개발과정에서 위와 마찬가지로 수원기관의 추가 요청사항이 발생한다면, KOICA는 시스템 개발 추가 요청사항 수용 여부 검토 및 이에 따른 개발일정을 조정해야 한다. 따라서, 각 사업시행기관들은 〈그림 5-9〉와 같은 업무협조체계하에 변경사항에 대응한다.

이와 같이 다양한 이해관계자가 참여하고 있는 만큼 각 사업시행기관 간 업무협조체계가 유기적으로 연계·구축되어 있다는 것을 이해하고 과업을 추진한다.

그림 5-9 업무협조체계 예시 ②

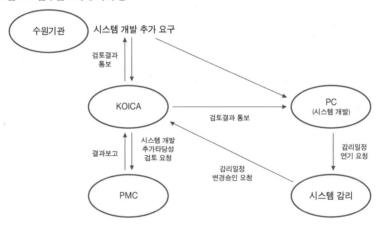

8. 보고서 및 기록 관리

1) 보고서 관리

사업시행기관은 사업수행계획서상 추진계획에 따른 보고서 및 산출물을 통합사업관리시스템을 통해 제출·등록한다. 사업수행계획서상 기재된 추진계획 및 산출물 외의 보고 필요사항이 발생할 경우, '기타 보고' 페이지를 통해 보고서를 제출한다. 각 용역마다 필수로 제출해야 하는 산출물과 보고서가 다르며, KOICA의 제안요청서 및 사업시행기관이 작성한 사업수행계획서상 산출물 제출계획에 따른다. 또한 대부분의 사업시행기관은 월별, 분기별, 반기별, 연간 보고서와 같이 주기별 보고서를 통해 KOICA에 사업추진 경과를 정기 보고하고 있으므로 해당 주기에 맞춰 적기에 제출하도록 한다.

표 5-10 보고서 및 산출물 제출 예시 ① : 시스템 개발

공정	제출내용
요구분석단계	요구분석 결과보고서(시정조치 결과보고서), 요구분석 산출물
설계단계	설계 결과보고서(시정조치 결과보고서), 설계 산출물
이행단계	이행 결과보고서(시정조치 결과보고서), 이행 산출물
종료단계	종료보고서, 최종 산출물, 현지 유지보수계획, 수원국 이관확인서 등

자료: 한국국제협력단(2017d) 활용 저자 재작성.

표 5-11 보고서 및 산출물 제출 예시 ② : 초청연수

공정	제출내용
연수계획 수립	과정개요서(CI), 실시계획서
연수 실시	연수교재 등
연수 종료	결과보고서, 정산서 등

자료: 한국국제협력단(2017e) 활용 저자 재작성.

표 5-12 보고서 및 산출물 제출 예시 ③ : 전문가 파견

공정	제출내용
파견계획 수립	국/영문 전문가 파견계획서, 체크리스트 등
파견 실시	중간보고(일일보고) 등
파견 종료	파견 결과보고서, 현지활동 산출물 등

자료: 한국국제협력단(2017d) 활용 저자 재작성.

2) 기록관리

KOICA 프로젝트 추진 시, 기록자료로서 보고서 외에도 각종 사진, 동영상 등의 자료를 기록 관리(record management)해 향후 사업자료로 제출한다. 이는 일반적으로 프로젝트의 중간보고회 또는 종료보고회 시 해당 사업의 성과 홍보를 위한 자료로 활용하며, 우수 프로젝트일 경우 대외 홍보자료로 활용되기도 한다. ODA 사업의 대외 인지도 제고와 프로젝트 효과성 홍보를 위해서는 프로젝트 착수단계부터 종료 시까지 꾸준하게 기록관리를 통해 자료를 축적할 필요가 있다.

프로젝트 착수시점부터 해당 사업장의 변해 가는 과정을 사진과 동영상으로 기록할 경우, 프로젝트의 추진 경과와 성과에 대한 시각자료로서 그 어떤 보고서보다 훌륭하게 기능할 수 있다. 프로젝트 수행과정에서 현지 방송사에서 해당 프로젝트를 취재하거나 사업시행기관 참여인력과 프로젝트 수혜자를 취재해 방송하는 경우도 종종 있는데, 이 경우에도 프로젝트 홍보자료로 활용할 수 있도록 현지 동영상 자료를 확보한다. 이때 현지어로 방송된 경우, 영어로 번역해 제출한다.

실제로 E국에서 진행하는 보건분야 프로젝트의 경우, 프로젝트 추진과정을 동영상으로 꾸준히 기록했고, 프로젝트 성과가 도출될 시점에 수원기관 및 수혜자 인터뷰 등 프로젝트 추진성과에 대해 추가 촬영 후 미니다큐형식으로 제작·배포해 해당 프로젝트에 대한 성과 홍보를 실시하기도 했다.

이는 국내에서뿐만 아니라 프로젝트를 실시한 수원국 내에서도 KOICA와 사업시행기관의 프로젝트 추진성과를 알릴 수 있어 한국의 ODA에 대한 신뢰도를 제고할 수 있다는 점에서 더욱 의미가 있다.

나가며

KOICA가 프로젝트의 성과목표를 효과적·효율적으로 달성하기 위해서는 관련 사업시행기관들 간의 협조가 절대적으로 필요하다. 그러므로 사업시행기관들은 일정 및 공정 관리계획에 따라 산출물을 정해진 시한 내 제출해 프로젝트가 안정적으로 추진될 수 있도록 해야 한다. KOICA는 통합사업관리시스템을 통해 사업시행기관과 협력하여 좀 더 효율적으로 프로젝트를 추진해 나가고 있으며, 수원국의 경제·사회 발전과 사회적 가치 확산을 위해 KOICA 프로젝트에 참여하는 사업시행기관들의 협조가 절실하다. 이 장에서 설명하고 있는 프로젝트 운영 및 관리에 관한 내용은 프로젝트를 추진하기 위한 기본적인 절차와 방식을 나열한 것으로 실제 프로젝트 추진 시 참고해 프로젝트 담당자 간 유기적인 협력관계를 만들어 좋은 성과를 도출할 수 있기를 바란다.

읽을 거리

● 한국국제협력단. 2014. KOICA 프로젝트형 사업 위험관리방안 연구보고서. 한국국제협력단.

● 한국국제협력단. 2016. 기초선 조사 가이드라인(개정판). 한국국제협력단.

● 한국국제협력단. 2017. KOICA 평가업무수행 길라잡이. 한국국제협력단.

● Project Management Institute. 2017. A Guide to the Project Management Body of Knowledge(Pmbok Guide)(6th Edition).

필수개념 정리

● 공정관리 사업시행기관의 단계별 산출물을 기준으로 순차적으로 진행될 수 있도록 하는 프로젝트 관리방법으로, 일정관리 및 위험관리와 밀접하게 연관된다.

● 일정관리 주어진 기한 내에 사업시행기관의 산출물을 도출할 수 있도록 하는 프로젝트 관리방법으로, 공정관리 및 위험관리와 밀접하게 연관된다.

● 위험(risk) 아직 발생하지 않았으나 향후 발생할지도 모르는 위협으로, '리스크'라는 용어로도 사용된다. 프로젝트 추진 시 면밀하게 모니터링해 위험요소에 대한 추가 피해, 즉 이슈 발생을 방지해야 한다.

토론점

● 프로젝트 수행에 있어서의 일반적 위험관리요소와 특정 프로젝트의 특정 용역에 있어서의 위험관리요소에 대해 생각해보시오(현재 수행 중인 KOICA 프로젝트와 용역에 적용).

● 위험관리요소별 대응방안과 대응주체에 대해 생각해보시오.

● 현재 수행 중인 KOICA 프로젝트가 있다면 해당 수원국의 노동법상 주요 내용은 무엇인지 확인해보시오.

● 현재 수행 중인 KOICA 프로젝트가 있다면 프로젝트에 참여하고 있는 대내·외 이해관계자를 분석하고 사업시행기관별 협조체계에 대해 생각해보시오.

● 현재 수행 중인 KOICA 프로젝트가 있다면, 프로젝트의 효과성 제고를 위해 인력투입계획을 어떻게 변경하면 좋을지 생각해보시오.

6장 PDM 수립과 사업관리

학습목표 ✏️

1. 사업환경과 이해관계자 분석을 통해 해결해야 할 문제를 분석할 수 있다.

2. 문제분석을 통해 목표와 목적을 수립하고 목적에 따라 필요한 사업구성요소를 작성할 수 있다.

3. 사업구성요소별로 고려해야 하는 가정과 리스크를 분석해 도출할 수 있다.

4. PDM을 활용해 사업을 관리할 수 있다.

들어가며

이번 장에서는 국제개발협력 프로젝트 실행과 관리에 있어 필수도구인 PDM(Project Design Matrix)에 대해 학습한다. PDM에 대한 개념 이해뿐만 아니라 실제 사업관리에 활용하는 것이 학습의 최종목표이므로, 이 장은 기본적인 개념 설명과 더불어 연습문제를 포함하고 있다. 본문의 구성은 다음과 같다. 먼저 PDM의 정의 및 구성요소에 대한 개념을 이해하고, PDM을 완성하기 위한 기본절차에 대해 학습한다. 다음으로는 PDM의 활용방법을 예시와 함께 제시하고, PDM의 장점과 한계에 대해 설명하고자 한다. 이 장의 마지막 부분에는 연습문제가 제시되어 있다. 본문에서 학습한 개념 및 수립절차에 대한 이해를 바탕으로, 실제 프로젝트 사업 시행자로서 활용 가능한 PDM을 만들어보도록 하자.

1. PDM의 정의

PDM 개념을 이해하기 위해서는 먼저 논리적 프레임워크 접근법(LFA: Logical Framework Approach)에 대한 이해가 필요하다. 하나의 프로젝트를 기획하고 관리하는 방식에는 여러 가지가 있을 수 있다. LFA 또한 이러한 방식 중 하나로, 프로젝트 주기(project cycle)를 보다 완벽하게 관리하기 위해 고안된 체계적인 계획절차로 정의할 수 있다. 이는 개발협력 프로젝트의 사업계획 및 모니터링상의 미흡함이나 결함에 대응하기 위해 개발되었는데, 최초의 논리적 프레임워크(LF: Logical Framework)[1]는 1960년대 후반 미국 국제개발처(USAID: United States Agency for International Development)가 개발했다. 최근에는 LFA와 유사한 의미로 변화이론(Theory of change)이라고 표현되기도 하는데, 변화이론에 대한 자세한 내용은 7장을 참조하도록 하자. LFA는 모든 이해관계자의 견해를 고려한 문제해결 접근법으로, 이해관계자 간 프로젝트 성공기준에 대한 동의를 전제하고 있으며, 주요 가정을 열거하고 있다는 점이 특징이다. 독일 원조청(GIZ: Deutsche Gesellschaft für Internationale Zusammenarbeit)[2]은 LFA에 근거해 LF를 활용한 목표지향적 프로젝트 기획(ZOPP: Objectives-Oriented Project Planning)[3]을 소개했고, NORAD[4](Norwegian Agency for Development Cooperation)는 1990년대 LFA 핸드북을 소개하면서 LFA 활용 확대에 크게 기여했다.

PDM은 앞서 설명한 논리적 프레임워크 접근법 또는 변화이론에 근거해 프로젝트 사업을 계획하고 관리할 때 활용하는 일종의 도구(tool)로, 대표적인 논리적 프레임워크 모델이다. PDM은 논리적 프레임워크 매트릭스(LFM: Logical Framework Matrix) 또는 논리모형이라고 불리기도 한다. PDM의 형식은 〈표 6-1〉과 같이 4×4칸으로 이루어진 한 장의 표이다. PDM의 세부 구

---

1   LF는 개발 프로젝트 디자인의 핵심요소(투입, 산출, 단계별 성과목표, 주요 가정 등)와 프로젝트 모니터링 및 평가를 위한 기초정보를 한 페이지에 요약적으로 제시하는 하나의 프로젝트 도구이다(http://usaidprojectstarter.org/content/logical-framework-lf).

2   GIZ는 독일 연방정부의 개발원조업무를 담당하는 3개 기관[The German Technical Cooperation(GTZ: Deutsche Gesellschaft für Technische Zusammenarbeit), German Development Service(DED: Deutscher Entwicklungsdienst), InWEnt-Capacity Building International(InWEnt: Internationale Weiterbildung und Entwicklung gGmbH)]을 통합해 형성된 조직이다. GIZ는 독일 연방정부뿐만 아니라 유럽연합, 미국, 민간, 그리고 타 국가의 정부와 협력하거나 또는 관련 업무를 의뢰받아 국제개발사업을 수행한다. 자세한 정보는 홈페이지에서 확인할 수 있다(http://www.giz.de/en/html/index.html).

3   ZOPP는 독일 원조청이 사용하는 논리적 프레임워크 접근법으로 이 접근방식의 특징은 주요 이해집단과의 워크숍을 통해 프로젝트 기획 매트릭스(matrix)를 완성한다는 것이다(http://web.mit.edu/urbanupgrading/upgrading/issues-tools/tools/ZOPP.html).

4   NORAD는 노르웨이 국가 원조를 담당하는 정부기관이며, 노르웨이는 2004년 개발협력사업의 계획, 실행, 행정 업무를 외무부로 통합해 NORAD 업무는 외무부에 포함되어 있다(https://hivos.org/donor/norwegian-ministry-foreign-affairs-norad).

성요소에 대해서는 2절('PDM의 구성')에서 알아보도록 하자.

표 6-1 PDM₁

사업명:　　　　　기간:　　　　　양식번호: Version #　　　　　작성일:

사업대상지역:　　　　　　　　　　수혜그룹:

프로젝트 요약 (Narrative Summary)	객관적 검증지표 (Objectively Verifiable Indicators)	검증수단 (Means of Verification)	중요가정 (Important Assumptions)
영향(Impacts)			
성과(Outcomes)			
산출물(Outputs)			
활동(Activities)	투입물(Inputs)		
			선행조건(Pre-Condition)

주 1: 성과(Outcomes), 영향(Impacts) 등 일부 용어는 2018년 발간한 KOICA PDM 가이드라인을 반영했다.
자료: 박수영(2009).

2. PDM의 구성

이번 절에서는 먼저 PDM의 논리적 구성에 대해 설명하고, 각 구성요소들의 개념을 세부적으로 학습하도록 하겠다. PDM은 프로젝트의 논리구조 및 주요 기능을 요약해 집합적으로 제시하는 도구이므로, 각 요소의 개념을 이해하기 전에 전체적인 논리적 구성을 파악하는 것이 개념 이해에 도움이 될 것이다.

1) 논리적 구성

〈표 6-1〉에서 확인한 바와 같이 우리는 PDM을 통해 프로젝트/프로그램의 주요 내용을 요약적으로 제시할 수 있다. PDM은 구성요소가 가로 행

그림 6-1 프로젝트의 수평적 논리와 수직적 논리

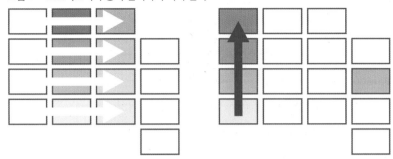

자료: DFAR, ICEIDA, and UNU_FTP(2010).

(row)과 세로 열(column)로 배치되어 있으며, 가로 행의 수평적 논리(horizon-tal logic)와 세로 열의 수직적 논리(vertical logic)로 구성된다.

수평적 논리를 이루는 행은 프로젝트 요약, 객관적 검증지표, 검증수단, 중요가정으로 구성되어 있다. 이는 각 단계의 프로젝트 목표와, 이를 객관적으로 검증하기 위한 지표 및 검증수단, 그리고 해당 목표가 상위목표의 달성으로 이어지는 데 있어 반드시 갖춰져야 할 조건, 가정을 나타낸다. 수평적 논리의 특징은 측정 가능한 객관적 검증지표와 검증수단을 명확히 함으로써 프로젝트의 객관성을 제공하고 프로젝트의 외부 이해관계자들에게 투명성을 제공한다는 점이다. 즉, 이 수평적 논리부분은 USAID가 처음 LFA를 개발할 당시 강조했던 논리이기도 하다(한국국제협력단, 2012).

한편, 수직적 논리를 구성하는 열은 활동, 산출물, 성과, 영향으로 이루어져 있으며 목표들의 상하체계(hierarchy)를 나타낸다. 다시 말해 수직적 논리는 프로젝트의 활동이 산출물로 환원되고, 산출물이 성과와 영향으로 연결되는 일련의 체계를 보여준다. 수직적 논리에서 주목해야 할 점은 논리관계를 이루는 하부요소들이 성과나 영향으로 가는 유일 수단이 아니며, 논리모형은 회사에 연결된 가설(linked hypothesis)일 뿐 반드시 그대로 이루어지는

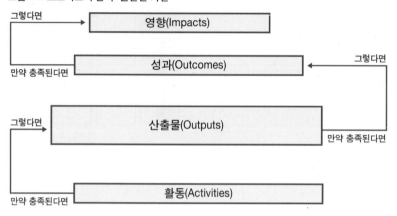

그림 6-2 프로젝트의 논리: 연결된 가설

자료: Pradhan(2014) 활용 저자 작성.

것은 아니라는 점이다. 수직적 논리의 특징은 투입에서 장기 성과까지 연결되는 사업논리를 보여줌으로써 수혜지역 주민부터 정책단계의 프로젝트 승인권자까지 다양한 프로젝트 이해관계자들에게 사업의 정당성을 설득·확보하는 도구로 활용된다는 점이다. 따라서 수직적 논리는 사업계획, 사업 심사(appraisal), 사업 모니터링 및 평가의 도구로 활용된다.

하위단계가 상위단계로 연결되기 위해서는 〈그림 6-2〉에서 보는 바와 같이 어떠한 상황이 충족되어야 하는데, 이를 수평적 논리를 구성하고 있는 가정이라고 한다. 따라서 수평적 논리와 수직적 논리는 독립적이면서도 상호보완적인 관계에 있다고 할 수 있다.

PDM의 수립절차부문에서 좀 더 자세히 다루어지겠지만, PDM의 완성도를 점검하기 위해서는 수평적 논리와 수직적 논리가 유기적으로 연결되어 있는지 확인해야 한다. 수직적 논리를 나타내는 각 단계의 목표와 그 사이를 연결하는 수평적 논리의 수단 간 연계가 좋을수록 프로젝트 설계의 완성도가 높다고 할 수 있다. 그림 다음으로 각 구성요소의 개념에 대해 자세히 알아보도록 하자.

2) 프로젝트 요약

프로젝트 요약은 'Narrative Summary' 또는 'Project Description'이라는 표현으로도 쓰인다. 세부적으로는 영향, 성과, 산출물, 활동, 투입물로 이루어져 있는데, 이를 연결한 것이 프로젝트의 개입논리(intervention logic)이다. 〈그림 6-3〉과 같이 통상적으로 투입물(inputs), 활동(activities), 산출물(outputs), 영향(impacts), 성과(outcomes)의 5단계로 이루어지는데, 상위단계의 논리를 구성하는 영향과 성과는 '단기 성과(short-term outcome)' – '장기 성과(long-term outcome)' 또는 '상위목표(overall goal)' – '사업목표(project purpose)' 등으로 다양하게 표현되기도 한다. 그럼 각 구성요소의 정의를 살펴보도록 하자.

투입물이란 프로젝트의 목적을 달성하기 위해 투입하는 자원을 의미한다. 활동이란 프로젝트에서 주어진 자원으로 산출물을 생산하기 위해 수행하는 활동이다. 산출물은 프로젝트를 수행해 생산되는 결과로, 프로젝트 관리자는 수혜집단(target groups)에게 산출물의 생산을 담보할 수 있어야 한다. 성과는 프로젝트의 결과로서 달성되리라 예상되는 효과이며, 영향은 프로젝트가 기여하고자 하는 가장 상위단계의 목표를 나타낸다. 개념 이해를 돕기 위해 예를 들어 설명해보자. 무역 관세행정 자동화 시스템 구축 사업을 기획

그림 6-3 수직적 논리 간의 원인- 결과 관계: 프로젝트 관리 통제

한다고 가정했을 때, 파견되는 인력이나 투입되는 물적자원 등은 투입물 요소에 해당한다. △전산 처리를 위한 관세행정 시스템 개발, △시스템 설치를 위한 컴퓨터, 스캐너 등의 장비 설치, △전자 관세행정 시스템 운용 및 관리를 위한 인력교육 등과 같이 무역 관세행정 자동화 시스템 구축을 완성하기 위해 수행되어야 하는 과정들을 활동으로 구분한다. 프로젝트의 산출물로는 완성된 무역 관세행정 자동화 시스템, 훈련된 인원수, 제공된 장비 수 등으로 정의할 수 있다. 성과는 '비용/시간 상 효율적인 국경 간 물자 이동'으로 설정할 수 있고, 영향은 '무역성과 향상'을 최종 목표로 삼을 수 있다. 여기서 유념해야 할 점은 〈그림 6-3〉에서 산출물까지의 과정은 프로젝트 관리의 통제력 안에 있으나, 산출물 이후의 단계는 프로젝트 관리의 통제력 밖에 있다는 점이다.

3) 중요가정

중요가정(important assumptions)은 〈그림 6-4〉에서 보는 바와 같이 프로젝트의 개입논리가 가정된 대로 실행되기 위해 전제되어야 하는 조건(precondition)이다. 다시 말해, 프로젝트 논리의 하위단계에서 상위단계로 전진하기 위해 반드시 충족되어야 하지만 프로젝트의 통제 밖에 있는 중요한 사건, 조건 또는 결정 등을 말한다. 이러한 가정은 위험요인과도 밀접하게 관련되어 있으며, 흔히 서로 반대되는 진술로 표현할 수 있다. 위험요인, 곧 리스크(risk)가 프로젝트의 통제 밖에 있으나 프로젝트에 부정적인 영향을 미치는 상황이나 가능성이라면, 가정은 이러한 리스크가 발생하지 않거나 회피·해결된 긍정적인 조건을 뜻하기 때문이다. 예를 들어, 초청연수에 참여한 현지 공무원이 연수를 마친 후 더 좋은 조건이나 지위로 이직하는 경우가 많다.

그림 6-4 수직적 논리 간의 원인- 결과 관계: 중요가정

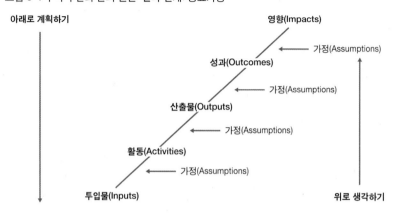

자료: Pradhan(2014) 활용 저자 작성.

초청연수에 참가한 현지 공무원이 연수를 통해 습득한 기술이나 역량을 기존 업무에 적용할 것이라는 점이 가정이라면, 이직은 초청연수에서 기대되었던 바와 상반되는 프로젝트 통제 밖의 위험요인, 곧 리스크라 할 수 있다. 따라서 초청연수를 통해 얻고자 했던 상위결과가 이러한 리스크에 영향을 받을 수 있기에, 리스크에 대해 미리 대처방안을 마련해 상위결과로 이어지는 가정이 충족될 수 있도록 하는 것이 필요하다.

논리모형에서는 프로젝트와 관련된 외부요인(external factors)에 해당하는 가정 및 위험요인이 명시되어야 한다. 이는 해당 외부요인, 특히 위험요인이 발생해 상위단계의 목표 달성이 어려워지기 전에 적절한 조치가 고려되고, 취해져야 함을 의미한다. 따라서 우리는 프로젝트의 개입논리를 생각할 때는 '아래로 계획'하되, 하위논리에서 상위논리까지 연결되기 위해 각 단계 사이에 충족되어야 하는 전제조건에 어떤 것들이 있는지에 대해서는 '위로 생각'해볼 필요가 있다.

4) 객관적 검증지표

객관적 검증지표(OVI: Objectively Verifiable Indicators)는 프로젝트가 계획한 결과에 도달한 정도를 보여주거나 나타내는, 관찰 가능(observable)하고 측정 가능(measurable)한 지표를 의미한다. 지표는 프로젝트의 성과와 성공 여부를 판단할 수 있게 하고, 프로젝트의 모니터링 및 평가와 의사결정에 필요한 근거를 제시하므로 매우 중요하다(Brock and Columbia, 2008). 따라서 지표의 세부사항은 각기 다른 시점에 프로젝트의 목표가 어느 정도 달성되었는지와 이를 어떻게 측정할 것인지를 포함해야 하므로, 대상집단(for whom), 양(how much), 질(how well), 시간(by when), 장소(where), 모니터링 및 평가의 기준(basis for monitoring and evaluation)을 제시해야 한다(NORAD, 1999).

지표는 그것이 객관적으로 검증이 가능할 만큼 그 측정치가 정확해야 이상적인 지표라 말할 수 있다. '객관적으로 검증 가능하다'는 의미는 서로 다른 사람이 서로 다른 측정절차를 거쳐 독립적으로 측정하더라도 동일한 측정치를 얻는 것을 의미한다. 프로젝트가 실질적으로 집행될 때 지표의 적정성이 다시 검토되어야 하며, 필요한 경우 구체적인 지표로 대체되어야 한다. '객관적으로 검증 가능한' 프로젝트의 논리를 명확히 대표하는 최선의 지표라 하더라도 수집·측정이 불가능하거나 이에 많은 시간과 자원이 소요된다면 해당 지표는 차선의 지표로 대체되는 것이 바람직하다. 따라서 좋은 지표는 대표성뿐만 아니라 활용성 또한 갖추어야 하는데 지표의 활용성 판단을 위해서는 〈표 6-2〉의 체크리스트를 활용할 수 있다. 지표는 정량적(quantitative) 혹은 정성적(qualitative) 지표(indicator)로 구분할 수 있는데, 정성적 지표 또한 가능한 측정할 수 있도록 설정되어야 한다. 특정 지표를 직접적으로 측정하기 어려운 경우에는 추가적인 대리(proxy) 지표로 보완될 필요가 있다.

표 6-2 지표의 활용성 체크리스트

- 기존에 존재하는 출처(통계, 기록 등)에서 얻을 수 있는 정보인가?
- 최신의 믿을 만한 정보인가?
- 별도의 정보수집절차가 필요한가?
- 만약 그렇다면, 편익이 비용보다 큰가?

자료: NORAD(1999: 56).

예를 들어, 농산물 판매량을 직접 측정하기 어려운 경우, 대리지표로서 소비자 구매량 등으로 보완 가능하다. 또는 소득을 묻는 경우, 과소 보고하거나 응답자에 따라 잘 모를 수 있어, 대리지표로 의식주나 교육비 등에 대한 소비지출을 조사해 추정할 수 있다. 아울러, 프로젝트의 결과를 나타내는 지표로 한 개의 지표보다 여러 개의 지표를 설정하는 것이 더 바람직한데, 단일지표로는 변화에 대한 포괄적인 그림을 전달하기 어렵기 때문이다. 그렇지만 지표를 측정하는 데도 시간과 자원이 필요하기 때문에 너무 많은 지표를 설정하는 것도 바람직하지 않을 수 있어 측정비용 대비 효과를 함께 고려해야 한다.

LFA 활용 확대에 크게 기여한 NORAD의 LFA 핸드북에서는 좋은 지표가 갖추어야 하는 조건을 다음과 같이 정리하고 있다.

- 정확하게 목표의 본질적인 측면을 반영하도록 실질적(substantial)일 것
- 서로 독립적(independent)일 것
  : 프로젝트 차원의 목표와 장기적 측면에서의 목표는 다르며, 각 논리단계의 지표는 각 시점의 성과에 대한 증거를 반영해야 하므로, 일반적으로 동일한 지표를 두 가지 이상의 목표에 사용할 수 없다.
- 주관적 생각 또는 느낌보다 사실적(factual)인 내용을 반영할 것
  : 지표는 어떤 이해관계자가 해석하더라도 동일한 의미를 가져야 한다.

- 지표로 측정된 변화가 프로젝트에 의한 것으로 **타당성**(plausible)이 있어야 할 것
- **획득 가능한**(obtainable) 데이터를 사용할 것
  : 프로젝트 운영의 일부로, 혹은 합리적인 수준의 추가 노력을 통해 쉽게 이용·수집할 수 있는 데이터를 이용해야 한다.

5) 검증수단

지표의 수립 못지않게 중요하게 고려되어야 할 사항이 바로 지표를 검증할 수 있는 자료의 출처이다. 지표를 수립할 때 지표를 사용하기 위해 필요한 정보출처를 명시해야 하는데, 이것을 검증수단(MOV: Means of Verification)이라고 한다. 공식화된 지표는 검증수단을 반드시 명시해야 하며, 이는 다음의 3가지 사항을 반드시 포함해야한다.

- 어떠한(what) 정보를 이용해야 하는지
- 어떠한 형태(in what form)로 수집해야 하는지
- 누가(who) 정보를 제공해야 하는지

프로젝트 수행과 별도로 정보를 얻어야 한다면, 접근성(accessibility), 신뢰성(reliability), 적절성(relevance)을 평가해보아야 한다. 또한 프로젝트 수행 중 생산하는 정보라 할지라도 정보에 관련된 작업과 비용도 평가해야 한다. 지표의 비용과 유용성을 고려해 너무 비싼 지표는 보다 간단하고 값싼 지표로 대체되어야 한다. 자세하고 많은 데이터를 수집해 정확성을 기하는 것도 좋지만 데이터를 많이 수집하려면 그만큼 많은 예산과 행정력이 소모될 가

능성이 높아지기 때문이다. 특히, 국제개발협력 프로젝트의 경우 중앙정부, 지방정부, 군청, 마을 단위로 사업대상지가 내려갈수록 데이터의 신뢰도, 이용가능성이 낮아져 프로젝트 비용으로 인력을 동원해 새로 조사해야 하는 경우가 많다. 지표 관련 정보 수집에 투입되는 행정업무 부담과 비용이 적절하고, 이를 통해 신뢰할 만한 데이터 생산이 가능하다면 추진해야 하지만, 현실적이지 않은 경우 해당 지역 내 타 기관 프로젝트에 활용된 유사 데이터는 없는지 조사해야 한다. 여러 가지 방법을 강구했음에도 불구하고 적절한 검증방법을 찾을 수 없는 지표는 입증 가능한 다른 지표로 대체되어야 한다.

3. PDM 수립과 절차

지금까지는 PDM의 정의와 구성에 대해 알아보았다. 이제부터는 PDM의 수립절차에 대해 살펴보고자 한다. PDM의 정의와 구성을 이해했다고 해서 PDM 양식을 채워 가며 PDM을 수립하면 되겠다고 생각했다면 큰 오산이다. PDM은 앞에서 설명한 바와 같이 논리적 프레임워크 접근법(LFA)에 따라 프로젝트 사업을 계획하고 관리할 때 활용하는 것으로, 논리의 구조 및 주요기능을 요약해 집합적으로 제시하는 도구이다. 따라서 이는 프로젝트 계획단계에서 일련의 과정을 거쳐 생산되는 문서이지, 선행과정 없이도 작성할 수 있는 단순한 문서작업은 아니며, 또한 PDM 작성이 프로젝트 사업의 계획을 의미하는 것은 더더욱 아니다.

이 절에서는 PDM 수립 이전에 선행되어야 하는 단계에 대해 설명하고자한다. 프로젝트는 개발도상국의 어떠한 문제를 해결하기 위한 개입(intervention) 방식 중 하나이다. 따라서 어떠한 프로젝트를 실시할 것인가에 대한 계획을 수립하기 위해서는 현재의 환경과 맥락(context)에 대한 상황분석(situation analysis)이 선행되어야 한다. 상황분석은 이해관계자 분석, 문제분석, 목표분석을 통해 이루어지며, 상황분석 후에는 가용한 자원, 해당 기관의 비교우위 등의 전략분석을 통해 프로젝트를 선택한다. 프로젝트를 선택한 후에 목표분석을 통해 도출한 프로젝트의 개입논리를 기반으로 PDM을 작성한다. 이제부터 각 세부단계에 대해서 알아보도록 하자.

그림 6-5 PDM 수립절차

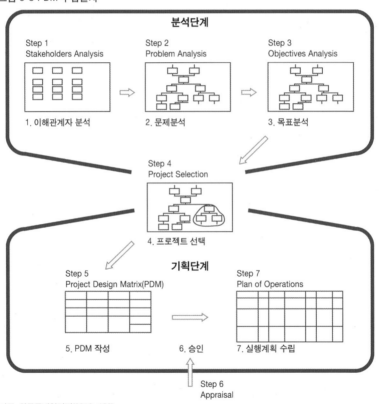

자료: 한국국제협력단(2012: 103).

1) 이해관계자 분석

수많은 개발사업 평가보고서 및 연구들에서 프로젝트 실패의 원인 중 하나로 개발협력 프로젝트의 영향을 받는 사람들에 대한 이해 부족을 지적하고 있다(NORAD, 1999). 동일한 사업의 이해관계자더라도 각 개인, 집단, 기관 등은 서로 다른 동기와 관심을 가지고 있을 수 있다. 따라서 초기 사업계획과정에서 다양한 이해관계자들의 관심과 기대를 분석하는 것이 매우 중요하다. 어떠한 문제 또는 주어진 프로젝트와 관련된 이해관계자는 상당히 광범위할 수 있으며 많은 경우 이해관계자 전체를 완전히 식별하기가 어려울 것이다. 그럼에도 불구하고 주요 이해관계자(main stakeholder)를 식별하는 작업은 상황분석의 첫 번째 단계로서 시행되어야 한다. 한편, 주요 이해관계자는 프로젝트 진행과정에서 변경될 수 있으므로, 프로젝트 집행단계에서도 사업 초기 단계의 이해관계자 분석이 유효한지를 계속 점검할 필요가 있다.

개발협력사업은 요청기관 또는 사업발굴기관의 내부 요구뿐만 아니라 해당 사회 및 관련 이해집단의 요구를 반영해야 한다. 따라서 종합적인 판단을 위해서는 해결하고자 하는 문제와 관련된 직접 당사자뿐만 아니라, 사업의 긍정적 또는 부정적인 영향을 직접 또는 간접적으로 받을 가능성이 있는 모

그림 6-6 이해관계자 나열

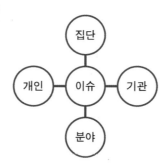

든 그룹을 〈그림 6-6〉처럼 나열해봄으로써 이해관계자 분석을 시행할 수 있다.

다양한 스펙트럼의 이해관계자 중에서도 주요 이해관계자를 확인하기 위해서는 좀 더 심도 있는 분석이 요구된다. 〈표 6-3〉은 이해관계자 분석의 예시이다. 〈표 6-3〉에 제시된 분석기준에 따라 관련 사항을 구체적으로 서술할 수도 있고, 간략하게 1~3점의 점수를 부여해 이해관계자별 영향력을 가늠해볼 수도 있다.

표 6-3 이해관계자 분석 예시 ※

분석기준	이해관계자			
	마을 족장	청년	부녀자	종교 지도자
문제인식				
요구/관심				
관련 지식 수준				
보유 자원				
자원 활용 역량				
취약점				
영향력				
이슈에 대한 태도(찬성/반대)				
종합점수/우선순위				

※ 각 이해관계자는 필요에 따라 세부그룹으로 구분할 수 있음.
자료: Brock and Columbia(2008: 13) 인용 저자 재작성.

이러한 분석을 통해 이해관계자별 특징을 파악할 수 있으며, 어떠한 집단에 우선순위를 둘 것인지 결정할 수 있다. 보통의 경우, 광범위한 이해관계자의 집단별 특징을 세부적으로 분석하기 어려우므로, 나열한 이해관계자중에 어떤 집단에 집중하고자 하는가를 선택한 후 해당 집단에 대해 세부적인 분석을 시행하는 것이 현실적이다. 어떤 이해집단에 집중할 것인지는 관계자 토의를 통해 결정한다. 우선순위에 합의를 이루는 과정이 쉽지는 않겠지만 이 또한 관련 이해관계자들이 서로 동의하는 사업논리를 형성해 가는 과정이므로 의미가 있다.

여기서 주의해야 할 점은 분석기준에 따라 높은 평가를 받았다고 해서 주요 이해관계자가 되는 것은 아니라는 점이다. 가령, 국제개발협력 프로젝트를 수행할 때 마을 족장이나 종교 지도자는 문제인식이나 영향력 등이 타 이해관계집단보다 높을 수 있으나, 실제로는 부녀자가 가장 도움을 필요로 하는 집단일 수 있다. 또한 해당 국가의 중앙정부 관계자가 보유 자원이나 관련 지식 수준은 높을지라도, 실제 사업 수행을 위해서는 지방정부 관계자나 관련 기관 관계자를 반드시 포함시켜야 할 수 있다. 따라서 우선순위를 설정할 때에는 아래 사항을 유념할 필요가 있다.

- 어떠한 집단이 외부의 도움(external assistance)을 가장 필요로 하는가?
- 긍정적인 결과를 보장하기 위해 어떠한 집단을 지원해야 하는가?
- 특정한 이해집단을 지원함으로써 어떤 갈등이 발생할 것이며, 갈등을 피하기 위해 어떤 조치가 취해질 수 있는가?

우리가 주요 이해관계자를 확인하고 우선순위를 설정하는 것은 다음 단계인 문제분석을 위해서도 중요한 작업이다. 이해관계자 분석과정을 통해 설정한 주요 이해관계자와 우선순위에 따라 문제분석단계에서 어떤 이해집단의 관심(interests)과 관점(views)을 우선적으로 반영할 것인지가 결정되기 때문이다.

2) 문제분석

문제분석(problem analysis)은 수집 가능한 정보를 근거로 현재 상황을 분석하고 문제의 원인(cause)과 결과(consequences)를 판별해 이를 인과관계

(causal relationships)로 연결하는 작업이다. 문제가 더 잘 이해될수록 문제를 해결하고 긍정적인 변화를 만들기 위한 개입방식을 더 잘 설계할 수 있으므로, 문제분석은 매우 중요한 작업이다. 문제분석의 방법론을 살펴보기 전에 먼저 문제, 원인, 결과의 정의에 대해 알아보자.

문제(problem)란 무엇인가? 문제란 사람이나 집단의 웰빙(well-being)과 관련해 현재 존재하는 부정적인 상황이다. 예를 들어, 개발도상국 10대 소녀들의 높은 임신율이나, 젊은이들의 높은 HIV/AIDS 증가율을 문제로 인식할 수 있다. 문제를 정의할 때 주의해야 할 점은 현재 시점에 존재하는 부정적인 상황(existing negative state)과 해결책이 있어야 한다(not absence of a solution)는 것이다. 다시 말해 곧 발생할 가능성이 있거나 상상되는 상황을 문제로 정의하는 것은 옳지 않다. 가령, 농작물에 해충이 발생했으나 아직 수확 전인 상황에서 문제를 정의할 때는 '농산물 수확량이 낮을 것이다'가 아니라 '농작물에 해충이 있다'를 문제로 정의해야 한다. 또한 문제를 기술할 때는 한 문장에 한 개의 문제씩 나열하는 것이 바람직하다.

원인은 문제를 시작하거나 지속시키는 데 기여한 가정, 지역사회, 조직, 그리고 나아가 국가에 존재하는 특정한 요소로 정의될 수 있다. 원인은 행동(behavior), 조건(condition), 지식(knowledge), 태도(attitudes), 신념(beliefs)의 맥락에서 분석될 수 있으며, 크게 잠재적 원인(underlying cause)과 근본원인(root cause)으로 구분할 수 있다. 〈그림 6-7〉은 문제분석 논리를 그림으로 표현한 것인데, 문제분석을 통해 원인 – 문제 – 결과의 관계를 연결하고, 원인은 그에 영향을 미칠 수 있는 행동, 조건, 지식, 태도, 신념 등의 맥락에서 분석되어야 함을 나타낸다.

잠재적 원인은 NORAD의 논리적 프레임워크 접근법(LFA) 매뉴얼에서는 직접적(direct) 원인으로 정의하기도 하는데, 문제분석 과정에서 가장 눈에

그림 6-7 문제분석논리

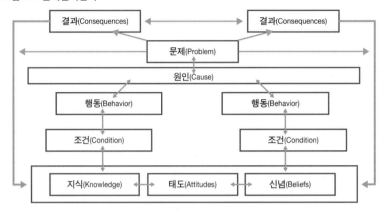

자료: Brock and Columbia(2008: 10).

잘 띄고 제일 먼저 상기되는 원인이다. 잠재적 원인은 다른 잠재적 원인의 결과로서 여러 측면에서 생각해볼 수 있다. 예를 들어 아프리카 10대 소녀들의 임신율 증가의 원인으로 소녀들의 낮은 피임약 사용률이 언급될 수 있다. 그러나 소녀들이 피임약에 대한 낮은 접근성(accessibility), 특히 피임약 사용법에 대한 지식이나 정보가 부족하고, 관련한 성교육체계가 부재하다는 점이 소녀들의 낮은 피임약 사용률의 또 다른 잠재적 원인으로 제시될 수 있다. 이처럼 잠재적 원인은 근본원인(root-cause)이 확인될 때까지 '왜(why)'를 계속 질문해 조사할 수 있다. 근본원인은 NORAD의 LFA 매뉴얼에서는 실질적인(substantial) 원인으로 정의했는데, 이는 현존하는 문제에 대한 원인을 핵심까지 지속적으로 파고들었을 때 얻을 수 있는 마지막 원인이다. 예를 들어, 위에서 언급한 아프리카 10대 소녀들의 높은 임신율 문제의 원인을 분석했을 때 낮은 피임약 사용률 – 피임약에 대한 지식이나 정보 부족 – 피임약 관련 성교육의 부재 – 성욕을 금기시하는 강한 문화적 규범으로 귀결될 수 있다. 이 경우, 성욕을 금기시하는 강한 문화적 규범이 근본원인으로 정의될 수 있다. 많은 경우 근본원인은 해당 국가의 문화적 규범과 맞닿아 있어 해결하기 어려울 수 있으므로, 이러한 경우 문제해결을 위한 문제분석에서 잠재적 원인에 보다 집중해야 한다(Brock et al., 2008).

결과는 문제로 인해 발생되는 사회적·환경적·정치적, 또는 경제적 조건이다. 다시 아프리카 10대 소녀들의 높은 임신율을 예로 들면, 조혼으로 소녀들의 임신율이 높아지면 산모의 이환율(morbidity)[5]과 사망률(mortality) 증가, 학교 중도이탈률(drop-out rate)[6] 증가가 결과로 나타날 수 있다.

문제분석은 아래와 같은 절차에 따라 수행할 수 있다.

- [1단계] 수집 가능한 정보에 근거해 브레인스토밍을 통해 현재 주요한 문제가 무엇인지 확인한다.
- [2단계] 이해관계자 간 합의를 통해 문제분석을 위한 핵심문제(focal problem)를 선택한다.
- [3단계] 문제의 원인(잠재적 원인, 근본 원인)을 파악한다.
- [4단계] 문제의 결과를 파악한다.
- [5단계] 문제의 원인과 결과 관계가 나타나도록 문제나무를 구성한다.
- [6단계] 완성된 문제나무의 타당성(validity)과 완전성(completeness)을 확인하고 필요한 경우 수정한다.

위에서 설명한 바와 같이 문제분석을 위해서는 먼저 이해관계자들 간에

---

5   어떤 일정한 기간 내에 발생한 환자의 수를 인구당 비율로 나타낸 것.
6   중도이탈은 전출, 자퇴, 퇴학 등을 의미한다([국감47] 서울지역 25개 자사고 학생들의 중도이탈 현황: 작성자 유기홍). 대부분 개발도상국에서 소녀들은 의도치 않은 임신으로 학업을 중단하는 경우가 많이 발생한다.

핵심문제에 대한 합의가 필요하다. 합의는 다양한 방식으로 이루어질 수 있는데, 종이카드를 통한 토론방식이 널리 사용된다. 이 방식은 종이카드에 각 이해집단별로 자신이 생각하는 핵심문제를 기입한 후, 왜 그렇게 생각하는지 설명한다. 각 이해관계자가 판단하는 핵심문제는 각자의 문제나 관심사항을 반영하므로, 서로의 입장을 설명하고 토론하고 최종적으로 합의된 핵심문제를 선택하는 과정 자체가 프로젝트 설계의 중요한 일부분이다. 대개의 경우, 다양한 이해관계자 간의 핵심문제에 대한 합의를 이끌어내는 것은 쉽지 않다. 합의가 어려운 경우, 브레인스토밍, 역할놀이 등을 통해 의견의 격차를 줄이거나, 가용한 자원이나 프로젝트에 할당된 시간 등을 상기시키는 것이 합의를 이끌어내는 데 도움이 될 수 있다. 그럼에도 불구하고 합의가 어려운 경우 1안과 2안으로 각각 핵심문제를 선택할 수 있다. 어떤 경우에도 의사결정을 위해 다수결 방식을 사용하는 것은 옳지 않다(NORAD, 1999). 다수결 방식은 집단 내 다수의 의견을 대표할 수는 있으나, 구조적으로 자신의 의견을 내기 어려운 여성, 노인, 사회적 약자나 소수자 등 도움이 더 필요한 집단들이 무시될 수 있기 때문이다. 따라서 이해관계자 간의 합의가 어렵거나 다수에 의해 결과가 왜곡될 위험이 있다고 판단되는 경우, 제3자가 조정자의 역할을 수행할 수도 있다.

핵심문제에 대한 합의에 도달한 후에는 문제를 일으키는 원인과 문제로 인해 나타나는 결과를 파악해야 한다. 문제의 원인을 확인하는 논리적이면서 다양한 사람들이 손쉽게 쓸 수 있는 방법 중 하나는 계속해서 '왜(why)?'라는 질문을 던지는 것이다. 문제의 원인을 찾기 위해 계속해서 질문하면, 다양한 측면의 잠재적 원인과 근본원인을 찾게 될 것이다. 더 이상 질문에 답하기 어려운 시점에 이르면 우리는 대부분의 잠재적 원인과 근본원인을 확인한 것이다. 문제의 원인과 결과가 무엇인지, 그리고 그들 간의 우선순위를 어떻게 매겨야 하는지에 대한 정답은 없다. 오히려, 문제분석의 각 단계에서 이해관계자들 간의 합의에 도달하는 것이 더 중요하다. 문제분석은 이해관계자 간에 문제를 특징짓는 원인과 결과 간의 인과관계를 설명하기 위해 필요한 모든 필수정보가 충분히 논의되었다고 확신할 때 종료할 수 있다. 핵심 문제, 원인, 결과가 모두 확인되었으면 이를 〈그림 6-8〉과 같이 문제나무로 나타낸다. 문제나무는 이해관계자 간의 토론을 진행하는 데 있어서도 유용하게 활용될 수 있다.

국제개발협력 분야에서 문제분석 결과를 가시화(visualize)하기 위해 가장 보편적으로 사용되는 방식은 문제나무 다이어그램(problem tree diagram)일 것이다. 그러나 이 밖에도 피시본 다이어그램(fish-bone diagram), 계단식 다이어그램(cascade diagram) 등 다양한 기술(techniques)이 사용되기도 한다. 피시본 다이어그램은 인과관계 다이어그램(cause-and-effect diagram)이라고도 불리는데 〈그림 6-9〉와 같이 특정 문제의 원인들을 보여주는 분석도구이다. 과거지향적이면서 부정적인 수행 차이를 없애는 데 초점을 두는 분석방식으로, 문제를 일으킬 만한 원인과 조건에 이르기까지의 단계를 탐구한다. 이를 위해 문제상황과 익숙한 사람들을 선발해 문제를 일으킬 가능성이 있는 원인들에 대해서 생각하고, 각각의 원인들을 분석 및 결과를 도출하는 데 사용한다.[7] 계단식 다이어그램은 원인 – 결과 관계를 보여주기 위한 도구 중 하나로, 〈그림 6-10〉과 같이 문제나 결과를 왼편에 두고 그에 대한 원인을 세부적으로 분석하는 과정으로 나타난다. 이는 주요 원인(primary causes) 분석을 통해 문제의 특정 근본(root)을 탐색하는 시각적 도구이다.

---

[7]　피시본 다이어그램의 정의는 HRD 용어사전(http://terms.naver.com/entry.nhn?docId=2178464&cid=51072&categoryId=51072)을 참조했다. 세부사항은 International Youth Foundation(2008)이 발행한 Project Design & Proposal Writing 보고서 ANNEX C(p.50)를 참조 바란다.

그림 6-8 문제나무 다이어그램

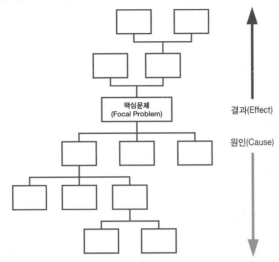

자료: NORAD(1999: 34).

그림 6-9 피시본 다이어그램

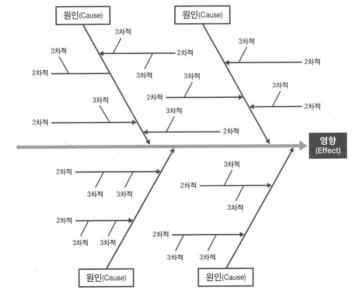

자료: Brock und Columbia(2008: 50).

그림 6-10 계단식 다이어그램

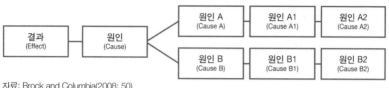

자료: Brock and Columbia(2008: 50).

3) 목표분석

목표분석(objective analysis)은 문제나무를 문제의 해결책에 해당하는 목표나무로 전환하는 과정이다. 문제나무를 만든 후, 각 문제나무에 있는 상황들을 미래의 바람직한 상황, 즉 문제가 해결되었다는 가정하에 뒤집으면 바로 목표나무가 된다. 문제나무의 위에서부터 아래로, 부정적인 상황을 긍정적인 상황으로 바꿔 다시 기술한다.

목표수립은 아래와 같은 절차에 따라 수행할 수 있다.

- [1단계] 문제나무의 모든 요소를 긍정적이고 바람직한 조건으로 재구성한다.
- [2단계] 수단(means) – 목적(ends) 간의 상하관계를 검토해 객관적인 나무의 타당성(validity)과 완전성(completeness)을 확인한다.
- [3단계] 필요시, 용어를 수정한다. 비현실적이거나 불필요한 목표는 삭제한다. 필요한 경우 새로운 목표를 추가한다.
- [4단계] 수단 – 목표를 나타내는 연결선을 그린다.

문제나무에서 가장 중요한 핵심문제는 목표나무 작성 시 핵심목표가 된다. 주의해야 할 점은 목표나무를 완성한 후에는 다시 한 번 목표들의 상하

그림 6-11 하천수질악화 사례 문제나무 예시

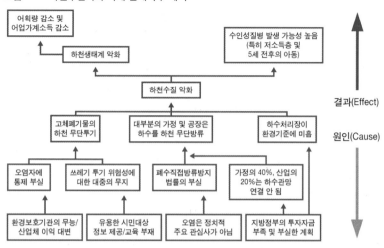

자료: 이병철·장석원(2016) 재인용[이병철·장석원 (2016)은 PDM(Project Design Matrix) 이론과 활용 논문에서 하천수질악화 사례로 EU가 2004년도에 발행한 Aid Delivery Methods: Project cycle management guidelines(vol.1) 사례를 인용함].

그림 6-12 하천수질악화 사례 목표나무 예시

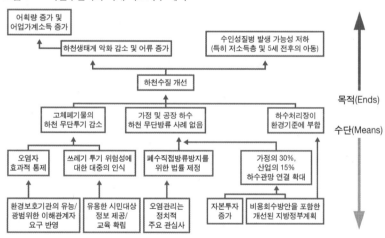

자료: 이병철·장석원(2016) 재인용[이병철·장석원(2016)은 PDM(Project Design Matrix) 이론과 활용 논문에서 하천수질악화 사례로 EU가 2004년도에 발행한 Aid Delivery Methods: Project cycle management guidelines(vol.1) 사례를 인용함].

논리관계를 점검해야 한다는 것이다. 긍정적인 상황으로 전환한 이후에 표현이 어색한 경우에는 다시 목표에 맞게 서술할 수 있다. 이 과정에서 목표 간 우선순위, 현실성 여부, 추가적 수단들이 더 필요한지 다시 한 번 점검한다. 〈그림 6-11〉과 〈그림 6-12〉는 하천수질악화 사례에 대한 문제나무와 목표나무 예시이다.

4) 대안분석

대안분석(alternative analysis)은 목표나무에 나타난 수단 – 목적 간의 연결고리 중에서 프로젝트가 될 수 있는 대안을 확인하고 선택하는 절차이다. 이 말은 목표나무에서 확인한 논리적인 수단 – 목표의 상하관계가 하나의 프로젝트 대안이 된다는 것이다. 대안분석의 목적은 가능한 대체 옵션(alternative options)을 식별하고, 이들의 타당성(feasibility)을 평가해 하나의 프로젝트 전략(strategy)에 동의하도록 하는 것인데, 각 옵션에는 〈그림 6-13〉과 같이 번호를 매기거나 각 특성에 맞게 '생산 접근법', '수입 접근법', '교육 접근법' 등으로 이름을 붙이는 것이 편리하다.

대안분석의 절차를 요약하면 아래와 같다.

- [1단계] 목표나무에 제시된 각각의 수단 – 목적 논리를 확인하고, 가능한 프로젝트 대안이나 구성요소를 식별한다.
- [2단계] 명백하게 바람직하지 않거나 달성할 수 없는 목표는 제거한다.
- [3단계] 다른 추진 중인 프로젝트와 중복되는 목표는 제거한다.
- [4단계] 이해관계자를 포함해 프로젝트에 영향을 받은 집단에 대한 함의(implications)에 대해 토론한다.

그림 6-13 하천수질악화 사례 대안분석 예시

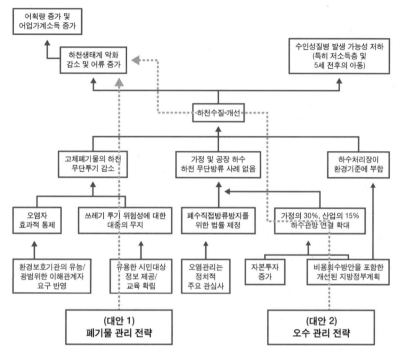

자료: 이병철·장석원(2016) 재인용[이병철·장석원(2016)은 PDM(Project Design Matrix) 이론과 활용 논문에서 하천수질악화 사례로 EU가 2004년도에 발행한 Aid Delivery Methods: Project cycle management guidelines(vol.1) 사례를 인용함].

- [5단계] 다양한 대안의 타당성을 평가한다.
- [6단계] 대안 중 하나를 프로젝트 전략으로 선택한다.
- [7단계] 이해관계자 간 합의가 어렵다면, 타당성 평가기준으로 타 항목을 추가해 평가해본다. 또는 가장 유력한 대안을 조정해본다.

종합적인 대안분석을 위해서는 수단-목표 간의 논리뿐만 아니라 각 대안의 타당성을 평가해야 하는데, 이해관계자 간에 어떠한 기준으로 대안의 실행가능성(feasibility) 또는 다당성(validity)을 평가할 것인지 협의가 필요하다. 통상적으로 총비용, 우선순위집단에 대한 편익(benefits), 목표 달성 가능성, 사회적 위험(risk) 등이 평가기준으로 활용되는데, 부문별로 평가요인을 구분하면 아래와 같이 정리할 수 있다.

- 기술적 요인: 적합성, 지역자원 사용 가능 여부, 시장적합성 등
- 재정적 요인: 비용, 재정적 지속가능성, 환율 전망 등
- 경제적 요인: 경제적 이익, 비용효과성 등
- 조직적 요인: 능력, 역량, 기술지원 가능성 등
- 사회적/분배적 요인: 사회적 비용 대비 편익, 젠더 이슈, 사회문화적 제약, 지역사회의 참여 및 동기 부여 등
- 환경적 요인: 환경적 영향, 환경비용 대비 편익 등

합의된 기준을 근거로 대안별 타당성을 비교평가방식으로 간단하게 수행하고자 할 때는 평가기준별 해당 사항을 고 - 중 - 저로 표기하거나 +/-를 표기하는 방식 등을 활용해 〈표 6-4〉와 같은 양식에 정리할 수 있다. 타당성 평가결과를 근거로 하나의 프로젝트 전략에 동의한다는 것은 최종적으로 추진할 프로젝트를 선택하고 결정한다는 의미이다. 이를 위해 이해관계자들은

표 6-4 대안별 타당성 평가 예시

구분	대안 1	대안 2	대안 3
비용			
목표 달성 가능 여부			
비용/편익			
소요기간			
사회적 위험			

자료: NORAD(1999: 91) 참고 저자 작성.

타당성 평가 시 합의한 우선순위, 이해집단별 영향 등 '해야 하는 것'과 가용자원, 조직/기관의 역량 등 '할 수 있는 것'을 종합적으로 고려해 선택방안을 논의해야 한다.

프로젝트를 수행할 조직/기관의 역량은 SWOT(Strengths, Weaknesses, Opportunities and Threats) 분석을 통해 비판적으로 검토할 수 있다.

표 6-5 SWOT 분석 예시

구분	강점(Strengths)	약점(Weaknesses)
내부	• 장점은 무엇인가? • 다른 조직/기관에 비해 우수한 역량은 무엇인가? • 활용 가능한 자원에는 어떤 것들이 있는가? • 스스로 판단하는 강점을 다른 파트너들 또한 강점으로 인식하는가?	• 개선의 기회는 어떠한 것들이 있는가? • 변화하기 어려우나 인식하고 있어야 하는 약점은 무엇인가? • 이해관계자나 수혜자들이 생각하는 약점은 무엇인가?
	기회(Opportunities)	위기(Threats)
외부	• 조직/기관이 당면한 좋은 기회는 무엇인가? • 인식하고 있는 흥미로운 조직/기관의 트렌드는 무엇인가?	• 조직/기관이 당면한 어려움은 무엇인가? • 프로젝트를 반대하는 집단이 추진하고자 하는 프로젝트의 집행과 결과에 영향을 미칠 수 있는가? 있다면 어떻게 가능한가? • 프로젝트를 위협할 수 있는 정책이나 규제가 있는가?

자료: Brock and Columbia(2008: 16) 참고 저자 작성.

5) 가정식별

프로젝트 전략이 선택되면, 프로젝트의 주요 요소가 목표나무에서 도출될 수 있으며, 이를 PDM의 맨 왼쪽 열 '요약(narrative summary)'에 위에서 아래의 순서로 기입하면 된다. 목표나무를 근거로 한 PDM 작성순서는 〈그림 6-14〉를 참고하자. 필요한 경우 목표나무에서 표현을 재구성해 보다 명확하게 작성하도록 한다.

프로젝트 논리를 작성한 후에는 PDM의 맨 오른쪽 열에 해당하는 중요가정을 작성한다. 중요가정을 작성할 때는 프로젝트 논리 요약과 반대로 아래

그림 6-14 PDM 작성순서

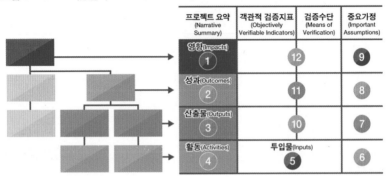

	프로젝트 요약 (Narrative Summary)	객관적 검증지표 (Objectively Verifiable Indicators)	검증수단 (Means of Verification)	중요가정 (Important Assumptions)
영향(Impacts)	**1**	12		9
성과(Outcomes)	**2**	11		8
산출물(Outputs)	**3**	10		7
활동(Activities)	**4**	투입물(Inputs) **5**		6

자료: 한국국제협력단(2017) 참고 저자 작성.

그림 6-15 가정의 중요도 평가절차 예시

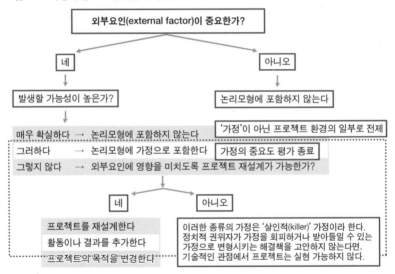

외부요인(external factor)이 중요한가?

네 → 발생할 가능성이 높은가?

아니오 → 논리모형에 포함하지 않는다

매우 확실하다 → 논리모형에 포함하지 않는다 │ '가정'이 아닌 프로젝트 환경의 일부로 전제

그러하다 → 논리모형에 가정으로 포함한다 │ 가정의 중요도 평가 종료

그렇지 않다 → 외부요인에 영향을 미치도록 프로젝트 재설계가 가능한가?

네 → 프로젝트를 재설계한다 / 활동이나 결과를 추가한다 / 프로젝트의 목적을 변경한다

아니오 → 이러한 종류의 가정은 '살인적(killer)' 가정이라 한다. 정치적 권위자가 가정을 회피하거나 받아들일 수 있는 가정으로 변형시키는 해결책을 고안하지 않는다면, 기술적인 관점에서 프로젝트는 실현 가능하지 않다.

자료: Pradhan(2014)를 활용 저자 작성.

에서 위의 방향으로 작성한다. 활동(activities)에 해당하는 가정(⑥)에는 투입물(inputs)(⑤)이 계획된 활동(④)을 수행하기에 충분한지 또는 추가활동이 프로젝트 외부에서 수반되어야 하는지 여부를 조사한다. 중요가정의 아래에서

위로 전진하면서 프로젝트의 논리가 유기적으로 연결되는지 확인하고, 가정란에는 모든 단계(level)가 다음 단계로 전진하기 위해 요구되는 필요충분조건(necessary and sufficient conditions)을 포함하도록 기술한다(⑤-⑥-④-⑦-③-⑧-②-⑨-①). 일부 가정은 프로젝트에 반영되지 않은 목표나무요소 중에서 도출될 수 있다. 여기서 주의해야 할 점은 PDM에 가정을 기입할 때는 가정의 중요도를 평가해 프로젝트를 운영하며 확인해야 하는 중요한 가정에 한해 세부적으로 기술해야 한다는 것이다. 〈그림 6-15〉와 같은 가정의 중요도 평가를 통해 PDM에 포함 여부를 판단할 수 있다.

6) 지표 및 검증수단 설정

프로젝트의 논리와 각 논리에 해당하는 가정을 완성한 후에는 프로젝트의 논리단계별 지표와 검증수단을 설정해야 한다. 앞에서 언급한 바와 같이 지표는 정량적(quantitative)이나 정성적(qualitative) 지표로 구분할 수 있고, 지표의 세부사항은 각기 다른 시점에 프로젝트의 목표가 어느 정도 달성되었는지를 어떻게 측정할 것인지를 포함해야 하므로, 대상집단(for whom), 양(how much), 질(how well), 시간(by when), 장소(where), 모니터링 및 평가의 기준(basis for monitoring and evaluation)을 제시해야 한다. 지표의 정의나 좋은 지표가 갖추어야 할 요건 등은 앞부분에서 설명했으므로, 여기에서는 영향과 성과, 산출물 등 각 논리단계별 지표 작성요령을 예시와 함께 살펴보도록 하자.

영향(impacts)은 단일 프로젝트로는 달성하기 어려운 수준의 목표이므로, 영향의 지표 및 관련 데이터는 주로 국제 비정부기구(NGOs: Non-Government Organizations)나 세계은행(World Bank), UN, 정부 보고서 등과 같이 이미 존재하는 적합한 출처에서 추출해 사용한다.[8] 성과(outcomes)는 사업을 통해 직접적으로 기여하고자 하는 목표로, 성과에 해당하는 지표는 프로젝트 산출물의 성공적인 인도(delivery)와 정착으로 수혜자 그룹에게 발생할 것으로 예상되는 이익(benefits)을 반영해야 한다.

성과 달성 여부는 프로젝트 최종평가 시 지표의 목표치 달성 여부로 판단하기도 하고, 직접 수집했거나, 다른 출처를 활용해 수집한 해당 지표의 프로젝트 집행 전 기초선(baseline) 결과와 비교해 변화 폭을 측정 판단할 수도 있다. 이 단계의 지표는 채택률(adoption or uptake), 보급률(coverage)이나 프로젝트 산출물의 전달률(reach of immediate results)과 같은 입증 가능한 행동변화에 초점을 둔다. 성과지표는 특정 프로젝트가 수행하는 활동에 따라 나타나는 행동변화에 특정되므로, 일반적으로 프로젝트 자체에 의해서만 수집

표 6-6 프로젝트 논리단계별 지표 예시

투입물	활동	산출물	성과	영향
투입 인력	교육훈련	훈련생/교육생 수	수혜자의 인식 제고	지역사회의 고용률 증가
자원 봉사자	또래교육 (peer education)	특정 이슈에 대한 적절한 정보를 대상그룹에 제공하는 동료 교육자 (peer educator) 수	수혜자의 기술 향상	지역사회의 소득 증가
시설	네트워킹	생산된 매뉴얼/교재 수	수혜자의 서비스 수혜범위 향상	지역사회의 삶의 만족도 향상
장비	새로운 교재/ 시스템 개발	개발된 시스템 수	관련 정책 확대/ 질 향상	청소년의 임신율 감소
자금	홈페이지 개발	회의/행사 개최 수	(피임도구) 활용도 향상	
물자	회의/행사			
	홍보(advocacy)			

자료: Brock and Columbia(2008: 20) 참고 저자 작성.

---

8 2018년 발간된 KOICA PDM 가이드라인에 따라, 협력단의 프로젝트 사업 관리단계에 있어 PDM상 영향(impacts) 목표는 기재는 하되, 이에 해당하는 세부지표와 세부지표의 출처는 PDM상 기재하지 않아도 되는 것으로 변경됨.

될 수 있다. 지표에 대한 검증수단이 실행가능성이 없거나 부득이한 경우 2차 자료를 활용할 수도 있으나, 이는 해당 프로젝트의 성과 달성 여부를 측정하는 데는 한계가 있을 수 있다. 이 단계의 지표를 모니터링하는 것은 산출물이 프로젝트 대상집단, 수혜자에게 전달되고 나서 바로 시작되며, 해당 지표를 측정하는 데 충분한 시간이 필요하다.

산출물(outputs)은 프로젝트 수행으로 인한 직접적/가시적인 결과물을 의미한다. 이는 대부분 재화 및 용역 수행의 결과로 나타내는데, 프로젝트 수행과정에서 통제할 수 있는 결과물이라는 점에서 영향과 성과가 차이가 있다. 따라서 별도의 노력 없이도 프로젝트 수행과정에서 관련 데이터를 수집할 수 있다.

이해를 돕기 위해 앞서 문제나무와 목표나무, 대안분석에서 활용한 하천 수질악화 사례를 활용해 〈표 6-7〉과 같이 프로젝트 논리단계별 지표 및 검증수단을 작성해보았다. '(대안 1) 폐기물 관리전략'을 선택해 프로젝트를 구

표 6-7 폐기물 관리전략 단계별 지표 및 검증수단 예시

프로젝트 논리	지표	검증수단
영향 하천의 수질 개선	하천의 수질오염도	정부 당국의 수질오염도 보고자료
성과 1. 쓰레기 투기 위험성에 대한 대중의 인식 향상 2. 고체폐기물의 하천 무단투기 감소	1.a. 쓰레기의 위험성에 대해 적어도 3가지 이상 답변할 수 있는 주민의 비율 1.b. 확산교육을 받은 주민의 비율 2. 사업 종료 후 6개월 동안 하천 무단투기 적발횟수	1.a. 사업 종료 후 1년 이내에 수행하는 종료평가 시 사업관리자가 수행하는 설문조사결과 1.b. 사업 종료 후 1년 이내에 수행하는 종료평가 시 사업관리자가 수행하는 설문조사결과 2. 사업대상지 당국 분기별 무단투기 적발횟수 보고결과
산출물 1-1. 주민 대상 유용한 정보 제공/교육 확립 2-1. 마을지도자 양성	1-1. 마을지도자 확산 교육횟수 2-1. 마을지도자 교육 이수자 수	1-1. 프로젝트 사업 수행 결과보고서 2-1. 프로젝트 사업 수행 결과보고서

자료: 〈그림 6-13〉 참고 저자 직성.

성한다고 가정해보자. 프로젝트의 논리는 〈그림 6-13〉을 참조하자. 〈표 6-7〉은 가능한 방법 중 하나일 뿐이라는 점을 유의하자. 프로젝트 논리를 구성하고 그에 따른 PDM을 작성하는 것은 정답이 없으며, 주어진 문제와 환경에 적합한 최선의 답을 찾는 과정임을 명심하자.

4. PDM 활용방법

PDM을 가장 많이 활용하게 되는 집단은 프로젝트/프로그램의 기획자일 것이다. PDM은 사업에 관계된 이해관계자들과의 의사소통도구이므로, 의도된 수혜자(intended beneficiaries) 및 이해관계가 있는 다른 사람들의 견해를 얼마나 통합해 반영했는지 정도에 따라 PDM의 영향력(power)이 달라진다.

PDM의 쓰임을 함축적으로 제시하자면 다음과 같이 정리할 수 있다.

- 문제에 대한 논리적인 개입방안(logical intervention)을 계획하는 도구
- 프로젝트의 간결한 요약도구
- 산출물 등의 프로젝트 지표를 확인하는 도구
- 프로젝트의 영향을 평가하기 위한 도구(영향, 성과 등 상위단계의 목적을 달성했는지 여부)

PDM은 사업기획단계에서 탄생하나, 프로젝트의 전 생애주기에 거쳐 활용된다. 지금부터는 PDM이 사업계획과 사업집행, 그리고 평가단계에서 어떻게 활용되는지 알아보도록 하자.

1) PDM을 활용한 사업계획 수립

앞서 살펴본 것처럼 PDM 작성은 4×4 표(table)를 채우는 작업이 아니라, '이해관계자 분석 – 문제분석 – 목표수립 – 대안분석 – 가정식별 – 지표 및 검증수단 설정'이라는 일련의 사업계획 과정을 통해 얻어지는 결과를 요약한 하나의 산출물이다. PDM 작성을 완료했다는 것은 프로젝트 개입논리의 타당성과 실현가능성을 입증할 수 있다는 의미이다. 프로젝트 세부계획은 개입논리를 실현하기 위한 예산관리, 일정관리, 성과관리 등 세부적인 방법론을 수립하는 것이므로, PDM을 근거로 프로젝트 계획을 수월하게 수립할 수 있다.

〈그림 6-16〉에서 보는 바와 같이 프로젝트 논리별 객관적 검증지표와 검증수단을 근거로 성과관리계획을 수립할 수 있다. 또한 PDM의 지표들은 모니터링과 평가 시 활용될 수 있는데, 평가지표를 사업 진행 중이나 사후에

그림 6-16 PDM을 활용한 사업계획 수립 예시

프로젝트명: _____ 프로젝트 기간: _____ 버전: _____
대상지역: _____ 대상그룹: _____ 작성날짜: _____

요약 (Narrative Summary)	객관적 검증지표 (OVIs: Objectively Verifiable Indicators)	검증수단 (Means of Verification)	중요가정 (Important Assumptions)
영향 (Impacts)		성과관리	위험관리
성과 (Outcomes)			
산출물 (Outputs)			
활동 　일정관리 (Activities)	투입물 (Inputs) 　예산관리		선행조건 (Pre-Condition)

자료: 한국국제협력단(2017).

설정하면 객관적인 평가를 담보할 수 없으나, 사전에 설계한 PDM을 활용하면 프로젝트가 당초 추진 목적에 부합한 성과를 도출했는지 여부를 평가할 수 있다. 다시 말해, 프로젝트 종료 후 수행하는 종료평가에서 PDM상 제시된 검증수단과 객관적 검증지표를 통해 산출물과 성과, 영향이 달성되었는지 확인함으로써 사업의 성과 달성 여부를 판단할 수 있다. 또한 활동과 투입사항을 근거로 각각 일정관리와 예산관리계획을 수립할 수 있다. 활동은 이행되어야 하는 업무들이 시계열 순으로 정리되므로 총 사업기간을 어떻게 배분해 활용할지 일정관리계획을 수립할 수 있으며, 이를 투입되는 자원과 매칭함으로써 예산 배분과 예산집행 스케줄 등을 수립할 수 있다. 중요가정은 원활한 프로젝트 수행과 프로젝트 성과 담보를 위해 관리해야 하는 주요 전제조건을 의미하므로, 리스크관리계획을 도출할 수 있다. 즉, 중요가정은 프로젝트의 성패에 영향을 미칠 수 있는 전제조건을 포함하고 있으므로, 중요가정에 포함된 사항들을 관리하는 위험관리계획을 도출할 수 있다는 것이다.

2) PDM을 활용한 사업관리(모니터링) 및 평가

프로젝트가 의도한 산출물과 목표를 달성하기 위해서는, 지속적인 모니터링과 중간평가를 통해 예측하지 못한 오류나 필요한 사업변경사항을 즉각적으로 조정·대응하는 것이 중요하다. 모니터링과 평가의 중요성과 절차에 대해서는 7, 8장에서 자세히 다룰 것이므로, 여기서는 PDM을 활용한 모니터링 및 평가 방법에 대해 알아보도록 하자.

PDM은 〈그림 6-17〉과 같이 프로젝트의 전 생애주기에 걸쳐 활용된다. 앞서 설명한 것과 같이 프로젝트 기획단계에서 탄생해, 프로젝트 착수 전 세부 사업계획을 수립하는 데 활용되며, 프로젝트의 집행 및 완료 단계에도 활용

그림 6-17 프로젝트 생애주기별 PDM 활용

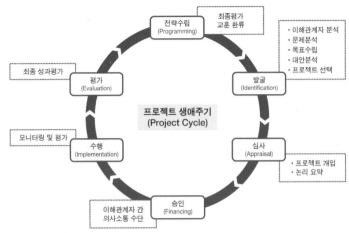

자료: Brock and Columbia(2008: 5) 참조 저자 작성.

된다. 프로젝트 집행단계에서는 프로젝트의 이정표 역할을 하며, 프로젝트
가 완료된 이후에는 프로젝트의 흐름(history)을 추적할 수 있는 근거임과 동
시에 프로젝트의 성공 여부를 판단할 수 있는 기준이 된다.

모니터링은 계획된 활동의 수행 여부를 정기적, 그리고 지속적으로 측정
해 프로젝트 활동을 일상적으로 추적하는 것이다. 따라서 프로젝트의 사업
수행계획(workplan), 추진일정(schedule), 리스크관리계획, 예산 및 인력관리
계획에 부합하게 프로젝트가 수행되고 있는지 정기적·지속적으로 점검하고
필요할 경우 관련 계획을 상황에 맞게 조정해야 한다. PDM은 누가, 무엇을,
언제, 어떻게 모니터링해야 하는지에 대한 주요 정보를 함축하고 있으므로
모니터링의 주요 정보원으로 활용될 수 있다. PDM의 2열과 3열에는 각 단
계별 성과를 입증하는 지표가 무엇인지 나타내는 '객관적 검증지표'와 해당
지표를 수집하는 주체와 방법, 시기 등의 정보를 포함한 '검증수단'이 있다.
따라서 PDM에는 각 단계의 성과목표를 누가, 언제, 무엇을, 어떻게 모니터

링해야 하는지에 대한 정보가 포함되어 있다. 불가피하게 사업 조정이 일어나는 경우 ver.1, ver.2와 같이 PDM 버전 업데이트를 통해 관련 사항을 기록해 향후 평가를 위한 근거자료로 활용할 수 있다.

평가는 프로젝트의 계획 대비 성과를 체계적이고 객관적으로 결정하는 절차이다. 종료평가를 통해 프로젝트의 최종성과를 비판적으로 검토하고 증명하기도 하지만, 프로젝트 추진 중간시점에 현재까지의 진행상황을 점검해, 프로젝트의 목표 달성을 위한 프로젝트 계획 수정의 기회로 삼기도 한다. 시점에 상관없이 평가를 위해서는 지속적인 모니터링을 통해 주요 지표에 대한 관련 자료를 확보하는 것이 필수적인데, 앞서 설명한 바와 같이 PDM 2열과 3열의 '객관적 검증지표'와 '검증수단'에 점검대상, 주체, 그리고 관련 자료의 출처와 수집방식에 대한 정보가 제시되어 있다. 다시 말해 모니터링의 대상과 방법, 시기 등의 정보가 PDM에 포함되어 있는 것이다. 따라서 PDM 없이 체계적인 모니터링은 어려우며, PDM이 있더라도 지속적인 모니터링 없이는 제대로 된 평가를 수행하기 어렵다.

5. PDM의 장점과 한계

지금까지 살펴본 바와 같이 PDM은 프로젝트의 기획부터 종료, 그리고 평가에 이르기까지 프로젝트의 전 과정에 거쳐 활용되며, 이해관계자의 참여, 프로젝트 범위에 대한 대화 및 합의를 촉진하는 도구로서 유용하다. 또한 PDM은 수립하는 과정에서 프로젝트의 개입논리와 구성내용 등 프로젝트 전반에 관해 이해관계자 간 논의하는 기회를 제공함으로써 프로젝트 추진의 타당성과 실행가능성을 높이는 장점이 있다. 프로젝트의 모든 단계에 있어서 목표를 명확히 제시하고, 각 목표별 성과검증지표와 수단, 그리고 단계별 목표가 실현되기 위한 가정(전제조건)을 일목요연하게 제공함으로써 사업관리의 유용한 도구로 활용되기도 한다.

그러나, 지속적으로 수정과 보완이 요구되며, 이해관계자 간의 논의를 통해 최종 PDM을 도출하는 과정까지 상당한 시간과 노력이 요구될 수 있다. 특히, 개발원조 프로젝트처럼 외부조건이 다양하게 영향을 미치는 경우에는 일부를 수정하는 것이 아니라 전체적으로 계획을 변경해야 하는 경우도 발생한다. 또한 PDM은 작성 당시 시점에서 수집된 정보를 바탕으로 하나의 표에 요약해 작성하기 때문에 프로젝트 하부 활동단위에서는 세부일정, 활동범위, 위험, 조달관리 등 프로젝트의 다각적인 측면을 포함할 수 없어 부차적인 관리문서가 요구되는 것이 한계라 할 수 있다(한국국제협력단, 2012).

나가며

지금까지 PDM의 정의와 구성, 수립절차와 활용방법에 대해 알아보았다. PDM의 중요성이 강조되면서, 2000년대 초반부터 PDM에 대한 인식과 활용도는 높아졌으나, 아직까지도 프로젝트의 전 과정에 걸쳐 PDM이 올바르게 사용된 사례를 찾기는 어렵다. PDM은 PDM 자체 혹은 문서 작성에 의의를 두는 것이 아니라, 이를 위한 참여과정을 중요하게 강조하는 도구이다. 따라서 PDM 작성의 핵심은 PDM 작성을 위한 사전단계에 있다. 상황분석(이해관계자 분석, 문제분석, 목표분석)을 통해 문제의 핵심을 파악하고, 부정적인 상황을 긍정적인 상황으로 전환하기 위한 논리를 탐색한다. 대안분석과 가정식별, 성과지표 및 검증수단 확인을 통해 '해야 하는 것' 중에서 '할 수 있는 것'

과 '할 수 없는 것'을 구분해야 한다. PDM과 연관된 용어의 쓰임, 작성방식, 분석방법은 원조기관이나 프로젝트 특성에 따라 차이가 있을 수 있으나 논리적 구조는 동일하다. 앞으로 우리나라 개발협력사업의 규모가 커지게 되면서 성과입증 요구에 대응할 필요성이 증대될 것이며 단순히 개발협력 실무자가 아닌 개발협력 전문가로 활동하기 위해서는 PDM 기법을 활용해 보다 내실 있는 프로젝트 기획능력을 키우도록 해야 할 것이다. 다음 연습문제를 통해 PDM 개념을 실습해보자.

PDM 연습문제

다음 제시된 사례를 읽고 상황분석(문제분석, 이해관계자 분석 등)을 실시하고, 도출된 근거를 결과로 하나의 프로젝트에 대한 PDM을 작성해보자.

※ PDM 수립을 위한 이해관계자 분석, 문제분석, 목표수립, 대안식별, 가정수립 등 일련의 과정에는 정답이 있는 것이 아니라 각 단계 간의 연결이 논리적인지 여부가 중요하다. 따라서 아래 사례에서는 관점에 따라 다양한 분야의 프로젝트가 도출될 수 있다. 각 단계별로 논리적 연결에 주의해 연습해보자. 분야별 성과지표, 검증수단 등 기술적인 면은 'KOICA 홈페이지▷KOICA 사업▷사업평가▷KOICA 발간물 및 평가보고서'를 참조할 수 있다.

시나리오 1

간다라 공화국은 남아시아의 해안지역에 위치하고 있으며, 일 년 내내 아열대성 기후이고 우기와 건기로 나누어져 있다. 인구는 1500만 명, 면적은 한국의 1.5배이다. 정치체계는 입헌군주제하의 의회 민주제이다. 왕은 실질정치에 관여하지 못하며, 상징적인 존재이다. 정치상황은 1970년대 중반 독재정권 아래 100만 명 이상의 지식인층과 국민이 학살되었다. 이러한 학살을 중지한다는 명목하에 이웃나라인 킨국의 침입과 지배가 이어졌다. 킨국의 군대가 물러간 이후에 간다라족의 지도자가 수상이 되어 간다라 공화국을 통치하고 있다. 현재의 정권은 장기간 집권으로 인해 일부 독재정권이라는 비난도 있지만 비교적 안정적으로 나라를 통치하고 있다. 간다라 공화국은 남쪽은 바다와 접해 있고, 삼면은 이웃나라와 인접해 있다. 국경지대에서는 영토경계가 불확실해 가끔 이웃나라와 분쟁과 충돌이 발생하기도 한다. 간다라는 튼튼한 농업부문을 바탕으로 연평균 7~8%의 지속적인 경제성장을 이루어, 최근에 최빈국에서 벗어났다. 2015년 1인당 GNP는 1500 미국달러 수준이나, 부의 불균형은 매우 심하다.

간다라의 인구 대부분은 간다라족(Gandara)으로, 대부분의 도시와 농촌 지역에 거주하고 있다. 소수민족은 국경지대의 산악지역과 간다라 공화국을 가로질러 흐르는 손타이강 유역에서 고기를 잡으며 살고 있다. 손타이강 유역에 거주하는 참족(Cham)은 약 30만 명으로 무슬림을 믿으며, 매우 오래된 역사와 전통을 가진 민족이다. 이들은 이웃나라에 참파(Champa) 왕국을 건립해 살아왔으나, 킨족(Kinh)의 남하정책으로 1500년경에 대패해 마라카(Malaca), 하이난(Hainan), 간다라 등으로 분산되었고, 참파 왕국은 명맥을 이어오다가 19세기 후반에 완전히 소멸되게 되었다.

참파 왕국이 킨족과의 전쟁에서 대패해 분산되었을 때 간다라 왕은 이들을 자국의 영토에 받아들여 주로 물고기를 잡는 일을 생업으로 하여 손타이강 유역에 거주하게 했다. 20세기에 참족 인구는 40만 명까지 증가했으나, 1970년대 중반 독재정권의 참족 학살로 약 12만 명이 몰살하게 되었다. 이들은 자기만의 전통, 언어, 문화를 가지고 있고, 다수의 간다라족과는 분리되어 거주하고 있다. 트봉크멈주에는 약 20만 명의 참족이 거주하고 있다.

지역 간의 경제 불균형 해소와 농촌주민의 삶의 질 향상을 위해 간다라 정부는 제3차 국가개발계획(사각전략)의 일환으로 다양한 프로젝트들을 수행해왔다. 간다라 정부는 이러한 노력의 일환으로 한국 정부에 참족이 다수 거주하는 트봉크멈주의 소득증대를 위한 농업소득 증대, 마을환경 개선을 중심으로 한 농촌개발 프로젝트의 지원을 요청했다.

[참고] 참족 거주지역(트봉크멈주 농촌지역)의 환경

참족의 인구는 약 30만 명이나, 이 중 과반수가 넘는 20만 명이 트봉크멈주에 거주하고 있다. 참족은 참족 마을, 간다라족 마을에 분리 거주하고 있는데 이는 1970년대 중반 독재정권의 학살 및 인구 재배치가 이루어졌기 때문이다. 트봉크멈주에는 프랑스 식민지 시대에 건설된 대규모의 고무나무 플랜테이션이 있으며, 현재에도 큰 규모의 고무나무 농장이 있다. 최근에는 후추나무를 대규모로 재배하기도 한다. 참족은 과거에는 주로 손타이강 유역에서 고기를 잡아 생계를 이어나갔으나, 현재는 쌀농사를 위주로 한 농업이 주된 소득원이다. 참족이 거주하는 마을은 간다라 공화국의 수도인 간다라에서 150km, 주도인 트봉크멈에서는 30km 떨어져 있고, 주도인 트봉크멈과의 사이에는 고무농장이 있어 다른 지역과 격리되어 있다.

트봉크멈주에 거주하는 참족은 가구당 1ha 미만을 소유한 영세소농들로 극도의 가난에 시달리고 있으며 단지 자급자족을 위한 영농을 하고 있다. 그들은 전통적인 경작방식을 이용해 쌀, 카사바 등을 생산하고 있다. 참족은 또한 닭, 오리, 소 등의 가축도 기른다.

이들이 극도의 빈곤에 시달리는 주된 이유는 영농면적이 적으며, 양질의 토양과 물 공급이 충분히 이루어지지 않고, 우수한 품종을 확보하지 못했으며, 영농기술이 떨어져 농업생산성이 크게 떨어지는 것이다. 주도와 수도에서 오거나 이웃나라에서 오는 중간 판매상이 이윤을 착취하는 요인도 있다. 한국 정부에 요청한 농촌개발사업의 대상지는 트봉크멈주에 거주하고 있는 참족 마을이다. 대규모 고무나무 플랜테이션이 있는 지역까지 포장도로가 연결되어 있고, 마을에는 포장도로가 없어 우기에는 교통이 크게 제한된다. 과거 독재정권 때 주민들이 동원되어 건설된 수로가 있었으나 지금은 매몰되어 농업용수로 기능하지 못하는 상황이다.

참족 마을은 약 200가구로 구성되어 있으며, 캄이라고 부르는 무슬림 지도자가 종교적 지도자로서 지위를 가지고 있다. 마을 지도자로서 캄의 공식적 지위는 마을 발전위원회 위원장이 가지나, 형식적인 회의를 1년에 1~2차례 개최하는 등 유명무실하며, 마을 개발을 위한 공동사업, 즉 마을 안길 개보수 등의 사업은 개발위원회에서 추진을 시도해도 주민의 참여가 거의 없다. 다만, 종교적 행사에는 적극적으로 참여하고 있다.

참족 사회에서는 무슬림의 영향으로 여성은 가정에서 식사 준비, 가축 기르기, 땔감 모으기, 물 기르기, 육아, 옷감 짜기 등 많은 일을 하지만 외부 활동이 제한되어 있고, 가정 외 지역사회 내에서 발언권이 없다. 참족은 자신만의 고유어를 가지고 있다. 알파벳은 아랍어를 차용해 쓰고 있으며, 초등학교 2학년까지는 정규교육과 병행해 참족어와 이슬람 교리교육을 받고 있다. 이러한 교육의 영향으로 참족은 간다라족과 격리된 경제·사회 활동을 하며, 참족끼리의 연대감을 통해 외부 무슬림 사회의 지원을 받고 있다.

참족은 간다라족처럼 집에 화장실을 설치하는 관습이 없으며, 전기도 최근에 들어오고 있으며, 식수는 연결되어 있지도 않다. 화장실과 세면실이 없어 고된 농사일을 하고 집에 돌아와 샤워를 하고 편히 쉴 수도 없다. 대부분의 마을 주민은 어른 아이 모두 집 뒤에 있는 나무나 수풀에서 용변을 본다. 간다라 정부는 화장실 설치를 촉진하고 있으나, 참족의 55%만이 화장실을 사용하며, 이 수치는 전국 평균 80%에 크게 못 미친다. 위생화장실이나 고정된 용변장소가 부족하므로, 인분이나 가축의 배설물은 수원(water source)을 오염시키고 기생충과 파리의 번식장소가 되었다.

표 6-8 10개 참족 마을을 대상으로 한 기초선 조사 결과

항목	지표	항목	지표
세대수	215가구	토지 소유	자작농 85%
인구수	886명	가옥 소유	83.4%
마을 면적	158ha	학력수준	무학자 30.6%
가구당 소득	1200달러/년	학교등록률	84.6%
1인당 소득	1.31달러/일	위생화장실 비율	55.0%
소득원	농업소득 85%	안전한 식수	73.5%
주요 직업	농민 64.6% 소매상 9.3% 가정주부 6.3%	물 끓여 먹는 비율	38.6%
농지면적	143ha	TV	73.0%

관개지	4ha	모토바이크	77%
쌀 생산량 (ha당 3톤 이상 비율)	7.1%	마을 공동사업 참여율	76%
주요 작물	쌀〉카사바〉고무	마을 회의 참여율	69.8%
주요 가축	닭〉돼지〉소	마을 지도자 청렴도	28.1%
주요 농기계	경운기 13대, 양수기 2대	여성의 사회적 참여율	34.7%

시나리오 2

사라와디 공화국은 아시아의 열대지역에 위치하고 있다. 일 년 내내 기온 변동 없이 우기와 건기가 있으며, 인구는 5천만 명, 면적은 한국의 1.5배이다. 정치체계는 의회민주제이며 정치상황은 비교적 안정적이다. 사라와디는 남쪽은 바다와 접해 있고 나머지 삼면은 다른 나라와 인접해 있다. 국경 근처에서는 잦은 분쟁과 충돌이 발생한다. 사라와디는 튼튼한 농업부문을 바탕으로 지속적인 경제성장을 이루어왔다. 2015년 1인당 GNP는 980 미국달러였으나, 부의 불균형이 심한 상태이다.

90% 이상의 사라와디 인구는 '몽족(Hmong)'으로, 이들은 평지에 살고 있다. 약 80만 명의 소수종족들은 북부국경지대의 산지와 남부의 해안마을에 살고 있다. 소수민족 중 최대부족은 낙후된 북쪽 산지에 살고 있는 '가파치족(Gapachis)'이다. 가파치족은 그들만의 전통, 문화, 언어를 가지고 있고, 다수의 몽족과는 생활양식이 완전히 다르다.

가파치족은 약 20만 명이며, 각 마을당 평균 300여 명이 거주하고, 해발 1000m 이상의 고산지역에서 살고 있다. 가파치족은 자급자족식 경제체제를 유지하고 있고, 전통적인 이동경작방식을 이용해 쌀, 옥수수, 양배추 등 약간의 채소를 재배한다. 가파치족은 또한 돼지, 닭, 거위 등의 가축도 기른다. 과거에 가파치족은 10~15년 단위로 새로운 경작지를 찾아 이동했다. 그러나 사라와디 정부의 정착정책과 농지 부족으로 현재 그들은 한 지역에 정주하도록 강요받고 있다. 또한 가파치족은 과거에 양귀비 재배를 통해 소득을 거두었으나, 현재 정부는 양귀비 유통을 금지하고 있다. 현재 가파치족은 산 아래 평지마을 시장이나 평지마을에서 오는 중개인을 통해 채소, 가축, 옷감 등을 판매해 소득을 거두고 있으나, 양귀비 거래를 통해 얻었던 소득을 대체할 정도로 충분하지 못하다.

가파치족의 족장, 마을 원로와 샤먼들은 마을 지도자의 지위를 갖는다. 마을 사람들에 의해 선출되는 족장은 마을 주민의 활동과 관련해 주민들을 지도하고 중앙정부의 지방행정기관과 협상을 담당한다. 마을 원로들은 마을의 사회적인 문제에 대한 결정권을 가지며, 샤먼은 종교적인 문제를 담당한다. 마을 원로들은 가파치족의 전통에 긍지를 갖고 있으며, 전통을 유지하고자 한다.

가파치족은 일반적으로 일부일처제의 결혼형태를 갖고 있으나 가계살림이 허락하는 한, 일부다처제도 허용한다. 가구당 평균 아동수는 6명이며, 아이들은 '미래를 위한 자원'으로 인식되기에, 가파치족은 다산을 미덕으로 삼는다. 아이를 낳지 못하는 여성은 사회에서 멸시를 받고 부인으로서의 지위를 잃는다.

가파치 사회에서는 부지런한 여성이 존경을 받으므로, 여성은 새벽부터 해가 질 때까지 일하는 경향이 있다. 여성들은 식사 준비, 가축 기르기, 땔감 모으기, 물 기르기, 육아, 옷감 짜기 등 많은 일을 한다. 여자들은 공동우물까지 가파르고 미끄럽고 먼 길을 걸어가야 하므로, 물 긷기는 이 중 가장 어려운 일이다. 전통적으로 남성들은 방어와 영토 확보를 담당했으나, 부족 간 분쟁이 줄어들고 정부의 정착정책이 시행되어 가파치 남자들은 현재 농사, 낚시, 말 기르기를 담당한다.

가파치족은 다른 소수부족과 마찬가지로 자신만의 부족어(가파치어)를 갖고 있다. 이것은 사라와디의 공식언어인 사라와디어의 전파를 가로막는 주된 요인이다. 지역 NGO가 실시한 최근 조사에 따르면, 가파치족의 약 20%만이 사라와디어를 읽고 쓸 수 있으며, 여성과 어린이 사이에서 문자해독률(문해률)은 특히 낮았다. 5년 전 가파치족 거주지역에 몇 개의 초등학교가 세워졌다. 주로 가파치족인 교사는 어린이들에게 사라와디어와 수학을 가르쳤다. 아이들이 가족의 주된 노동력이기 때문에, 정부의 이러한 노력에도 불구하고 출석률은 저조했다. 가파치족의 초등학교 취학률은 25%이며 이는 사라와디 국가 전체 평균 취학률인 91%에 크게 못 미친다. 게다가 가파치족은 사라와디어를 배우는 것을 꺼리고 있으며, 이러한 언어 차이는 가파치족의 고립상태를 악화시키고 있다.

연못과 강은 가파치족의 주된 수원이지만, 그중 절반 이상이 오염되어 있고, 수질도 식수로 사용하기 부적합하다. 이러한 오염된 물은 가파치족 사이에 흔한 만성적인 설사의 주된 요인이다. 몇몇 정부기관과 NGO들이 가파치족을 위해 최근 소규모 물 공급 시스템을 만들었으나, 전체의 15%만이 안전한 식수원을 이용할 수 있다.

가파치족은 집에 화장실을 설치하는 관습이 없다. 대부분의 마을 주민들은 어른과 아이 모두 나무 뒤나 수풀에서 용변을 본다. 사라와디 정부는 화장실 설치를 촉진하고 있으나, 가파치족의 12%만이 화장실을 사용하며, 이 수치는 전국 평균 80%에 크게 못 미친다. 화장실이나 고정된 용변장소가 부족하므로, 인분이나 가축의 배설물은 수원을 오염시키고 기생충과 파리의 번식장소가 되었다.

최근, 사라와디 공화국의 국민 보건과 위생 상태에서 상당한 개선이 나타났으나, 열대병과 전염병이 북부 산악지역에 널리 퍼져 있으며, 뎅기열, 말라리아, 기생충으로 고생하는 사람의 수가 증가하는 것으로 보인다.

어린이뿐만 아니라 어른들도 만성적인 설사에 시달리고 있다. 50% 이상의 가파치족이 잦은 설사로 인해 건강상태에 난조를 호소하고 있다. 전국 평균 십이지장충 감염률이 26%인 데 반해, 가파치족은 40% 이상으로, 회충 또한 많다. 가파치족 여성은 평지 여성에 비해 임신, 출산, 과로, 빈혈, 갑상선종 관련 질병에 더 많이 걸리는 것으로 보인다.

표 6-9 주요 보건지표

	가파치족	몽족
인구증가율	2.9%	1.5%
출산율(1000명당)	38%	22%
사망률(1000명당)	9%	7%
영아사망률(출산아 1000명당)	64%	35%

가파치족의 영양상태는 매우 불량하다. 단백질, 지방, 비타민 섭취 부족으로 인한 영양실조는 마을 주민의 보건을 생각할 때 간과할 수 없는 문제이다. 쌀 공급도 부족하며, 옥수수는 가축사료로 사용된다. 말은 교통수단이며 돼지와 닭은 시장에 팔거나 의식의 제물로 사용된다. 따라서 가파치족은 (한 달에 한 번 이하 수준으로) 거의 육류를 섭취하지 못하며, 주로 쌀밥과 야채로 된 간단한 식사를 한다. 가파치족은 임신한 여성이 육류와 알류를 섭취하는 것을 금하고 있다. 어머니들의 과로와 영양에 대한 무지, 오랜 수유기간, 적합한 육아를 위한 시간 부족은 영아의 영양실조로 이어지며, 직간접적으로 영양실조문제는 영아의 질병이나 사망의 원인이 된다.

의료보건시설 발전으로 전국 평균 신생아 사망률은 인구 100만 명당 240명에서 215명으로 줄었다. 그러나 가파치족의 신생아 사망률은 100만 명당 340명으로 높다. 이것은 산악지역의 의료시설 부재와 훈련받은 산파의 부족에 기인한다. 대부분의 가파치족 마을에는 훈련받은 산파가 없으며, 가파치족 여성은 전통적으로 출산 시 서로 도움을 주고받는다. 그 결과, 많은 수의 신생아는 파상풍이나 기타 감염으로 출생 직후 사망한다.

영아 사망의 주된 원인은 설사, 결핵, 홍역이며 이 모든 질병은 적절한 조치로 치유가능하다. 전국적으로는 80% 이상의 영아가 정부의 면역 프로그램하에 예방접종을 받는다. 그러나, 보건시설이나 정기적인 헬스워커(health worker)의 방문이 없기 때문에, 가파치족 어린이는 예방접종을 받지 못한다. 가파치족 어머니들은 대부분 예방접종의 중요성을 인식하지 못하고 있다.

아플 때, 가파치족 사람들은 치료와 상담을 위해 샤먼을 찾는다. 불교가 국교이지만, 가파치족은 애니미즘을 믿는다. 그들은 선한 영혼이 인간의 몸에 깃들어 있으며, 질병은 악령이 선한 영혼을 대체함으로써 발생한다고 믿는다. 샤먼은 병을 고치기 위해 위대한 영혼의 도움을 받아 악령을 병든 몸에서 몰아낸다. 만약 선한 영혼이 나타나지 않으면, 병은 치료 불가능한 것으로 간주된다. 샤먼은 약초에 관한 많은 지식을 갖고 있고, 마을 사람들의 존경을 받는다. 전에는 전통적인 약초가 많이 사용되었으나, 서양 의약품이 몇몇 마을에서 사용 가능해지면서 현재는 그렇게 빈번히 사용되지 않는다. 이러한 전통적 지식과 방식이 젊은 세대로 계승되지 않는 마을도 몇몇 있다.

보건부는 양자 및 다자 협력을 통해 국민 건강상태 개선을 위한 다양한 프로젝트를 수행했다. 지역보건 및 의료 행정은 보건부의 지역의료개선국에 의해 통제된다. 70개 지방 행정지역은 각 지방마다 1개의 지역보건소를 갖고 있고, 710개 지구에는 각각 1개의 보건센터가 있다. 지역 간 격차는 매우 심각해서, 도시 빈민가 주민은 충분한 의료서비스를 받지 못하고 있다. 사와디 내에는 8천 명의 외과의사(외과의사 1명당 6천 명)가 있으나 대부분은 도시의 대형병원에서 근무한다. 이런 상황 속에서, 많은 마을 주민들은 약초 등 전통적인 약품에 의존한다.

정치적·문화적·지리적 환경은 가파치족이 적합한 보건의료서비스를 받는 데 어려움을 주고 있다. 가파치족 마을에는 병원이나 보건센터가 없으며, 걸어서 가장 가까운 보건센터에 가는 데까지 3시간이 소요된다. 보건센터에서 훈련받은 간호사, 산파, 위생사의 도움을 받을 수 있다는 것을 알면서도, 가파치족은 이러한 먼 거리와 언어 차이로 인해 보건센터 방문을 꺼린다.

표 6-10 1만 명당 의료진과 병원의 수(2010년)

구분	사라와디	가파치 마을
의사	1.6명	0.52명
간호사	8.4명	6.1명
산파	1.7명	0.6명
병원(실제 숫자)	902개	3개※

※ 3개 중 2개는 국경지역의 군병원임.

사라와디 정부는 가파치족의 보건의료체계 및 주민의 보건인식 개선이 필요함을 인식하고, 국제사회에 가파치족 보건의료체계 개선사업을 요청했다. 보건의료시스템 개선, 보건센터 및 기자재 등 인프라 지원, 보건인력 양성, 가파치 지역주민의 보건인식 개선, 식수위생 개선 등 다양한 분야에 지원이 필요한 실정이다.

1. 이해관계자 분석(Stakeholder Analysis)

【Key points】

✔ 관련 문제 또는 이슈와 관련이 있는 개인, 집단, 기관 등을 확인하자.

✔ 확인된 이해관계자를 관심, 지식, 자원, 자원 활용 역량, 영향력 등의 정도에 따라 구분하자.

✔ 이해관계자는 프로젝트 추진과정에 따라 변화할 수 있으므로, 집행 직전 단계에서 반드시 재점검한다.

그림 6-6 이해관계자 나열

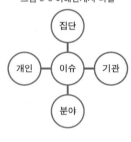

표 6-3 이해관계자 분석 예시※

분석기준	이해관계자			
	마을족장	청년	부녀자	종교지도자
문제인식				
요구/관심				
관련 지식수준				
보유 자원				
자원 활용 역량				
취약점				
영향력				
이슈에 대한 태도 (찬성/반대)				
종합점수/우선순위				

※ 각 이해관계자는 필요에 따라 세부그룹으로 구분할 수 있음.
자료: Brock and Columbia(2008: 13) 인용 저자 재작성.

> 이해관계자 분석 연습
>
> 〈그림 6-6〉과 같이 이해관계자들을 나열한 후, 〈표 6-3〉 분석기준의 항목에 따라 이해관계자들을 각 항목별로 '0(낮음)~10(높음)' 또는 '상-중-하'의 방식으로 평가해, 각 이해관계자들의 중요도, 영향력 등을 종합 분석할 수 있다. 단, 종합분석점수의 절대값이 클수록 가장 중요한 이해관계자라고 단정할 수는 없다. 프로젝트의 가치, 대상집단(target group) 등을 고려해 주요 이해관계자들을 파악해야 한다.

2. 문제분석(Problem Analysis)

【Key points】

✔ 문제(problems)가 되는 상황은 무엇인가?

✔ 문제의 원인(causes)과 결과(consequences)는 무엇인가?

✔ 왜(why) 문제가 발생하는가를 지속적으로 질문하라.

그림 6-7 문제분석 논리

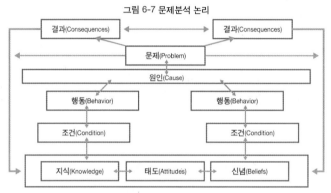

자료: Brock and Columbia(2008: 10).

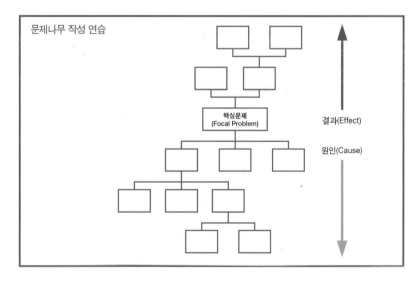

3. 목표분석(Objective Analysis)

【Key points】

✔ 부정적인 상황을 긍정적인 상황으로 표현했을 때 어색하지 않은가?

✔ 수단(means) – 목적(ends) 간의 관계가 타당한가?

✔ 수단(means) – 목적(ends) 간의 관계가 완전한가?

✔ 비현실적이거나 불필요한 목표는 없는가?

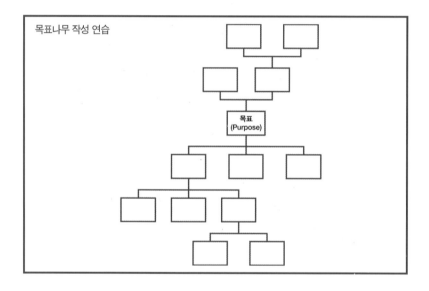

목표나무 작성 연습

4. 대안분석(Alternative Analysis)

【Key points】

✔ 가능한 프로젝트의 대안을 별도로 표기했는가?

✔ 대안별 타당성을 평가했는가?

✔ 한 가지 대안 선택에 대해 이해관계자 간 합의가 이루어졌는가?

✔ 선택한 대안이 의도한 대상집단과 우선순위를 반영하는가?

✔ 선택한 대안이 다른 기관/국가에서 추진 중이거나 시행 중인 프로젝트와 중복되지는 않는가?

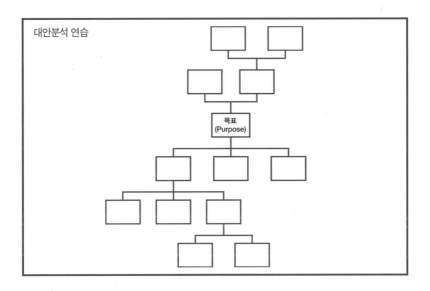

5. 가정식별(Identify Assumptions)

【Key points】

✔ 모든 단계에서 다음 단계로 전진하기 위해 요구되는 필요충분조건(necessary and sufficient conditions)을 포함했는가?

✔ 식별된 가정이 프로젝트의 수직논리를 유기적으로 연결하는가?

✔ 〈그림 6-15〉에 따라 가정의 중요도를 평가해 적합한 가정을 식별하자.

그림 6-15 가정의 중요도 평가절차 예시

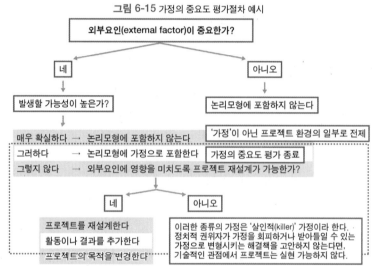

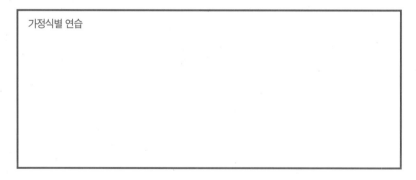

자료: Pradhan(2014) 활용 저자 작성.

가정식별 연습

6. PDM(Project Design Matrix) 작성

【Key points】

✔ 대안분석을 통해 선택한 대안의 사업논리를 PDM 첫째 열에 기입한다.

✔ 가정식별을 통해 확인한 중요가정을 PDM의 넷째 열에 기입한다.

✔ 각 단계의 프로젝트 논리별 적합한 객관적 검증지표와 입증수단을 기입한다.

✔ 완성된 PDM의 수직·수평 논리를 점검한다.

표 6-6 프로젝트 논리 단계별 지표 예시

투입물	활동	산출물	성과	영향
투입 인력	교육훈련	훈련생/교육생 수	수혜자의 인식 제고	지역사회의 고용률 증가
자원 봉사자	또래교육 (peer education)	특정 이슈에 대한 적절한 정보를 대상그룹에 제공하는 동료 교육자(peer educator) 수	수혜자의 기술 향상	지역사회의 소득증가
시설	네트워킹	생산된 매뉴얼/교재 수	수혜자의 서비스 수혜범위 향상	지역사회의 삶의 만족도 향상
장비	새로운 교재/ 시스템 개발	개발된 시스템 수	관련 정책 확대/ 질 향상	청소년의 임신율 감소
자금	홈페이지 개발	회의/행사 개최 수	(피임도구) 활용도 향상	
물자	회의/행사			
	홍보(advocacy)			

자료: Brock and Columbia(2008: 20) 참고 저자 작성.

표 6-1 PDM₁

사업명:　　　　　　기간:　　　　　　양식번호: Version #　　　　　　작성일:

사업대상지역:　　　　　　　　　　수혜그룹:

프로젝트 요약 (Narrative Summary)	객관적 검증지표 (Objectively Verifiable Indicators)	검증수단 (Means of Verification)	중요가정 (Important Assumptions)
영향(Impacts)			
성과(Outcomes)			
산출물(Outputs)			
활동(Activities)	투입물(Inputs)		
			선행조건(Pre-Condition)

주 1: 성과(Outcomes), 영향(Impacts) 등 일부 용어는 2018년 발간한 KOICA PDM 가이드라인을 반영했다.
자료: 박수영(2009).

읽을 거리

- DFID. 2013. DFID How to note: guidance on using the revised Logical Framework. DFID.
- J. Z. Kusek and R. C. Rist. 2004. Ten Steps to a Result-Based Monitoring and Evaluation System. The World Bank.
- NORAD. 1999. The Logical Framework Approach(LFA)(the 4th edition). NORAD.
- USAID. 2011. Project Design Guidance. USAID.

필수개념 정리

- 수혜자(BENEFICIARIES) 프로젝트의 직접적인 (또는 의도된) 대상집단(target group)과 간접적인 수혜자를 포괄하는 개념이다.
- 논리적 프레임워크 접근법(LFA: LOGICAL FRAMEWORK APPROACH) 프로젝트의 계획, 집행, 그리고 평가를 원활하게 하는 관리도구. 개발협력사업에서 LFA는 아래를 의미하기도 한다.
  - → 공여국/기관과 수원국/기관 간에 프로젝트 관련(아이디어, 사전승인 보고서, 프로젝트 문서, 경과 보고서 등) 의사소통형식
  - → 매트릭스 형태의 프로젝트 요약문서
  - → 내부/외부 워크숍에서 활용되는 분석도구
- 프로그램(PROGRAMME) 특정(유사하거나 서로 연관된) 목표를 달성하기 위한 프로젝트나 서비스의 집합이다.
- 프로젝트(PROJECT) 일정한 시간과 주어진 예산한도 내에서 특정 목표를 달성하기 위해 계획된 사업이다.
- 대상집단(TARGET GROUP) 직접적인 수혜자. 프로젝트나 프로그램이 수행되는 이유를 제공하는 특정 집단으로 프로젝트의 효과나 적절성과 밀접하게 연관된다.

토론점

- 문제분석, 이해관계자 분석, 프로젝트 선택과정 이외에 PDM 작성을 위해 필요한 절차 또는 점검사항이 있는지 토론해보자.
- PDM을 국제개발협력사업 관리에 활용했던 사례를 공유해보자.
- PDM이 사업관리도구로서 가지는 한계를 극복할 수 있는 방안에 대해 논의해보자.

7장 성과중심 모니터링

학습목표 ✎

1. ODA 사업의 성과관리에 대한 국제적 논의 배경과
   개념을 이해한다.

2. ODA 사업의 성과관리를 위한 핵심도구로서
   성과중심 모니터링의 개념과 의의를 이해한다.

3. ODA 사업의 성과중심 모니터링을 위한 세부단계와
   단계별 유의사항을 이해한다.

들어가며

　지구촌 공동의 목표로서 새천년개발목표(MDGs: Millennium Development Goals)가 수립된 이후, 개발재원의 확대와 개발재원에 대한 효과적 운용을 통한 '결과/성과(Results)'의 실현 논의가 점차 활발히 지속되고 있다. 이에 따라 모든 국제기구와 공여기관이 개별 프로그램, 프로젝트 차원의 성과뿐 아니라 각 조직과 기관 차원의 성과를 보다 체계적으로 관리하고 증진하기 위해 다양한 제도와 정책, 도구 등을 개발해 활용하고 있다. KOICA 역시 국제적 흐름에 발맞추어, 성과관리의 실현을 위해 다양한 제도적 개편을 이행해 오고 있다.

　이번 장에서는 '성과' 및 '성과중심 관리'에 대한 국제사회의 주요 논의를 살펴보고, 개발사업 단위에서의 성과관리를 위한 핵심적 요소이자 단계로서 성과중심 모니터링을 소개한다. 이와 함께 프로젝트에 대한 성과중심 모니터링을 실시하는 세부단계와 단계별 유의사항을 살펴본다.

1. 성과중심 모니터링의 이해

1) 국제적 논의 배경

　MDGs는 결과/성과를 강조하는 새로운 개발 패러다임(Picciotto, 2002)이자, 가장 야심 찬 국제적 수준의 성과중심 목표로 평가받는다. 지구촌 공동의 목표로서 MDGs가 채택된 이후, 국제사회는 MDGs 달성을 위한 개발원조의 확대와 개발원조의 효과적 운용(aid effectiveness) 방안을 논의하기 시작했다.

이후 이 논의는 보다 다양한 주체와 개발재원, 복잡한 개발과제 등 변화하는 국제개발협력 환경에 발맞추어 효과적 개발협력(Busan Partnership for Effective Development Cooperation)[1] 논의로 발전해 오고 있다. 이와 같은 논의에서 성과는 점차 상위 어젠다로서 그 중요성이 강조되고 있다. 최근 OECD DAC 는 공여국 및 기관 간의 성과 도출 우수사례 공유 및 논의 활성화를 위해 신규 웹페이지를 개설한 바 있다.[2]

사업 시행으로 인한 결과를 측정하고 파악할 수 없다면, 사업의 성공 여부, 즉 사업의 목표 달성 여부를 판단할 수 없다. 그렇다면 왜, 어떻게, 어떤 요인으로 인해 성공 또는 실패로 이어졌는지도 역시 확인할 길이 없다. 각 이해관계자의 눈에 보이는 단편적인 상황과 변화, 주관적인 인식이 이 사업의 결과라고 믿을 수밖에 없다. 이는 주요 이해관계자 간의 의사소통과 하나의 목표를 향한 협업을 저해하게 된다. 또한 해당 사업의 성공을 위해 어떠한 사항을 개선해야 할지 파악할 수 없고, 향후 유사사업을 기획하고 시행할 때도 참고할 수 있는 교훈이 없다. 이것이 바로 성과가 오늘날 국제개발협력에서 강조되는 이유이다.

참고 7-1 결과/성과의 개념

> • 개발 정책, 프로그램, 프로젝트를 통해 도출되는 상황과 환경의 변화를 의미하는데, 의도한 또는 의도하지 않은, 긍정적 또는 부정적 변화 모두를 일컫는다. 따라서 긍정적인 결과를 도출하기 위해 체계적인 성과관리가 요구된다.

자료: UNDG(2010), World Bank(2013).

---

1   2011년 11월 29일~12월 1일에 걸쳐 개최된 부산 세계개발원조총회(제4차 원조효과성에 대한 고위급 회담) 결과로 새로이 출범한 논의체제. 기존 DAC 회원국뿐 아니라 신흥 개도국, 시민사회, 민간기업, 재단, 학계 등 다양한 주체가 운영과정에 폭넓게 참여해 기존 원조 중심의 논의를 넘어 다양한 개발재원의 활성화를 통한 포괄적인 개발협력을 도모했다.

2   OECD DAC, "Results in development cooperation"(http://www.oecd.org/dac/results-development).

성과중심 관리(results-based management)는 대상사업의 모든 이해관계자가 사업의 모든 절차와 산출물이 목표한 결과 달성에 기여할 수 있도록 하는 경영전략을 의미한다(UNDG, 2010). 즉, '△사업의 발굴 및 기획 – △사업 승인 및 수행기관의 선정 – △사업 수행계획 수립 – △집행 – △모니터링과 평가 – △종료'의 전 과정에 걸쳐, 공여기관(본부/사무소), 사업시행기관(PC 또는 PMC), 사업관리기관(PM), 수원기관, 때로는 수혜주민까지 모든 이해관계자가 공동의 목표로서 성과 달성을 위해 협력할 수 있도록 하는 기관 차원의 전략을 말한다. 이를 위해서는 주요 이해관계자가 각자 맡은 바를 충실히 이행하도록 지원하는 정책과 체계, 도구가 필요하다.

성과중심 관리를 시행하기 위해서는 성과에 기반한, 성과중심 모니터링과 평가(results-based M&E, 이하 성과중심 M&E)가 필수적이다. 성과중심 M&E는 정책입안자와 의사결정자가 해당 프로젝트 또는 정책의 영향/효과를 점검하고 입증하는 데 활용할 수 있는 유용한 관리도구이다(Kusek and Rist, 2004).

2) 성과중심 모니터링의 개념과 의의

성과중심 모니터링(results-based monitoring)이란, 정기적으로 주요 성과지표에 대한 정보를 수집하고 분석하는 과정이다. 이를 통해 해당 프로젝트가 잘 이행되고 있는지 살펴보고 실제 성과를 예측결과와 비교한다. 기존의 일반적인 모니터링이 프로젝트 이행에 초점을 둔 반면, 성과중심 모니터링은 그 범위를 성과까지 확장한다. 다시 말해, 기존의 모니터링이 사업의 투입물, 활동내용이 계획한 대로 진행되고 있는지 점검하는 데 초점을 두었다면, 성과중심 모니터링은 더 나아가 의도한 성과목표 달성 여부까지 그 범위를 확장시킨다.

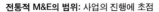

그림 7-1 성과중심 M&E

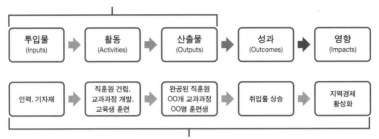

전통적 M&E의 범위: 사업의 진행에 초점

투입물 (Inputs)	활동 (Activities)	산출물 (Outputs)	성과 (Outcomes)	영향 (Impacts)
인력, 기자재	직훈원 건립, 교과과정 개발, 교육생 훈련	완공된 직훈원 OO개 교과과정 OO명 훈련생	취업률 상승	지역경제 활성화

성과중심 M&E의 범위:
성과에 대한 분석까지 초점 확대

자료: 한국국제협력단(2013) 활용 저자 재작성.

성과중심 M&E가 전통적이고 일반적인 M&E와 구별되는 점은 '변화이론 (theory of change)'을 고려한다는 점이다(Morra Imas and Rist, 2009). 변화이론 은 해당 사업의 투입물과 활동이 어떻게 결과로 이어질 수 있는지 그 과정과 가설을 도식화한 형태로, 사업의 구성요소와 각 요소 간의 관계를 보여준다. 때로는 각 구성요소 간의 관계에 영향을 미치는 외부 및 내부 요소를 함께 표기하기도 한다.

(1) 변화이론의 구성요소

변화이론은 크게 투입물(inputs), 활동(activities), 산출물(outputs), 성과(out-comes), 영향(impacts)의 5가지 요소로 구성된다. 투입물은 해당 사업에 투입 되는 자원으로서 재원, 인력, 시설, 장비 등을 말하며, 활동은 사업을 통해 수 행하는 활동을 가리킨다. 산출물은 활동의 결과로 생산되거나 도출되는 재 화 또는 서비스로서 사업의 단기 성과라고도 일컫는다. 훈련된 인력, 완공된 건축물, 제공된 기자재 세트, 신규 개발된 교과과정 등이 그 예이다. 성과는 활동을 통해 달성하고자 하는 목표를 말하며 사업의 산출물로 인해 발생되

그림 7-2 변화이론의 구성요소

자료: Morra Imas and Rist(2009).

는 행동변화를 의미하기도 한다. 마지막으로 영향은 사업의 성과가 누적되면서 발생되는 장기적인 변화로서 전략적인 목표와 유사하다.

변화이론의 5가지 요소는 상호 논리적인 인과관계로 구성된다. 즉, '만약 이 사업을 통해 … 을 한다면, … 등의 산출물을 도출할 수 있고, 더 나아가 … 의 목표를 달성할 것이다'라는 논리로 구성된다. 해당 사업에 투입할 자원, 투입물을 통해 시행할 활동, 그 직접적 결과물인 산출물, 사업활동을 통해 달성하고자 하는 성과, 장기적으로 이 사업이 기여할 수 있는 영향 등을 순서대로 구성한다. 변화이론을 구성할 때는 해당 사업의 성과에 영향을 미칠 수 있는 다양한 조건을 파악하고, 각 요소 간의 인과관계가 근거하는 가정, 정책 또는 환경적 맥락 등을 이해해야 한다.

변화이론에서 볼 때, 성과와 영향은 사업의 결과/성과에 해당하고, 투입물, 활동, 산출물은 시행(implementation)이라고 구분한다(Kusek and Rist, 2004; Morra Imas and Rist, 2009). 하지만 일반적으로 ODA 사업의 경우, 사업 종료 후 효과가 발현되는 데는 많은 시간이 소요된다. 다시 말해, 사업 종료 후 일정 기간 이내에는 성과목표의 달성 여부와 정도를 측정하기가 현실적으로 불가능한 경우가 많다. 특히 영향은 해당 사업으로 인한 직접적인 효과라기보다, 사업의 기여뿐만 아니라 기타 내부적·외부적 요인의 영향에 따른 장기적인 변화와 결과를 의미한다. 따라서 ODA 재원의 활용결과에 대한 보고의 책임을 안고 있는 공여기관에서 사업의 결과를 보고해야 하는 시점과 부합하지 않는 경우가 많다. 이에 다수의 기관이 개발 프로그램과 프로젝트를 통해 달

그림 7-3 KOICA 사업의 변화이론 예시

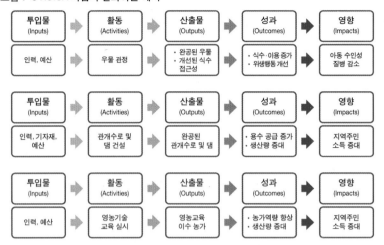

성하고 관리하고자 하는 성과로 산출물(단기 성과)과 성과(중기 성과)를 제시하기도 한다(UNDG, 2010).

(2) 변화이론의 의의

변화이론은 해당 사업의 이해관계자가 사업의 목표, 즉 어떻게 이 목표를 달성할지, 그 성과를 측정하기 위해 무엇이 필요할지 등을 파악할 수 있게 한다는 점에서 의의가 있다. 대상사업의 내용과 목표를 이해하기 쉬운 언어로 명확하게 표현함으로써, 이해관계자 간에 성과에 대한 지식과 이해를 공유할 수 있다. 또한 사업의 성공(목표 달성)을 위해 중요한 요소의 변화와 진행상황을 파악하는 데 기초가 된다.

(3) 변화이론의 구성과 진단

KOICA 사업의 경우, 기획단계에서부터 변화이론 또는 논리모형에 기반한 PDM(Project Design Matrix)을 작성하고,[3] 이후 신규사업 심사, 사업수행기관 선정, 사업수행계획서 작성 등의 단계에서 점차 이를 보완하도록 하고 있다. 사업수행기관이 선정된 후, 수행계획서를 수립하면서 기존 사업의 예비조사 결과보고서, 집행계획서상에 제시되어 있는 사업의 변화이론과 PDM을 신중히 검토할 필요가 있다. 수원국의 관련 제도 및 환경의 변화, 사업 목표와 내용의 변화 등을 고려해, 본부 및 사무소의 사업관리자와 함께 기존 변화이론과 PDM을 수정·보완하거나 필요시 재구성해야 한다.

변화이론을 구성하거나 진단하기 전에 사업수행기관과 사업관리자는 기존 유사사업에 대한 연구 및 평가에 관한 문헌조사를 착수한다. 이를 통해 본 사업은 어떠한 결과를 가져올 수 있는지 예상하는 변화이론을 구성하거나, 기존 변화이론의 논리적 합리성을 점검할 수 있다. 또한 기존 연구 및 평가에서 제안하는 중요한 교훈을 사업의 시행전략에 반영할 수 있다.

이 외에도 현지에서 유사사업을 수행한 경험이 있거나, 수행하고 있는 기타 공여기관, 국제기구, 국제 NGO와의 인터뷰를 통해 현지 상황에 대한 이해를 높이도록 한다. 앞서 사업의 기획 및 발굴 단계에서 검토하겠지만, 사업 간의 중복 또는 특정 지역/인구의 지속적인 배제, 각 사업활동 간의 충돌로 인한 효과성 저하문제 등을 재검토할 수 있다. 변화이론을 구성한 후, 또는 기존에 작성된 변화이론이 있다면, 사업수행기관과 사업관리자는 해당 이론의 논리적 합리성과 타당성을 진단해야 한다.

---

[3] 변화이론은 1960년대 미국 국제개발처(USAID)가 고안한 후 광범위하게 활용되는 논리모형에 대한 대안으로 등장한 접근법이자 모델을 의미한다. 변화이론은 구성요소 간 가능성이 있는 모든 변화의 경로와 관계를 고려함으로써 논리모형보다 현실적이고 유연한 사고를 가능케 하는 도구이다(Vogel, 2012). 변화이론은 논리모형(logical framework, logframe), 결과사슬모델(results chain model) 등 다양한 형태 또는 모델로 발전시키거나 구성해 활용할 수 있다(Morra Imas and Rist, 2009). 변화이론의 다양한 사례는 Morra Imas and Rist(2009), PDM과 논리모형 관련 세부사항은 6장 참조.

표 7-1 변화이론 진단 체크리스트

체크리스트 질문	확인
변화이론이 해당 사업을 정확히 예상하고 있는가?	✔
각 구성요소가 정확히, 빠짐없이 정의되어 있는가?	
각 구성요소가 성과목표 달성을 위해 필요하고 충분한가?	
각 구성요소 간의 인과관계 논리가 타당한가?	
명시한 성과목표를 달성할 수 있다고 가정하는 것이 현실적인가?	

자료: 모라 이마스·리스트(2016).

2. 성과중심 모니터링의 시행절차

성과중심 M&E를 도입함으로써 사업 관리자 및 시행기관 등 주요 이해관계자는 대상사업의 중요한 성과 달성에 집중하고, 목표 달성을 향해 협력할 수 있다. 정기적으로 해당 사업의 성과달성 현황을 점검함으로써, 사업의 취약점과 원인을 신속히 파악해 사업의 활동내용과 시행전략을 수정할 수 있다. 이와 같은 일련의 과정을 통해 사업의 효과성을 제고하고, 사업의 결과에 대한 주요 이해관계자들의 책임성과 주인의식을 강화할 수 있다.

쿠섹과 리스트(Kusek and Rist, 2004)는 성과중심 M&E 시스템을 설계하고, 구축하기 위해서는 아래의 10단계가 필요하다고 강조한다. 이는 본래 기관 또는 더 나아가 국가 차원에서의 성과중심 시스템 구축과정에 대해 소개하고 있지만, 개별 ODA 사업 차원에서 성과관리를 설계하고 시행하는 데도 직접적으로 적용해볼 수 있다. 이를 통해 각 단계가 어떠한 중요성을 띠고, 어떻게 유기적으로 연결되는지 확인할 수 있다. 따라서 이 절에서는 쿠섹과 리스트(2004)에 의거해 개별 ODA 사업에 대한 성과중심 사업 모니터링 단계와 유의사항 등을 중심으로 소개하고자 한다.

---

① 성숙도 진단(readiness assessment)
② 사업목표에 대한 합의 도출
③ 모니터링을 위한 성과지표의 선정
④ 기초선 데이터 수집
⑤ 목표치 수립
⑥ 성과 모니터링 시행
⑦ 평가정보의 활용
⑧ 성과정보의 보고
⑨ 성과정보의 활용
⑩ 조직 내 모니터링 및 평가 시스템 확립

자료: Kusek and Rist(2004).

1) 성숙도 진단

성숙도 또는 준비도 진단(readiness assessment)은 성과중심 M&E 시스템을 수립하고자 하는 정부와 파트너 국가, 또는 해당 기관이 완벽히 준비되어 있는지, 그 의지와 역량이 충분한지, 개선이 필요한 사항은 무엇인지 진단하는 단계를 말한다. 성숙도 진단 시에는 인센티브, 역할과 책임, 기관의 역량, 장애요인 등의 요소를 점검한다.

개별 ODA 사업 차원에서 성숙도 진단 시, 이해관계자의 역량, 장애요인을 중심으로 점검해본다. 먼저 사업관리자, 수원기관, 사업 수행기관 및 성과관리기관 등 주요 이해관계자들이 성과중심 M&E 체계를 구축하고 적극적으로 활용하고자 하는 의지와 합의가 충분한지 확인한다. 이와 함께, 해당 사업의 성과관리를 계획하고 시행하는 기관이 충분한 경험, 역량, 이용 가능한 자원 등을 가지고 있는지, 부족한 점이 있다면 어떻게 보완해야 할지 확인한다.

이때 고려할 수 있는 질문은 〈참고 7-3〉과 같다.

효과적인 M&E 체계를 수립하고 유지하기 위해서는 M&E 활동과 관련한

- M&E 체계 구축에 필요한 정치적 의지와 합의를 충분히 공유하고 있는가?
- M&E 체계를 구축하고 활용하기 위해 필요한 자원과 역량은 무엇인가? 어떤 분야의 전문성이 요구되는가?
- M&E 체계를 수립하고 관리할 역량을 현재 충분히 보유하고 있는가?
- M&E 체계의 수립 및 관리와 관련해 해당 기관은 어떠한 경험을 가지고 있는가?
- 만약 부족한 점이 있다면, 어떻게 그 요인을 극복할 수 있는가?

자료: 모라 이마스·리스트(2016).

분명한 역할과 책임의 분담, 강한 리더십과 지지가 요구된다. 성숙도 진단을 통해 주요 이해관계자는 해당 사업에 대한 성과중심 M&E 체계와 범위, 각 이해관계자 간의 역할과 책임 분담 및 협력체계, 필요시 인적 또는 물리적 자원의 보완방안 등에 대한 합의를 이룰 수 있다.

2) 사업목표에 대한 합의 도출

성숙도 진단을 통해 성과중심 M&E 체계를 수립하기로 결정한 후, 실질적인 첫 단계는 주요 이해관계자가 함께 대상사업의 성과목표를 수립하는 과정이다. 사업의 목표는 그 사업을 통해 주요 이해관계자가 의도하는 변화와 결과를 의미한다. 본부와 사무소의 사업 관리자와 시행기관, 성과관리 전담기관, 수원기관 등 주요 이해관계자가 동 사업을 통해 달성하고자 하는 성과목표에 대해 함께 합의한다.

주요 이해관계자가 공동의 목표를 수립함으로써, 대상사업에 대한 지속적인 관심과 참여를 유도할 수 있다. 주요 이해관계자가 사업의 전 과정에서 공동의 목표에 집중함으로써, 필요시 목표 달성을 위한 시행전략의 개선 논의를 활성화할 수 있다. 또한 목표 달성에 대한 동기 부여를 통해 사업의 효과성과 책임성 제고효과를 기대할 수 있다.

△사업의 성과목표, △이를 위한 주요 사업활동, △성과에 대한 진전사항 및 달성 여부를 측정하기 위한 주요 M&E 요소와 계획은 사업의 기획과정 (KOICA 예비조사, 사업 선정심사, 집행계획 수립)을 통해 수립된다. 해당 사업을 통해 해결하고자 하는 과제를 명확히 정의하고, 목표 달성을 위해 필요한 주요 가설, 즉 변화이론을 설정한다. 다시 말해, 동 사업을 통해 기여하고자 하는 장기적인 변화(impacts), 이를 위해 달성하고자 하는 이 사업의 성과(outcomes)를 설정하고, 이를 달성하기 위해 가장 효과적인 이행방안을 모색한다. 최상위 목표를 시작점으로, 역으로 기대되는 성과와 사업활동 간의 인과관계를 규명한다. 이러한 과정에서 사업의 시행범위를 분명히 설정하는 것이 중요하다. 사업활동을 수행함으로써 어떻게 사업의 성과목표를 달성할 것인지, 현실적으로 가능한지 점검해야 한다. 이때, 이 사업을 추진하기 위해 투입할 수 있는 가용한 예산과 인력 등 자원, 사업기간 등을 고려해야 한다. 또한 목표 달성을 저해할 수 있는 위험요인(리스크)과 제한요인도 함께 고려해야 한다.

앞서 강조한 바와 같이, 성과관리는 사업의 발굴과 기획 단계에서부터 가장 중요한 요소 중 하나로 고려해야 한다. 성과목표를 설정할 때 수원국의 개발전략과 더불어 공여국의 국가협력전략, 공여기관의 경영전략, 분야별 전략에 부합하는지 충분히 검토해야 한다. 이는 다시 기관과 개별 사업단위로 구분해서 살펴볼 수 있다. 먼저 기관 차원에서, 지역 또는 분야별 중장기 전략을 수립할 때 성과목표와 함께 성과지표, 목표치를 포함하도록 한다. 이를 통해 해당 기관은 해마다 각 사업 또는 프로그램 단위의 성과 데이터를 집계해 지역, 분야, 국가별로 성과 데이터를 축적하고, 전략목표에 따른 성과달성 정도를 판단할 수 있다. 이 과정에서 성공과 실패 요인을 파악해, 이를 바탕으로 차기 전략을 수립하고, 성과 달성을 위한 시행전략을 개발한다.

따라서 세계은행(World Bank), 영국 국제개발부(DFID: Department for International Development), 미국 국제개발처(USAID: United States Agency for International Development), 일본국제협력기구(JICA: Japan International Cooperation Agency) 등 다수의 개발기관은 중장기 개발전략에 대한 성과 프레임워크(Results framework)를 수립하고, 성과목표 달성 여부와 정도를 측정하기 위한 표준 성과지표 풀(pool)을 개발해 활용하고 있다.

개별 사업단위에서도 역시 기획단계부터 성과관리가 고려되어야 한다. 제안된 사업(신규 사업으로 승인, 예산 배정) 타당성을 심사할 때, 수원국의 개발전략과 한국의 개발협력전략, KOICA의 분야별 전략과 충분히 부합하는지, 대상사업의 성과목표가 달성 가능하고 측정 가능한지, 제안된 사업목표 달성을 위해 기획된 사업활동이 충분하고 타당한지 중요하게 고려해야 한다. 이후 사업이 승인/선정되고 사업의 수행기관이 선정된 후, 사업수행계획을 수립하는 과정에서 다시 해당 사업의 변화이론의 타당성, 사업목표의 적절성과 달성 가능성, 사업범위의 충분성 등을 면밀히 검토한다. 그리고 이 과정에서 KOICA 본부/사무소, 수원기관 등 주요 이해관계자와 긴밀히 협의하고, 구체적인 성과목표에 대한 합의를 도출한다.

이렇듯 변화이론을 기반으로 해당 사업의 성과목표와 사업의 활동내용 및 전략을 수립하고 검토하는 과정은 사업의 발굴 및 기획 – 계획 수립 – 집행 과정에서 계속해서 반복적이고 역동적으로 이루어진다.

3) 성과지표의 선정

해당 사업을 통해 달성하고자 하는 목표를 수립했다면, 다음 단계에서는 이 목표의 달성 여부 또는 정도를 측정하기 위해 성과지표를 선정해야 한다.

또한 성과지표에 해당하는 데이터를 정기적으로 점검함으로써, 의도한 목표를 향해 가고 있는지, 진전 여부와 정도를 확인할 수 있다. 사업목표의 달성 정도를 '어떻게, 무엇으로' 측정할지 명확하게 구체화함으로써, 이해관계자의 노력을 집중시키고 일관성을 도모할 수 있다.

성과지표를 선정할 때 고려해야 하는 원칙으로 SMART 원칙, CREAM 원칙 등이 있다(〈참고 7-4〉 참조). 공통적으로 강조하는 사항은 구체적이고, 달성하고자 하는 목표에 부합해야 하며, 합리적인 비용으로 필요한 시점에 측정이 가능해야 한다는 점이다.

참고 7-4 성과지표의 선정원칙

- World Bank의 SMART 원칙
  (Specific) 내용이 명확하고 구체적이어야 한다.
  (Measurable) 실제로 측정 가능해야 한다.
  (Attainable) 합리적 수준의 자원 투입으로 데이터 수집이 가능해야 한다.
  (Relevant) 달성하고자 하는 목표와 부합해야 한다.
  (Time-bound) 달성 시한이 있어야 한다.
- CREAM 원칙
  (Clear) 명확하고 모호하지 않아야 한다.
  (Relevant) 측정 대상과 주제에 적합해야 한다.
  (Economic) 합리적인 비용으로 측정이 가능해야 한다.
  (Adequate) 모니터링과 평가를 위해 충분한 자료를 제공할 수 있어야 한다.
  (Monitorable) 모니터링이 가능해야 한다.

자료: World Bank(2013), Kusek and Rist(2004).

보다 구체적으로 살펴보자면, 첫째로 성과지표는 측정하고자 하는 대상, 즉 사업의 성과목표 내용과 수준에 적합해야 한다. 일례로, 인지 제고 교육 캠페인이 주요 사업활동인 경우, 산출물은 실시된 교육 캠페인, 교육과정을 이수한 주민 수 또는 비중이다. 이에 대한 지표는 교육 캠페인 실시횟수, 교육 캠페인에 참여한 주민(수 또는 비중) 등이 적합하다. 교육 캠페인을 통해 달성하고자 한 성과는 교육 캠페인의 실시에 그치지 않고, 교육대상 주민들이 교육내용을 충분히 이해하고, 실생활에 활용(행동변화)하는 것이다. 따라

서 성과를 측정할 수 있는 지표는 이해도, 실제 활용도로 선정하는 것이 적합하다.[4]

그리고 성과지표는 측정하고자 하는 정보가 무엇인지 이해할 수 있도록 구체적이고 명확하게 정의해야 한다. 초등학생에 대한 학업성취도 개선을 목표로 하는 경우, '6학년 학생 중 표준 수학/과학 시험에서 70점 이상을 받은 학생 비중' 또는 '기초선 대비 표준 수학/과학 시험에서 점수가 개선된 학생 비중' 등으로 그 정의와 기준이 구체적이어야 한다.

아울러, 객관적인 성과관리를 위해 정량적인 지표를 우선적으로 선정하고, 정성적인 지표는 이를 보완하는 용도로 활용하는 것이 바람직하다. 정량

참고 7-5 정성적 자료에 대한 정량지표 선정

투자진흥을 위한 법제개혁 지원 프로그램의 성과지표

'통과된 직접투자 진흥 관련 법안 개수'도 성과지표로 고민해볼 수 있다. 그러나 한 법령의 통과 또는 시행을 위해서는 오랜 기간이 소요되고, 진전사항에 대한 점검도 용이하지 않다. 따라서 대안으로 제안한 지표는 '법제개혁의 진전도'이다. 관련 법안이 통과 및 시행되기 위해 필요한 중요한 단계를 해당 국가의 제도적 상황에 맞게 아래와 같이 상정한다.

1단계: 관련 이해집단이 해당 법안의 필요성을 제안한다.
2단계: 관련 법률사정위원회 또는 관할 부처에 해당 이슈를 소개한다.
3단계: 관련 위원회 또는 부처에서 법안 초안을 마련한다.
4단계: 국회에서 관련 법안에 대한 논의를 진행한다.
5단계: 국회에서 법안이 승인된다.
6단계: (필요시) 집행부처 승인을 득한다.
7단계: 시행령이 발효된다.
8단계: 해당 법안에 대한 즉각적인 개정 필요가 없는 것이 확인된다.

이에 기반해, 해당 프로그램의 성과목표로 특정 단계 달성, 진전 정도를 점검할 수 있다.

자료: USAID(2010).

---

4   교육내용에 대한 이해도, 실제 활용도 지표를 어떻게 정의하고, 객관적으로 측정할 것이며, 교육 전과 후의 효과를 어떻게 비교 분석할 것인지 많은 검토가 필요하다.' 유사사업의 모니터링 및 평가결과, 관련 연구결과 등을 검토해야 한다. 아동 설사 시 올바른 경구수분보충제 활용 방법에 대한 엄마의 인지 제고 캠페인의 경우, 설문조사를 통해 수혜가구 중 지난 한 달간 아동 설사 발병 시 보건소에서 경구수분보충제를 구입해 섭취하도록 한 가구의 비중 변화를 사전-사후 비교로 살펴볼 수 있다.

적인 지표는 정확하게 측정할 수 있고, 수치로 표현할 수 있는 정량적 데이터에 대한 지표이다. 예를 들어, 길이, 면적, 용량, 발병률, 몸무게, 시간, 농가 연평균 소득, 생산량 등은 그 값을 수치로 표현할 수 있다. 정성적 지표는 관계나 태도, 행동 등 서술의 형태로 기술되는 정성적·질적 데이터로 확보한다. 정성적 지표도 자기효능감, 부패인식도 등과 같이 척도(scale)의 의미를 갖는 정량적 수치로 나타낼 수 있다. USAID는 성과지표 선정에 대한 가이드에서 법제개혁 지원 프로그램의 성과지표를 예시로 제시하고 있는데(USAID, 2010), 정성적인 성과를 정량적인 지표로 선정하는 방안을 고민할 때 유용하게 활용할 수 있다.

성과를 직접적으로 측정하기 어려운 상황인 경우, 이를 대체하는 대리지표(proxy indicator)를 활용할 수 있다. 대리지표를 활용하는 경우, 해당 지표와 목표 간의 관계가 명확하고, 타당한 가정에 근거해야 한다. 예를 들어, 가구소득 증대라는 목표의 경우, 대리지표로 가구지출(달러화 기준)을 선정할 수 있다(USAID, 2010). 이는 소득증대가 가구지출의 증대로 이어진다는 가정에 기반하고 있는데, 관련 분야 연구에서 그 상관관계의 타당성이 이미 충분히 밝혀진 바 있으므로 해당 대리지표의 사용이 적절하다.

마지막으로, 목표 달성 여부 및 진전사항을 파악할 수 있도록 충분히 필요한 정보를 제공할 수 있으면서, 최소한의 성과지표를 선정해야 한다. 성과에 대한 지표는 1~2개를 선정해 관리하며, 최대 3개를 초과하지 않도록 권고한다. 산출물의 경우, 사업의 내용과 구조가 복합적이라 해도 우선순위를 고려해 3~4개로 제한해 선정하도록 한다.

【 표준 성과지표 풀 및 지표정의서 활용 】
대상사업의 목표에 적절한 지표를 선정하기 위해서는 국내·외 유사사업에 대한 기존 모니터링과 평가결과, 사례 등에 대해 먼저 충분히 파악하는 것이 중요하다. World Bank, DFID, USAID, JICA 등 국제기구와 공여기관은 기관 차원의 체계적인 성과관리를 위해 표준 성과지표 풀을 개발해 활용해 오고 있다. KOICA 역시 2012년도 분야별 성과지표를 개발하고, 2016년 발표한 2016~2020 중장기 분야별 전략에 따라 산출물 지표와 성과지표로 구분해 성과지표 풀과 핵심지표에 대한 정의서를 개발한 바 있다. 더 나아가 2017년에는 환경, 젠더, 정보통신기술(ICT) 등 범분야 이슈(cross-cutting issue)로까지 확대한 표준지표 풀을 발표했다. 2016~2017년 발표한 KOICA 분야별 중장기 전략에서는 각 세부목표에 적합한 대표 성과지표를 제시했다. 이를 통해 각 분야별 전략, 세부목표에 부합하는 사업을 중심으로 발굴하고, 그 성과를 동일한 지표를 활용해 측정하고 취합할 계획이다.

성과지표를 선정할 때는 지표에 대한 구체적이고 정확한 정의가 필요하다. 이를 위해 지표의 세부정의, 산식, 자료 조사방법 및 출처 등의 정보를 포함하는 지표정의서를 작성해 관리해야 한다. 동일한 정의, 기준, 산식에

표 7-2 지표정의서 양식 예시

지표명	5세 이하 아동 설사 발생률
지표정의	5세 미만(0~59개월) 아동 중 지난 1주일간 설사(하루 세 번 이상의 묽은 변)를 한 아동의 비중
측정단위 및 방법	지난 1주간 설사를 경험한 5세 미만 아동 x 100(%) / 전체 5세 미만 아동
수집방법 및 출처	엄마 등 주요 보호자 대상 설문조사, 가구조사
유의사항	• UNICEF/WHO Joint Monitoring Program 정의에 따라 개선된 화장실은 정화조 설치 화장실, 재래식 화장실(pit latrine), 발판이 있는 화장실, 자연 발효 위생화장실(composting toilet) 등으로 정의할 수 있음 • 객관적 자료 수집을 위해, 사업대상지역 현황과 추진활동에 따라 개선된 화장실의 정의 기준 (예: 발판, 벽체, 천장, 손 세척시설, 구멍 덮개 등 필수요소를 포함)에 대한 구체적인 가이드라인을 수립해서 활용 • 설사 발병률 데이터 정확도 제고를 위해 설문조사 시 설사발생기간을 지난 1주로 활용

지표명	현대적 피임법 실천율
지표정의	경구용 피임제, 콘돔, 자궁 내 장치 등 현대적 피임법 시술 및 활용하는 가임기 여성의 비율
측정단위 및 방법	$\dfrac{\text{현대적 피임법을 사용하는 가임기 여성 수} \times 100(\%)}{\text{가임기(15~49세) 여성 수}}$
수집방법 및 출처	대상 지역병원, 보건소, 클리닉 관리기록 및 마을별 모자보건 담당자/ 자원봉사자 조사자료
유의사항	전통적인 피임법(생리주기, 질외사정, 질 세척, 금욕, 수유 무월경법 등)은 제외함

자료: 한국국제협력단(2016a).

따라 해당 지표에 대한 모니터링을 실시해, 성과의 달성 여부와 정도를 정확하게 파악할 수 있다.

성과지표의 선정은 사업의 성과관리, 성과중심 모니터링을 시행하는 데 있어 핵심적이고 필수적인 활동이다. 이를 기반으로 이후 데이터의 수집과 분석, 보고와 활용 등이 이루어진다. 성과의 달성 여부를 측정하는 데 있어 가장 적절하고 명확하면서도 비용 면에서 합리적인 지표를 선정해야 한다.

4) 기초선 데이터 수집

기초선(baseline)이란 해당 사업 착수 이전 현장의 주요 상황(성과지표)을 측정한 기준점으로서, 성과지표의 초기(사업수행 이전 현재) 값을 의미한다. 기초선 자료를 토대로 현실적인 목표치를 수립하고, 사업착수 이후 지속적인 모니터링을 통해 변화와 진전사항을 판단할 수 있다. 기초선(현재) 대비 사업 시행을 통한 변화를 정확히 점검하고 파악할 수 있어, 사업의 세부내용과 전략을 재정비하고 동시에 주요 이해관계자의 성과 달성을 위한 동기 부여와 책임성을 강화하는 계기가 된다. 따라서 기초선 수집은 성과지표의 선정단계와 함께 성과관리의 필수적이고 핵심적인 단계이다.

적절한 시점에 기초선을 확보하는 것 역시 중요하다. 본격적인 사업 착수 이전, 즉 사업 시행으로 인한 변화가 발생하기 이전에 실시하는 것이 중요하다. 기초선 확보가 늦춰져 이미 변화가 발생하게 되면, 기초선 조사 결과의 정확도를 저해할 수 있고, 사업의 효과에 대한 저평가 위험이 발생할 수 있다. 그러나 동시에 해당 사업의 변화이론과 성과관리계획이 명확히 확립되고, 사업 관리자와 수행기관 모두 사업의 환경과 내용에 대한 충분한 이해를 갖춘 시점이어야 한다. 해당 사업의 단계별 성과 목표와 지표가 변경된다면, 이에 따라 기초선 데이터 수집이 다시 요구될 수 있기 때문이다.

기초선 조사 여부를 결정하기 이전에 기초선 조사의 필요성, 즉 기초선으로 활용 가능한 2차 자료의 존재 여부를 먼저 점검해야 한다. 대상지역의 인구조사, 국제기구 및 기타 공여기관의 데이터베이스, 보고서 등을 점검하도록 한다. 또한 수원기관, 현장에서 유사한 사업을 실행한 경험이 있는 국제기구, 국제 NGO, 기타 공여기관과의 협의를 통해 활용 가능한 자료를 파악하고 수집함으로써 비용과 시간을 절감할 수 있다. 2차 자료를 활용하는 경우, 신뢰할 수 있는 품질의 자료인지 검토가 필수적이다. 또한 향후 모니터링과 평가 시점에 동일한 방법으로 자료 수집이 가능한지 역시 점검할 필요가 있다.

활용 가능한 2차 자료가 부재한 경우, 기초선 조사를 수행하도록 한다. 기초선 조사를 계획할 때는 조사설계(비교분석 틀) 선정, 조사 항목/질문지 작성, 표본 추출(sampling), 조사방법(데이터 수집도구) 및 분석방법 선정 등의 단계를 밟는다.

사업수행 이전의 기초선 자료가 부재한 상황에서 중간점검 또는 종료평가를 수행하게 될 경우, 2차 자료 또는 설문조사와 인터뷰 등을 통해 회고정보(recall information)를 확보하고 분석함으로써, 기초선 자료를 재구성(추정)

할 수 있다.[5]

표 7-3 성과 프레임워크 예시: 성과지표 및 기초선

목표	지표	기초선
초등교육 접근성 제고	초등학교 등록률(남/여)	남학생 80%, 여학생 75%
5세 미만 아동의 설사 발병률 감소	5세 미만 아동의 설사 발병률(도시/농촌)	도시 10%, 농촌 30%

자료: Morra Imas and Rist(2009) 참조 저자 재구성.

(1) 조사설계의 선정

해당 사업의 객관적 성과 입증의 중요도에 따라 성과관리, 기초선 조사의 설계를 결정해야 한다. 평가 및 실험설계는 외부 발생요인의 통제, 관찰대상의 무작위 할당(randomization)에 따라 실험적(experimental) 설계, 준실험적(quasi-experimental) 설계, 비실험적(non-experimental) 설계로 구분된다.[6]

실험적 설계는 동일한 인구, 즉 사업의 참여요건을 충족한 인구 중에서 실험군(사업을 수행한 지역/대상)과 대조군(사업을 수행하지 않은 지역/대상)을 무작위로 할당해, 사업의 시행 이전과 이후의 변화를 비교 분석하는 설계이다. 실험적 설계를 다른 설계와 구분하는 주요 기준은 2개 집단의 무작위 할당/선정이다. 무작위 할당을 통해 각 집단에 배치된 사람들은 그 배경, 성별, 환경 등의 면에서 모두 유사해야 한다.

실험적 설계는 이론적으로 선택편향(selection bias)을 피할 수 있기 때문에, 가장 과학적이고 엄격한 설계방법이라고 볼 수 있다. 선택편향이란 조사대상으로 선정된 표본이 모집단(사업의 참여요건을 충족한 전체 인구)을 충분히 대

---

5   이에 대한 상세내용은 KOICA 기초선 조사 가이드라인을 참고하도록 한다.

6   실험 및 연구, 평가 설계방법에 대한 보다 자세한 설명은 각종 사회과학적 연구방법론 관련 교재 및 연구, 영향평가(impact evaluation) 관련 국제기구의 가이드라인 등에서 찾아볼 수 있다.

표하지 못할 때 발생하는 문제점이다. 다시 말해, 사업 종료 후, 수혜지역과 비수혜지역 두 집단 간의 차이가 발견된다면 그 차이가 해당 사업의 시행으로 인한 결과일 수 있다. 하지만, 경우에 따라 사업을 시행하기 전부터 그 두 집단이 이질적이었기 때문에 발생했을 수도 있다. 사업시행 이전 두 집단이 동질적이라는 증거가 없다면, 사업시행 이후 발견된 변화가 사업 수행에 의한 것이라고 단정 짓기 어렵다. 실험적 설계는 실험군과 대조군 간의 무작위 할당을 통해 이러한 편향의 발생가능성을 낮춘다. 실험군과 대조군에서의 변화에 영향을 미칠 수 있는 다양한 내적·외적 환경요인을 통제함으로써, 사업 시행의 순(net)효과를 파악할 수 있다.

의학분야에서 의약품, 치료기법의 효과에 대한 연구와 평가의 경우, 그 효과를 과학적으로 입증하기 위해 실험적 설계가 필수적이다. 그러나, 국제개발협력사업의 특성상 수혜지역과 비수혜지역을 무작위로 선정하는 것이 불가능한 경우가 많다. 또한 사업의 효과성을 입증하기 위해 비수혜대상 일부를 연구대상으로 선정해 정기적으로 조사하는 것은 윤리적인 문제점이 있다. 이 경우, 실험군과 대조군에서 단계적으로 사업을 전개함으로써 실험군과 대조군에서의 변화를 비교 분석하는 phase-in 설계를 도입해 윤리적 문제를 극복할 수 있다. 즉, 실험군과 대조군을 무작위로 할당하되, 1단계에서는 실험군에서만 사업을 전개하고 실험군과 대조군에서 사전-사후 상황을 비교 분석한다. 이후 2단계에서는 실험군뿐만 아니라 대조군에서도 사업을 전개한다. 그러나, 긴급한 지원이 필수적인 인도지원의 경우, 시차를 두고 단계적으로 시행하는 설계 역시 윤리적으로 옳지 않다.

준실험적 설계는 실험적 설계와 유사하지만 비교대상을 무작위로 배치하지 않는다는 점에서 구별된다. 조사대상을 실험 및 비실험 집단으로 나눌 수 있으나, 그 대상자를 무작위로 할당할 수 없을 때 활용할 수 있다. 이 때문에 실험적 설계보다 도입하기 용이하다. ODA 사업과 그 효과 간의 인과관계 검증 시 준실험적 설계는 실험적 설계보다 취약하다. 준실험적 설계에서는 실험군(사업 수행지역/인구)과 유사한 집단(비교군)을 선정해야 한다. 두 집단을 최대한 동질하게 구성하기 위해, 환경, 인구학적 특성, 교육 및 기술 수준, 성과평가점수 등 사업의 시행 및 성과 발현에 영향을 미치는 주요 요인을 고려해 가능한 비슷하게 짝을 지어야 한다.

비실험적 설계는 서술적(descriptive) 설계로 분류되기도 하는데, ODA 사업을 시행하는 대상지역의 수혜집단을 타 집단과 비교하지 않고, 해당 사업의 시행과 그로 인한 변화/결과 간의 관계에 대해 살펴본다. 이 방법은 선정한 대상의 인구 대표성이 낮아, 사업 시행과 성과 간의 인과관계 입증이 취약하다. 그러나 비용과 예산을 절감할 수 있고, 쉽게 활용할 수 있다는 장점이 있다. 다수의 일회성 설계 활용 결과를 통해 다양한 사례를 구축할 수 있다.

사업의 추진환경과 상황, 성과관리의 목적, 객관적 성과 입증의 중요도에 적합한 설계방법을 선택하는 것이 가장 올바른 방법이다. 실험적 설계에 기반한 모니터링과 평가의 경우, 고도의 전문성과 여러 수의 대상에 대한 데이터 확보, 조사 및 분석 등이 필요하기 때문에 많은 비용이 발생한다. 따라서, 대내외적으로 효과에 대한 객관적·과학적 입증이 요구되는 전략적 주요 사업, 또는 국제적으로 사업의 효과가 충분히 입증되지 않은 사업, 그 효과에 대해 논란의 여지가 있는 사업에 실험적 설계를 도입해볼 수 있다. 인프라 구축 및 기자재 지원요소가 사업 예산과 활동의 상당 부분을 차지하더라도, 엄밀한 성과 파악이 중요한 경우, 일부 사업활동을 대상으로 그 효과를 측정해볼 수 있다. 반면, 인과관계에 대한 증거가 이미 기존 연구 및 평가로 뒷받침되어 있는 일반적인 사업의 경우, 사업 관리와 예산의 효율적 활용 등을 고려할 때, 준실험적 설계 또는 비실험적 설계를 활용하는 것이 합리적이다.

표 7-4 실험설계의 비교 요약

	대조군 무작위 배치	비교군 작위적 설정	반복 측정
실험적 설계	O	X	O
준실험적 설계	X	가능	가능
비실험적 설계	X	X	X

자료: 모라 이마스·리스트(2016).

(2) 조사방법의 선정

기록, 측량, 관찰, 문헌조사, 설문조사, 인터뷰, 포커스그룹 토의(FGD: Focus Group Discussion) 등 다양한 방법과 도구를 활용해 자료를 수집할 수 있다. 조사방법을 선정할 때는 필요한 자료의 특성, 데이터의 출처, 가용 자원과 시간, 데이터 수집빈도 등을 고려해야 한다. 또한 한 가지 방법보다는 여러 방법으로 자료를 수집해 분석하는 것이 오류를 최소화하고 분석결과를 보완하는 데 유용하다. 자료의 정확도를 향상시키기 위해 다양한 방법으로 정보를 수집하는 것을 삼각측량법(triangulation of methods)이라고 한다. 여러 방법을 통해 정보를 수집할수록 조사결과를 입증하는 근거가 확고해진다.

참고 7-6 데이터 수집방법 결정 시 고려사항

- **적절성(Relevance)** 적절한 방법인가? 측정하기 쉬운 것이 아니라 정말 중요한 것을 측정하고 있는가?
- **신뢰성(Credibility)** 신뢰할 수 있는 방법인가? 실제 상황에 대한 정부를 제공하는가?
- **타당도(Validity)** 측정하고자 하는 바를 실제로 측정할 수 있는 타당한 방법인가? 조사/연구자의 의도를 정확히 반영하고 있는가?
- **안정성(Reliability)** 안정적인 방법인가? 매번 같은 출처로부터 같은 방법으로 데이터를 수집하더라도 동일한 결과를 도출할 수 있는가?

자료: 모라 이마스·리스트(2016).

수집해야 하는 자료의 특성에 따라, 그에 적합한 수집방법을 선정해야 한다. 자료는 크게 정량적 자료(quantitative data)와 정성적 자료(qualitative data)로 구분한다.[7]

정량적 자료는 구조적 설문(structured survey)[8], 계량 및 측량 등의 방법을 활용해 수집할 수 있다. 성과정보가 정밀한 측정을 필요로 하는 경우 또는 통계분석을 실시해야 하는 경우, 정량적 자료를 수집하는 것이 바람직하다. 구조적 설문은 선택지 중에서 하나 또는 복수의 문항을 응답자가 선택하도록 하는 방법이다. 모든 응답자는 동일한 방법으로 동일한 질문을 받게 된다. 구조적 설문을 계획할 때는, 누락되는 정보가 없이 설문에서 가능한 한 모든 정보를 확보할 수 있도록 문항 작성 시 많은 고민이 필요하다. 문항은 명확하고, 간결하며, 중립적으로 기술해서 조사자가 원하는 방향을 드러내지 않도록 해야 한다.

참고 7-7 구조적 설문문항 예시

신규 배포된 교육교재는 내용을 이해하는 데 유용하다고 생각하십니까?
① 전혀 유용하지 않음
② 유용하지 않은 편임
③ 보통임
④ 유용한 편임
⑤ 매우 유용함

정성적 자료를 확보하는 경우, 반구조적 설문(semi-structured survey), 관찰, 인터뷰, 포커스그룹 토의 등의 조사방법을 활용한다. 정성적 조사는 정보를 확보하고 결과를 분석하는 데 많은 시간과 노력을 필요로 하지만, 조사 대상과 자료에 대해 심층적이고 유용한 의견을 확보할 수 있다는 장점이 있다.

인터뷰, 포커스그룹 토의 등의 조사방법을 활용하는 경우, 조사자의 역량과 기술이 인터뷰를 통해 확보할 수 있는 정보의 품질을 좌우한다. 단, 그 결과의 타당성과 객관성, 신뢰도를 확보할 수 있도록 조사와 분석 과정에서 엄

---

7   정량적은 양적, 정성적은 질적이라는 용어로도 흔히 사용된다.

8   구조적 설문은 선택지 중에서 하나 또는 그 이상의 문항을 응답자가 선택하도록 한다. 모든 응답자는 동일한 질문을 동일한 방법으로, 동일한 질문에 받고 응답하도록 한다. 반면, 반구조적 설문은 구조적 설문에 비해 주관식 문항을 넣어서 응답자가 내용을 직접 기록하도록 한다.

격한 절차를 필요로 한다. 예를 들어, 다양한 그룹으로부터 정보를 확보할 수 있도록 대상자를 선정하기에 앞서, 전체 인구집단의 특성, 인구를 구성하는 다양한 사회경제적 그룹구조와 관계 등을 사전에 파악하도록 한다. 특정 인구집단으로부터 확보한 정보에 지나치게 의존함으로써, 조사결과의 신뢰도를 떨어뜨리지 않도록 한다. 또한 인터뷰 또는 토의 내용이 누락되지 않도록 참여자의 동의하에 녹음을 실시하고, 녹음된 내용을 인터뷰 종료 후 즉시 점검해 필사하도록 한다. 2명 이상의 조사자가 인터뷰 기록을 읽고 확인하고, 주요 키워드를 추출해 내고 분석결과를 서로 검토함으로써, 조사자의 주관적인 해석을 방지한다.

5) 목표치 수립

기초선 데이터를 확보한 이후에는 목표치(target)를 수립한다. 목표치는 계획된 시점까지 달성하고자 하는 성과의 수준, 즉 성과지표의 양적 차원을 의미한다.

성과목표 수립과 마찬가지로, 목표치 역시 사업 관리자와 수행기관 등 주요 이해관계자 간의 합의를 바탕으로 수립해야 한다. 성과목표이 수준, 곧 목표치를 설정함으로써, 주요 이해관계자는 다시금 명확하게 공동의 목표를 갖게 된다. 성과목표를 공유함으로써, 사업의 시행과정과 성과에 대한 주요 이해관계자의 책임의식과 성취의욕을 제고할 수 있다. 또한 목표치를 현실화하기 위해 물적·인적 자원의 합리적인 배분과 동원에 대한 공동의 합의를 형성할 수 있다.

해당 사업의 성과 모니터링 주기와 시점 계획에 따라, 목표치의 기준 시점 또는 주기를 선정할 수 있다. 사업종료시점에 측정하기 위한 최종 목표치만 선정할 수도 있고, 중간 및 최종 목표치, 또는 연간 목표치를 선정할 수도 있다. 사업시행기간 발생할 수 있는 다양한 외부 및 내부적 위험요인을 고려할 때, 4~5년 이후의 목표치만 설정하는 것은 현실적으로 비합리적일 수 있으므로 유연성이 필요하다(World Bank, 2013).

그림 7-4 목표치 수립

자료: Kusek and Rist(2004).

목표치를 수립할 때, 고려해야 하는 요인이 있다. 첫째, 기초선의 수준, 사업으로 인한 변화가 실현되기 이전의 초기상태를 고려해야 한다. 예를 들어, 성과지표 관련 데이터의 지난 3년간 평균, 지난 해 또는 지난 분기 실적, 평균 경향 등을 고려해 가능한 변화의 정도를 가늠할 수 있다. 해당 지역에서의 유사사업 모니터링과 평가 결과, 관련 2차 자료, 기초선 조사를 통한 데이터 확보 등을 통해 해당 정보를 확보할 수 있다. 둘째, 해당 사업에 투입 가능한 인력과 물적자원의 수준을 감안해야 한다. 인적역량, 규모, 예산, 시설/설비 등 투입물, 사업시행기관을 비롯한 주요 이해관계자의 관리/추진 역량 역시 함께 고려해야 한다.

〈표 7-5〉와 같이 성과지표와 기초선 데이터, 목표치를 추가함으로써 성과 프레임워크를 완성할 수 있다. 때에 따라서는 해당 표에 성과지표 데이터를 확보하는 방법과 출처 등을 추가로 기재할 수 있다. 이와 같이 주요 이해관계자 간의 협력과 참여를 통해 수립된 성과 프레임워크는 향후 사업의 시행 방향을 이끄는 가이드 역할을 한다. 사업을 이행하고 모니터링하는 과정에

표 7-5 성과 프레임워크 예시: 성과지표, 기초선 및 목표치

목표	지표	기초선	목표치
초등교육 접근성 제고	초등학교 등록률(남/여)	2017년 9월 남학생 80%, 여학생 75%	2022년 9월 남학생 95%, 여학생 95%
5세 미만 아동의 보건 개선	5세 미만 아동의 설사 발병률 (도시/농촌)	2017년 1월 도시 10%, 농촌 30%	2020년 1월 기초선 대비 20% 감소

자료: Morra Imas and Rist(2009) 참조 저자 재구성.

서 성과 프레임워크에 대해 빈번하게 논의하고, 사업의 시행전략 개선 필요성을 검토해야 한다.

6) 성과 모니터링 시행

다음 단계는 본격적인 사업의 시행 이후 정기적으로 성과를 점검하는 활동이다. 사전에 계획한 모니터링 시점에 맞춰 주기적으로 사업의 성과지표에 대한 데이터, 즉 성과정보를 조사해, 기초선과 목표치 대비 현황을 점검한다. 사업의 성과관리계획은 사업의 기획단계에서부터 계획 수립, 수행기관 선정 이후 세부 사업수행계획 수립단계까지 계속해서 보완한다.

사업 시행 및 관리계획 수립 시 성과관리 세부계획 수립도 필요하다. 성과관리계획 수립 시에는 성과 모니터링의 주기 및 빈도, 조사방법, 자료 출처, 보고 체계 및 양식 등을 필수적으로 고려해야 한다. 단계별 성과목표와 성과데이터의 특성에 따라 모니터링 실시 시점과 빈도, 주기를 설정한다. 이에 따라 사업의 일정을 고려해 각 조사의 범위와 예산, 시점을 결정한다. 예를 들어, 산출물의 경우, 사업의 투입물 및 활동과 직결되므로 그 달성 현황의 점검과 데이터 측정 시 추가적인 예산, 시간이 상대적으로 적게 소요되는 경우가 많다. 따라서 산출물에 대한 모니터링은 연간 또는 분기별로 사업현황 보고 시, 그 결과를 함께 보고할 수 있다. 사업의 성과 역시 연간 모니터링과 보고를 통해, 성과 달성 여부를 체계적으로 살펴보고, 문제상황을 발견해 신속히 대처할 수 있다. 그러나 때로는 성과 데이터의 특성에 따라 자료 조사 및 분석에 상당한 자원이 요구될 수 있다. 이러한 경우, 사업기간 중 기초선, 중간선(mid-line), 종료선(end-line) 자료 확보로 총 3차례에 걸쳐 성과를 점검할 수 있다. 성과목표와 지표의 특성, 효과의 발현 시점과 측정 가능성, 필요시 계절적 특성 등을 고려해 모니터링 시점과 주기를 결정한다.

KOICA는 성과관리 역량을 확보하기 위해 총 사업예산의 최소 3~5%를 모니터링과 평가활동으로 배정하도록 권고한다. 단, 성과관리의 중요성이 높은 사업의 경우, 해당 예산은 전체 예산의 5~10% 수준까지 확대할 수 있다. 성과 모니터링 담당 인력 확보(상주 전담인력 파견, 단기파견, 또는 현지 조사기관 고용 등), 시행횟수, 조사방법 및 자료 출처 등을 고려해 세부예산을 구성한다.

표 7-6 성과중심 모니터링 계획 요약표 예시

	사업목표(성과)	산출물
성과목표	5세 미만 아동의 보건 향상 (수인성 질병 감소)	1. 안전한 식수 접근성 제고 2. 개선된 화장실 접근성 제고
성과지표	5세 미만 아동 설사 발병률	1. 완공된 우물 관정1 세트 2. 신축/개선된 화장실 보급률
주기, 시점	총 3회 기초선(2016.3.) 중간선(2017.3.) 종료선(2018.3.)	월간 점검 분기별 집계
보고시점	조사 후 1달 이내	분기별 보고(매 3, 6, 9, 12월 4주)
조사방법	가구설문조사	마을 식수위생 위원회
조사주체	사업시행기관 총괄 (현지조사업체 고용)	사업시행기관 총괄(마을 식수위생 위원회의 보고자료 검토, 품질 관리)
데이터 출처	설문조사 결과보고서	1. 수행기관 관리대장, 분기별 보고서 2. 마을 식수 위생위원회 보고자료

주 1: 지하수를 이용하기 위해 만든 둘레가 대롱모양으로 된 우물. 지하수를 이용하는 일종의 수리 시설을 이름.
자료: 한국국제협력단(2015).

이와 함께, 사업관리자, 사업수행기관, 성과관리기관 또는 M&E 담당자 등 주요 이해관계자 간의 역할과 책임을 명확히 정의한다. 특히, 복수의 기관이 사업의 다양한 요소와 성과관리업무를 분담하는 경우, 사업 전 기간 동안 효과적으로 유지 관리할 수 있도록 분명한 협조체계와 각 기관별 역할과 책임을 명시하는 것이 필요하다. 공동의 목표 달성을 위한 협력적인 관계를 유지하도록, 충분한 논의를 통해 성과중심 모니터링 체계 구축의 1단계, '성과목표에 대한 합의를 구축'하는 것이 필수적이다.

성과 모니터링과 성과관리는 일정, 예산, 위험, 인력관리 등을 아우르는 전체 사업관리의 한 축으로서, 사업의 다른 요소와의 조화와 조율을 필요로 한다. 사전에 계획을 체계적으로 세우더라도, 사업현장에서 다양한 이슈 또는 장애가 발생할 수 있으니, 이 경우 유연하게 대처해야 한다. 성과 모니터링이 사업 시행의 일정과 추진을 저해하거나, 예산관리에 부담을 주지 않도록 다양한 이해관계자 간의 협업이 요구된다.

사업의 시행, 즉 사업활동과 산출물 관련 진행현황은 간트차트(Gantt chart)를 활용할 수 있다. 간트차트는 사업활동의 목록과 각 활동의 일정(시작점과 기한 포함), 담당자 등의 정보를 포함한 차트이다. 이를 활용해 계획한 사업활동을 모두 이행하고, 산출물을 모두 달성했는지 관리하고 신속히 확인할 수 있다. 간트차트에서 각 활동과 과업을 나타내는 막대는 계획 대비 실제 진행 상황을 한눈에 보여준다. 이를 통해 일정에 따라 완료되었는지 확인하거나 또는 너무 많은 활동요소가 집중되어 있는 시점 등을 사전에 확인해 대응할 수 있다. 예상대로 진행되고 있지 않다면, 그 이유를 확인하고 해결방안을 마련해 실행에 옮겨야 한다.

표 7-7 성과관리 표 예시

성과	지표	기초선	중간선	목표치	자료 출처	자료 수집 방법	빈도	자료 수집(담당)	자료 관리(담당)
영향(Impacts) 방글라데시 간호학 간호교수들의 교수역량 강화를 통해 국민 건강에 기여할 수 있는 양질의 간호사를 양성한다	• 방글라데시 간호학 석사학위 소지자와 학사학위 수	2015년 학사학위 간호사 수: 2615명		90% 졸업률	대학원 입학 및 졸업 관련 자료	2차 자료 조사 수집 및 분석	1회(사업 종료 후 20년 후)		
	• 학사학위 간호사 수 증가(2037년)			100%	간호청 자료	2차 자료 조사 수집 및 분석	2회(사업 종료 후 5년 후, 10년 후)		
성과(outcomes) 1. 방글라데시 간호학 석사과정 설립을 통한 석사학위 소지자 신규 교수를 양성한다	국내 석사학위 교수 중 간호학 석사학위 비율을/국내 교수 수(국립 간호대 교수 수)	2013년: 10.5% (해외 석사학위 소지자)			간호전문대 취업현황 보고서	legbook 검토	1회(2016년 7월)	현지 책임 전문가	사업 책임 전문가
2. 간호전문대학원 석사과정 신규 교수를 양성한다	1) 석사학위 소지자 신규교수 양성수	입학생 중 교수가 아닌 학생 수(2016년)		80% 이상	입학생 프로필	legbook 검토	1회(2016년 7월)	현지 책임 전문가	사업 책임 전문가
3. 방글라데시 간호대학 교수의 교수능력을 향상시킨다	1) 기존 간호대학 교수들 중 대학원 입학자 수	입학생 입학 현지 교수 수(2016년)		90% 이상	입학생 프로필	legbook 검토	3회(2016년 7월 사전조사, 2017년 7월 사전조사, 2018년 6월 사후 조사)	현지 책임 전문가	사업 책임 전문가
	2) 대학원 입학생들의 티칭 역량 변화율	입학생이 티칭 역량 사전 설문조사 결과(2016년)		10% 증가	티칭 역량측정 결과보고서	legbook 검토	2회(2016년 개원 전후, 개원 2년 후)	현지 책임 전문가	사업 책임 전문가
	3) 졸업 시 연구실적 수 (포스터 발표, 논문 개재 수)	입학생 입학 당시 최소 2년간 연구실적(2016년)		1인당 1개 이상	연구실적 보고서	legbook 검토	1회(2015년)	현지 책임 전문가	사업 책임 전문가
산출물(outputs) 1-1. 간호전문대학원 개원 및 매년 60명의 석사생 입학	1) 간호전문대학원 기관 인증 (2015년)	대학원 인증: 0건 (2013년)		100%	대학원 기관 인증 보고서	legbook 검토	1회(2015년)	현지 책임 전문가	사업 책임 전문가
	2) 간호전문대학원 개원 여부 (2016년)	대학원 개원: 0건 (2013년)		100%	개원식	legbook 검토	2회(2016년, 2017년)	현지 책임 전문가	사업 책임 전문가
	3) 간호전문대학원 입학생 수 (2016년, 2017년)	대학원 입학생 수: 없음(2013년)		매년 60명	입학생 프로필	legbook 검토	1회(2016년 개원 전)	현지 책임 전문가	사업 책임 전문가
1-2. 간호 석사학위 교과과정 인증 완료	1) 교과과정개발 인증 여부	대학원 교과과정개발 인증 없음(2013년)		100%	legbook	legbook 검토	1회(2018년)	현지 책임 전문가	사업 책임 전문가
2-1. 방글라데시 박사 연수생이 한국 간호학 박사학위를 100% 취득	1) 한국 간호학 박사학위 취득	한국 간호학 박사학위 0명		100%	박사학위 증명서	legbook 검토	1회(2018년)	○○○ 연구원	사업 책임 전문가
2-2. 방글라데시 박사 연수생이 한국 간호학 박사학위 취득 후 간호전문대학원 교수 채용	1) 한국 간호학 박사학위 취득 후 간호전문대학원 교수 채용	한국 간호학 박사학위 간호전문대학원 채용: 0명		100%	간호전문대 보직임명 통지서	legbook 검토	1회(2018년)	○○○ 연구원	사업 책임 전문가

자료: 한국국제협력단(2014a).

표 7-8 간트차트 활용 사업활동 관리 예시

활동	시행 횟수 (인원수)	목표 횟수 (인원수)	달성도 (%)	시행 주체	모니터링 주체	2013. 3.	2014. 1.	2014. 2.	2014. 3.	2014. 4.	2015. 1.	2015. 2.	2015. 3.	2015. 4.	2016. 1.	2016. 2.	2016. 3.
1-1-1 간호전문대학원 및 건축 기숙사 건축	1	1		OO건설	CM												
a 건축 설계 실시(교육 연구동, 기숙사 등)	1	1	100	OO건축	CM												
b 건축 부지 지질 검사 실시	1	1	100	OO건축	CM												
c 건축 완공	1	1	75	OO건설	CM												
d 교육 및 실습 기자재 테스트 작성	1	1	100	기자재 전문가	사업 책임 전문가												
e 기자재 지원 수 활동	0	1	0	기자재 전문가	사업 책임 전문가												
1-1-2 대학의 기관 인증보고서 작성 및 제출	1	1	100	OOO 연구원	사업 책임 전문가												
1-1-3 개반 준비 테스크포스 팀 구성	6	6	100	OOO 연구원	사업 책임 전문가												
1-1-5 학생 선발 진행	0	2	0	현지 책임 전문가	사업 책임 전문가												
1-2-1 현지 자문수진(간호교육체계/교수) 및 활동보고서 작성	7	7	100	교과과정개발 전문가	사업 책임 전문가												
1-2-2 방글라데시 간호교육 요구도 설문도구 개발	2	2	100	교과과정개발 전문가	사업 책임 전문가												
1-2-3 방글라데시 간호교육 요구도 설문지 배포	2(813)	2(652)	100	교과과정개발 전문가	사업 책임 전문가												
1-2-4 방글라데시 간호교육 결과 분석	2	2	100	교과과정개발 전문가	사업 책임 전문가												
1-2-5 교과과정개발 전문가 팀 구성 교과과정개발	43	43	100	교과과정개발 수급	사업 책임 전문가												
1-2-6 교과과정개발 전문가 팀 회의 진행	12	12	100	교과과정개발 전문가	사업 책임 전문가												
1-2-7 교과과정개발 조인트 워크샵 개최	2	2	100	교과과정개발 전문가	사업 책임 전문가												
1-2-8 교과과정개발 스케이크홀더 미팅 진행	3	3	100	OOO 연구원	사업 책임 전문가												
1-3-1 대학원 운영 매뉴얼 개발	0	1	70	OOO 연구원	사업 책임 전문가												
2-3-1 초청연수 프로그램 요구도 분석	1	1	100	OOO 연구원	사업 책임 전문가												
2-3-2 초청연수 선발	34	34	100	OOO 연구원	사업 책임 전문가												
2-3-3 초청연수 프로그램 설계	2	2	100	OOO 연구원	사업 책임 전문가												
2-3-4 초청연수 프로그램 가이드북 작성	2	2	100	OOO 연구원	사업 책임 전문가												
2-3-5 초청연수 역량평가 설문지 개발	2	2	100	OOO 연구원	사업 책임 전문가												
2-3-6 초청연수 역량평가 설문지 작성	2	2	100	OOO 연구원	사업 책임 전문가												
2-3-7 초청연수 성취도 평가 실시	2	2	100	OOO 연구원	사업 책임 전문가												
2-3-8 기관 견학 방문 활동 진행	15	15	100	OOO 연구원	사업 책임 전문가												
2-3-9 선상시찰 운영	1	2	50	OOO 연구원	사업 책임 전문가												
2-3-10 간호발전 세미나 계획 수립	1	1	100	OOO 연구원	사업 책임 전문가												
2-3-11 간호발전 세미나 개최 진행	3	10	30	OOO 연구원	사업 책임 전문가												

자료: 한국국제협력단(2014h).

7) 평가정보의 활용

평가를 통해 성과 모니터링 시 습득한 자료를 보완할 수 있다. 모니터링과 평가는 구분이 어려워 혼용되어 사용되지만, 각각 고유의 특성과 기능을 갖는 과정으로 상호보완적 관계이다. 모니터링은 사업시행기간 중 사업의 투입물, 활동, 산출물, 성과, 기타 사업관리 관련 사항을 추적하는 과정으로, 사업 관리의 필수적 요소이다. 반면 성과중심 평가는 OECD DAC 5가지 평가기준(적정성, 효율성, 효과성, 영향력, 지속가능성)[9]에 의거해 진행 중 또는 완료된 사업의 기획, 집행, 결과에 대한 객관적이고 체계적인 분석으로 정의된다 (Morra Imas and Rist, 2009; OECD, 1991).

표 7-9 모니터링과 평가의 비교

	모니터링	평가
기간 시점	• 지속적 활동	• 한시적 활동
목적	• 계획 대비 실행을 점검	• 계획 대비 실행에 문제가 발견되는 경우, 문제의 발생원인, 계획달성 실패원인 또는 계획의 초과달성요인 등에 대한 심층 분석
지표 활용	• 사업의 성과지표를 그대로 활용해 사업시행 과정과 현황을 점검	• 성과지표의 적정성, 유효성도 평가 대상이 될 수 있음
분석 범위	• 의도한, 계획한 성과에 초점 • 인과관계 분석을 다루지 않음	• 의도한, 의도하지 않은 결과 모두 분석 • 인과관계에 대한 설명
수행 주체	• 사업관리의 일부로 사업 부서/시행기관에서 수행	• 분야 전문성을 지닌 내부 또는 외부 인력을 통해 수행 • 외부 평가를 통해 객관성, 독립성을 확보할 수 있는 장점이 있음

자료: 한국국제협력단(2008).

---

9   OECD DAC은 1991년 평가 관련 주요 정책 수립 및 관리에 대한 제언사항으로 개발원조 평가원칙(Principle for Evaluation of Development Assistance)을 채택했다. 이 외에도 인도주의적 지원 활동에 대한 평가 시 준수할 7개 기준을 제시하고 있다. 이 7개 기준은 효율성, 효과성, 영향력/파급효과, 지속가능성/연계성(Connectedness), 일관성(Coherence), 적용범위(Coverage)로 구성된다.

진행 중인 사업에 대한 모니터링을 통해, 성과목표가 의도한 수준에 크게 못 미치거나 예상치 못한 결과를 발견할 수 있다. 이 현상이 성과목표 달성에 지장을 초래할 것으로 판단되며, 사전에 계획한 모니터링 방법으로는 이러한 현상의 원인을 충분히 파악할 수 없다면 사업 진행 중인 시점에서도 평가를 실시할 수 있다. 모니터링 결과와 각종 사업문서 및 유사사업에 대한 모니터링과 평가결과 등 문헌조사를 기반으로 평가를 설계한다. 보다 객관적이고 독립적인 평가결과를 확보하기 위해서는, 사업의 주요 이해관계자가 아닌 외부 전문가에 평가를 위임할 수 있다.

평가를 통해 사업의 기획 시 설계한 변화이론이 예상대로 작동하지 않게 된 원인을 파악해, 사업의 세부 활동내용과 시행전략을 개선하고 예산 배분을 조정할 수 있다. 이 밖에도 사업이 종료된 후, 종료평가를 통해 해당 사업의 성과달성 정도와 성공/미흡 요인을 파악하고 유사사업의 기획 및 집행 시 참고할 수 있는 유용한 교훈을 도출할 수 있다.

8) 성과정보의 보고 및 활용

(1) 성과정보의 보고

모니터링을 통해 확보한 성과 데이터를 사업관리자(KOICA 본부 지역부서 및 해외 사무소)에게 보고하는 단계 역시 성과관리에서 매우 중요하다. 성과 모니터링 결과를 바탕으로 사업 관리상의 중요한 변경 등 의사결정을 내릴 수 있도록 적시에, 효과적인 방법으로 보고해야 한다. 이를 위해 사전에 성과정보에 대한 보고 및 활용 체계를 구축해야 한다. 보고체계 구축 시에는 성과 모니터링 결과의 보고 대상과 경로, 보고 주기 및 시점, 보고 양식 등을 고려해야 한다.

보고자(사업시행기관, 성과관리기관)는 성과 모니터링을 기반으로 해당 사업의 현재 상황에 대한 정확한 정보와 함께, 사업의 세부내용과 시행전략 등 개선사항을 제안한다. 긍정적인 결과 또는 만족스럽지 못한 부정적인 결과라 하더라도 중요한 정보는 신속히 적극적으로 보고해야 한다. 해당 문제와 결과에 대한 충분한 설명과 이를 해결하기 위해 수행한 조치와 성과도 함께 보고한다. 성과 데이터 보고 시, 보고자(사업시행기관, 성과관리기관)는 기초선 및 목표치와 비교해, 성과 데이터를 이해하기 쉽게 적절한 도표와 그래프 등을 활용해 제시하도록 한다. 근거문서는 부록으로 첨부하도록 한다.

(2) 성과정보의 활용

성과중심 M&E 체계의 핵심은 성과 목표와 지표의 수립, 이에 따른 성과정보의 수집에 그치지 않는다. 성과정보를 필요한 시점에 적절한 방식으로 보고해, 사업관리자가 이를 사업의 일정, 예산, 인력 관리 시 실질적으로 활용하는 것이다. 근거에 기반한 의사결정을 통해 사업 관리의 효율성, 사업목표 달성의 가능성을 제고할 수 있다. 따라서 사업관리자, 사업수행기관 등 주요 이해관계자들이 성과정보의 효용과 가치를 이해하고 실질적으로 활용할 때, 성과중심 M&E 체계를 활성화할 수 있다.

더 나아가 KOICA는 성과정보의 축적으로 KOICA 분야별 전략에 따른 성과, 지역 차원의 성과, 기관 차원의 성과를 집계할 수 있다. ODA 재원을 통한 성과의 공개를 통해 대국민 책임성을 확보할 수 있다. 또한 성과 모니터링과 평가를 통해 도출한 중요한 교훈을 유사사업의 기획 및 집행 시 적극적으로 활용하도록 기관 내부의 학습을 도모해야 한다.

나가며

성과관리란 사업의 발굴과 기획, 선정, 집행, 모니터링과 평가에 이르는 모든 단계에서 모든 이해관계자들이 의도한 성과목표의 달성에 집중하도록 관련 자원과 요소를 관리하도록 하는 전략임을 살펴봤다. 기존의 일반적인 모니터링과 평가와 달리, 성과중심의 모니터링과 평가는 투입물과 산출물의 관리를 넘어서 사업의 성과목표 달성까지 그 범위를 확장한다. 그리고 성과중심 모니터링을 위해서는 사업목표에 대한 합의, 성과지표의 선정, 기초선 자료 수집, 목표치 수립, 성과 모니터링 시행, 필요시 평가정보의 활용, 성과 정보의 보고와 활용 등 7단계를 필요로 한다. 각 단계 간의 연계성과 중요성, 각 단계별 유의사항을 숙지하고, 이를 사업의 성과관리계획 수립과 시행 시 활용하도록 한다.

읽을 거리

- 린다 G. 모라 이마스(Linda G. Morra Imas)·레이 C. 리스트(Ray C. Rist). 2016. 『개발협력 프로그램 평가의 설계와 실행』. 한국국제협력단 옮김. 한울아카데미.

- 한국국제협력단. 2009. (프로젝트 관리와 평가)프로젝트 기획, 모니터링 및 평가 방법론. 2009.11. 한국국제협력단.

- 한국국제협력단. 2008. 개발협력사업평가 가이드라인. 한국국제협력단.

- Michael Bamberger. 2010. Reconstructing Baseline Data for Impact Evaluation and Results Measurement. World Bank.

필수개념 정리

- 결과 또는 성과(results) 개발 정책, 프로그램, 프로젝트를 통해 도출되는 상황과 환경의 변화를 의미하는데, 의도한 또는 의도하지 않은, 긍정적 또는 부정적 변화 모두를 일컫는다. 따라서 긍정적인 결과를 도출하기 위해 체계적인 성과관리가 요구된다.

- 성과(outcome) 해당 정책, 프로그램, 프로젝트를 통해 달성하고자 하는 변화, 목표를 지칭한다.

- 성과중심 관리(Results-based management) 대상사업의 모든 이해관계자가 사업의 모든 절차와 산출물이 목표한 결과 달성에 기여할 수 있도록 하는 경영전략을 지칭한다.

- 결과모형(Results framework) 사업의 목표가 성취되는 과정을 설명하고 그 논리적 구조를 제시하는 것으로서, 지표를 활용해 결과사슬에 제시된 사업활동의 결과를 측정하는 작업을 지칭한다. 결과모형은 ① 사업목표(사업목표를 요약하는 서술문), ② 사업의 성과를 측정할 수 있는 일련의 지표와 목표치, ③ 각 지표의 측정방식을 구체화한 M&E 체계(기초선, 각 지표에 대한 목표치, 지표 데이터 출처, 분석업무 담당)로 구성된다.

- 변화이론(Theory of change) 해당 사업의 투입물과 활동이 어떻게 결과로 이어질 수 있는지 그 가설과 과정을 도식화한 형태로, 사업의 구성요소와 각 요소 간의 관계를 제시한다.

토론점

- 〈그림 7-3〉에서 제시한 분야별 ODA 사업의 변화이론을 참고해, 새로운 변화이론을 구성해보고 그 근거에 대해 논의해보자.

- KOICA ODA 도서관(http://ilb.koica.go.kr) 또는 KOICA 홈페이지(www.koica.go.kr▷KOICA사업▷사업평가▷KOICA 발간물 및 평가보고서)에서 다양한 분야별 사업의 사후평가 및 분야·사업형태별 종합평가 결과보고서를

참고해 실습해보자.

● 앞서 구성한 변화이론에 기반해 성과관리계획을 수립하고 그 결과를 논의해보자.

8장 프로젝트 평가

학습목표 ✎

1. 프로젝트 평가의 목적, 원칙, 기준, 종류에 대해
   이해한다.

2. 프로젝트 평가절차에 따른 단계별 주요 수행과정
   에 대해 숙지한다.

3. 최근 개발평가의 이슈에 대해 살펴보고, 평가 시
   유의사항에 대해 이해한다.

들어가며

평가(Evaluation)의 사전적 의미는 '평가대상의 품질, 중요성, 가치 등을 판단하는 과정(The process of judging something's quality, importance, or value)'[1]으로, 이를 개발협력 프로젝트의 평가로 연계하면 '프로젝트의 가치 및 중요성을 판단하고, 주요 결정을 내리기 위한 과정'이라고 정의내릴 수 있다.

국제개발협력에서의 평가는 흔히 경제협력개발기구(OECD: Organization for Economic Co-operation and Development)의 개발원조위원회(DAC: Development Assistance Committee)[2]의 정의를 따르고 있는데, '진행 중인(On-going) 혹은 완료된(Completed) 개발활동이나 정책, 프로그램의 가치, 혹은 그 의의를 판단하는 과정으로, 평가계획에 근거해 가능한 한 체계적이고 객관적으로 수행하는 활동'을 뜻한다.

국제개발협력 분야에서 평가의 중요성이 강조되기 시작한 시점은 1970~1980년대 무렵이다. 개발도상국의 발전을 위해 활발히 추진되고 있던 선진국의 원조사업에 대해 1980년대에 원조피로(Aid fatigue) 현상이 일어남에 따라 원조사업에 대한 회의감이 증대되었고, 원조사업의 정당성 입증을 위한 모니터링과 평가 강화가 요구되기 시작했다. 또한 성과중심 관리(Result-based Management) 혹은 증거기반 관리(Evidence-based Management)의 중요성이 부각되었으며, 2005년 파리선언(Paris Declaration) 이후로 원조 책무성(Accountability)이 강조되면서 이러한 기조는 최근까지도 지속되고 있다.

KOICA도 이 같은 국제적 흐름에 발맞추어 1996년 평가전담부서(현재 평

---

1   https://dictionary.cambridge.org(2017.11.20. 접속)
2   http://www.oecd.org/dac/2754804.pdf(2017.9.6. 접속)

가실)를 신설해 평가의 법적·조직적 체계를 마련하고, 매년 평가를 수행해, 그 결과를 공유하고 있다. 특히, 프로젝트 및 프로그램 기획 시, 프로젝트 설계 매트릭스(PDM: Project Design Matrix)를 수립하도록 하여, 영향(Impacts) – 성과(Outcomes) – 산출물(Outputs) – 활동(Activities) 간의 연계성을 제고할 수 있도록 관리하고 있다.

개발협력 프로젝트의 효과적인 집행을 위해서는 평가를 통해 사업목표 달성도 및 가치를 진단하고, 주요 교훈점을 도출해 새로운 사업 기획 시 반영되도록 하는 과정이 중요하다. 이에 이번 장에서는 프로젝트 평가의 목적과 기본원칙에 대해 살펴보고, 평가기준과 평가종류에 대해 이해하고자 한다. 또한 평가절차에 따라 각 단계별 사업수행자가 고려해야 할 사항에 대해 숙지하고, 최근 개발협력평가에서의 주요 이슈 및 사업수행자가 유의해야 할 사항에 대해서 학습해보고자 한다.

1. 프로젝트 평가의 기초

1) 평가의 목적

개발협력 프로젝트 평가의 주요 목적은 크게 3가지로 분류할 수 있다.

첫 번째 목적은 개발협력 프로젝트 추진에 대한 책무성을 확보하는 것이다. 개발협력분야의 사업수행자 또는 사업관리자는 그들이 추진한 프로젝트의 결과에 대해 정책결정자와 국민에게 보고할 의무가 있다. 특히 공적개발원조(ODA: Official Development Assistance)의 경우 국민의 세금으로 진행되기에, 프로젝트의 세부활동 및 추진성과를 보고하고 평가받는 절차를 통해 원조자금의 집행에 대한 투명성 및 정당성을 입증하는 것이 더욱 필요하다.

두 번째 목적은 프로젝트 진행에 있어 주요 의사결정(Decision-making)의 근거를 확보하는 것이다. 프로젝트 평가를 통해 주요 투입활동 대비 성과를 점검함으로써, 프로젝트의 위기상황 발생 시 계획을 수정해 진행할지, 프로젝트를 종료할지 또는 지속할지 등의 주요 의사결정을 내릴 수 있는 근거자료로 평가결과가 활용될 수 있다. 또한 평가결과를 통해 국가 개발협력전략의 주요 방향을 도출하고, 나아가 분야별 전략 수립의 근거자료로도 활용이 가능하다.

세 번째 목적은 평가 결과 및 교훈 도출을 통한 학습(Learning) 효과를 내는 것이다. 평가결과를 통해 프로젝트의 성공요인 및 미흡한 점 등을 분석하고, 주요 제언점을 도출해 향후 유사사업 기획 시 참고자료로 활용할 수 있다. 이를 통해, 프로젝트 수행자 및 관리자들은 이전 프로젝트의 실패사례를 반복하지 않도록 참고할 수 있으며, 평가결과를 환류해 유사한 프로젝트 또는 프로그램의 개선을 이끌어낼 수 있다.

2) 평가의 원칙

개발협력 프로젝트 평가는 크게 다음의 5가지 원칙에 따라 이루어진다(한국국제협력단, 2008: 9).

첫 번째는 객관성(Objectivity)이다. 평가자는 평가의 객관성 확보를 위해 객관적이고 신뢰할 수 있는 관찰과 추론의 결과에 근거해 사실을 밝혀내고, 그 사실에 근거해 가치판단을 수행해야 한다.

두 번째는 공정성(Impartiality)이다. 개발협력 프로젝트에는 수원국 및 공여국의 다양한 이해관계자가 참여하므로, 평가에 있어 서로 다른 이해관계자의 입장 차이를 고려해야 한다. 예를 들어, 사업수행자가 프로젝트의 성과로 판단하고 있는 것들이 수혜자 입장에서는 성과로 받아들여지지 않는 경우가 발생하거나 같은 성과도 이해관계자의 입장에 따라 다르게 이해될 수 있으므로, 다양한 이해관계자들의 입장을 분석해 평가를 수행하는 것이 필요하다. 이를 통해 평가자는 평가의 신뢰성을 확보하고, 평가결과의 왜곡을 방지할 수 있다.

세 번째는 신뢰성(Credibility)이다. 평가는 진실되게 진행해야 하며, 전문성 있고 독립된 평가자에 의해 투명한 절차를 거쳐 수행되어야 한다. 평가의 신뢰성 확보를 위해서는 사업의 성공요인뿐만 아니라 실패요인도 보고할 수 있어야 한다.

네 번째는 투명성(Transparency)이다. 평가자는 평가계획 수립 시 평가 조사 및 분석 기법을 명확하게 기술하고, 평가수행 후 확인된 사실과 결론을 명료하게 제시해 평가의 투명성을 제고해야 한다.

다섯 번째는 파트너십(Partnership)이다. 앞서 설명했듯이, 하나의 프로젝트에는 다양한 이해관계자가 참여하므로, 각자의 입장에 따라 프로젝트의 성과를 이해하는 수준이 다를 수 있다. 최근에는 개별 협력 파트너들이 평가에 참여할 수 있는 참여적 평가(Participatory evaluation)가 강조되고 있으며, 수원국과의 공동평가를 통해 수원국의 주인의식을 제고하는 것을 장려하고 있다.

KOICA에서는 2008년에 수립한 '개발협력 사업평가 가이드라인'[3]에 의거, 위에서 설명한 5가지 평가원칙에 입각해 평가를 수행하고 있다. 이 외에도 OECD DAC에서는 이해관계자들의 입장이 평가결과에 영향을 미치지 않도

---

3   http://lib.koica.go.kr/search/detail/CATTOT000000029326
     등 가이드라인은 OECD DAC(1991) 자료를 기반으로 작성되었나.

록 독립적인 평가를 수행해야 함을 강조하는 독립성(Independency) 원칙과, 정책 결정 및 사업 기획 시 참고할 수 있도록 평가결과를 명확하고 간결하게 제시해야 한다는 유용성(Usefulness)의 원칙도 가이드라인에 제시하고 있다 (OECD DAC, 1991).

표 8-1 평가의 원칙

구분	평가원칙	적용
객관성 (Objectivity)	객관적으로 믿을 만한 관찰과 추론에 기초해 평가를 수행	OECD 가이드라인 KOICA 가이드라인
공정성 (Impartiality)	평가에서 서로 다른 이해당사자의 입장 차이를 고려해 평가를 수행	OECD 가이드라인 KOICA 가이드라인
신뢰성 (Credibility)	평가 참가자들이 신의성실의 원칙에 따라 평가를 수행	OECD 가이드라인 KOICA 가이드라인
투명성 (Transparency)	평가 조사 및 분석 기법을 명확하게 보고서에 기술하고, 가치판단과 제언, 사실확인과 결론을 명확히 구분	OECD 가이드라인 KOICA 가이드라인
파트너십 (Partnership)	협력대상국 및 타 공여국 개발협력 파트너들의 평가 참여를 장려하며, 공동평가의 가능성과 적정성을 확인	OECD 가이드라인 KOICA 가이드라인
독립성 (Independency)	이해관계자들의 입장이 평가결과에 영향을 미치지 않도록 독립적인 평가를 수행	OECD 가이드라인
유용성 (Usefulness)	평가결과가 정책 결정 및 사업 기획 시 참고할 수 있도록 유용해야 함	OECD 가이드라인

자료: KOICA(http://www.koica.go.kr/program/evaluation/guideline/index.html, 2017.9.6. 접속), OECD DAC (1991).

3) 평가의 기준

양질의 평가를 위해서는 일련의 합의된 평가기준에 따라 평가를 수행하는 것이 필요하다. 대부분의 국제개발협력 수행기관에서는 OECD DAC에서 권고하는 5대 평가기준[4]인 적절성(Relevance), 효율성(Efficiency), 효과성(Effec-

---

4   OECD DAC에서는 DAC 회원국 및 주요 국제 평가기관들과 합의를 통해 1991년 평가 가이드라인을 수립했고, 동 문서에서 평가 수행자들의 평가기획 및 주요 질문 구성을 돕기 위한 5대 평가기준을 제시해 현재까지 널리 사용되고 있다. 최근에는 개발협력 이슈가 다양화되고 평가주제가 세분화됨에 따라 OECD DAC 5대 기준의 개선이 필요하다는 의견이 제기되

tiveness), 영향력(Impact), 지속가능성(Sustainability)에 근거해 프로젝트를 평가하고 있다. 그러나 개별 프로젝트의 평가시기, 평가주제, 평가범위에 따라 평가기준의 적용방안이 달라질 수 있으므로, 평가계획 수립 시 반드시 평가대상사업의 특성을 고려한 평가 기준을 수립하는 것이 중요하다.

우선 OECD DAC의 5대 평가기준의 각 항목이 의미하는 바가 무엇인지 살펴보도록 하자(한국국제협력단, 2008: 43~53).

적절성은 개발협력 프로젝트가 협력대상국의 필요와 우선순위를 충족하는 정도, 지속가능개발목표(SDGs) 혹은 새천년개발목표(MDGs) 등 국제적 개발목표 및 공여국의 지원정책에 부합하는 정도 등을 점검하는 기준이다. 간단히 말해 프로젝트가 협력대상국과 공여국, 그리고 국제사회의 입장에서 목표 및 우선순위에 부합하도록 진행되었는지를 다각적으로 분석하고 판단할 수 있는 항목이다. 즉, 협력대상국, 공여국, 국제사회 등 사업의 주요 이해관계자들의 요구사항, 관련 정책 및 우선순위에 부합했는지 종합적으로 분석할 수 있는 기준이다.

참고 8-1 적절성 기준 질문 예시

- 프로젝트/프로그램의 활동 및 산출물이 대상사업의 개발목표와 일치하는가?
- 프로젝트/프로그램의 목표가 수원국의 개발수요와 정책 우선순위에 부합하는가?

효율성은 프로젝트에 투입된 비용, 시간, 인력 대비 성과가 어느 정도 효율적으로 나타났는지에 대해 측정할 수 있는 기준으로, 투입 대비 성과가 클수록 효율성이 높다고 판단할 수 있다. 다른 평가기준에 비해 경제적인 성과

고 있으며, 제21차 OECD DAC 평가네트워크 회의에서도 5대 평가기준의 기계적 활용을 지양하고, 평가목적에 맞는 세분화된 평가기준을 수립해 활용해야 한다는 점을 지적하며, 향후 평가기준에 관한 후속논의를 진행할 것임을 공유한 바 있다(http://ieg.worldbankgroup.org/news/conversations-future-development-evaluation, www.oecd.org/dac).

를 판단할 수 있는 기준으로, 비용-효과 분석(Cost-Effectiveness Analysis), 비용-편익 분석(Cost-Benefit Analysis), 비용-효용 분석(Cost-Utility Analysis) 등 경제성 평가방법이 주로 활용된다. 효율성은 시간, 인력, 비용 등 투입 대비 경제적 가치를 측정하는 기준 이외에도 프로젝트 수행방법에 있어 효율성을 점검하는 기준으로도 적용될 수 있다. 예를 들면, 다른 대안과 비교했을 때 프로젝트 성과를 달성하기 위해 가장 효율적인 방법으로 사업이 추진되었는가 등을 점검하는 데 적용할 수 있다.

참고 8-2 효율성 기준 질문 예시

- 프로젝트/프로그램의 활동들이 비용효율적(Cost-efficient)인가?
- 프로젝트/프로그램이 다른 대안들과 비교했을 때 가장 효율적인 방법으로 이행되었는가?

효과성은 프로젝트의 목표의 달성 정도를 의미한다. 사업 초기에 설정한 사업목표에 따라 목표치를 얼마나 달성했는지 측정·점검할 수 있다. 효과성 분석은 크게 평가대상이 목표한 산출물을 모두 생산했는지 점검하는 산출물 분석(Outputs Analysis)과 산출물들이 가져온 단기적 변화 및 중장기적 목표 달성도를 분석하는 성과분석(Outcome Analysis)으로 구분될 수 있다. 산출물 (Outputs) 및 사업의 초기성과(Initial outcome) 분석은 주로 사업 종료 후 1년 이내에 실시하는 종료평가에서 중점적으로 활용하고, 사업의 중장기적 성과 (Mid to long-term Outcome) 분석은 종료평가 후 2~4년 이내에 실시하는 사후 평가에서 주로 활용한다.

효과성을 제대로 분석하기 위해서는 목표 달성도 측정의 기본이 되는 기준치에 대한 정보가 있어야 하므로, 사업기획단계에서부터 모니터링 및 평가계획을 유념해, 기준치에 대한 지속적인 정보가 축적될 수 있도록 하는 것이 중요하다. 또한 달성하려는 목표가 측정하기 어렵거나 달성기준이 모호

할 경우, 효과성 측정이 정확하지 않을 수 있으므로, 사업 초기 단계부터 목표를 제대로 설정하고, 사업수행과정에서 외부적 변수가 발생했을 때 이를 고려해 목표를 점검 또는 수정하는 과정이 필요하다.

참고 8-3 효과성 기준 질문 예시

- 프로젝트/프로그램의 목표들이 어느 정도 달성되었는가?
- 의도한 목표를 달성하거나, 혹은 달성하지 못한 주요 요인이 무엇인가?

영향력은 프로젝트 수행 결과 협력대상국에 사회적·문화적·환경적·경제적으로 미친 직접적 또는 간접적 효과를 측정하는 기준으로, 프로젝트에서 의도한 결과뿐만 아니라 의도하지 않은 결과 모두를 포함해 평가한다. 영향력 평가는 효과성 평가와 마찬가지로 기준치 정보 부족 및 외부 효과로 인한 구분의 어려움 등의 문제에 직면할 수 있으므로, 프로젝트로 인해 직접적으로 미친 영향과 기타 외부 효과로 일어난 영향에 대해 정확히 구분해 파악할 필요가 있다.

참고 8-4 영향력 기준 질문 예시

- 프로젝트/프로그램이 수혜대상에게 끼친 의도한 또는 의도하지 않은 영향은 무엇인가?
- 프로젝트/프로그램이 수혜대상에게 긍정적 또는 부정적으로 미친 영향은 무엇인가?

지속가능성은 프로젝트 종료 이후에도 일정 기간 효과가 지속될 수 있는지 여부를 점검할 수 있는 기준으로, 대상 프로젝트의 긍정적인 효과가 지속적으로 유지될 것인지에 대해 평가한다. 지속가능성에 영향을 미치는 주요 요인은 협력대상국의 주인의식과 프로젝트 참여 정도, 협력대상국의 문화적·제도적·재정적 지원 여부 등이 있다.

> • 공여국의 지원이 종료된 이후에도 프로젝트의 긍정적인 효과가 어느 정도 지속될 수 있는가?
> • 협력대상국의 관련 기관들이 효과적 운영을 위한 조직 및 제도를 갖추고 있는가?

KOICA는 OECD DAC에서 제시한 5대 평가기준을 토대로 각 평가대상에 적절한 평가기준을 수립해 평가를 수행하고 있으며, 이 외에도 젠더(Gender), 환경(Environment) 등 범분야 이슈[5]에 대한 평가기준을 별도로 포함해 적용하고 있다. 젠더요인을 고려한 기준으로는 대상 프로젝트를 통해 성평등 관계에 영향을 미친 정도를 평가할 수 있으며, 환경요인을 고려한 기준으로는 대상 프로젝트가 기획 및 진행 당시에 환경적 영향을 고려했거나, 실질적으로 환경에 영향을 미친 정도에 대해 평가할 수 있다.

4) 평가의 종류

개발협력 프로젝트의 평가는 평가주체, 평가시기, 평가내용에 따라 다양하게 구분할 수 있다. KOICA는 크게 평가주체, 평가시기, 평가대상, 평가목적에 따라 평가의 종류를 아래와 같이 구분하고 있다.

(1) 평가주체: 내부 평가, 외부 평가, 공동평가

먼저, 평가주체가 누구인지에 따라 내부 평가(Internal evaluation), 외부 평가(External evaluation), 공동평가(Joint evaluation)로 나눌 수 있다.

내부 평가는 개발협력사업 수행기관이 자체적으로 실시한 프로그램 또는 프로젝트에 대해 직접 평가하는 것을 말한다. 평가대상을 사업시행기관이

---

5   범분야(Cross-cutting) 이슈란 젠더, 환경, 인권 등과 같이 원조 효과 제고를 위해 모든 분야의 사업을 수행하는 과정에서 고려되어야 하는 이슈를 말한다(박명지, 2010: 2).

직접 평가한다는 면에서 자기평가(Self-evaluation)라고도 부른다. 내부 평가의 장점은 평가대상에 대한 이해도가 높다는 것이고, 단점은 평가대상과 이해관계가 얽혀 있어 평가의 독립성이 훼손될 위험이 있다는 것이다.[6]

외부 평가는 외부 전문기관 또는 외부 전문가에 평가를 위탁해 실시하는 방법이다. 외부 평가의 장점은 제3자의 시각으로 평가대상을 평가할 수 있어 평가 독립성을 제고할 수 있으며, 평가 대상분야에 대한 전문기관 또는 전문가를 섭외함으로써 분야 전문성에 입각한 평가를 실시할 수 있다는 점이다. 단, 외부 기관 및 전문가 선발 시 평가 대상사업과의 이해관계 여부를 고려해 공정한 절차 아래 검증된 평가자를 섭외하는 것이 중요하다.

공동평가는 공여기관과 수원기관 등 대상 프로젝트에 참여한 이해관계자들이 하나의 평가방식을 적용해 공동으로 수행하는 평가를 뜻한다. 다자 – 양자 기관 간 공동평가, 양자 기관 간 공동평가 등이 있으며, 최근에는 협력대상국의 주인의식 제고 및 참여적 평가가 강조되고 있어, 공여국 – 협력대상국 간 공동평가도 증가하고 있는 추세이다.

(2) 평가시기: 사전평가, 중간점검, 종료평가, 사후평가

평가를 어느 시기에 진행하는지에 따라 사전평가(Ex-ante evaluation), 중간점검(Midterm review), 종료평가(End-of-Project evaluation), 사후평가(Ex-post evaluation)로 구분할 수 있다.

---

6 국내에서는 개발협력 사업시행기관에서 매년 연간 평가계획을 수립하면, 이를 국무조정실 산하 평가소위원회에 보고하고 승인받는 절차를 거치게 되는데, 이때 사업시행기관이 개별적으로 수립하는 연간 평가계획을 '자체 평가계획'이라고 부른다. 여기서 '자체평가'는 사업시행기관의 자체적인 평가계획을 말하는바, 앞서 설명한 '자기평가'와는 의미하는 바가 다르기 때문에, 혼동하지 않도록 주의해야 한다. 국무조정실 평가소위원회에서 통칭하는 '자체평가' 내에서도 사업시행기관의 내부 평가자가 직접 평가를 수행하는 경우 내부 평가로 분류할 수 있고, 외부 평가기관 또는 평가자에게 위탁해 실시하는 경우 외부 평가로 분류할 수 있기 때문이다.

사전평가는 사업 착수 이전에 사업의 적절성, 타당성 및 잠재적 지속가능성을 중점적으로 분석하는 활동을 말한다(OECD, 2002). 사전평가단계에서는 프로젝트 추진을 위한 대내외적 환경분석을 통해 사업 추진이 적절한지 평가하고, 사업 목표와 내용 간의 논리성, 추진전략의 적절성, 예산 배분의 적절성 등을 점검한다. 또한 프로젝트 기획 – 수행 – 평가 전 단계에 있어 성과관리를 염두해 사업이 기획될 수 있도록 점검하는 역할도 하고 있다. 최근 성과중심 관리 개념이 지속되면서, 목표 달성도를 점검하기 위한 성과중심 관리 계획을 사업기획단계에서부터 수립해야 한다는 지적이 많이 제기되며 그 중요성이 부각되고 있다.

중간점검은 프로젝트 진행 중간시점에서 이루어지는 점검을 의미한다. 모니터링의 한 단계로 볼 수 있으며, 사업 중간시점에서의 목표 달성도를 점검하고, 필요시 중간점검 결과에 따라 목표 수정 및 사업추진 방향 수정 등을 실시할 수 있다. 이때, 프로젝트 중간시점까지의 투입물 – 활동 – 산출물에 대한 적절성, 효율성, 지속가능성 등을 기준으로 점검할 수 있다. KOICA는 2008년 '개발협력 사업평가 가이드라인'에서 중간시점에서의 평가를 중간평가(Interim evaluation)로 정의하고 평가전담부서 주관으로 동 평가를 실시했으나, 평가절차의 간소화를 위해 2014년부터 용어를 중간점검으로 변경하고, 프로젝트를 수행하는 부서에서 직접 점검하는 방식으로 변경해 추진하고 있다.[7]

종료평가는 프로젝트 종료 이후 1년 이내에 실시하는 평가를 말하며, 주로 프로젝트의 초기성과 또는 산출물 위주로 목표 달성도를 점검한다. 특히, 프로젝트 투입물 – 활동 – 산출물 – 성과에 대한 적절성, 효율성, 효과성을 중

---

[7] 최근에는 사업에 대한 모니터링 확대를 통해 주요 위험요소들에 대응하고, 효율적인 사업을 수행하기 위해 기존의 중간점검을 연차점검으로 확대하도록 제도 개선을 추진한 바 있다.

점적으로 평가한다. 종료평가는 프로젝트를 수행한 부서에서 자체적으로 실시하기도 하고, 외부 기관 및 전문가를 선발해 평가를 실시하기도 한다. 사업 수행부서의 요청이 있고 평가의 중요성이 인정될 경우, 평가전담부서에서 종료평가를 수행하는 경우도 있다.

사후평가는 프로젝트 종료평가 이후 2~4년 이내에 실시하는 평가이다. 종료평가가 사업 종료 이후의 초기성과를 측정하고 사업시행 과정상 성과를 중점적으로 측정한다면, 이에 비해 사후평가에서는 사업 종료 이후의 일정 기간이 지난 시점에서 평가가 이루어지므로 사업의 중장기 성과 및 지속가능성, 영향력 등을 중점적으로 평가한다. 따라서, 종료평가 후 1년 이상 경과한 사업에 대해 매년 평가성 사정(Evaluability assessment)을 통해 평가대상을 선별해 사후평가를 실시한다. 사후평가는 평가전담부서에서 외부 평가자를 선정해 실시한다.

표 8-2 평가시기에 따른 평가별 특징

구분	사전평가	중간점검	종료평가	사후평가
평가 목적	사업 착수 이전에 사업의 적절성, 타당성, 잠재적 지속가능성을 분석하는 활동	사업 중간시점의 사업성과 달성 정도 및 산출물 점검	사업 종료 후 사업계획 시 수립한 목표 및 단기 성과를 달성했는지 확인	종료평가 이후에 지속가능성 여부 및 사업의 영향력 등을 확인, 유사사업 제언점 도출
평가 범위	사업계획	투입물 - 활동 - 산출물	투입물 - 활동 - 산출물 - 성과	투입물 - 활동 - 산출물 - 중장기 성과
주요 평가 항목	적절성, 지속가능성	적절성, 효율성, 지속가능성	적절성, 효율성, 효과성	효과성, 지속가능성, 영향력

자료: 한국국제협력단(2012b: 69) 활용 저자 재구성.

(3) 평가대상: 프로젝트/프로그램 평가, 주제별 평가, 분야별 평가, 국별 평가, 형태별 평가

평가대상이 무엇인지에 따라서는 프로젝트/프로그램 평가(Project/Program evaluation), 주제별 평가(Thematic evaluation), 분야별 평가(Sector evaluation),

국별 평가(Country Programme evaluation), 형태별 평가(Modality evaluation) 등으로 구분된다.

프로젝트/프로그램 평가는 개발협력 프로젝트 또는 프로그램을 대상으로 실시하는 평가를 의미하며, KOICA에서 1991년부터 2016년까지 수행한 평가 중 57%를 차지할 정도로 가장 많이 수행해 온 평가이다. 평가시기에 따라 사전평가, 종료평가, 사후평가 등으로 구분될 수 있다.

주제별 평가는 젠더, 환경, 인권, 제도 개선 등 개발협력분야에서 특정한 주제를 대상으로 한 평가를 말한다. 하나의 선정된 주제 내에서 국별, 분야별 사업들의 범위를 설정해 그 결과를 종합적으로 분석하는 방식이다. 예를 들면, '취약계층에 대한 포괄적 접근 평가', '직업훈련 프로그램 평가', '장애인권적 사업 평가' 등이 될 수 있다.

분야별 평가는 특정 분야에 대한 사업수행 결과를 종합적으로 분석하는 평가를 의미한다. 특히, 선정된 분야에 대한 국가 및 사업시행기관의 분야별 전략이 있을 경우, 전략 대비 성과에 대해서 점검할 수도 있다. 예를 들면, '보건분야 프로그램 종합평가', 'ICT 교육분야 지원사업 종합평가' 등을 들 수 있다.

국별 평가는 국가별로 지원되는 프로젝트 또는 프로그램에 대해 평가하는 것을 의미한다. KOICA는 국가협력전략(CPS: Country Partnership Strategy)을 3년마다 수립해 사업을 수행하고 있는데, 동 전략에 대한 부합 정도 혹은 협력대상국의 자체적인 개발 정책 및 전략에 대한 부합 정도 등을 분석하는 데 활용된다.

형태별 평가는 개발협력분야의 다양한 사업형태에 대해 평가하는 것을 말한다. KOICA의 대표적인 사업유형으로는 국별협력사업, 글로벌 연수사업, 해외봉사단 파견사업, 인도적 지원사업, 민관협력사업, 국제기구협력사업, 국제질병퇴치기금사업 등이 있는데, 사업형태별 평가주제를 선정해 성과를 점검 및 평가할 수 있다. 예를 들면, '해외봉사단사업 종합평가', '글로벌 연수사업 종합평가' 등을 들 수 있다.

(4) 평가목적: 과정평가, 영향평가

평가의 목적을 어디에 두는지에 따라서는 과정평가(Process evaluation)와 영향평가(Impact evaluation)로 구분할 수 있다.

과정평가는 프로젝트 활동의 계획과 실행 단계에 초점을 둔 평가로서, 프로젝트 수행과정에서의 문제점을 분석하고, 개선방안을 도출하기 위해 활용된다. 대부분의 과정평가는 중간점검, 종료평가의 형태로 이루어진다.

영향평가는 프로젝트의 성과에 미친 영향을 측정할 때 내부 및 외부 요인을 배제하고 대상사업의 순(net)효과를 측정하기 위한 평가로서, 일반적인 평가와는 달리 사업을 실시하지 않았을 경우와 실시했을 경우를 비교할 수 있는 대조군(Control group)을 설정해 투입물 – 산출물 – 최종 사업성과에 대한 인과관계를 분석하고, 사업의 효과성을 입증하는 평가이다.

2. 프로젝트 평가 절차[8]

KOICA는 연간단위의 평가계획에 의거해 평가를 수행한다. 매년 12월까지 평가과제 수요조사를 실시한 후, 정책연관성, 확대 적용 가능성, 유용성,

---

8   프로젝트 평가는 주로 평가기획-평가설계-평가 수행/분석-평가 결과보고-평가 결과환류의
     절차를 거쳐 진행이 되나, 각 기관별로 조금씩 상이할 수 있다. 이 장에서는 KOICA의 평가절
     차에 초점을 두어 설명하고자 한다.

평가가능성, 비용 대비 타당성 등을 검토하는 평가성 사정 과정을 거쳐 평가대상을 선정하고 연간 평가계획을 수립한다. 이후 차년도 1~2월에 국무조정실의 국제개발협력 평가소위원회[9]의 승인을 얻어, 3~12월까지 평가를 수행하고, 그 결과를 다시 평가소위원회에 보고하고, 평가결과를 공유하는 절차를 밟는다. 또한 주요 평가결과에 대한 환류과제를 도출 및 이행해 평가결과의 활용성을 높이기 위한 노력을 지속하고 있다.

KOICA가 수행하는 평가절차는 크게 평가 기획 및 설계, 평가 수행 및 분석, 평가 결과보고 및 결과환류로 구분될 수 있는데, 이 장에서는 평가절차에 따른 각 단계별 수행방안에 대해 알아보도록 한다.

1) 평가의 기획 및 설계

(1) 평가기획: 평가대상 분석, 평가 범위 및 방향성 설정

평가기획은 평가를 수행하기 위한 가장 기본이 되는 시작단계로 평가의 성패를 좌우할 만큼 매우 중요한 역할을 한다. 따라서, 평가 수행자[10]는 평가기획단계에서 충분한 준비과정을 거쳐 체계적인 평가 기획 및 설계가 이루어질 수 있도록 해야 한다.

먼저, 연간 평가계획이 수립 및 승인되면, 평가 기획자는 각 평가과제별 세부 평가계획을 별도로 수립해야 한다. 이때 평가대상 프로젝트 및 프로그

---

9   국가의 무·유상 원조사업의 정책일관성 및 조화 강화 방안으로 2009년 국무조정실 산하로 구성된 조직이다. 2009년 통합평가지침 수립 이후에 각 원조시행기관들의 연간 평가계획을 점검 및 승인하는 역할을 하고 있으며, KOICA도 매년 평가소위원회에 평가계획을 보고 및 승인받고 있다.

10 평가 수행자는 평가를 직접 수행하는 주체(평가자)를 뜻하며, 평가 기획자는 평가를 기획하고 발주하는 기관의 담당자를 말한다.

램의 주요 문서를 확보하고 검토해, 평가의 세부범위를 정해야 하며, 프로젝트 및 프로그램 담당자들과 협의를 거쳐 주요 현안사항 및 평가 참고사항에 대해 확인하는 절차를 밟아야 한다.

사전 검토가 완료되면 평가 기획자는 평가목적, 평가 대상사업, 평가범위, 평가 수행방법, 평가 주요 산출물 및 품질관리 항목, 추진일정, 예산배분계획 등이 담긴 구체적인 평가계획을 수립해야 한다. 이때, 평가 예산과 일정, 자료 확보 가능성 등 평가 제약요소는 없는지 충분히 검토한 후 계획을 수립하는 것이 중요하다. 또한 외부 평가자를 선정할 계획이라면 외부 용역 선정 방안 및 제안요청서(전문가 과업범위 포함), 소요예산 산출내역서 등을 추가로 작성해 첨부해야 한다.

참고 8-6 개별 평가계획 수립 시 포함되어야 할 내용

---

1. 평가개요: 평가목적, 평가범위, 평가 대상사업, 평가방법 등
2. 평가 수행방법 및 체계: 평가자 구성, 평가 논리모형, 평가 매트릭스 등
3. 평가 주요 산출물 및 품질관리 항목
   (평가수행계획서, 현지조사계획서, 중간보고서, 최종보고서 등)
4. 평가 추진일정
5. 평가예산
   ※ 외부 평가자 선정의 경우 제안요청서, 투찰내역서 첨부

평가예산 수립을 위한 팁

- 평가자 구성 및 투입일수 검토: 평가예산을 수립할 때는 평가 범위와 내용의 난이도에 따라 핵심 투입인력을 어떻게 구성하고, 얼마나 투입할지 면밀하게 검토해 예산계획을 수립하는 것이 중요하다. KOICA에서는 사후평가의 경우 1개 평가과제당 평가 책임자 1인, 분야 전문가 1인, ODA 평가 전문가 1인, 평가 보조원 1인을 기본으로, 국별/주제별 평가의 경우 평가 책임자 1인, 분야 또는 국별 전문가 1인, ODA 평가 전문가 1인, 평가 보조원 1인 등을 기본으로 설정할 것을 권고하고 있다.

- 현지조사 상세계획 검토: 현지조사 일수, 현지조사 방법(워크숍, 인터뷰, 설문조사 등), 현지 물가수준 등에 따라 평가예산의 범위가 달라질 수 있다. 따라서 사전 검토를 통해 적절한 현지조사 계획을 수립하고, 현지 숙박, 차량임차료 단가 및 현지 컨설턴트 고용비 등 협력대상국 물가수준을 사전에 점검해야 한다.

자료: 한국국제협력단(2017a: 9).

(2) 평가설계: 평가질문 및 평가방법 결정

평가 계획문서에 의거해 외부 전문가 또는 용역기관을 선정하고 나면, 평가 수행자는 세부평가 이행계획을 수립해야 한다. 이때 평가 발주기관에서 제공한 평가 대상사업에 대한 참고자료를 토대로 선행조사를 실시해야 하며, 필요시 사업시행기관 및 사업수행담당자 면담을 통해 평가 세부 참고사항을 파악해야 한다.

평가설계 단계에서 가장 중요한 것은 평가질문 및 평가 매트릭스를 제대로 구성하는 것이다. 평가질문은 평가를 통해 얻고자 하는 답을 이끌어내는 주요 열쇠로서, 평가의 전체 방향을 이끄는 중요한 역할을 한다.

모라 이마스와 리스트(2016: 268~274)에 따르면, 평가질문의 유형은 크게 서술적(Descriptive) 질문, 규범적(Normative) 질문, 인과관계(Cause-Effect) 질문으로 나누어 볼 수 있는데, 세부내용은 다음과 같다.

서술적 질문은 평가 대상사업 및 그 절차를 이해하기 위한 질문으로, 사업 추진배경, 추진과정, 이해관계자 관계 등에 대한 사실 확인 및 정보 취합이 주목적이다. 주로 현 상황에 대해 투입물-활동-산출물에 관련한 정보를 육하원칙에 입각해 파악하고 기술하는 데 활용된다.

참고 8-7 서술적 질문의 주요 예시

- 프로젝트의 주요 목표는 무엇이며, 언제, 어디에서 시행되었는가?
- 프로젝트가 각 이해관계자에게 미친 영향은 무엇인가?
- 프로젝트에 참여한 구성원은 어떻게 되며, 각각 어떠한 역할을 수행하는가?
- 유사사업과 비교했을 때 프로젝트에 투입된 비용은 어떠한가?

자료: 모라 이마스·리스트(2016: 269).

규범적 질문은 현 상황과 목표(지향점)를 비교해 목표 달성 정도를 측정한다. 사업 초기시점에 투입물-활동-산출물-성과 수준의 기준치와 목표치가 설정되어 있었다면, 사업성과의 달성 여부를 측정할 수 있으며, 그러한 기준치가 부재하다면 그 기준을 협의를 통해 별도로 수립할 수 있다.

참고 8-8 규범적 질문의 주요 예시

- 계획한 목표를 달성했는가?
- 계획한 만큼 예산을 지출했는가?
- 참여자를 선정하는 절차가 공정했는가?

자료: 모라 이마스·리스트(2016: 271).

인과관계 질문은 프로젝트를 통해 나타나는 변화를 측정하기 위한 질문이며 '어떠한 프로젝트의 영향 또는 결과를 달성했는가'를 확인한다. 사업 전후로 '프로젝트 수행을 통해 나타난 변화'가 무엇인지를 질문하는 것이 중요하다.

참고 8-9 인과관계 질문의 주요 예시

- 프로젝트 수혜자들이 (그렇지 않은 경우보다) 직업훈련 후 소득이 증가했는가?
- 프로젝트로 인해 수인성 질병의 유병률이 감소했는가?

자료: 모라 이마스·리스트(2016: 272).

좋은 평가질문을 구성하기 위해서는 프로젝트 평가 시 주요한 이슈가 무엇인지 파악하는 것이 중요하다. 피츠패트릭·샌더스·워든(Fitzpatrick, Sanders, and Worthen, 2004)[11]은 평가질문 선정을 위한 매트릭스를 구성해, 우선순위 척도를 통해 평가 기획자 – 수행자 간 질문목록을 합의해 나가는 데 활용하도록 제안했다. 예를 들어, 해당 질문이 주요 이해관계자의 관심사인지, 해당 질문을 통해 중요 정보를 도출할 가능성이 높은지 등 주요 사항을 점검해 '핵심질문'을 선별해 낼 수 있다.

효율적인 평가설계를 위해서는 평가 매트릭스(Evaluation Matrix)를 구성하는 것이 효과적이다. 평가 매트릭스란 평가질문과 세부질문, 정보 수집, 분

---

11   모라 이마스·리스트(2010: 277).

표 8-3 평가질문 구성 체크리스트

	평가질문									
	1	2	3	4	5	6	7	8	9	10
해당 질문이 주요 이해관계자의 관심사항인가?										
해당 질문이 현재의 불확실성을 감소시킬수 있는가?										
해당 질문이 중요한 정보를 도출할 수 있는가?										
해당 질문이 평가의 범위 및 완전성에 결정적인가?										
해당 질문이 향후 평가단계에 영향을 미치는가?										
해당 질문은 주어진 재원 및 인적자원, 시간, 방법 및 기술로 응답 가능한 수준인가?										

자료: 모라 이마스·리스트(2016: 277).

석방법 등을 도표화한 것인데, 평가기준, 평가항목, 세부 평가질문, 성과를 측정하기 위한 지표, 자료 출처, 분석방법 등을 하나의 표에 정리해 평가의 주요 사항을 한눈에 파악할 수 있도록 도움을 준다는 장점이 있다. 또한 평가 매트릭스는 평가 이해관계자(평가 기획자, 평가 수행자) 간 평가 도출방향에 대해 합의하고, 추후 평가계획에 따른 평가를 수행했는지 점검하는 도구로 활용될 수도 있다.

〈표 8-4〉는 KOICA에서 표준화해 사용하고 있는 평가 매트릭스의 예시로, 각 평가기준별 세부 평가질문으로 구성되어 있다. 1절에서 설명했듯이, 평가자는 대상사업의 특성 및 평가범위를 고려해 평가 매트릭스 예시와 같이 세부 평가 항목 및 질문을 추가로 구성할 수 있으며, 세부 평가질문에 따른 측정지표, 자료 출처, 자료 분석방법에 대해 세분화해 명시할 수 있다.

평가 수행자가 평가 매트릭스를 수립할 때 가장 유념해야 할 점은 즉시 평가에 활용할 수 있을 정도로 매트릭스 내용이 구체적이고 세분화되어야 한

표 8-4 평가 매트릭스 예시

평가 기준	평가 항목	세부 평가질문	측정 지표	자료 출처	분석 방법
적절성	개발전략	• 프로젝트의 목표가 협력대상국의 개발목표 및 전략과 일치하는가 • 우리나라의 국가협력전략, KOICA의 분야별 전략 등에 부합하도록 기획 또는 진행되었는가			
	개발수요	• 협력대상국의 개발수요 및 수혜자 측면에서 개발문제 해결을 위해 적절하게 기획되었는가			
효과성	단기 성과	• 동 프로젝트를 통해 단기 성과가 도출되었는가			
	중장기 성과	• 동 프로젝트를 통해 중장기 성과가 달성되었는가			
	효과분석	• 동 프로젝트의 성과 달성에 있어 촉진 또는 장애 요인이 무엇인가			
효율성	투입 대비 산출물	• 투입금액 대비 산출물이 효율적이었는가 • 유사사업과 비교할 때 비용효율적이었는가			
	산출물 대비 성과	• 동일 자원으로 보다 많은 결과를 달성할 수 있었는가 • 위험요인 발생 시 효율적으로 관리했는가			
	운영 효율성	• 평가대상 프로젝트는 효율적으로 운영되었는가 • 계획과 수행 단계에서 어떤 수단을 활용했는가			
영향력	수혜자	• 프로젝트 전과 비교했을 때, 어떤 긍정적/부정적 영향이 있는가			
	기타	• 동 프로젝트가 의도하지 않은 영향이 있는가			
지속가능성	제도적	• 협력대상국의 관련 법, 제도, 규정이 새로 제정 되거나 개선되었는가			
	인적	• 프로젝트의 유지 관리를 위한 기술력 또는 인력을 지속적으로 양성할 수 있는가			
	재무적	• 협력대상국에서 지속적인 운영예산을 확보할 수 있는가			
	기타	• 프로젝트의 결과를 지속가능하게 하기 위한 계획이 있는가			
기타(범분야)	젠더	• 여성의 사업활동 또는 수혜를 제한하는 요인을 파악하고 이를 전략에 반영했는가 • 여성 수혜자의 권한 강화 지원을 위한 요소(의사결정 조직 내 최소 여성참여비율 도입, 여성 조직화 등)를 사업내용에 반영했는가 • 성별 분리 데이터를 수집해 남성/여성에 미치는 차별적 영향을 점검했는가			
	환경	• 환경영향평가를 시행하고, 그 결과를 사업 계획 및 전략에 반영했는가 • 환경에 미칠 영향에 대해 점검하고 모니터링을 위한 예산 및 인력을 확보했는가			

		• 사업기획 과정에서, 취약계층을 식별하고, 취약계층의 불평등/소외 원인을 분석해 사업 내용과 전략에 반영했는가 • 취약계층에 미치는 영향이 성과 모니터링 및 평가에서 고려되었는가		
	인권			

자료: 한국국제협력단(2008) 참고 저자 재구성[동 매트릭스 예시(안)은 평가 매트릭스의 전체 구성양식을 보여주기 위함이며, 평가 대상사업에 따라 세부 기준 및 질문은 변경 가능하다. 측정지표, 자료 출처, 분석방법 등에 대한 예시는 〈표 8-5〉를 참고할 수 있다].

다는 것이다. 평가자는 평가 매트릭스 예시를 기본으로 하여 세부 평가질문별 하위 평가질문을 만들어 각 평가항목별 내용을 점검할 수 있도록 설계해야 한다.

예를 들어, 교육분야사업의 평가 매트릭스 수립 시, '적절성' 기준에 대한 질문을 설계한다고 가정해보자. 먼저, 협력대상국 교육분야 전략에 부합하는지 여부, 수원기관 및 수혜자의 요구사항이 반영되었는지 여부, 공여국의 교육분야 전략 및 국가협력전략에 일치하는지 여부 등을 파악할 수 있는 질문을 구성할 수 있다. 또한 각 평가질문마다 측정지표를 제시하고, 자료 출처와 분석방법에 대해서도 구체적으로 명시해야 한다. 이때, 어떠한 자료를 근거로 평가할 것인지 판단하기 위해 자료 출처를 구체적으로 명시해야 하며, 자료 분석방법 또한 누구를 대상으로 어떻게 수행할 것인지 구체적이고 명확하게 설계해야 한다.

표 8-5 '한-필 인력개발센터 설립사업 사후평가' 적절성 매트릭스 예시

적절성 평가항목		세부 평가질문	측정대상 (지표)	자료 출처	자료 분석방법
정책 및 전략	수원국 국가개발 정책 및 전략, 교육개발 우선순위와의 부합 여부	본 사업은 필리핀 국가개발 정책 및 전략, 교육개발 우선순위와 부합하는가?	본 사업의 필리핀 국가개발 정책 및 전략과의 부합성	필리핀 국가개발 정책 및 전략	문헌조사
			본 사업의 필리핀 교육분야 정책 및 전략과의 부합성	필리핀 교육분야 정책 전략	문헌조사

	수원국 국가협력전략 및 분야전략과의 부합성	본 사업은 필리핀 국가협력전략(CPS) 지원정책의 우선순위와 부합하는가?	본 사업의 필리핀 CPS 중 우선순위 전략과의 부합성	필리핀 국가협력전략 (CPS) 문서	문헌조사
		본 사업은 KOICA 교육분야 전략과 부합하는가?	본 사업의 KOICA 교육/직업훈련 분야 전략과의 부합성	KOICA 교육분야 지원전략 (2011-2015)	문헌조사
사업 계획	수원국 노동시장 수요와의 부합 여부	훈련 프로그램 과정 및 내용은 필리핀 산업 및 노동시장 수요를 반영했는가?	본 센터 훈련 프로그램 과정 및 내용과 필리핀 산업 및 노동시장 수요와의 부합성	훈련 프로그램 과정 개발결과 보고서	문헌조사
	사업대상지 선정의 적절성	해당 사업대상지에 HRD 센터를 건립하는 것은 적절했는가?	사업대상지 선정근거의 적절성(위치 및 지리적 접근성 측면)	본 사업 관련 자료 (사전타당성 조사 결과보고서)	문헌조사
	사업시행기관 선정의 적절성	본 사업을 수행한 PMC는 KOICA와 보완적인 분야별 전문성과 ODA 사업 수행경험을 가지고 있는가?	PMC의 주요 활동분야 및 사업 수행경험의 적절성	PMC 추진사업 관련 문서 또는 보고서	문헌조사
			PMC가 제시한 주요 산출물 내용의 적절성	PMC 주요 산출물	문헌조사
	사업목표 설정의 타당성	성과층위 간 논리는 타당한가?	사업 논리모형상의 성과층위의 타당성	본 사업 관련자료 (사업계획서, 중간점검 보고서)	문헌조사

자료: 한국국제협력단(2017), 필리핀 한-필 인력개발센터 설립사업 사후평가 보고서(2017: 16).

2) 평가의 수행 및 분석

평가 기획 및 설계 단계에서 개별 평가별 평가수행계획이 수립되고 나면, 본격적으로 평가를 진행하게 된다. 평가 수행자는 국내조사와 현지조사를 통해 평가 대상사업에 대한 정보를 획득하게 되고, 그 결과가 취합되면 분석해 주요 평가방향을 도출한다.

(1) 평가수행

국내조사 단계에서는 평가 대상사업에 대해 확보한 문헌자료를 기본으로 사업시행과정 및 주요 현안사항에 대해 이해하고, 파악이 어려운 부분은 사업담당기관의 관계자 또는 사업시행기관 관계자들과 인터뷰를 통해 추가정보를 얻을 수 있다.

참고 8-10 현지조사계획 수립 시 점검사항

- 협력대상국 측 평가 담당자 확인, 주요 이해관계자 확인
- 현지조사 방법, 일정 등에 대한 협력대상국 측 동의 확보
- 현지조사 전 설문조사, 인터뷰 질문지, 공동평가서(협력대상국과 공동평가를 실시하는 경우) 양식을 미리 송부
- 현지조사 추진 관련 참고사항 파악(현지 컨설턴트 활용방안, 현지 문화적·제도적 평가 제약사항, 통번역 활용방안, 숙박 및 차량 등 현지 물가수준)

현지조사 단계에서는 현지조사 시 방문이 필요한 기관, 설문조사 및 인터뷰 대상기관을 사전에 선별해 구체적인 현지조사계획을 수립해야 한다. 특히, 협력대상국 이해관계자들이 현지조사기간에 평가 참여가 가능한지 사전에 확인한 후, 관련 인터뷰 질문지 및 설문 조사지를 현지조사 최소 1주 전까지 송부해 인터뷰 및 설문조사에 대한 이해도 및 정확도를 높이는 것이 바람직하다. 설문지 사전 배포, 설문조사 방법 안내, 설문지 회수 및 통역 등 원활한 현지조사를 위해서 현지 컨설턴트를 고용할 수 있으며, 현지 컨설턴트의 역량에 따라 설문조사 결과가 왜곡되거나, 오류를 범할 가능성이 있으므로, 현지에서 다년간 역량이 검증된 인력으로 추천을 받아 활용하는 것이 적절하다.

표 8-6 국내조사 시 검토자료 범위

구분		세부내역
평가 대상사업 관련 자료	정책/전략 자료	• (공여국 관련 자료) 국가협력전략(CPS), 분야별 전략, 유사분야 프로젝트 평가보고서 • (협력대상국 관련 자료) 협력대상국 관련 분야 법령, 정책 및 전략 문서, 관련 통계자료

	프로젝트 계획 자료	• 사업개요서, 사업제안서, 예비조사 결과보고서, 기획조사 결과보고서, 협의의사록(R/D)
	프로젝트 수행 자료	• 집행계획, 사업수행업체 계약서, 사업수행계획서, 사업시행기관 정기 모니터링 보고서, 중간보고서, 사업종료보고서
	프로젝트 평가 자료	• 중간점검 결과보고서, 종료평가 결과보고서
기타 자료	유사분야 동향 자료	• 평가 대상사업의 국내·외 유사분야 관련 동향 참고자료 (예: 주요 국제기구, 양자 및 다자 기구 자료, 국가정책자료, 평가보고서)

자료: 한국국제협력단(2017a: 19) 참고 재구성.

또한 프로젝트 평가 수행단계에서 다양한 조사방법론을 활용해 평가를 진행할 수 있는데, 가장 흔하게 활용하는 방식은 문헌조사(Literature review), 직접 관찰(Direct observation), 설문조사(Survey), 인터뷰(Interview), 포커스그룹 토의(Focus group discussion) 등의 방식이다. 세부적으로 살펴보면 다음과 같다.[12]

문헌조사는 평가 대상사업과 관련된 다양한 문헌자료를 연구·분석해 필요한 자료를 수집하는 방법을 말한다. 여기에는 평가 대상사업 관련 지역별, 국별, 분야별 전략뿐만 아니라 사업 기획 – 수행 – 종료의 전 단계에서 도출된 각종 문헌들이 포함되며, 이들의 분석을 통해 평가 대상사업에 대한 이해도를 높일 수 있다.

직접 관찰은 의미 그대로 평가 대상사업 현장에서 직접 확인하고 정보를 수집하는 것을 의미한다. 주로 건축, 기자재 지원 등 하드웨어 측면을 지원한 프로젝트에서 활용하는 방식으로, 평가설계 시 준비한 주요 평가질문 사항들에 대해 확인하며, 프로젝트에 대한 현황을 점검 및 체크할 수 있다.

설문조사는 평가대상에 대해 파악하고자 하는 세부질문을 구성해 답변을 얻고, 통계적 분석이 가능하도록 데이터를 수집하는 방법이다. 평가 대상사

---

12 평가방법론은 한국국제협력단(2008: 59~68), 한국국제협력단(2009: 84~137)을 참고해 작성했다. 평가 설계 및 조사방법에 대해서는 7장에서도 내용이 기술된바, 참고 가능하다.

업에 대해 모집단을 설정한 후, 조사 대상자에게 설문지를 전달해 그 결과를 회신받는 방법(자기기입식)과, 조사자가 직접 대상자에게 질문을 하면서 답을 기입하는 방법(면대면/인터뷰식)이 있다. 또한 모든 집단에 대해 조사하는 '전수조사(Complete enumeration)'가 있고, 그 일부를 선정해 조사하는 '표본조사(Sample survey)'가 있다.

설문조사는 결과를 수치화해 신뢰성을 높일 수 있고, 시간을 절약할 수 있는 장점이 있어 가장 흔히 사용되는 조사방법이다. 그러나 모집단이 너무 작거나, 모집단과 대상사업 간의 연관성이 낮거나, 설문응답률이 너무 낮거나, 대상자가 설문문항을 이해하지 못하고 답변을 하는 등의 오류가 발생할 가능성이 크므로, 설문조사 대상 선정, 설문지 개발, 설문지 회수 방법 등 각 단계별로 상세한 검토가 수반되어야 한다.

참고 8-11 설문조사 시 유의해야 할 사항

- 필수적인 질문 위주로 문항을 최소화한다(가급적 20개 내외로 유지).
- 이해관계자와 관련된 질문을 구성한다.
  예: 사업수혜자에게 공여국의 협력대상국에 대한 국가협력전략(CPS)이 적합한지에 대해 묻는 경우(x) → 사업수혜자는 공여국의 전략문서를 파악하지 못하는 경우가 많으므로 적절한 질문이 아님.
- 질문을 되도록 구체적으로 작성한다.
  예: 동 사업에 대해 만족하는지 묻는 경우(x) → '예/아니오'로만 대답할 수 있는 폐쇄형 질문(Closed question)은 정보 수집에 제한이 있으므로, 가급적 추가정보를 이끌어낼 수 있는 개방형 질문(Open-ended question)과 보완적인 질문 구성이 필요함.

자료: 한국국제협력단(2017a: 22), 박수영(2009: 108~122).

인터뷰는 대상자가 개인인지 그룹인지에 따라 개별 인터뷰(Individual interview)와 그룹 인터뷰(Group interview)로 구분될 수 있으며, 사전에 구성한 인터뷰 질문지를 바탕으로 대상자와 면담형식으로 진행하는 구조화 인터뷰(Structured-interview)와 미리 계획되지 않은 새로운 질문들을 허용하는 방식으로 진행되는 반구조화 인터뷰(Semi-Structured interview)로도 구분할 수 있다. 반구조화 인터뷰는 체크리스트나 인터뷰 질문을 보고 의도되지 않은 영향이나 프로젝트 성과의 품질과 적절성에 대한 추가의견을 도출하기 위한 질문(Open-ended questions)을 허용하기 때문에, 인터뷰 참여자의 의견을 이끌어낼 수 있는 조사 방법 중 하나이다.

인터뷰 방식은 직접 대면해 진행되기 때문에, 응답자의 표정이나 어조를 통해 상황을 읽어낼 수 있으며, 현장의 상황에 따라 유연하게 대처할 수 있다는 장점이 있다. 이에 반해 응답자와 조사자의 주관적인 의견 또는 편견이 개입할 가능성이 있고, 조사자와 현지 통역인의 역량에 따라 조사결과가 달라질 수 있다는 단점도 있다.

참고 8-12 인터뷰 수행 시 유의해야 할 사항

- 중립적 입장에서 질문한다.
- 반구조화된 설문문항을 구성해, 인터뷰 상황에 따라 후속질문을 이끌어낼 수 있도록 한다.
- 답변이 모호하거나, 추가로 확인해야 할 사항은 즉시 재질문을 하고, 다른 조사방법을 통해 정보의 정확성을 검증한다.
- 적절한 호응을 통해 인터뷰 참여자가 편안한 분위기에서 답변할 수 있도록 분위기를 조성하며, 현지 관습이나 문화 등을 사전에 파악해 유의하도록 한다.

자료: 한국국제협력단(2017a: 21).

포커스그룹 토의 방식은 특정 주제에 대해 논의하도록 한 후, 도출된 의견을 바탕으로 정보를 찾아내는 방법이며, 그룹 인터뷰와 유사한 방식이다. 그룹 인터뷰는 자유롭게 의견을 교환하지만, 그룹 토의의 경우 정해진 한 가지 주제에 대해 의견을 나눈다는 차이점이 있다.

이 외에도 △실제 사례조사 대상을 선정해 분석하는 사례조사 기법, △많은 아이디어를 기록하고 분류해 우선순위를 정해 정리하는 브레인스토밍 기법, △대상의 강점, 약점, 기회, 위협 등을 분석하는 SWOT 분석법 등을 활용할 수 있다.

현지조사의 마지막 단계로 중요한 절차 중 하나는 현지 평가 워크숍 개최이다. 현지 평가 워크숍은 국내조사 및 현지조사 결과를 반영한 평가자의 잠정 평가결과를 협력대상국에 공유하고, 협력대상국 측의 주요 의견을 청취해 평가 최종결과에 반영하도록 하는 과정으로, 보통 현지조사의 마무리 단계에 협력대상국 주요 관계자를 초청해 워크숍을 실시한다. 현지 평가 워크숍의 장점은 서로 다른 이해관계자 간의 의견을 교환해 평가의 공정성 및 파트너십을 제고할 수 있으며, 워크숍을 통해 평가결과의 현실성 및 객관성을 검증한 후 최종 평가결과에 반영할 수 있다는 점이다.

(2) 평가 데이터 분석

평가에 필요한 국내 및 현지 조사의 과정이 완료되면, 조사과정 중 수집한 데이터를 분석하고 검증하는 단계를 거치게 된다. 앞서 설명했듯이, 평가수행에는 다양한 평가조사 방법론이 있는데, 방법론별로 데이터를 얻고 분석하는 방법이 다르므로, 평가자는 각 평가 계획 및 방법론에 따라 평가 데이터를 어떻게 분석하고 분류할지 공통되고 합의된 기준을 마련해야 한다.

평가 데이터 분석방법으로는 크게 질적정보(Qualitative Information) 분석방법과 양적정보(Quantitative Information) 분석방법이 있는데 간략히 살펴보면 다음과 같다(박수영, 2009: 81~82).[13]

질적정보 분석방법은 포커스그룹 토의, 인터뷰 등의 방법에 따라 수집된 데이터가 양적으로 정확한 분석결과를 낼 수 없을 경우 활용된다. 주로 조사대상자별·그룹별 정보 요약, 조사일별·대상자별 주요 의견 정리, 데이터 결과 활용방안 등을 확인해 내용을 정리할 수 있다. 질적정보 분석방법은 정형화된 데이터를 분석하는 것이 아니므로 정보의 객관성이 저하되거나 왜곡될 가능성이 있으므로, 다양한 출처 및 방법을 통해 수집된 정보와 데이터를 검

---

13   양적(quantitative)은 정량적, 질적(qualitative)은 정성적이라는 용어로도 흔히 사용된다.

증 및 비교해 정확한 정보를 얻어내는 방법인 삼각측량법(Triangulation)을 적용해 정보의 신뢰도를 제고할 수 있다.

양적정보 분석방법은 조사결과의 통계치를 산출하거나, 백분율 산출 등 계량적 측정 및 통계적 활용이 가능할 경우 활용하는 정보 분석방법이다.

평가자는 위의 평가 분석방법을 활용해 평가수행 계획상의 평가 매트릭스에 따라 평가 주안점별로 구분해 평가결과를 도출해 내야 한다. 평가 데이터 분석 시, 평가자의 개인적·주관적 견해가 반영되지 않도록 주의해야 하며, 하나의 정보조사를 위해 다수의 조사방법을 활용해 그 결과가 일치하는지 여부 등 추가 검증을 통해 정보의 신뢰도를 높이는 것이 필요하다. 마지막으로, 평가수행 시 획득한 자료는 향후 필요할 때 활용 및 공유할 수 있도록 잘 보관하고, 개인정보와 같이 민감한 사항이 있을 경우 유출되지 않도록 관리해야 한다.

3) 평가결과 보고 및 환류

(1) 평가결과 보고

평가 수행자는 평가 기획, 설계, 조사 수행, 데이터 분석 등의 모든 절차에 따른 수행을 완료한 후, 일련의 양식에 맞추어 평가보고서를 작성해야 한다. 평가보고서 국문(안) 및 영문(안)을 작성한 후 평가 기획자 또는 의뢰기관에 제출해야 하며, 평가 의뢰기관은 사업평가지침에 따라 평가보고서 수준의 적정성 및 공개 여부를 심사하고, 그 결과를 평가자에게 통보 후 수정절차를 거치거나 평가결과를 최종 확정하는 절차를 거쳐야 한다.

KOICA의 경우, 최종보고서 목차표준(안)을 수립해 평가 기획단계에서 평가 수행자에게 사전 배포함으로써, 평가수행 시 반드시 포함해야 할 내용 들에 대해 제시해, 보고서 품질을 제고하고자 노력하고 있다. 또한 평가 수행자가 평가보고서 초안을 제출하면 '평가품질 관리기준' 및 '평가보고서 심사기준'14에 따라 평가보고서를 심사한다. 보고서 심사 시, 평가 기준과 원칙에

표 8-7 KOICA 평가보고서 목차

평가요약(Executive Summary)

I. 평가개요
1. 평가배경
2. 평가 목적 및 범위
3. 평가대상(특징, 추진배경 등)

II. 평가 방법과 절차
1. 평가 항목 및 방법
2. 평가의 한계 및 제약요인
3. 국내·외 연구 및 조사 방법
4. 평가팀 업무 분장 및 일정

III. 평가대상 분석(문헌조사)
1. 국가/지역/분야 환경분석
2. 이해관계자 분석
3. 평가대상과 연관성 분석

IV. 평가결과
1. **적절성:** (1) 공여국/수원국 정책, (2) 사업계획의 적절성
2. **효율성:** (1) 자원 활용의 효율성, (2) 기술적 효율성
3. **효과성:** (1) 성과지표 측정결과를 활용한 사업효과성 분석, (2) 사업관리의 효과성
4. **영향력:** (1) 상위목표 달성 가능성 (또는 실제 달성 정도)
5. **지속가능성:** (1) 자립 발전 가능성, (2) 자립에 필요 및 제약 요소
6. **범분야 이슈:** (1) 성인지적 영향성 평가, (2) 환경 영향성 평가

V. 결론 및 제언
1. 주요 평가 결과 및 도출 교훈
2. 사업 관련(분야/국별) 제언
3. 정책 제언

참고문헌

첨부(Appendices/Annexes):
조사일정, 대상자 명단, 회의기록, 설문지, 기타 평가수행 시 활용·입수한 자료

자료: 한국국제협력단(2012c) 별지 3호 서식.

---

14 동 기준은 「KOICA 사업평가 시행세부지침」에 포함되어 있으며, KOICA 홈페이지▷KOICA
  소개▷경영공시▷내부 규정에서 확인 가능하다.

대한 명료성, 평가 조사방법의 투명성, 구성 및 결론의 정당성, 내용의 공정성, 평가계획 대비 충실성 등을 주요 평가항목으로 심사하며, 심사결과 평균 80점 이상인 경우를 적정 보고서로 인정해, 보고서 원문을 외부에 공개하고 있다.

(2) 평가결과 환류

평가보고서가 최종 확정되면 평가에서 도출된 제언사항 및 교훈점 등이 담긴 평가결과를 환류하는 절차를 거쳐야 한다. 평가결과 환류단계는 평가에 있어 가장 중요한 절차라고 할 수 있는데, 평가를 수행하는 단계에 그치지 않고, 그 결과를 환류해 향후 유사사업 기획 또는 진행 시 개선점을 마련한다는 점에서 큰 의미가 있다.

KOICA는 다음과 같은 평가결과 환류절차를 따르고 있다. 일단, 매년 연간 평가과제에 대한 평가보고서가 확정되면, 주요 제언점 및 결과를 요약해 관련 부서와 협의한 후 평가결과 이행과제를 선정한다. 이후 선정된 평가 환류계획을 국무조정실 산하 통합평가 소위원회에 보고하고, 평가 소위원회는

그림 8-1 KOICA 평가 수행 및 보고 체계

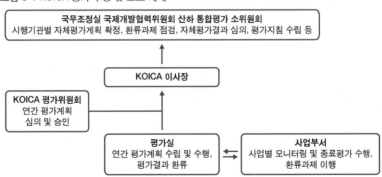

자료: 한국국제협력단(2017b: 9) 참고 새구성.

환류과제를 선정한다. KOICA는 최종 선정된 환류과제에 대해 이행 후 다시 통합평가 소위원회에 결과를 보고함으로써 평가결과 환류과제를 이행 및 관리하고 있다.

3. 주요 개발평가 이슈

전 세계의 개발협력활동을 수행하는 주체들은 각각의 프로젝트 또는 활동들을 수행한 성과를 평가하기 위한 평가제도를 구축하고, 평가를 실시하고 있다. 다만, 평가를 언제부터 시행해왔는지, 평가에 어느 정도의 예산 및 인력이 투입되는지, 평가주체의 전문성 수준 등 다양한 조건에 따라 각 국별 또는 기관별 평가 수행역량의 차이가 있을 수 있다.

이에, OECD DAC에서는 Evalnet(평가네트워크)[15]라는 평가전담조직을 구성해, 독립적이고 공정하며 유용한 평가가 이루어질 수 있도록 주요 평가 규범 및 기준을 수립하고, 각 회원국의 평가역량을 강화하기 위한 주요 평가이슈를 공유하는 역할을 수행하고 있다. 평가네트워크에는 현재까지 총 30개 이상의 양자 및 다자 원조기관이 회원국으로 가입해 있으며, 매년 정례회의를 개최해 주요 평가이슈를 공유하고 결정이 필요한 사항에 대해 논의하고 있다. 이번 절에서는 DAC 평가네트워크를 중심으로 논의되고 있는 평가이슈를 중점적으로 살펴보고, 국내에서는 어떻게 주요 이슈에 대응하고 있는

---

15 Evalnet은 1982년 OECD에서 구성한 원조평가 전문가 그룹(Expert group on evaluation)에서 시작되어, 1998년 원조평가 실무반(Working Party on Aid Evaluation)으로 전문화되었으며, 이후 2003년에 현재 명칭인 Evalnet으로 변경되었다. 현재까지의 주요 활동내역으로는 파리선언 이행현황 평가, 공동평가 가이드라인 수립, 평가역량 강화 지원, 다자효과성 평가, 분쟁 방지 및 평화구축사업 평가, 예산지원사업 평가 등의 주요 결과물을 도출하고, 회원국과 주요 평가이슈를 논의 및 공유하고 있다.

지 알아보고자 한다.

1) 평가 품질제고

개발협력분야에서 평가 품질 관리 및 제고에 대한 이슈는 2005년 파리에서 개최된 '원조효과성 고위급 포럼(HLF: High Level Forum on Aid Effectiveness)' 이후 본격적으로 논의되었다고 볼 수 있다. 동 회의에서 성과중심 관리(Managing for results)가 강조되면서, 개발협력활동에 대한 성과 측정이 중요하며, 이를 위한 양질의 평가가 수행되어야 한다는 내용이 제기되었다. 이러한 배경을 바탕으로, OECD DAC에서는 2006년 개발평가 품질기준(DAC Quality Standards for Development Evaluation)[16] 초안을 발표해, 회원국들로부터 3년간 의견수렴 과정을 거쳐 2010년 동 기준을 확정했다.

동 기준은 평가목표 수립, 평가범위 설정, 평가배경 제시, 평가방법론 수립, 정보출처 제시 등 평가계획 수립부터 데이터 관리까지 평가품질을 높이기 위한 가이드라인을 명시하고, 평가독립성, 평가윤리 등을 고려해 평가를 수행함으로써 평가품질을 보장하고 평가의 완전성을 높일 것을 권고하고 있다.

KOICA에서는 평가 품질관리 이슈에 대응하기 위해 2012년 '평가 품질관리 기준'을 수립해 활용하고 있다. 선정된 평가자에게 평가 설계 – 수행 – 결과보고 단계에서 동 기준에 따른 평가 품질관리를 하도록 권고하고 있으며, 최종 평가보고서 심사 시 평가 품질관리 기준에 따라 보고서 적정성 검토를 실시해 평가품질을 제고할 수 있도록 관리하고 있다.

---

[16] http://www.oecd.org/development/evaluation/dcdndep/44798177.pdf(2017.10.12. 접속)

표 8-8 KOICA 평가 품질관리 기준

품질관리 기준	평가절차	세부 관리항목
평가설계(Design)의 타당성(Relevance)	설계단계	• (평가 이해관계자 파악) 이해관계자 범위, 종류, 중요도를 파악 및 분석했는지 점검
		• (평가대상 분석) △사업의 법적 근거, 체계를 파악했는지, △사업의 목적, 기존 성과모형, 성과지표를 파악했는지, △유사사례 평가조사를 수행했는지 점검
		• (평가의 목적 및 범위 설정) △평가의 목적과 수요를 파악하고 있는지, △평가목적을 계획서에 명시하고 있는지, △평가 기준, 제약요소를 파악했는지 점검
		• (평가방법론 제시) △평가모형 종류, 방법을 제시했는지, △평가 매트릭스에 주요 질문을 포함해 설계했는지, △평가 매트릭스가 평가수행에 바로 적용될 수 있는지, △이해관계자를 파악했는지 등 점검
평가수행의 일관성 (Consistency) 및 투명성(Transparency)	수행단계	• (국내 문헌 및 자료 조사) 자료 리스트 파악 및 제시 여부, 자료 출처를 기록하는지 등 점검
		• (현지조사 계획 및 수행) 현지조사 항목, 추가자료 점검, 자료 수집계획, 설문조사 등 준비사항 점검
		• (조사내용 분석 수행) 앞서 제시한 평가방법론과 조사방법이 일치하는지 점검
		• (평가자의 태도 및 윤리준수) △피평가자의 의견을 존중하고 경청하는지, △수원국 문화, 환경적 차이를 준수하는지 점검
평가결과(Results)의 신뢰성(Credibility)	결과보고 단계	• (평가결과의 객관성 제시) △평가결과가 평가방법론, 조사내용 분석 수행에서 제시된 대로 도출되었는지, △근거자료를 제시하고 있는지 점검
		• (평가제언의 유용성 검토) △평가 발견사항, 제언사항, 기타의견 등을 구별해 제시하는지, △평가목적과 일치하는지 등 점검
		• (보고서 작성의 성실성) 보고서 수정사항에 대한 객관적인 대응, 평가보고서 자료 및 인용의 출처를 명확히 하고 있는지 등 점검

자료: 한국국제협력단(2012c) 별표 2 일부 발췌.

2) 평가윤리 준수

평가윤리는 평가품질과 밀접한 관계가 있다. 여러 가지 평가의 윤리적 요소를 고려해 평가를 수행하게 되면, 평가품질이 제고될 가능성이 높기 때문이다. 이러한 이유로 앞서 설명한 'OECD DAC 개발평가 품질기준' 내에는

평가윤리에 대한 내용이 아래와 같이 포함되어 있다.[17]

평가윤리란 '평가에 있어서 전문적(Professional)이고 윤리적인(Ethical) 방식으로 평가자의 행동강령(Code of conduct)에 따라 평가를 이행해야 한다는 것'이다. 좀 더 구체적으로 설명하면, 평가자는 정직성(Honesty)과 진실성(Integrity)에 기반을 두고 모든 이해관계자들의 인권, 문화, 관습, 종교적 신념 등의 요소들을 인지하고 존중해야 하며, 젠더적 역할, 민족성, 연령, 성별, 언어 등의 차이에서 기반하는 모든 사항들을 고려해야 한다. 이러한 평가윤리 원칙은 이해관계자 대상으로 설문조사 문항을 설계할 때나 현지조사에서 이해관계자와 인터뷰할 때, 각 이해관계자의 상황을 고려해 진행하는 것이 필요하다.

이 외에도 평가자는 평가 참여자의 권리와 복지를 보호하기 위해, 개별적 요청이 있는 경우나 또는 법률상으로 필요한 경우에는 개인적인 정보를 보호해야 한다. 또한 평가수행팀 내 판단 및 해석의 차이가 있는 경우, 서로 간의 권리와 복지가 충돌하지 않는 범위 내에서 합의되지 않은 의견 차이에 대해 보고서 내에 정리해 제시해야 한다.

국내에서도 많은 개발협력에 참여하는 기관들이 평가수행 시 참고할 수 있도록 2014년 제17차 국제개발협력위원회에서 「국제개발협력 평가윤리지침」이 의결되었다. 동 지침은 먼저 평가 수행자들이 평가수행에 있어 어떠한 원칙을 따라야 하는지에 대해 설명하고, 평가 참여자에 대한 보호원칙을 제시한다. 또한 평가실시기관(국제개발협력 사업시행기관) 및 평가수탁기관(평가실시기관으로부터 평가를 위탁받은 기관)이 평가과정에서 지켜야 할 의무가 명시되어 있으며, 평가수행 과정에서 평가윤리를 위반한 행위가 적발될 경우

---

17   https://www.oecd.org/development/evaluation/qualitystandards.pdf(2017.9.13. 접속)

이를 조사하고, 적절한 조치를 취할 것을 명시하고 있다.

표 8-9 국제개발협력 평가윤리지침

평가윤리지침	주요 내용
제2장 평가 수행원칙	• **(독립성)** 정책결정, 사업시행 과정으로부터 독립된 평가를 수행해야 함
	• **(공정성)** 다양한 이해관계자의 입장과 의견을 고려해 포괄적이고 균형적으로 평가, 공평하고 편견 없는 태도로 평가해야 함
	• **(신뢰성)** 신뢰할 수 있는 객관적 자료와 관찰, 일관성 있는 방법론, 분석 방법과 절차에 근거해 평가를 수행해야 함
	• **(책무성)** 계획된 일정과 예산범위 내에서 평가를 완수해야 하며, 평가예산 지출 관련 사항을 투명하게 기록 및 관리해야 함
	• **(정확성)** 평가대상의 목적과 내용에 대해 정확하게 기술하고 적절한 평가방법론을 채택하며, 다각적 방법으로 철저한 조사를 수행해야 함
	• **(완결성)** 평가대상의 강점이 강화되고 문제점이 밝혀질 수 있도록 강점, 약점을 기록함으로써 완결적이고 공정한 평가를 수행해야 함
	• **(투명성)** 평가 목적, 기준, 결과 활용 등을 이해관계자에게 명확히 알려야 함
제3장 평가 참여자 보호	• **(평가 참여자에 대한 배려)** 평가수행 과정에서 다양한 문화, 언어, 현지관습, 종교적 신념, 성별에 따른 역할, 장애, 연령, 인종 등 차이를 존중하고 각 문화 및 환경에 적합한 평가도구를 사용해야 함
	• **(익명성 보장)** 평가 참여자의 익명성 보장의 범위와 한계에 대해 알리고, 익명성 유지를 위해 노력해야 함
	• **(부정적 영향의 최소화)** 평가대상 또는 평가 참여자에게 부정적 영향을 최소화하도록 노력해야 함
제6장 평가윤리 준수	• 평가수행 과정에서 불법행위 또는 비윤리적 행위가 발생되었다고 의심되거나 보고받은 경우, 이에 대한 조사를 실시하고 적절한 조치를 취해야 함

자료: 국제개발협력 평가윤리지침(2014).

KOICA에서는 위에서 설명한 「국제개발협력 평가윤리지침」의 주요 내용을 반영해, 2017년 1월부터 「사업평가 시행세부지침」 내의 '평가윤리' 조항을 신설하고, 평가자들이 평가의 신뢰성과 책무성을 제고하기 위해 평가윤리지침을 성실히 준수할 것을 명시하고 있다. 실제 평가자들이 평가수행 시 참고할 수 있도록 평가자가 선정 시 관련 지침을 전달하고, 사전에 숙지할 수 있도록 안내하고 있으며, 평가 종료 후 평가를 수행한 전문가 또는 기관을 대상으로 '외부 평가기관 업무수행평가'를 실시할 때, 평가윤리지침을 준수했는지 여부 등을 포함해 점검하고 있다.

3) 평가 전문성 및 역량 강화

OECD DAC의 Evalnet에서 최근 계속 논의되고 있는 주제 중 하나는 '평가 전문성 및 역량 강화'이다. 전 세계적으로 개발협력활동에 참여하는 주체가 공공부문뿐만 아니라 민간부문까지 다양해지고 있으며, MDGs에서 SDGs로 국제적인 개발목표가 확대·변화함에 따라 광범위하고 복잡한 개발목표와 세부지표에 대한 성과관리 또한 어려워지고 있다. 또한 평화 구축, 난민·이주, 민간부문 개발, 개발금융 등 개발협력분야에서의 새로운 이슈들이 떠오르면서, 개발도상국뿐만 아니라 선진공여국에서도 다양한 이슈 대응을 위한 평가 전문성 및 역량을 확보하고, 평가결과에 대한 상호 간 학습이 중요하다는 점이 강조되고 있다.

최근에는 선진공여국을 중심으로 다양한 이슈에 대한 평가기법 및 평가도구 개발 등의 노하우를 공유하고, 평가 사례분석 및 상호학습을 통해 정책적으로 평가결과를 환류하고자 하는 노력을 강화하고 있다. OECD DAC Evalnet은 '평가역량 강화 지원'을 주요 임무 중 하나로 명시하고, 매년 회원국 정례회의를 통해 평가역량 강화의 중요성에 대해 회원국들에게 강조하고 있다. 특히, OECD DAC Evalnet 산하에 평가역량개발을 위한 태스크팀(Task Team on ECD, Evaluation Capacity Development)을 구성해 개발도상국과 네트워크를 통한 평가역량개발 수요 파악, 관련 가이드라인 개발, 공동 평가 매트릭스 개발 등의 활동을 수행하고 있다.

표 8-10 평가역량개발 관련 OECD DAC Evalnet 회의 내용

회의 차수	주요 논의 내용
20차 (2017년)	• (ECD Task Team 활동 계획) ECD Task Team 의장은 그간 회원국 주도의 평가에 초점을 맞췄다면, 향후에는 2030 개발의제에서 강조하고 있는 개도국 평가 시스템 역량 강화를 통한 국가 주도 평가 지원에 집중할 것임을 발표

19차 (2016년)	• (국제평가의 해) 2015년은 국제평가의 해로서 증거기반 정책결정, 거버넌스의 도구로서 평가를 활용하고, 정부차원뿐만 아니라 개인차원의 평가역량 강화가 필요하다는 점을 강조
18차 (2015년)	• (평가역량개발 제고를 위한 연구 공유) 프랑스 AFD는 협력적 평가(Collaborative Partner Donor Evaluation) 연구 결과를 발표. 2012년부터 14개 국가를 대상으로 공여국-수원국 간 역량 강화 전략 도출을 목적으로 연구를 수행 중임
17차 (2014년)	• (외부 평가전문가를 활용한 평가 관리) 외부 평가자에 대한 평가품질관리 강화와 더불어 내부 평가역량 강화가 필요함을 강조
16차 (2014년)	• (내부인력 및 외부 전문가를 활용한 평가 관리) 내부 평가와 외부 평가의 장단점이 논의되었으며, 대부분의 기관이 내외부 평가를 병행하고 있는 것으로 확인됨
15차 (2013년)	• (평가문화형성) USAID는 평가역량 강화 차원에서 주요 대학과 연계한 평가 사이트를 운영하고 있으며, 아프리카개발은행(AfDB: African Development Bank)은 우수 평가 및 사업에 대한 시상제도를 운영해 내부 평가 역량을 강화하고 있음. Ausaid는 평가의 신뢰성 제고를 위해 내외부 평가 전문가로 구성된 독립평가위원회를 신설함 • (평가역량개발 지원) Evalnet 산하 ECD task team은 개도국과 네트워크를 통한 평가역량개발 수요 파악, 가이드라인 개발, 공동 평가 매트릭스 개발, 협력대상국 내 평가환경 조성 등의 활동 등을 공유함

자료: KOICA(http://www.koica.go.kr/program/evaluation/evaluationnews/index.html, 2017.10.13. 접속).

국내에서는 국무조정실의 국제개발협력 평가소위원회를 중심으로 개별
협력 사업시행기관들의 평가 계획 및 활동을 점검하고, 정기회의 결과를 홈
페이지에 게시해 그 결과를 공유하고 있으며, 매년 사업시행기관 대상 평가
교육을 실시해 주요 평가이슈를 공유하고 관련 기관들의 평가역량 제고에
기여하고 있다. 또한 OECD DAC Evalnet의 회원국으로서 매년 정례회의에
국무조정실, 외교부, KOICA(무상원조), 한국수출입은행(유상원조) 등의 관계
자가 참여해 주요 이슈에 대응하고 있다.

KOICA는 ODA 교육원에서 매년 평가교육 과정을 운영하며 사업시행기
관 실무자 대상 평가교육을 실시함으로써, 평가역량 강화에 기여하고 있으
며, 평가실에서는 매년 연간평가를 실시 후 보고서를 KOICA 홈페이지 및
ODA 도서관에 게시해 평가 관련 정보를 제공하고 있다.

나가며

평가는 개발활동들의 성과를 점검하고, 주요 결과 및 교훈점을 학습해 더 나은 개선방향을 이끌어낸다는 점에서 의미가 있다. 전 세계적으로 체계적이고 과학적인 성과관리의 중요성이 점차 강조되고 있으며, 최근 새로운 개발협력 패러다임이 형성됨에 따라 개발활동의 주요 목표별－지표별 성과관리가 중요해지고 있어, 앞으로 개발협력분야에서의 평가는 더욱 중요해질 것으로 전망된다.

체계적인 평가를 수행하기 위해서 개발협력 수행기관들은 국제적으로 합의된 평가원칙 및 평가기준에 입각해 평가방향을 설정하여, 각 평가절차에 따라 평가를 수행하고, 주요 결과를 환류해 정책적·전략적 개선점을 마련해야 한다. 또한 사업별 목표 및 지표와 관련된 성과를 점검하고 관련 데이터를 축적해 데이터 기반의 성과관리체계를 구축해 나가는 것이 중요하다.

마지막으로, 다변화하는 개발협력분야의 이슈에 대응하고 평가를 수행하기 위해 평가 전문성 및 역량을 제고하는 것이 필요하다. 이를 위해서는 개발활동에 대한 평가를 전담할 수 있는 조직을 사업시행기관 내에 설치해 평가를 의무화하고, 평가결과를 환류할 수 있는 체계를 확보해야 한다. 이 외에도 평가예산을 확보해 개발활동에 대한 책무성을 담보하고, 국제사회에서 새롭게 논의되는 개발이슈 및 평가동향, 평가기법 등에 대해 지속적으로 연구할 뿐만 아니라, 국제적 평가회의 및 교육에 참여해 평가 전문성 및 역량을 제고해 나가는 것이 필요하다.

필수개념 정리

● 평가 평가대상의 가치 및 중요성을 판단하고, 주요 결정을 내리기 위한 과정을 지칭한다.

● 적절성 사업의 목표들이 수혜대상의 수요(Needs)와 우선순위를 충족하고, 협력대상국과 공여국의 관련 정책에 부합하는 정도를 지칭한다.

● 효율성 다른 대안을 감안할 때 프로젝트에 투입된 비용이 효율적인지 점검하는 정도로서, 여러 가지 투입물(Inputs)이 경제적으로 활용되어 산출물(Outputs) 및 성과(Outcomes)로 전환된 정도를 지칭한다.

● 효과성 사업의 목적이나 목표를 달성한 정도를 지칭한다.

● 영향력 평가 대상사업 수행 후 긍정적 또는 부정적, 의도한 또는 의도하지 않은 결과를 초래한 정도를 지칭한다.

● 지속가능성 사업 종료 후에도 일정 기간 사업의 긍정적 효과가 지속될 수 있는 정도를 지칭한다.

● 평가 매트릭스 평가질문과 세부질문, 정보수집, 분석방법 등을 한눈에 보기 쉽게 정리한 표로서, 평가 이해관계자 간 평가의 주요 방향에 대해 협의하고, 평가계획에 따라 평가를 수행했는지 점검하는 도구로 활용된다.

● 평가 품질관리 평가계획 수립, 평가설계, 평가수행, 평가결과 도출 등 일련의 절차에서 평가품질을 관리하는 활동을 지칭한다.

● 평가윤리 평가에서 전문적이고, 윤리적인 방식으로 평가자의 행동강령에 따라 평가를 이행해야 한다는 원칙을 지칭한다.

토론점

● 프로젝트 평가 수행 시 각 이해관계자별(평가의뢰기관, 평가대상 사업시행기관, 평가 수행자 등) 역할 및 유의사항에 대해 논의해보자.

● 프로젝트 평가 결과의 활용성을 높이기 위한 효과적인 방안이 무엇인지 논의해보자.

● 프로젝트 평가에서 평가품질 및 평가윤리 제고를 위해 평가자가 고려해야 할 사항을 논의해보자.

AFD	Agence française de développement	프랑스 국제개발청
AfDB	African Development Bank	아프리카개발은행
AUSAID	Australian Agency for International Development	호주 국제개발청
AWB	Air Waybill	항공운송장
B/L	bill of lading	선하증권
BDS	Basic Design Survey	기본계획수립
BoQ	Bill Of Quantity	물량내역서
BPR	Business Process Reengineering	업무절차 재설계
BTC	Belgian Development Agency	벨기에 개발협력청
CD	Construction Documents	실시설계
CI	Course Information	연수개요서
CIF	Cost, Insurance and Freight	운임·보험료 포함 인도 조건
CM	Construction Management	건설사업관리
CPS	Country Partnership Strategy	국가협력전략
CSR	Corporate Social Responsibility	기업의 사회공헌활동
CSV	Creating Shared Value	공유가치창출
CTS	Creative Technology Solution	혁신기술 기반의 창의적 가치창출 프로그램
DAC	Development Assistance Committee	OECD 산하 개발원조위원회
DAP	Delivered At Place	목적지 인도 조건
DD	Design Development	기본설계
DEEP	Development Experience Exchange Partnership Program	개발컨설팅 사업
DFID	Department for International Development	영국 국제개발부
EC	European Commission	유럽연합 집행위원회
ECD Task Team	Task Team on Evaluation Capacity Development	OECD DAC Evalnet 산하 평가역량개발을 위한 태스크팀
ECOSOC	Economic and Social Council	유엔 경제사회이사회

EDCF	Economic Development Cooperation Fund	대외경제협력기금
FCA	Free Carrier	운송인 인도 조건
FGD	Focus Group Discussion	포커스그룹 토의
FOB	Free On Board	본선 인도 조건
GIZ	Deutsche Gesellschaft für Internationale Zusammenarbeit	독일 원조청
GPA	Government Procurement Agreement	정부조달협정
HIPC	Heavily Indebted Poor Countries	고채무빈곤국
IBS	Inclusive Business Solution	포용적 비즈니스 프로그램
ICB	International Competitive Bidding	국제경쟁입찰
IPM	Integrated Project Management System	KOICA 통합사업관리시스템
ISP	Information Systems Planning	정보화전략계획 수립
JICA	Japan International Cooperation Agency	일본국제협력기구
KOICA	Korea International Cooperation Agency	한국국제협력단
KOPIS	KOICA Partner Information System	KOICA 파트너협업시스템
LF	Logical Framework	논리적 프레임워크
LFA	Logical Framework Approach	논리적 프레임워크 접근법, 논리모형접근법
LFM	Logical Framework Matrix	논리적 프레임워크 매트릭스
M/M	man/month	-
MDGs	Millennium Development Goals	새천년개발목표
MOPAN	Multilateral Organization Performance Assessment Network	다자기구성과평가네트워크
MOV	Means of Verification	검증수단
NORAD	Norwegian Agency for Development Cooperation	노르웨이 개발협력청
ODA	Official Development Assistance	공적개발원조
OECD	Organization for Economic Cooperation and Development	경제협력개발기구
OVI	Objectively Verifiable Indicators	객관적 검증지표
PBA	Program-based Approach	프로그램 기반 접근법
PC	Project Contractor	PMs 또는 PMC 감독하의 단위사업시행자
PC	Project Cycle	프로젝트 사이클(주기)

PCM	Project Cycle Management	프로젝트 사이클 관리
PCP	Project Concept Paper	사업제안서
PDM	Project Design Matrix	프로젝트 설계 매트릭스
PIU	Project Implementation Unit	프로젝트집행조직
PL	Project Leader	주요 분야 관리자
PL	Packing List	포장명세서
PM	Project Manager	프로젝트 총괄관리자, 사업관리자
PMBOK	Project Management Body of Knowledge	프로젝트 지식관리체계
PMC	Project Management Consulting	사업 관리 및 수행에 대한 기술자문, 단위사업시행자(PC) 선정 지원
PMI	Project Management Institute	프로젝트 관리 협회
PMs(PM)	Project Management Service	사업 책임관리 기능만을 분리해 수행하는 기획관리용역 기관
PRINCE2	Project in Controlled Environments Version2	-
PSC	Project Steering Committee	프로젝트운영위원회
R/D	Record of Discussion	협의의사록
SD	Schematic Design	계획설계
SDGs	Sustainable Development Goals	지속가능개발목표
TAG	Technical Assurance Group	기술관리그룹
UNDP	United Nations Development Programme	유엔 개발계획
UNFPA	United Nations Population Fund	유엔 인구기금
UNICEF	United Nations International Children's Emergency Fund	유엔 아동기금
USAID	United States Agency for International Development	미국 국제개발처
WB	World Bank	세계은행
WFP	World Food Program	세계식량계획
WHO	World Health Organization	세계보건기구
WTO	World Trade Organization	세계무역기구
ZOPP	Objectives-Oriented Project Planning	목표지향적 프로젝트 기획

1장 프로젝트의 이해

- 교육부. 2015. 공적개발원조사업 총괄 운영 관리(LM0101010104_15v1). 한국직업능력개발원.
- 국제개발협력위원회. 2015. ODA 중점협력국 재조정(안).
- 국제개발협력위원회. 2015. 제2차 국제개발협력 기본계획.
- 국제개발협력위원회. 2016. 개발금융의 ODA 활용방안.
- 국제개발협력위원회. 2017. 2018년 국제개발협력 종합시행계획.
- 국제개발협력위원회. 2017. 취약국 지원 전략.
- 법제처. 2014.10.15.(제정) 「국제개발협력기본법」.
- 시공미디어. 2016. 국제개발협력 입문편.
- 이현주. 2010.1. 협력국 공공 재정관리 및 조달 시스템 활용방안.
- 프로젝트관리협회. 2013. 『프로젝트 관리 지식체계 지침서(제5판)』. 프로젝트관리협회.
- 한국국제협력단. 2012. KOICA 사업의 실행관리. 한국국제협력단.
- 한국국제협력단. 2014. 개발컨설팅(DEEP) 사업 추진 가이드라인. 내부자료. 한국국제협력단.
- 한국국제협력단. 2016. 프로젝트 매뉴얼. 내부자료. 한국국제협력단.
- 한국국제협력단. 2017a. 개발컨설팅 및 프로젝트형 사업 사후관리 매뉴얼. 내부자료. 한국국제협력단.
- 한국국제협력단. 2017b. 2016년도 KOICA 대외무상원조실적 통계집. 한국국제협력단.
- Baum, Warren C. and Stokes M. Tolbert. 1985. "Investing in Development: Lessons of World Bank Experience". World Bank.
- European Commission. 2004. Aid Delivery Methods: Project Cycle Management Guidelines Vol 1. European Commission.
- OECD/DAC. 2013. Types of Aid - Frequently Asked Questions. OECD/DAC.
- OECD/DAC. 2016. Converged Statistical Reporting Directives for the Creditor Reporting System(CRS) and the Annual DAC Questionnnaire: Addendum 1. OECD/DAC.

2장 프로젝트 사업 기획

- 프로젝트관리협회. 2013.『프로젝트 관리 지식체계 지침서(제5판)』. 프로젝트관리협회.
- 한국국제협력단. 2016a. 프로젝트 매뉴얼. 내부자료. 한국국제협력단.
- 한국국제협력단. 2016b. DR콩고 농촌지도 역량강화사업 집행계획. 내부자료. 한국국제협력단.
- 한국국제협력단. 2016c. 필리핀 UNESCO 타클로반 지역 학교 밖 소녀를 위한 교육사업 집행계획. 내부자료. 한국국제협력단.
- 한국국제협력단. 2018a. 국별협력사업 심층기획조사 및 집행계획 표준목차 개정. 내부자료. 한국국제협력단.
- 한국국제협력단. 2018b. 기술용역 제안요청서 표준양식. 내부자료. 한국국제협력단.
- European Commission. 2004. Aid Delivery Methods: Project Cycle Management Guidelines Vol 1. European Commission.

3장 프로젝트 조달 및 계약

- ICC 국제상업회의소. 2010. ICC rules for the use of domestic and international trade terms 국내·국제거래조건의 사용에 관한 ICC 규칙. 조달청 홈페이지.
- ICC. 2011. The Incoterms® rules 2010.
- 서울특별시교육연수원. 2016. 사례로 배우는 물품계약. 서울특별시교육연수원.
- 장훈기. 2015.『공공계약제도 해설』. 도서출판 삼일.
- 조달청. 2017. 내자구매업무가이드. 조달청.
- 한국건설기술연구원. 2013. 턴키입찰제도 운영 효율화 방안. 국토교통부.
- 한국국제협력단. 2018.5.2.「국제기술용역계약 특수조건」.
- 한국국제협력단. 2018.5.2.「국제기술용역표준계약서 일반조건」.
- 한국국제협력단. 2018.5.2.「청렴계약특수조건」.
- 한국국제협력단. 2012. KOICA 사업의 실행관리. 한국국제협력단.
- 한국국제협력단. 2016. 원조조달 업무매뉴얼. 내부자료. 한국국제협력단.
- 한국국제협력단. 2017a. 기술평가팀 내부자료. 한국국제협력단.
- 한국국제협력단. 2017b. 해외 사무소 조달업무매뉴얼. 내부자료. 한국국제협력단.
- 한국국제협력단. 2018. 제안사를 위한 기술평가 안내. 한국국제협력단.

- 한국조달연구원. 2016. 공공혁신조달을 위한 '경쟁적 대화방식' 계약제도 세부운용방안 연구. 조달청.

4장 프로젝트 집행

- 교육부. 2015. 공적개발원조사업 프로젝트 집행(LM0101010105_15v1). 한국직업능력개발원.
- 김현이. 2015. 'KOICA 프로젝트 사업관리_건축분야(건축사업 단계별 관리 방안)' 강의자료. 내부자료. 한국국제협력단.
- (주)대한해사검정공사. 2015. 대외무상협력사업 공여물품 검사 절차. (주)대한해사검정공사.
- 박동길. 2012. '한국국제협력단 대외무상원조 물류업무 PROCESS' 강의자료. 내부자료. (주)한진.
- 방경숙. 2014. '프로젝트 PMC 활동 사례' 강의자료. 내부자료. 한국국제협력단.
- 방설아. 2017. 지역CM 보고체계 및 산출물 관리 개선(안). 내부자료. 한국국제협력단.
- 범한판토스. 2015. KOICA 단내 물류교육. 내부자료. 범한판토스.
- 하성흔. 2017. '프로젝트 PMC 활동 사례' 강의자료. 내부자료. 한국국제협력단.
- 한국국제협력단. 2011. 「공동도급계약 운용기준」.
- 한국국제협력단. 2012a. KOICA 사업의 이해(개정판). 한국국제협력단.
- 한국국제협력단. 2012b. KOICA 사업의 실행관리. 한국국제협력단.
- 한국국제협력단. 2014. 「공공협력에 의한 사업 시행세부지침」.
- 한국국제협력단. 2014a. KOICA 프로젝트형 사업 위험관리방안 연구보고서. 한국국제협력단.
- 한국국제협력단. 2014b. KOICA ODA 정보화사업 감리추진 개선방안. 내부자료. 한국국제협력단.
- 한국국제협력단. 2015. '프로젝트 주요 관리영역' 강의자료. 내부자료. 한국국제협력단.
- 한국국제협력단. 2015. 「전문가 파견사업 시행세부지침」.
- 한국국제협력단. 2016a. KOICA 기자재 검사시스템 외부사용자 지침. 내부자료. 한국국제협력단.
- 한국국제협력단. 2016b. 프로젝트 매뉴얼. 내부자료. 한국국제협력단.
- 한국국제협력단. 2016c. 조달계약 및 기술평가 일반교육. 내부자료. 한국국제협력단.
- 한국국제협력단. 2016d. KOICA 분야별 성과지표정의서 샘플. 내부자료. 한국국제협력단.
- 한국국제협력단. 2017a. 2016 KOICA 평가연보. 한국국제협력단.

- 한국국제협력단. 2017b. KOICA프로젝트 종료평가 가이드라인. 한국국제협력단.
- 한국국제협력단. 2017c. 언론 및 뉴미디어 홍보 매뉴얼. 내부자료. 한국국제협력단.
- 한국국제협력단. 2017d. 건축 기획 가이드라인. 한국국제협력단.
- 한국국제협력단. 2017e. 건설공사 설계변경 가이드라인. 한국국제협력단.
- 한국국제협력단. 2017f. 건설공사 준공 및 하자보수 가이드라인. 한국국제협력단.
- 한국국제협력단. 2017g. 글로벌연수(CIAT 프로그램) 길라잡이. 한국국제협력단.
- 한국국제협력단. 2017h. 서남아태평양실 통합감리용역 제안요청서. 한국국제협력단.
- 한국국제협력단. 2017i. SW사업(ICT 컨설팅) 제안요청서 표준양식. 내부자료. 한국국제협력단.
- 한국국제협력단. 2018. 「글로벌연수사업에 관한 기준」.
- 한국국제협력단. 2018. 「기술용역사업 용역비 집행 및 정산기준」.
- 한국국제협력단. 2018. 「대외무상협력사업에 관한 조달 및 계약규정 시행세칙」.
- 한국국제협력단. 2018. 「대외무상협력사업에 관한 조달 및 계약규정」.
- 한국국제협력단. 2018. 「선금지급기준」.
- 한국국제협력단. 2018. 「연구업무수행세부지침」.
- 한국국제협력단. 2018. 「전문가 파견사업에 관한 기준」.
- 한국국제협력단. 2018a. 건설시설 표준 사인물(Signage) 매뉴얼. 한국국제협력단.
- 한국국제협력단. 2018b. 프로젝트 사업 건축시설 표준 사인 매뉴얼. 한국국제협력단.
- http://www.koica.go.kr/koica_introduce/status/object/law/1/index.html(2017.11.24. 접속)

5장 프로젝트 운영 및 관리

- 한국국제협력단. 2017a. KOICA IPM 활용안내서. 내부자료. 한국국제협력단.
- 한국국제협력단. 2017b. 대외무상협력사업에 관한 조달 및 계약규정 시행세칙. 내부자료. 한국국제협력단.
- 한국국제협력단. 2017c. 사업부서 주관 주의조치 처분 가이드라인. 내부자료. 한국국제협력단.
- 한국국제협력단. 2017d. KOICA 표준계약서. 내부자료. 한국국제협력단.
- 한국국제협력단. 2017e. 글로벌연수(CIAT 프로그램) 길라잡이. 한국국제협력단.
- 한국국제협력단. 2018a. 기술용역 계약금액 세부내역서 표준 템플릿. 내부자료. 한국국제협력단.
- 한국국제협력단. 2018b. 기술용역사업 용역비 집행 및 정산기준. 내부자료. 한국국제협력단.
- 한구국제협력단. 2018c. 용여경비 산정기준. 내부자료. 한국국제협력단.

- 한국국제협력단. 2018d. 한국국제협력단(KOICA) PDM 가이드라인. 한국국제협력단.

6장 PDM 수립과 사업관리

- 박수영. 2009. 「프로젝트 관리와 평가: 프로젝트 기획, 모니터링 및 평가방법론」. 한국국제협력단.
- 이병철·장석원. 2016. 「Project Design Matrix(PDM) 이론과 활용」. ≪물 정책·경제≫, 제27호, pp.81~92. 한국수자원공사.
- 한국국제협력단. 2012. 『KOICA 사업의 이해』. 한국국제협력단.
- 한국국제협력단. 2017. '프로젝트 관리와 PDM' 강의교안. 내부자료. 한국국제협력단.
- Brock, S. and R. Columbia. 2008. Project Design & Proposal Writing: A Guide to Mainstreaming Reproductive Health into Youth Development Programs. International Youth Foundation(IYF).
- MFAR, ICEIDA, and UNU_FTP. 2010. Developing the Logical Frame Work Matrix. 강의교안. MFAR.
- NORAD. 1999. The Logical Framework Approach(LFA)(the 4th edition). NORAD.
- Pradhan, Keerti Bhusan. 2014. The Logical Framework Approach. 강의교안.

7장 성과중심 모니터링

- 린다 G. 모라 이마스(Linda G. Morra Imas)·레이 C. 리스트(Ray C. Rist). 2016. 『개발협력 프로그램 평가의 설계와 실행』. 한국국제협력단 옮김. 한울아카데미.
- 한국국제협력단. 2008. 개발협력사업평가 가이드라인. 한국국제협력단.
- 한국국제협력단. 2013. '국제개발협력사업 모니터링과 평가' 강의자료. 내부자료. 한국국제협력단.
- 한국국제협력단. 2014a. KOICA 방글라데시 간호전문대학원 설립사업 성과관리문서. 내부자료. 한국국제협력단.
- 한국국제협력단. 2014b. KOICA 방글라데시 간호전문대학원 설립사업 일정관리문서. 내부자료. 한국국제협력단.

- 한국국제협력단. 2015. KOICA 콩고민주공화국 식수개선사업 성과관리계획서. 내부자료. 한국국제협력단.
- 한국국제협력단. 2016a. KOICA 분야별 지표정의서 샘플(2016년 개정). 한국국제협력단.
- 한국국제협력단. 2016b. (2016년 개정본) 기초선 조사 가이드라인. 한국국제협력단.
- 한국국제협력단. 2018. 한국국제협력단(KOICA) PDM 가이드라인. 한국국제협력단.
- IFRC. 2013. Baseline Basics. International Federation of Red Cross and Red Crescent Societies.
- Kusek, Jody Zall and Ray C. Rist. 2004. *Ten Steps to a Results-Based Monitoring and Evaluation System.* World Bank.
- Morra Imas, Linda G. and Ray C. Rist. 2009. *The Road to Results: Designing and Conducting Effective Development Evaluations.* World Bank.
- OECD. 1991. Principles for Evaluation of Development Assistance. OECD Development Assistance Committee.
- UNDG. 2010. Results-Based Management Handbook: Strengthening RBM harmonization for improved development results. UNDG.
- USAID. 2010. Performance Monitoring & Evaluation TIPS #6: Selecting performance indicators. 2nd edition. USAID.
- Vogel, Isabel. 2012. Review of The Use of'Theory of Change' in International Development. DFID.
- World Bank. 2013. Results Framework and M&E Guidance Note. World Bank.

8장 프로젝트 평가

- 국무조정실. 2014. 「국제개발협력 통합평가매뉴얼」.
- 국무조정실. 2014. 「국제개발협력 평가윤리지침」.
- 린다 G. 모라 이마스(Linda G. Morra Imas)·레이 C. 리스트(Ray C. Rist). 2016. 『개발협력 프로그램 평가의 설계와 실행』. 한국국제협력단 옮김. 한울아카데미.
- 박명지. 2010. 「KOICA 범분야(크로스커팅) 정책통합방안」. ≪KOICA 개발정책포커스≫, 1호. 한국국제협력단.
- 박수영. 2009. 「프로젝트 관리의 평기: 프로젝트 기획, 모니터링 및 평기방법론」. 한국국제협

력단.

- 한국국제협력단. 2008. 개발협력사업평가 가이드라인. 한국국제협력단.

- 한국국제협력단. 2012a. 『KOICA 사업의 이해(개정판)』. 한국국제협력단

- 한국국제협력단. 2012b. KOICA 사업의 실행관리. 한국국제협력단.

- 한국국제협력단. 2012c. 「사업평가 시행세부지침」. 한국국제협력단.

- 한국국제협력단. 2017a. 필리핀 한-필 인력개발센터 설립사업 사후평가 보고서. 한국국제협력단.

- 한국국제협력단. 2017b. 『KOICA 평가업무수행 길라잡이(개정3판)』. 한국국제협력단.

- 한국국제협력단. 2017c. 『2016 KOICA 평가연보』. 한국국제협력단.

- OECD DAC. 1991. OECD DAC PRINCIPLES FOR EVALUATION OF DEVELOPMENT ASSISTANCE. OECD DAC.

- OECD. 2002. Glossary of Key Terms in Evaluation and Results Based Management. OECD.

- http://www.koica.go.kr/program/evaluation/evaluationnews/index.html(2017.10.13. 접속)

- http://www.koica.go.kr/program/evaluation/guideline/index.html(2017.9.6. 접속)

KOICA (Korea International Cooperation Agency)
한국국제협력단(KOICA)은 정부 차원의 대외무상협력 사업을 실시하고 있는 기관으로, 우리나라와 개발도상국 간 우호협력 관계 및 상호 교류를 증진하고, 이들 국가의 경제사회 발전 지원을 통해 국제협력 증진에 기여하고자 합니다. 주요 사업으로 국별협력 프로젝트, 글로벌 연수, 봉사단 파견, 인도적 지원, 민관협력, 국제기구 협력, 국제질병퇴치기금 등 다양한 형태의 사업을 실시하고 있습니다.
www.koica.go.kr

KOICA ODA 교육원 (KOICA ODA Education Center)
KOICA ODA 교육원은 국제개발협력 전문 인력 양성을 목적으로 KOICA가 설립한 국내 최초의 국제개발협력 전문 교육기관입니다. ODA 교육원은 전문적이고 체계적인 교육 과정을 통해 국제개발협력 전문가를 양성하고, 국제개발협력에 대한 국민들의 올바른 이해를 돕고 있습니다.
oda.koica.go.kr

발간에 참여해주신 분들

기획 총괄

정우용	KOICA 사업전략·아시아본부 이사
설경훈	KOICA 글로벌파트너십본부 이사

기획

김복희	KOICA 글로벌인재교육원 원장
최영미	KOICA ODA 교육원 차장
김태은	KOICA ODA 교육원 차장
이소영	KOICA ODA 교육원 전문관
류현아	KIDC 대리

집필

김태진(제1, 2장)	KOICA 사업전략기획실 과장
한미라(제1, 2장)	KOICA 감사실 과장
안은호(제3장)	KOICA 원조조달실 과장
김용정(제3장)	KOICA 라오스사무소 부소장
이지혜(제4장)	KOICA 글로벌인재양성총괄실 과장
이우정(제5장)	KOICA 동아프리카실 대리
조정명(제6장)	KOICA 베트남사무소 부소장
이재은(제7장)	KOICA 평가실 과장
전명현(제8장)	KOICA 국별프로그램팀 과장

검토

황재상	KOICA 국별프로그램팀 팀장
김효진	KOICA 요르단사무소 소장
한영태	KOICA 원조조달실 실장
강연화	KOICA 동남아시아1실 실장
윤영현	명지전문대학교 정보통신학과 교수
하성흔	한국무역정보통신 부장
변지나	상명대학교 국제개발평가센터 연구교수

자문

안동원	연세대학교 글로벌행정학과 교수
이연수	KOICA 미얀마사무소 소장
최광호	PMI 한국챕터 회장

윤문

조윤호	월드비전 아동미래연구소 연구원

도움을 주신 분들

윤나영, 송보영, 임한나, 박신영, 이효진, 김유은, 신지혜, 김윤지

한울아카데미 2097

국제개발협력 프로젝트 실행과 관리

ⓒ KOICA, 2018

엮은이 | KOICA ODA 교육원
펴낸이 | 김종수
펴낸곳 | 한울엠플러스(주)
편　집 | 배소영

초판 1쇄 발행 | 2018년 10월 31일
초판 3쇄 발행 | 2023년 1월 20일

주소 | 10881 경기도 파주시 광인사길 153 한울시소빌딩 3층
전화 | 031-955-0655
팩스 | 031-955-0656
홈페이지 | www.hanulmplus.kr
등록번호 | 제406-2015-000143호

Printed in Korea
ISBN 978-89-460-7097-4 93340

* 책값은 겉표지에 표시되어 있습니다.